魏励 编

# 海峡两岸
# 汉字对照表

2015年·北京

### 图书在版编目(CIP)数据

海峡两岸汉字对照表/魏励编.—北京:商务印书馆,2015
 ISBN 978-7-100-11486-8

Ⅰ.①海… Ⅱ.①魏… Ⅲ.①简化汉字—字典
Ⅳ.①H124.2-61

中国版本图书馆CIP数据核字(2015)第175530号

所有权利保留。
未经许可,不得以任何方式使用。

**海峡两岸汉字对照表**

魏 励 编

商 务 印 书 馆 出 版
(北京王府井大街36号 邮政编码100710)
商 务 印 书 馆 发 行
北 京 冠 中 印 刷 厂 印 刷
ISBN 978-7-100-11486-8

| 2015年12月第1版 | 开本 880×1230 1/32 |
| 2015年12月北京第1次印刷 | 印张 9⅛ |

定价:32.00元

# 目　录

了解　包容　优化（李宇明序） …………… 1—3
说明 ……………………………………………… 4—6
汉语拼音音节索引 ……………………………… 7—10
笔画索引 ………………………………………… 11—51
正文 ……………………………………………… 1—224
附录一　大陆与台湾有差异的字形 …………… 225—227
附录二　汉语拼音与注音符号音节对照 ……… 228—236

# 了解 包容 优化

——序魏励《海峡两岸汉字对照表》

我与魏励曾是教育部语言文字应用研究所的同事。他可是"老语委",1982年从吉林大学研究生一毕业,就分配到了当今国家语言文字工作委员会的前身——那时的中国文字改革委员会工作。他参与了《现代汉语常用字表》《现代汉语通用字表》《信息技术中文编码字符集》等许多文字规范的制定,编纂过有分量的字典和辞书,就连2013年发布的《通用规范汉字表》,他也参与了起始的研制。2001年,魏励调任商务印书馆做编审。不久,国家语委策划《中国语言生活状况报告》,商务印书馆承担出版任务,并参与了组织、编纂工作。魏励曾连任该书几个年度的责任编辑,充分发挥了扎实的语言文字功力。他很早就注意研究海峡两岸用字用词的差异,现在又编就《海峡两岸汉字对照表》。此类书籍近年海峡两岸都有出版,这既是两岸交往频繁的表现,也是两岸共同关注中华文化根脉和现实语言生活的表现。就魏励的工作阅历和专业功底,以及他是在相类书籍之后的再作,相信本书著有所长,读者开卷得益。

简繁汉字不是两个文字体系,而是一个文字体系的两种变式。成系统的汉字已有三千多年的历史,经甲骨文、钟鼎文、大小篆、隶书等发展嬗变,孕育出方正隽雅的楷书。楷书成于汉末,兴于六朝,沿用至今。楷书在历史长河中,字体或简化,或异化,甚或繁化,历代都曾收集整理,至《康熙字典》集其大成。1935年,民国政府公布《第一批简体字表》,于是便有了简繁汉字的正式区别。虽然这个简体字表后来"暂缓执行",但因简体字来自大众,出乎砚端，故而仍活跃在民间，流动于笔头。

1949年时局大变，海峡两岸分治。有趣的是，大陆顺着《第一批简体字表》的方向继续前行，整理异体字，遴选简体字，推行以简化字为特征的规范字。而台湾则逆回《康熙字典》的历史节点上整理汉字，推行以繁体字为特征的正体字。香港、澳门以及海外华人社区或沿用繁体字，或改用简化字，从而形成了一个民族两种文字变式的使用格局。

由于特殊的历史原因，近50年来，不，应该说近80年来，简繁汉字承受了过多的语言文字之外的甚至是意识形态上的负担。80年来，最常听到的批评就是简化字割断传统文化。但回顾历史便会明白，儒家要典"十三经"原本也不是用楷书承载，后代将其更写为楷书，有些甚至还经过更小篆、变隶书的过程，但经典并未泯逝。那变动比起繁简之变，岂止百步与五十？

古今语言生活中，汉字大约都是正俗、简繁兼用的。唐代颜元孙《干禄字书》将字分为"正、通、俗"，便是古代正俗兼用的证明，只不过具体使用要分场合罢了。海峡两岸当今的语言生活亦是简繁兼用：大陆在通用领域使用简化字，但古籍印刷、古文教学、书法篆刻等特殊领域，可用甚至必用繁体字，手头书写或简或繁，悉听尊便。台湾使用繁体字，但街头上、观光地也能见到简体字，至于"臺灣"更是常写作"台湾"。官方编有俗字（包括简体字）手册，手头书写也夹用简体字，时而也阅读简体字书。其他华人社区，情况与之相似；而澳门，两种字体常常同场使用，几乎就是繁简汉字的"博览会"。

大陆与台湾通用的汉字差异有多大？从魏励《海峡两岸汉字对照表》看，差异主要表现在三方面：一、简繁不同，如大陆用"办、号、问"，台湾用"辦、號、問"。二、异体字的处理不同，如大陆以"况、秆、挂"为规范字，以"況、稈、掛"为异体字，而后三字在台湾为正体字。三、印刷字形标准不同，如大陆的"户、吕、黄"，在台湾为"戶、呂、黃"。将这些大大小小差异都算上，两岸差不多有半数汉字存在差异。但这些差异多不影响识认，如"户（戶）"

的字形差异,"车(車)、马(馬)、鸟(鳥)、鱼(魚)、饣(食)、钅(金)、讠(言)"等偏旁简化类推出来的字等。识认方面的难点是整体简化的字,使用方面的难点是"一简对多繁"的简化字,这两类字一共不过五百左右。若将简繁汉字之论请下意识形态的祭坛,简繁之沟壑并非如楚河汉界。今年11月初,在澳门召开"两岸汉字使用情况学术研讨会"。两岸四地学者济济一堂,坦诚述怀,和气空前,多有共识。简繁汉字同根而生,皆为华夏智慧孕育,都在协力为各华人社区服务。应平心论简繁,客观看差异,包容已有的历史与现在,消弭歧见,消减误会,在语言政策上不再人为扩沟增壑,并根据各地实情逐渐放宽简繁兼用尺度,让简繁汉字在使用中逐渐优化,为再次"书同文"提供可能。如是而为,合民族大义,应历史潮流。

在简繁汉字领域有不少需要研究的课题。微观的如:台湾与港澳繁体字的异同,台港澳字形与《康熙字典》的异同,大陆繁体字形与台港澳的差异;中观的如:两岸四地社会用字情况调查,手写字情况调查,相互学习文字的重点难点和心理状态;宏观的如:信息领域中简繁汉字应用及国际编码的协调,简繁文本机器自动转换系统的完善,海外华文教育、汉语国际教育中的汉字教学协同,新世纪"书同文"的可能性与对策研究,等等。就此而言,魏励的《海峡两岸汉字对照表》正是得时之势,应世之需。甲午又至,愿魏励学术上马不停蹄,常有新作;更愿汉字能整合优化,抖龙马精神,助民族强盛。

李宇明

癸巳年除夕

序于北京惧闲聊斋

# 说　明

## 一　本书定位

为了帮助读者正确使用《通用规范汉字表》(教育部、国家语言文字工作委员会组织制定,国务院2013年发布),促进海峡两岸经济和文化交流,推动两岸关系和平发展而编写,可帮助读者了解现代汉字字形的发展变化,方便古籍阅读,也可作为对外汉语教学的参考教材。

我国的汉字字形过去基本是统一的,自20世纪50年代开始出现分化。目前大陆通行的汉字称为规范字,以新字形和简化字为特征,传统旧字形和繁体字、异体字仅限于古籍、书法等特殊领域使用。台湾通行的汉字称为正体字,其中包括大量的旧字形和繁体字、异体字。香港和澳门通行的汉字与大陆不同,跟台湾也不完全一样。大陆与港澳台地区的汉字存在诸多差异,表现为简化字与繁体字不同、正字与异体字不同、笔形或笔画数多少不同等多种类型。这些差异通过对照学习,可以掌握。

进行汉字简繁体转换或阅读大陆繁体字文本需要知道,某些简化字或规范字与繁体字、异体字之间的对应关系较复杂,有的是一对一的关系,如"处(處)、画(畫)、减(減)";有的是一对多的关系,如"后(后、後)、系(系、係、繫)、干(干、乾、幹、乾、乹、榦)"。了解和掌握这些简化字或规范字与繁体字、异体字的对应关系,才能在文字运用中正确转换,否则难免会出现把"干预、皇后、数学系"转换成"乾預、皇後、數學繫"之类的错误。

在台湾,某一组音义基本相同的字都是常用字,但用法有区别,需要注意分辨,如"后/後",分别用于"后妃、皇后、後期、延後";又如"系/係/繫",分别用于"系統、數學系、係數、關係、聯繫、繫領帶";又如"干/乾/幹",分别用于"干預、乾燥、幹線、主幹",又如"蕩/盪"分别用于"水蕩、浩蕩、動盪、震盪"。

外国人学习汉语,因使用的课本不同,有人学的是简化字,有人学的是繁体字,也需要了解二者之间的对应关系。

创新点:资料新;信息量大;对照细致。

读者对象:大陆与港澳台地区从事经济和文化交流者、汉语研究者、语文工作者、广告设计者,以及以汉语为第二语言的学习者。

## 二 基本内容

(一)字量。字头计8105个,即《通用规范汉字表》的全部规范字。附列繁体字2574个、异体字1023个,以及对应的台湾正体字、香港常用字。因澳门没有专门字表,故未对照。

(二)字序。字头按汉字读音的汉语拼音字母顺序排列。多音字只选一个较常用的读音。

(三)字形

采用宋体。台湾字形依据《国字标准字体宋体母稿》(台湾当局教育主管部门1994年)、《国字标准字体(教师手册)》(台湾当局教育主管部门2001年修订二版),香港字形依据《常用字字形表》(香港教育局2007年重排本,原为楷体)。

先列大陆规范字字形,如有繁体字、异体字则附在后边,繁体字加圆括号,异体字加方括号。次列台湾正体字字形,最后列香港常用字字形。

如果大陆规范字字形没有繁体字、异体字,台湾正体字、香港常用字字形相同,则不重复列出;台湾、香港字形不同,则列出。如果大陆规范字字形有繁体字、异体字,台湾正体字、香港常用字字形无论相同与否,均逐一列出。

(四)笔画数。只标出字头即大陆规范字字形的笔画数。

(五)字级

大陆规范字字形分为三级:一级字 3500 个,是使用频度最高的常用字集;二级字 3000 个,使用频度低于一级字;三级字 1605 个,是一级字、二级字之外的较为通用的字。分别简称为"一级、二级、三级"。

台湾正体字字形分为四级,即"常用、次常用、罕用、异体",简称为"常、次、罕、异"。《国字标准字体宋体母稿》中的附录字以及未收的字归入罕用字。

香港字形只列常用字和对应的异体字,分别简称为"常""异"。

(六)读音。字头读音用汉语拼音标注。有的字头后的繁体字或异体字不止一个,读音或有不同,为了简便不另外列音项,如"荫"的繁体字"蔭"读 yīn,异体字"廕"读 yìn,都列在一条。

## 三 注释

(一)对某些构字能力强的字形有差异的字头做简要解说。

(二)对某些词义或用法上容易发生误解的字头做简要解说。解说文字除特殊需要外,一般采用大陆规范字形。

(三)某字的繁体字或异体字因另有音义而作为规范字,则注明"另见某页某字条",如"伙"的繁体字"夥","渺"的异体字"淼"。

## 四 索引

字头有两个索引,即笔画索引、汉语拼音音节索引。

海峡两岸人民有着共同的血脉和历史文化,汉字是中华民族的宝贵遗产。大陆与港澳台地区的通用汉字字形存在诸多差异,这只是暂时现象,将来必定逐渐趋同。我们期盼这一天早日到来。

承蒙我的昔日领导李宇明老师指教并赐序,谨致谢忱!

# 汉语拼音音节索引

**【说明】** 1.本索引所列为基本音节，未分声调。2.每一音节后举一个字作例，可按例字检索同音节的字。3.例字右侧的数字是正文页码。

## A

| | | |
|---|---|---|
| a | （阿） | 1 |
| ai | （哀） | 1 |
| an | （安） | 1 |
| ang | （肮） | 2 |
| ao | （凹） | 2 |

## B

| | | |
|---|---|---|
| ba | （八） | 3 |
| bai | （白） | 3 |
| ban | （班） | 4 |
| bang | （邦） | 4 |
| bao | （包） | 5 |
| bei | （杯） | 5 |
| ben | （奔） | 6 |
| beng | （崩） | 7 |
| bi | （逼） | 7 |
| bian | （边） | 9 |
| biao | （标） | 9 |
| bie | （别） | 10 |
| bin | （宾） | 10 |
| bing | （兵） | 11 |
| bo | （拨） | 11 |
| bu | （不） | 12 |

## C

| | | |
|---|---|---|
| ca | （擦） | 13 |
| cai | （猜） | 13 |
| can | （参） | 13 |
| cang | （仓） | 14 |
| cao | （操） | 14 |
| ce | （册） | 14 |
| cen | （岑） | 14 |
| ceng | （层） | 14 |
| cha | （叉） | 14 |
| chai | （拆） | 15 |
| chan | （搀） | 15 |
| chang | （昌） | 16 |
| chao | （抄） | 17 |
| che | （车） | 17 |
| chen | （尘） | 18 |
| cheng | （称） | 18 |
| chi | （吃） | 19 |
| chong | （充） | 21 |
| chou | （抽） | 21 |
| chu | （出） | 22 |
| chuai | （揣） | 23 |
| chuan | （川） | 23 |
| chuang | （窗） | 23 |
| chui | （吹） | 23 |
| chun | （春） | 24 |
| chuo | （戳） | 24 |
| ci | （词） | 24 |
| cong | （匆） | 25 |
| cou | （凑） | 25 |
| cu | （粗） | 25 |
| cuan | （窜） | 26 |
| cui | （崔） | 26 |
| cun | （村） | 26 |
| cuo | （搓） | 26 |

## D

| | | |
|---|---|---|
| da | （搭） | 27 |
| dai | （呆） | 27 |
| dan | （丹） | 28 |
| dang | （当） | 29 |
| dao | （刀） | 29 |
| de | （德） | 30 |
| den | （扽） | 30 |
| deng | （灯） | 30 |
| di | （低） | 30 |
| dia | （嗲） | 32 |
| dian | （颠） | 32 |
| diao | （刁） | 32 |
| die | （爹） | 33 |
| ding | （丁） | 33 |
| diu | （丢） | 34 |
| dong | （东） | 34 |
| dou | （兜） | 35 |
| du | （督） | 35 |
| duan | （端） | 36 |
| dui | （堆） | 36 |
| dun | （吨） | 36 |
| duo | （多） | 37 |

## 汉语拼音音节索引 E—L

### E

| | | |
|---|---|---|
| e | (讹) | 37 |
| en | (恩) | 38 |
| er | (儿) | 38 |

### F

| | | |
|---|---|---|
| fa | (发) | 39 |
| fan | (帆) | 39 |
| fang | (方) | 40 |
| fei | (飞) | 41 |
| fen | (分) | 41 |
| feng | (丰) | 42 |
| fo | (佛) | 43 |
| fou | (否) | 43 |
| fu | (夫) | 43 |

### G

| | | |
|---|---|---|
| ga | (旮) | 45 |
| gai | (该) | 46 |
| gan | (甘) | 46 |
| gang | (刚) | 47 |
| gao | (高) | 47 |
| ge | (戈) | 48 |
| gei | (给) | 49 |
| gen | (根) | 49 |
| geng | (更) | 49 |
| gong | (工) | 49 |
| gou | (勾) | 50 |
| gu | (估) | 50 |
| gua | (瓜) | 52 |
| guai | (乖) | 52 |
| guan | (关) | 52 |
| guang | (光) | 53 |
| gui | (归) | 53 |
| gun | (滚) | 54 |
| guo | (郭) | 54 |

### H

| | | |
|---|---|---|
| ha | (哈) | 55 |
| hai | (孩) | 55 |
| han | (含) | 55 |
| hang | (杭) | 56 |
| hao | (毫) | 56 |
| he | (禾) | 57 |
| hei | (黑) | 58 |
| hen | (痕) | 58 |
| heng | (恒) | 58 |
| hong | (轰) | 58 |
| hou | (侯) | 59 |
| hu | (乎) | 60 |
| hua | (花) | 61 |
| huai | (怀) | 61 |
| huan | (欢) | 62 |
| huang | (荒) | 63 |
| hui | (灰) | 63 |
| hun | (昏) | 65 |
| huo | (火) | 65 |

### J

| | | |
|---|---|---|
| ji | (几) | 66 |
| jia | (加) | 69 |
| jian | (戋) | 70 |
| jiang | (江) | 73 |
| jiao | (交) | 73 |
| jie | (阶) | 75 |
| jin | (巾) | 76 |
| jing | (京) | 77 |
| jiong | (迥) | 79 |
| jiu | (久) | 79 |
| ju | (居) | 80 |
| juan | (捐) | 81 |
| jue | (决) | 82 |
| jun | (军) | 83 |

### K

| | | |
|---|---|---|
| ka | (卡) | 83 |
| kai | (开) | 83 |
| kan | (刊) | 84 |
| kang | (康) | 84 |
| kao | (考) | 85 |
| ke | (科) | 85 |
| kei | (剋) | 86 |
| ken | (肯) | 86 |
| keng | (坑) | 86 |
| kong | (空) | 86 |
| kou | (抠) | 86 |
| ku | (矻) | 86 |
| kua | (夸) | 87 |
| kuai | (快) | 87 |
| kuan | (宽) | 87 |
| kuang | (匡) | 87 |
| kui | (亏) | 88 |
| kun | (昆) | 89 |
| kuo | (扩) | 89 |

### L

| | | |
|---|---|---|
| la | (垃) | 90 |
| lai | (来) | 90 |
| lan | (兰) | 90 |
| lang | (郎) | 91 |
| lao | (捞) | 92 |
| le | (乐) | 92 |
| lei | (雷) | 92 |
| leng | (冷) | 93 |
| li | (厘) | 93 |
| lian | (连) | 96 |
| liang | (良) | 97 |
| liao | (辽) | 97 |
| lie | (列) | 98 |
| lin | (林) | 99 |
| ling | (灵) | 99 |
| liu | (溜) | 100 |
| long | (龙) | 101 |
| lou | (娄) | 102 |
| lu | (卢) | 102 |
| lü | (吕) | 104 |
| luan | (乱) | 105 |
| lüe | (掠) | 105 |
| lun | (抡) | 105 |
| luo | (罗) | 105 |

## M

| | | |
|---|---|---|
| m | (呣) | 106 |
| ma | (妈) | 106 |
| mai | (埋) | 107 |
| man | (蛮) | 107 |
| mang | (芒) | 108 |
| mao | (猫) | 108 |
| me | (么) | 109 |
| mei | (眉) | 109 |
| men | (门) | 110 |
| meng | (萌) | 110 |
| mi | (迷) | 111 |
| mian | (眠) | 111 |
| miao | (苗) | 112 |
| mie | (灭) | 112 |
| min | (民) | 112 |
| ming | (名) | 113 |
| miu | (谬) | 113 |
| mo | (摸) | 113 |
| mou | (谋) | 114 |
| mu | (母) | 114 |

## N

| | | |
|---|---|---|
| na | (拿) | 115 |
| nai | (乃) | 115 |
| nan | (男) | 116 |
| nang | (囊) | 116 |
| nao | (脑) | 116 |
| ne | (讷) | 116 |
| nei | (内) | 116 |
| nen | (嫩) | 116 |
| neng | (能) | 117 |
| ng | (嗯) | 117 |
| ni | (尼) | 117 |
| nian | (年) | 117 |
| niang | (娘) | 118 |
| niao | (鸟) | 118 |
| nie | (捏) | 118 |
| nin | (您) | 118 |
| ning | (宁) | 118 |
| niu | (牛) | 119 |
| nong | (农) | 119 |
| nou | (耨) | 119 |
| nu | (奴) | 119 |
| nü | (女) | 119 |
| nuan | (暖) | 120 |
| nüe | (疟) | 120 |
| nuo | (挪) | 120 |

## O

| | | |
|---|---|---|
| o | (噢) | 120 |
| ou | (欧) | 120 |

## P

| | | |
|---|---|---|
| pa | (趴) | 120 |
| pai | (拍) | 121 |
| pan | (潘) | 121 |
| pang | (乓) | 121 |
| pao | (抛) | 121 |
| pei | (胚) | 122 |
| pen | (喷) | 122 |
| peng | (烹) | 122 |
| pi | (批) | 123 |
| pian | (偏) | 124 |
| piao | (漂) | 124 |
| pie | (氕) | 124 |
| pin | (拼) | 125 |
| ping | (乒) | 125 |
| po | (坡) | 125 |
| pou | (剖) | 126 |
| pu | (扑) | 126 |

## Q

| | | |
|---|---|---|
| qi | (七) | 127 |
| qia | (掐) | 129 |
| qian | (千) | 129 |
| qiang | (枪) | 131 |
| qiao | (敲) | 131 |
| qie | (切) | 132 |
| qin | (亲) | 132 |
| qing | (青) | 133 |
| qiong | (穷) | 134 |
| qiu | (丘) | 134 |
| qu | (区) | 135 |
| quan | (全) | 136 |
| que | (缺) | 136 |
| qun | (群) | 137 |

## R

| | | |
|---|---|---|
| ran | (然) | 137 |
| rang | (壤) | 137 |
| rao | (饶) | 137 |
| re | (热) | 138 |
| ren | (人) | 138 |
| reng | (扔) | 138 |
| ri | (日) | 138 |
| rong | (容) | 138 |
| rou | (柔) | 139 |
| ru | (如) | 139 |
| ruan | (软) | 139 |
| rui | (蕊) | 139 |
| run | (闰) | 140 |
| ruo | (若) | 140 |

## S

| | | |
|---|---|---|
| sa | (撒) | 140 |
| sai | (赛) | 140 |
| san | (三) | 140 |
| sang | (丧) | 141 |
| sao | (搔) | 141 |
| se | (色) | 141 |
| sen | (森) | 141 |
| seng | (僧) | 141 |
| sha | (杀) | 141 |
| shai | (筛) | 142 |
| shan | (山) | 142 |
| shang | (商) | 143 |
| shao | (烧) | 143 |
| she | (奢) | 143 |
| shei | (谁) | 144 |

| | | | | | | | | |
|---|---|---|---|---|---|---|---|---|
| shen | （申） | 144 | tiao | （挑） | 160 | xiong | （凶） | 180 |
| sheng | （升） | 145 | tie | （贴） | 160 | xiu | （休） | 181 |
| shi | （石） | 146 | ting | （听） | 160 | xu | （须） | 181 |
| shou | （收） | 148 | tong | （通） | 161 | xuan | （宣） | 182 |
| shu | （书） | 148 | tou | （偷） | 162 | xue | （靴） | 184 |
| shua | （刷） | 150 | tu | （突） | 162 | xun | （勋） | 184 |
| shuai | （衰） | 150 | tuan | （团） | 162 | | | |
| shuan | （拴） | 150 | tui | （推） | 163 | | Y | |
| shuang | （双） | 150 | tun | （吞） | 163 | ya | （压） | 185 |
| shui | （水） | 150 | tuo | （托） | 163 | yan | （言） | 186 |
| shun | （顺） | 150 | | | | yang | （央） | 188 |
| shuo | （说） | 150 | | W | | yao | （夭） | 189 |
| si | （司） | 150 | wa | （挖） | 164 | ye | （也） | 190 |
| song | （松） | 151 | wai | （歪） | 164 | yi | （衣） | 191 |
| sou | （搜） | 152 | wan | （弯） | 164 | yin | （因） | 194 |
| su | （苏） | 153 | wang | （汪） | 165 | ying | （应） | 196 |
| suan | （酸） | 153 | wei | （危） | 166 | yo | （哟） | 197 |
| sui | （虽） | 153 | wen | （温） | 168 | yong | （拥） | 197 |
| sun | （孙） | 154 | weng | （翁） | 168 | you | （由） | 198 |
| suo | （所） | 154 | wo | （涡） | 168 | yu | （于） | 199 |
| | | | wu | （乌） | 169 | yuan | （鸳） | 202 |
| | T | | | | | yue | （约） | 203 |
| | | | | X | | yun | （云） | 204 |
| ta | （他） | 155 | xi | （夕） | 171 | | | |
| tai | （胎） | 155 | xia | （虾） | 173 | | Z | |
| tan | （贪） | 156 | xian | （先） | 174 | za | （杂） | 205 |
| tang | （汤） | 157 | xiang | （乡） | 176 | zai | （灾） | 205 |
| tao | （涛） | 157 | xiao | （小） | 177 | zan | （咱） | 206 |
| te | （特） | 158 | xie | （些） | 178 | zang | （脏） | 206 |
| teng | （疼） | 158 | xin | （心） | 179 | zao | （遭） | 206 |
| ti | （梯） | 158 | xing | （兴） | 179 | ze | （则） | 207 |
| tian | （天） | 159 | | | | | | |

| | | | | | |
|---|---|---|---|---|---|
| zei | （贼） | 207 | | | |
| zen | （怎） | 207 | | | |
| zeng | （增） | 207 | | | |
| zha | （闸） | 208 | | | |
| zhai | （摘） | 208 | | | |
| zhan | （占） | 209 | | | |
| zhang | （张） | 209 | | | |
| zhao | （招） | 210 | | | |
| zhe | （遮） | 211 | | | |
| zhen | （真） | 211 | | | |
| zheng | （争） | 212 | | | |
| zhi | （之） | 213 | | | |
| zhong | （中） | 216 | | | |
| zhou | （舟） | 216 | | | |
| zhu | （朱） | 217 | | | |
| zhua | （抓） | 219 | | | |
| zhuai | （拽） | 219 | | | |
| zhuan | （专） | 219 | | | |
| zhuang | （庄） | 219 | | | |
| zhui | （追） | 219 | | | |
| zhun | （准） | 220 | | | |
| zhuo | （拙） | 220 | | | |
| zi | （子） | 221 | | | |
| zong | （宗） | 222 | | | |
| zou | （走） | 222 | | | |
| zu | （租） | 222 | | | |
| zuan | （钻） | 223 | | | |
| zui | （最） | 223 | | | |
| zun | （尊） | 223 | | | |
| zuo | （作） | 223 | | | |

# 笔画索引

【说明】1.本索引收入书中全部字头,即大陆规范字8105个,未收后附的繁体字、异体字及台湾正体字、香港常用字。2.汉字按笔画数由少至多排列,笔画数相同的按起笔笔形一丨丿、一依次排列。3.汉字右侧的数字是正文页码。

| 一画 | | 九 | 79 | 才 | 13 | 川 | 23 | 【一】 | | 四画 | | 木 | 115 |
|---|---|---|---|---|---|---|---|---|---|---|---|---|---|
| | | 刁 | 32 | 下 | 174 | 亿 | 193 | 尸 | 146 | | | 五 | 170 |
| 一 | 191 | 了 | 98 | 寸 | 26 | 亻 | 20 | 己 | 68 | 【一】 | | 支 | 213 |
| 乙 | 192 | 刀 | 29 | 大 | 27 | 个 | 49 | 已 | 192 | 丰 | 42 | 丏 | 111 |
| 二画 | | 力 | 94 | 丈 | 210 | 夕 | 171 | 巳 | 151 | 王 | 165 | 厅 | 160 |
| | | 乃 | 115 | 兀 | 170 | 久 | 79 | 弓 | 49 | 元 | 127 | 卅 | 140 |
| 二 | 39 | 又 | 199 | 尢 | 165 | 么 | 109 | 子 | 221 | 开 | 83 | 不 | 12 |
| 十 | 146 | 乜 | 112 | 与 | 200 | 勺 | 143 | 孑 | 75 | 井 | 78 | 厷 | 207 |
| 丁 | 33 | 三画 | | 万 | 165 | 凡 | 39 | 卫 | 167 | 天 | 159 | 犬 | 136 |
| 厂 | 17 | | | 弋 | 193 | 丸 | 164 | 孓 | 82 | 夫 | 43 | 太 | 156 |
| 七 | 127 | 【一】 | | 【丨】 | | 及 | 67 | 也 | 190 | 元 | 203 | 区 | 135 |
| 卜 | 12 | 三 | 140 | 上 | 143 | 【丶】 | | 女 | 119 | 无 | 169 | 历 | 94 |
| 八 | 3 | 干 | 46 | 小 | 177 | 广 | 53 | 刃 | 138 | 韦 | 166 | 歹 | 27 |
| 人 | 138 | 亍 | 22 | 口 | 86 | 亡 | 165 | 飞 | 41 | 云 | 204 | 友 | 199 |
| 入 | 139 | 于 | 199 | 山 | 142 | 门 | 110 | 习 | 172 | 专 | 219 | 尤 | 198 |
| 乂 | 192 | 亏 | 88 | 巾 | 76 | 丫 | 185 | 叉 | 14 | 丐 | 46 | 厄 | 38 |
| 儿 | 38 | 工 | 49 | 【丿】 | | 义 | 193 | 马 | 106 | 扎 | 205 | 匹 | 123 |
| 匕 | 7 | 土 | 162 | 千 | 129 | 之 | 213 | 乡 | 176 | 廿 | 117 | 车 | 17 |
| 几 | 66 | 士 | 147 | 乞 | 128 | | | 幺 | 189 | 艺 | 193 | 巨 | 80 |

| | | | | | | | | | | | | | | | | | | |
|---|---|---|---|---|---|---|---|---|---|---|---|---|---|---|---|---|---|---|
| 牙 | 185 | 打 | 34 | 风 | 42 | 夬 | 52 | 叮 | 161 | 布 | 12 | 卟 | 12 |
| 屯 | 163 | 片 | 124 | 丹 | 28 | 引 | 195 | 打 | 27 | 夯 | 56 | 只 | 213 |
| 戈 | 48 | 仆 | 126 | 勺 | 204 | 丑 | 22 | 巧 | 132 | 戊 | 170 | 叭 | 3 |
| 比 | 7 | 化 | 61 | 乌 | 169 | 爿 | 121 | 正 | 213 | 龙 | 101 | 史 | 147 |
| 互 | 60 | 仉 | 210 | 印 | 2 | 巴 | 3 | 扑 | 126 | 平 | 125 | 央 | 188 |
| 切 | 132 | 仇 | 21 | 殳 | 148 | 孔 | 86 | 卉 | 64 | 灭 | 112 | 叱 | 20 |
| 瓦 | 164 | 币 | 7 | 勾 | 50 | 队 | 36 | 扒 | 3 | 轧 | 186 | 兄 | 180 |
| 【丨】 | | 仂 | 92 | 凤 | 43 | 辽 | 120 | 邗 | 134 | 东 | 34 | 叽 | 66 |
| 止 | 214 | 仍 | 138 | 【丶】 | | 办 | 4 | 功 | 49 | 匜 | 191 | 叼 | 33 |
| 少 | 143 | 仅 | 76 | 卞 | 9 | 以 | 192 | 扔 | 138 | 劢 | 107 | 叫 | 74 |
| 日 | 203 | 斤 | 76 | 六 | 101 | 允 | 205 | 去 | 136 | 卡 | 83 | 叩 | 86 |
| 曰 | 138 | 爪 | 210 | 文 | 168 | 予 | 200 | 甘 | 46 | 北 | 6 | 叨 | 29 |
| 中 | 216 | 反 | 40 | 亢 | 84 | 邓 | 30 | 世 | 147 | 占 | 209 | 叻 | 92 |
| 贝 | 6 | 兮 | 171 | 方 | 40 | 劝 | 136 | 艾 | 1 | 凸 | 162 | 另 | 100 |
| 冈 | 47 | 刈 | 193 | 闩 | 150 | 双 | 150 | 芄 | 73 | 卢 | 102 | 叹 | 157 |
| 内 | 116 | 介 | 76 | 火 | 65 | 册 | 53 | 古 | 51 | 业 | 191 | 冉 | 137 |
| 水 | 150 | 父 | 45 | 为 | 166 | 书 | 148 | 节 | 75 | 旧 | 79 | 皿 | 113 |
| 见 | 72 | 从 | 25 | 斗 | 35 | 毋 | 169 | 艽 | 115 | 帅 | 150 | 凹 | 2 |
| 【丿】 | | 爻 | 189 | 忆 | 193 | 幻 | 62 | 本 | 7 | 归 | 53 | 囚 | 134 |
| 午 | 170 | 仑 | 105 | 计 | 68 | **五画** | | 术 | 149 | 旦 | 28 | 四 | 151 |
| 牛 | 119 | 今 | 76 | 订 | 34 | | | 札 | 208 | 目 | 115 | 生 | 145 |
| 手 | 148 | 凶 | 180 | 户 | 61 | 玉 | 201 | 可 | 85 | 且 | 132 | 矢 | 147 |
| 气 | 129 | 分 | 41 | 讣 | 45 | 刊 | 84 | 叵 | 126 | 叶 | 191 | 失 | 146 |
| 毛 | 108 | 乏 | 39 | 认 | 138 | 未 | 167 | 匝 | 205 | 甲 | 70 | 乍 | 124 |
| 壬 | 138 | 公 | 49 | 冗 | 139 | 末 | 114 | 丙 | 11 | 申 | 144 | 乐 | 208 |
| 升 | 145 | 仓 | 14 | 讥 | 66 | 示 | 147 | 左 | 223 | 叮 | 34 | 禾 | 57 |
| 夭 | 189 | 月 | 204 | 心 | 179 | 击 | 66 | 厉 | 95 | 电 | 32 | 仁 | 140 |
| 长 | 17 | 氏 | 147 | 【一】 | | 邗 | 55 | 丕 | 123 | 号 | 57 | 丘 | 134 |
| 仁 | 138 | 勿 | 170 | 尹 | 195 | 邢 | 199 | 石 | 146 | 田 | 159 | 仕 | 147 |
| 什 | 145 | 欠 | 130 | 尺 | 20 | 戋 | 70 | 右 | 199 | 由 | 198 | 付 | 45 |

笔画索引  六画

| 字 | 页 | 字 | 页 | 字 | 页 | 字 | 页 | 字 | 页 | 字 | 页 | 字 | 页 | 字 | 页 |
|---|---|---|---|---|---|---|---|---|---|---|---|---|---|---|---|
| 仗 | 210 | 卯 | 108 | 忉 | 29 | 辽 | 97 | 刑 | 180 | 场 | 17 | 郏 | 127 |
| 代 | 27 | 犯 | 40 | 宁 | 118 | 奶 | 115 | 邢 | 180 | 扬 | 189 | 压 | 185 |
| 仙 | 174 | 外 | 164 | 穴 | 184 | 奴 | 119 | 戎 | 138 | 耳 | 39 | 厌 | 188 |
| 仟 | 129 | 处 | 22 | 它 | 155 | 尕 | 46 | 动 | 34 | 芋 | 201 | 库 | 144 |
| 仡 | 48 | 冬 | 34 | 宄 | 53 | 召 | 210 | 圩 | 166 | 芝 | 35 | 戍 | 181 |
| 仫 | 115 | 鸟 | 118 | 讦 | 75 | 加 | 69 | 扞 | 56 | 共 | 50 | 在 | 206 |
| 仮 | 67 | 务 | 170 | 讧 | 181 | 皮 | 123 | 圬 | 169 | 芊 | 129 | 百 | 3 |
| 们 | 110 | 刍 | 22 | 讧 | 59 | 边 | 9 | 圭 | 53 | 芍 | 143 | 有 | 199 |
| 仪 | 191 | 包 | 5 | 讨 | 158 | 孕 | 205 | 扛 | 84 | 芄 | 122 | 存 | 26 |
| 白 | 3 | 饥 | 66 | 写 | 178 | 发 | 39 | 寺 | 151 | 芨 | 165 | 而 | 38 |
| 仔 | 222 | 【丶】 | | 让 | 137 | 圣 | 146 | 吉 | 67 | 芰 | 66 | 页 | 191 |
| 他 | 155 | 主 | 218 | 礼 | 94 | 对 | 36 | 扣 | 86 | 芒 | 108 | 匠 | 73 |
| 仞 | 138 | 江 | 47 | 讪 | 142 | 弁 | 9 | 圲 | 129 | 亚 | 186 | 夸 | 87 |
| 斥 | 20 | 市 | 147 | 讫 | 129 | 台 | 155 | 扦 | 129 | 芝 | 213 | 夺 | 37 |
| 卮 | 213 | 邝 | 88 | 训 | 185 | 矛 | 108 | 考 | 85 | 芑 | 128 | 夼 | 88 |
| 瓜 | 52 | 立 | 95 | 议 | 193 | 纠 | 79 | 托 | 163 | 芎 | 180 | 灰 | 63 |
| 仝 | 161 | 冯 | 43 | 必 | 7 | 驭 | 201 | 圪 | 48 | 芗 | 176 | 达 | 27 |
| 乎 | 60 | 邙 | 108 | 讯 | 185 | 母 | 114 | 托 | 163 | 朽 | 181 | 戌 | 149 |
| 丛 | 25 | 玄 | 183 | 记 | 68 | 幼 | 199 | 圳 | 212 | 朴 | 126 | 尥 | 98 |
| 令 | 100 | 闪 | 142 | 永 | 197 | 丝 | 150 | 老 | 92 | 机 | 3 | 列 | 98 |
| 用 | 179 | 兰 | 90 | 讱 | 138 | **六画** | | 巩 | 50 | 机 | 66 | 死 | 151 |
| 甩 | 150 | 半 | 4 | 【一】 | | 【一】 | | 圾 | 66 | 朳 | 95 | 成 | 19 |
| 印 | 196 | 汁 | 213 | 司 | 150 | 匡 | 87 | 执 | 214 | 权 | 136 | 夹 | 70 |
| 氐 | 31 | 汀 | 160 | 尼 | 117 | 耒 | 93 | 圹 | 88 | 过 | 55 | 夷 | 191 |
| 尔 | 39 | 汇 | 64 | 尻 | 85 | 邦 | 4 | 扩 | 89 | 亘 | 49 | 轨 | 54 |
| 乐 | 92 | 头 | 162 | 民 | 112 | 玎 | 34 | 扪 | 110 | 臣 | 18 | 邪 | 178 |
| 句 | 81 | 氿 | 79 | 弗 | 43 | 玑 | 66 | 扫 | 141 | 吏 | 95 | 邬 | 26 |
| 匆 | 25 | 汋 | 33 | 弘 | 59 | 式 | 147 | 圯 | 123 | 再 | 206 | 尧 | 189 |
| 犰 | 134 | 汉 | 56 | 出 | 22 | 迂 | 199 | 圯 | 191 | 协 | 178 | 划 | 61 |
| 册 | 14 | 氾 | 39 | 阡 | 129 | 迁 | 199 | 地 | 31 | 西 | 171 | 迈 | 107 |

笔画索引 六画

| 毕 | 7 | 吆 | 189 | 舌 | 144 | 份 | 42 | 伞 | 140 | 〔丶〕 | | 汗 | 56 |
|---|---|---|---|---|---|---|---|---|---|---|---|---|---|
| 至 | 214 | 屼 | 170 | 竹 | 218 | 伧 | 14 | 邠 | 10 | 冱 | 61 | 污 | 169 |
| 〔丨〕 | | 屿 | 200 | 迁 | 129 | 华 | 61 | 创 | 23 | 壮 | 219 | 江 | 73 |
| 此 | 25 | 屾 | 144 | 乔 | 132 | 仰 | 189 | 刖 | 204 | 冲 | 21 | 沥 | 165 |
| 乩 | 66 | 屹 | 193 | 迄 | 129 | 伉 | 84 | 肌 | 66 | 妆 | 219 | 汕 | 142 |
| 贞 | 211 | 岁 | 154 | 伟 | 166 | 仿 | 40 | 肋 | 93 | 冰 | 11 | 汔 | 129 |
| 师 | 146 | 岌 | 67 | 传 | 23 | 伙 | 65 | 朵 | 37 | 庄 | 219 | 汐 | 171 |
| 尘 | 18 | 帆 | 39 | 乒 | 125 | 伪 | 166 | 杂 | 205 | 庆 | 134 | 沟 | 220 |
| 尖 | 71 | 廸 | 15 | 乓 | 121 | 仟 | 218 | 凤 | 153 | 亦 | 193 | 汲 | 67 |
| 劣 | 98 | 回 | 64 | 休 | 181 | 忄 | 179 | 危 | 166 | 刘 | 100 | 汛 | 185 |
| 光 | 53 | 岂 | 128 | 伍 | 170 | 自 | 222 | 旬 | 184 | 齐 | 127 | 汜 | 151 |
| 当 | 29 | 岂 | 128 | 伎 | 68 | 伊 | 191 | 旨 | 214 | 交 | 73 | 池 | 20 |
| 早 | 206 | 则 | 207 | 伏 | 43 | 乩 | 10 | 旮 | 45 | 衣 | 191 | 汝 | 139 |
| 呼 | 201 | 刚 | 47 | 伛 | 200 | 血 | 184 | 旭 | 182 | 次 | 25 | 汤 | 157 |
| 吐 | 162 | 网 | 165 | 优 | 198 | 向 | 176 | 负 | 45 | 产 | 16 | 汊 | 15 |
| 吓 | 174 | 肉 | 139 | 臼 | 79 | 囟 | 179 | 犴 | 2 | 决 | 82 | 忖 | 26 |
| 㫰 | 90 | 囟 | 29 | 伢 | 185 | 似 | 151 | 刎 | 168 | 亥 | 55 | 忏 | 16 |
| 曳 | 191 | 囡 | 116 | 伐 | 39 | 后 | 59 | 犷 | 53 | 邡 | 40 | 忙 | 108 |
| 虫 | 21 | 〔丿〕 | | 仳 | 123 | 行 | 180 | 匈 | 180 | 充 | 21 | 兴 | 179 |
| 曲 | 135 | 钆 | 45 | 延 | 186 | 用 | 103 | 犸 | 106 | 妄 | 165 | 宇 | 200 |
| 团 | 162 | 钇 | 192 | 伾 | 164 | 舟 | 216 | 舛 | 23 | 闫 | 186 | 守 | 148 |
| 吕 | 104 | 年 | 117 | 仲 | 216 | 全 | 136 | 名 | 113 | 闭 | 7 | 宅 | 208 |
| 同 | 161 | 朱 | 217 | 伲 | 130 | 会 | 64 | 各 | 49 | 问 | 168 | 字 | 222 |
| 吊 | 33 | 缶 | 43 | 件 | 170 | 杀 | 141 | 多 | 37 | 闯 | 23 | 安 | 1 |
| 吒 | 208 | 氘 | 30 | 件 | 72 | 合 | 57 | 凫 | 43 | 羊 | 189 | 讲 | 73 |
| 吃 | 19 | 氖 | 115 | 任 | 138 | 兆 | 210 | 争 | 212 | 并 | 11 | 讳 | 64 |
| 因 | 194 | 先 | 174 | 伤 | 143 | 企 | 128 | 邬 | 169 | 关 | 52 | 讴 | 120 |
| 吸 | 171 | 牝 | 125 | 伥 | 16 | 氽 | 26 | 色 | 141 | 米 | 111 | 军 | 83 |
| 吖 | 1 | 丢 | 34 | 价 | 70 | 众 | 216 | 灯 | 30 | 灯 | 30 | 讵 | 81 |
| 吗 | 107 | 廷 | 160 | 伦 | 105 | 爷 | 190 | 饧 | 180 | 州 | 216 | 讶 | 186 |

| 祁 | 127 | 阳 | 189 | 纰 | 165 | 抚 | 44 | 铃 | 105 | 报 | 5 | 苁 | 25 |
|---|---|---|---|---|---|---|---|---|---|---|---|---|---|
| 讷 | 116 | 收 | 148 | 级 | 67 | 坛 | 156 | 抢 | 105 | 拟 | 117 | 芩 | 133 |
| 许 | 182 | 阪 | 4 | 纩 | 88 | 抟 | 162 | 扮 | 42 | 却 | 137 | 芬 | 42 |
| 讹 | 37 | 阶 | 75 | 纪 | 68 | 技 | 68 | 扮 | 4 | 抒 | 148 | 苍 | 14 |
| 䜣 | 179 | 阴 | 194 | 驰 | 20 | 坏 | 62 | 抢 | 131 | 劫 | 75 | 芪 | 127 |
| 论 | 105 | 防 | 40 | 纫 | 138 | 抔 | 126 | 抵 | 214 | 扨 | 152 | 苈 | 170 |
| 讻 | 180 | 丞 | 19 | 巡 | 184 | 坯 | 135 | 孝 | 177 | 毐 | 1 | 苂 | 130 |
| 讼 | 152 | 奸 | 71 | **七画** | | 抠 | 86 | 坎 | 84 | 芙 | 43 | 芰 | 142 |
| 农 | 119 | 如 | 139 | | | 坜 | 95 | 坍 | 156 | 芫 | 203 | 苄 | 9 |
| 讽 | 43 | 妁 | 150 | 【一】 | | 扰 | 138 | 均 | 83 | 芜 | 169 | 芝 | 168 |
| 设 | 144 | 妇 | 45 | 寿 | 148 | 扼 | 38 | 坞 | 170 | 苇 | 166 | 芳 | 40 |
| 访 | 41 | 妃 | 41 | 玕 | 46 | 拒 | 81 | 抑 | 193 | 邯 | 55 | 严 | 186 |
| 讫 | 218 | 好 | 57 | 玒 | 59 | 坉 | 163 | 抛 | 121 | 芸 | 204 | 芴 | 167 |
| 诀 | 82 | 她 | 155 | 玚 | 199 | 拖 | 30 | 投 | 162 | 苷 | 43 | 苎 | 218 |
| 【一】 | | 妈 | 106 | 麦 | 107 | 找 | 210 | 抃 | 9 | 荬 | 68 | 芦 | 102 |
| 聿 | 201 | 戏 | 173 | 玖 | 79 | 批 | 123 | 坟 | 42 | 苯 | 43 | 芯 | 179 |
| 寻 | 184 | 羽 | 201 | 玓 | 31 | 址 | 214 | 坑 | 86 | 苈 | 95 | 劳 | 92 |
| 那 | 115 | 观 | 52 | 玘 | 128 | 扯 | 18 | 抗 | 84 | 苊 | 38 | 克 | 85 |
| 艮 | 49 | 牟 | 114 | 坜 | 189 | 走 | 222 | 坊 | 40 | 芘 | 123 | 芭 | 3 |
| 甙 | 35 | 欢 | 62 | 玛 | 106 | 抄 | 17 | 扨 | 63 | 苣 | 81 | 芤 | 86 |
| 迅 | 185 | 买 | 107 | 形 | 180 | 贡 | 50 | 扨 | 63 | 芽 | 185 | 苏 | 153 |
| 尽 | 77 | 纡 | 199 | 进 | 77 | 汞 | 50 | 抖 | 35 | 苊 | 7 | 苡 | 192 |
| 导 | 30 | 红 | 59 | 戒 | 76 | 坝 | 3 | 护 | 61 | 芷 | 214 | 杆 | 46 |
| 异 | 193 | 纣 | 217 | 吞 | 163 | 攻 | 49 | 壳 | 85 | 芮 | 139 | 杠 | 47 |
| 弛 | 20 | 驮 | 163 | 远 | 203 | 赤 | 20 | 志 | 214 | 苋 | 175 | 杜 | 35 |
| 阩 | 78 | 纤 | 174 | 韧 | 138 | 圻 | 127 | 块 | 87 | 芼 | 108 | 材 | 13 |
| 阮 | 139 | 纥 | 57 | 划 | 16 | 折 | 211 | 抉 | 82 | 苌 | 17 | 村 | 26 |
| 孙 | 154 | 驯 | 185 | 运 | 205 | 抓 | 219 | 扭 | 119 | 花 | 61 | 杕 | 31 |
| 阵 | 212 | 纼 | 184 | 【一丨】 | | 坂 | 4 | 声 | 145 | 芹 | 133 | 杖 | 210 |
| 孖 | 221 | 约 | 203 | 扶 | 43 | 扳 | 4 | 把 | 3 | 芥 | 76 | 杌 | 170 |

| 字 | 页 | 字 | 页 | 字 | 页 | 字 | 页 | 字 | 页 | 字 | 页 | 字 | 页 | 字 | 页 | 字 | 页 |
|---|---|---|---|---|---|---|---|---|---|---|---|---|---|---|---|---|---|
| 杙 | 193 | 邶 | 123 | 坚 | 71 | 旸 | 189 | 别 | 10 | 氚 | 23 | 佣 | 197 | | |
| 杏 | 180 | 否 | 43 | 【丨丶】 | | 吡 | 7 | 呒 | 150 | 牡 | 114 | 低 | 30 | | |
| 杆 | 129 | 还 | 55 | 肖 | 177 | 町 | 34 | 妍 | 129 | 告 | 48 | 你 | 117 | | |
| 杉 | 142 | 矶 | 66 | 【丨一】 | | 足 | 223 | 帏 | 166 | 牤 | 108 | 佝 | 50 | | |
| 巫 | 169 | 奁 | 96 | 旰 | 47 | 虬 | 134 | 岐 | 127 | 我 | 169 | 佟 | 161 | | |
| 杓 | 9 | 尪 | 165 | 旱 | 56 | 邮 | 198 | 岖 | 135 | 乱 | 105 | 佁 | 217 | | |
| 极 | 67 | 豕 | 147 | 吁 | 181 | 男 | 116 | 岈 | 95 | 利 | 95 | 住 | 218 | | |
| 杧 | 108 | 尨 | 108 | 盯 | 34 | 困 | 89 | 岠 | 81 | 秃 | 162 | 位 | 167 | | |
| 杞 | 128 | 尬 | 46 | 呈 | 19 | 吵 | 17 | 岘 | 185 | 秀 | 181 | 伭 | 174 | | |
| 李 | 94 | 歼 | 71 | 时 | 146 | 串 | 23 | 岗 | 47 | 私 | 151 | 伴 | 4 | | |
| 杨 | 189 | 【一丶】 | | 吴 | 169 | 呗 | 6 | 岷 | 175 | 否 | 2 | 佗 | 163 | | |
| 杈 | 15 | 来 | 90 | 呋 | 43 | 员 | 203 | 帐 | 210 | 每 | 109 | 必 | 7 | | |
| 杩 | 106 | 忒 | 163 | 呒 | 106 | 呐 | 115 | 岑 | 14 | 【丿丨】 | | 身 | 144 | | |
| 求 | 134 | 【一一】 | | 助 | 218 | 呙 | 54 | 岚 | 90 | 佞 | 119 | 皂 | 207 | | |
| 忒 | 158 | 连 | 96 | 县 | 175 | 吽 | 58 | 咒 | 151 | 兵 | 11 | 伺 | 151 | | |
| 孛 | 6 | 欤 | 199 | 里 | 94 | 听 | 160 | 邑 | 3 | 邱 | 134 | 伲 | 117 | | |
| 甫 | 44 | 轩 | 182 | 呓 | 193 | 咚 | 44 | 财 | 13 | 估 | 50 | 佛 | 43 | | |
| 匣 | 173 | 软 | 27 | 呆 | 27 | 吟 | 195 | 杏 | 110 | 体 | 159 | 伽 | 69 | | |
| 更 | 49 | 轫 | 204 | 呕 | 16 | 吩 | 42 | 囨 | 79 | 何 | 57 | 囱 | 25 | | |
| 束 | 149 | 轪 | 138 | 吱 | 213 | 呛 | 131 | 囡 | 105 | 佐 | 223 | 佁 | 192 | | |
| 吾 | 169 | 迈 | 186 | 吠 | 41 | 吻 | 168 | 囦 | 60 | 伾 | 123 | 【丿丿】 | |
| 豆 | 35 | 【丨一】 | | 呔 | 27 | 吹 | 23 | 贬 | 188 | 佑 | 199 | 近 | 77 | | |
| 两 | 97 | 邯 | 6 | 呕 | 120 | 呜 | 169 | 【丿一】 | | 攸 | 198 | 彻 | 18 | | |
| 邴 | 11 | 志 | 156 | 园 | 203 | 吭 | 86 | 针 | 211 | 但 | 28 | 役 | 193 | | |
| 酉 | 199 | 芈 | 111 | 呖 | 95 | 呎 | 133 | 钉 | 34 | 伸 | 144 | 彷 | 121 | | |
| 丽 | 95 | 步 | 12 | 呃 | 38 | 吲 | 195 | 钊 | 210 | 佃 | 32 | 返 | 40 | | |
| 【一丿】 | | 卤 | 103 | 旷 | 88 | 吧 | 3 | 钋 | 125 | 佚 | 193 | 【丿丶】 | |
| 医 | 191 | 卣 | 199 | 围 | 166 | 邑 | 193 | 钌 | 98 | 作 | 223 | 佘 | 144 | | |
| 辰 | 18 | 【丨丨】 | | 呀 | 185 | 吼 | 59 | 连 | 170 | 伯 | 11 | 余 | 199 | | |
| 励 | 95 | 邺 | 191 | 吨 | 36 | 囤 | 163 | 氙 | 174 | 伶 | 99 | 希 | 171 | | |

| 金 | 129 | 狃 | 119 | 庇 | 8 | 灼 | 220 | 汊 | 45 | 松 | 151 | 诈 | 208 |
|---|---|---|---|---|---|---|---|---|---|---|---|---|---|
| 坐 | 223 | 犹 | 205 | 疗 | 34 | 炀 | 189 | 沧 | 105 | 怆 | 23 | 诉 | 153 |
| 谷 | 51 | 鸠 | 79 | 疠 | 97 | 弟 | 31 | 汹 | 180 | 忺 | 174 | 罕 | 56 |
| 孚 | 44 | 条 | 160 | 疖 | 75 | 【丶丶】 |  | 汾 | 42 | 忖 | 9 | 诊 | 212 |
| 妥 | 164 | 彤 | 161 | 吝 | 99 | 沣 | 42 | 泛 | 40 | 忧 | 18 | 诋 | 31 |
| 豸 | 215 | 卵 | 105 | 应 | 196 | 汪 | 165 | 沧 | 14 | 快 | 87 | 诒 | 216 |
| 含 | 55 | 灸 | 79 | 这 | 211 | 汧 | 129 | 沨 | 42 | 忸 | 119 | 邲 | 8 |
| 邻 | 99 | 岛 | 30 | 冷 | 93 | 洴 | 78 | 没 | 109 | 完 | 165 | 词 | 24 |
| 坌 | 7 | 邹 | 222 | 庐 | 102 | 沅 | 203 | 沟 | 50 | 宋 | 152 | 诎 | 135 |
| 岔 | 15 | 刨 | 5 | 序 | 182 | 汦 | 170 | 汴 | 9 | 宏 | 59 | 诏 | 210 |
| 【丿】 |  | 饨 | 163 | 辛 | 179 | 沸 | 166 | 汶 | 168 | 牢 | 92 | 诐 | 8 |
| 肝 | 46 | 迎 | 196 | 育 | 63 | 沄 | 204 | 沆 | 56 | 究 | 79 | 译 | 193 |
| 肟 | 169 | 饮 | 173 | 弃 | 129 | 沐 | 115 | 沩 | 166 | 穷 | 134 | 诒 | 192 |
| 肛 | 47 | 饪 | 138 | 冶 | 190 | 沛 | 122 | 沪 | 61 | 灾 | 205 | 【ㄧ一】 |  |
| 肚 | 36 | 饫 | 201 | 忘 | 166 | 沔 | 112 | 沈 | 145 | 【丶㇆】 |  | 君 | 83 |
| 肘 | 217 | 饬 | 20 | 【丶丨】 |  | 汰 | 156 | 沉 | 18 | 良 | 97 | 灵 | 99 |
| 肠 | 17 | 饭 | 40 | 闰 | 140 | 沤 | 120 | 沁 | 133 | 诋 | 72 | 即 | 67 |
| 邸 | 31 | 饮 | 195 | 闱 | 166 | 沥 | 95 | 泐 | 92 | 证 | 213 | 层 | 14 |
| 龟 | 53 | 系 | 173 | 闲 | 174 | 沌 | 36 | 泠 | 187 | 诂 | 51 | 屁 | 124 |
| 甸 | 32 | 【丶一】 |  | 闵 | 59 | 沘 | 7 | 怃 | 170 | 诃 | 57 | 屃 | 173 |
| 兔 | 62 | 言 | 186 | 间 | 71 | 沏 | 127 | 忮 | 215 | 启 | 128 | 尿 | 118 |
| 免 | 112 | 冻 | 34 | 闶 | 113 | 沚 | 214 | 怀 | 61 | 评 | 125 | 尾 | 167 |
| 劬 | 135 | 状 | 219 | 闹 | 84 | 沙 | 141 | 怄 | 120 | 补 | 12 | 迟 | 20 |
| 狂 | 88 | 亩 | 114 | 闷 | 110 | 汩 | 51 | 忧 | 198 | 初 | 22 | 局 | 80 |
| 犹 | 198 | 况 | 88 | 【丶丿】 |  | 汩 | 111 | 忡 | 163 | 社 | 144 | 驱 | 86 |
| 狈 | 6 | 亨 | 58 | 羌 | 131 | 沢 | 6 | 忡 | 21 | 祀 | 151 | 改 | 46 |
| 狄 | 31 | 庑 | 170 | 判 | 121 | 汭 | 140 | 忤 | 170 | 祃 | 107 | 张 | 209 |
| 飓 | 189 | 床 | 23 | 兑 | 36 | 汽 | 129 | 忾 | 84 | 诅 | 223 | 忌 | 68 |
| 角 | 74 | 庋 | 54 | 灶 | 207 | 沃 | 169 | 怅 | 17 | 识 | 146 | 【一丨】 |  |
| 删 | 142 | 库 | 87 | 灿 | 14 | 沂 | 191 | 忻 | 179 | 诇 | 181 | 际 | 68 |

## 笔画索引 八画

| 陆 | 103 | 妒 | 36 | 纶 | 105 | 汾 | 42 | 担 | 28 | 拌 | 4 | 邴 | 49 |
|---|---|---|---|---|---|---|---|---|---|---|---|---|---|
| 阿 | 1 | 妞 | 119 | 纷 | 42 | 玱 | 131 | 坤 | 89 | 扛 | 87 | 茂 | 108 |
| 孜 | 221 | 妣 | 151 | 纸 | 214 | 玥 | 204 | 押 | 185 | 拧 | 119 | 茏 | 101 |
| 陇 | 102 | 妤 | 200 | 驳 | 168 | 表 | 10 | 押 | 18 | 坨 | 163 | 苹 | 125 |
| 陈 | 18 | 努 | 119 | 纹 | 168 | 玟 | 168 | 抽 | 21 | 坭 | 117 | 苦 | 142 |
| 卺 | 75 | 邵 | 143 | 纺 | 41 | 玦 | 82 | 劼 | 75 | 抿 | 113 | 苷 | 115 |
| 岾 | 32 | 劭 | 143 | 纼 | 218 | 孟 | 200 | 拐 | 52 | 拂 | 44 | 苴 | 80 |
| 阻 | 223 | 忍 | 138 | 驴 | 104 | 忝 | 159 | 㧟 | 79 | 拙 | 220 | 苗 | 112 |
| 邮 | 22 | 【一丶】 | | 纨 | 28 | 规 | 53 | 怍 | 208 | 招 | 210 | 苋 | 213 |
| 阼 | 223 | 刭 | 78 | 驶 | 82 | 匦 | 54 | 拖 | 163 | 坡 | 125 | 英 | 196 |
| 附 | 45 | 劲 | 77 | 纠 | 212 | 【一丨】 | | 拊 | 44 | 披 | 123 | 苒 | 137 |
| 坠 | 220 | 郏 | 9 | 纽 | 119 | 抹 | 114 | 者 | 211 | 拨 | 11 | 尚 | 133 |
| 陀 | 163 | 甬 | 197 | 纾 | 148 | 卦 | 52 | 拍 | 121 | 择 | 207 | 茌 | 20 |
| 陂 | 123 | 邰 | 155 | | | 邽 | 53 | 顶 | 34 | 奔 | 80 | 苻 | 44 |
| 陉 | 180 | 矣 | 192 | 八画 | | 坩 | 46 | 坼 | 18 | 抬 | 155 | 苓 | 100 |
| 【一丿】 | | 鸡 | 66 | 【一一】 | | 郝 | 146 | 拆 | 15 | 拇 | 114 | 苘 | 196 |
| 妍 | 186 | 【一一】 | | 奉 | 43 | 坷 | 85 | 㧅 | 52 | 坳 | 2 | 茋 | 31 |
| 妧 | 203 | 纬 | 167 | 拜 | 5 | 坏 | 123 | 坽 | 100 | 拗 | 2 | 苟 | 50 |
| 妩 | 170 | 纭 | 205 | 玞 | 43 | 拓 | 155 | 拎 | 99 | 耵 | 34 | 茆 | 108 |
| 妘 | 205 | 驱 | 135 | 玩 | 165 | 拢 | 102 | 拥 | 197 | 其 | 127 | 茑 | 118 |
| 妓 | 68 | 纮 | 59 | 玮 | 167 | 拔 | 3 | 坻 | 31 | 耶 | 190 | 苑 | 203 |
| 妪 | 201 | 纯 | 24 | 环 | 62 | 坪 | 125 | 抵 | 31 | 取 | 136 | 苞 | 5 |
| 妣 | 7 | 纰 | 123 | 玡 | 185 | 抨 | 122 | 拘 | 80 | 茉 | 114 | 范 | 40 |
| 妙 | 112 | 纱 | 141 | 玭 | 125 | 拣 | 71 | 势 | 147 | 苷 | 46 | 苧 | 118 |
| 妊 | 138 | 驯 | 138 | 武 | 170 | 拤 | 129 | 抱 | 5 | 苦 | 87 | 茓 | 184 |
| 妖 | 189 | 纲 | 47 | 青 | 133 | 㩟 | 32 | 挂 | 218 | 苯 | 7 | 茔 | 196 |
| 姈 | 77 | 纳 | 115 | 责 | 207 | 拈 | 117 | 垆 | 90 | 昔 | 171 | 苾 | 8 |
| 姊 | 222 | 纴 | 138 | 现 | 175 | 垆 | 103 | 拉 | 90 | 苛 | 85 | 茕 | 134 |
| 妨 | 40 | 驳 | 11 | 玫 | 109 | 坦 | 156 | 拦 | 90 | 苤 | 125 | 直 | 214 |
| 妫 | 53 | 纵 | 222 | 玠 | 76 | 坦 | 135 | 幸 | 180 | 若 | 140 | 苠 | 113 |

| | | | | | | | | | | | | | | | | |
|---|---|---|---|---|---|---|---|---|---|---|---|---|---|---|---|---|
| 萧 | 44 | 枫 | 42 | 剀 | 87 | 歧 | 127 | 畅 | 17 | 咋 | 208 | 帜 | 215 |
| 苗 | 220 | 构 | 50 | 奔 | 6 | 肯 | 86 | 晛 | 175 | 咐 | 45 | 帙 | 215 |
| 苕 | 143 | 杭 | 56 | 奇 | 127 | 齿 | 20 | 昕 | 170 | 呱 | 52 | 岈 | 223 |
| 茄 | 132 | 枋 | 40 | 匼 | 85 | 些 | 178 | 昇 | 145 | 呼 | 60 | 帕 | 120 |
| 茎 | 77 | 杰 | 75 | 奄 | 187 | 卓 | 220 | 呸 | 122 | 吟 | 100 | 岭 | 100 |
| 苔 | 155 | 述 | 149 | 奋 | 42 | 虎 | 60 | 昕 | 179 | 咚 | 34 | 岣 | 50 |
| 茅 | 108 | 枕 | 212 | 态 | 156 | 虏 | 103 | 贩 | 4 | 鸣 | 113 | 岽 | 108 |
| 枉 | 165 | 杻 | 119 | 瓯 | 120 | 【丨】 | | 明 | 113 | 咆 | 121 | 岁 | 54 |
| 枅 | 67 | 杷 | 120 | 欧 | 120 | 肾 | 145 | 吻 | 60 | 咛 | 118 | 岭 | 161 |
| 林 | 99 | 柠 | 218 | 殴 | 120 | 贤 | 174 | 易 | 193 | 咇 | 8 | 峒 | 151 |
| 枝 | 213 | 丧 | 141 | 垄 | 102 | 【丶】 | | 昽 | 101 | 咏 | 198 | 迥 | 79 |
| 杯 | 5 | 或 | 66 | 殁 | 114 | 尚 | 143 | 昀 | 205 | 呢 | 116 | 岷 | 113 |
| 枢 | 148 | 画 | 61 | 【一丶】 | | 【丨一】 | | 昂 | 2 | 咄 | 37 | 剀 | 83 |
| 枥 | 95 | 卧 | 169 | 郑 | 70 | 盱 | 181 | 旻 | 113 | 呶 | 116 | 凯 | 83 |
| 柜 | 54 | 事 | 147 | 【一一】 | | 旺 | 166 | 昉 | 41 | 咖 | 83 | 陂 | 122 |
| 枇 | 123 | 刺 | 25 | 妻 | 127 | 具 | 81 | 炅 | 79 | 哈 | 55 | 峄 | 193 |
| 杪 | 112 | 枣 | 206 | 轰 | 58 | 昊 | 57 | 旿 | 61 | 咿 | 106 | 困 | 137 |
| 杳 | 190 | 雨 | 201 | 顷 | 133 | 昈 | 167 | 咔 | 83 | 呦 | 198 | 沓 | 155 |
| 枫 | 47 | 卖 | 107 | 转 | 219 | 昙 | 156 | 昇 | 8 | 咝 | 151 | 败 | 4 |
| 柄 | 140 | 【一丿】 | | 轭 | 38 | 味 | 167 | 虮 | 68 | 岵 | 61 | 账 | 210 |
| 枧 | 71 | 矸 | 46 | 斩 | 209 | 杲 | 47 | 迪 | 31 | 岢 | 85 | 贩 | 40 |
| 杵 | 22 | 砭 | 47 | 轮 | 105 | 果 | 55 | 典 | 32 | 岸 | 2 | 贬 | 9 |
| 枚 | 109 | 郁 | 201 | 轵 | 127 | 昃 | 207 | 固 | 51 | 岩 | 187 | 购 | 50 |
| 枨 | 19 | 砘 | 86 | 软 | 139 | 昆 | 89 | 忠 | 216 | 岽 | 34 | 贮 | 218 |
| 析 | 171 | 矾 | 39 | 到 | 30 | 国 | 54 | 咀 | 80 | 帖 | 160 | 图 | 100 |
| 板 | 4 | 矿 | 88 | 郅 | 215 | 哎 | 1 | 呷 | 173 | 罗 | 105 | 囵 | 162 |
| 枍 | 193 | 砀 | 29 | 鸢 | 202 | 咕 | 50 | 呻 | 144 | 岜 | 88 | 冈 | 165 |
| 枞 | 25 | 码 | 106 | 【丨一】 | | 昌 | 16 | 黾 | 113 | 岨 | 80 | 【丿一】 | |
| 松 | 152 | 厕 | 14 | 非 | 41 | 呵 | 57 | 映 | 188 | 岬 | 70 | 钍 | 162 |
| 枪 | 131 | 奈 | 115 | 叔 | 148 | 哑 | 205 | 咒 | 217 | 岫 | 181 | 钬 | 193 |

## 八画

| 字 | 页 | 字 | 页 | 字 | 页 | 字 | 页 | 字 | 页 | 字 | 页 | 字 | 页 | 字 | 页 |
|---|---|---|---|---|---|---|---|---|---|---|---|---|---|---|---|
| 钎 | 130 | 【丿丨】 | | 侨 | 132 | 往 | 165 | 饯 | 131 | 狙 | 80 | 底 | 31 |
| 钏 | 23 | 佳 | 69 | 佺 | 136 | 爬 | 120 | 【丿一】 | | 狎 | 173 | 庖 | 121 |
| 钐 | 142 | 侍 | 147 | 侩 | 87 | 彼 | 7 | 肼 | 78 | 狐 | 60 | 疟 | 120 |
| 钓 | 33 | 佶 | 67 | 佻 | 160 | 径 | 78 | 肤 | 43 | 忽 | 60 | 疠 | 95 |
| 钒 | 39 | 岳 | 204 | 佾 | 193 | 所 | 154 | 胈 | 219 | 狝 | 175 | 疝 | 142 |
| 钔 | 110 | 佬 | 92 | 佩 | 122 | 舠 | 30 | 肺 | 41 | 狗 | 50 | 疙 | 48 |
| 钕 | 119 | 侢 | 115 | 货 | 66 | 【丿丶】 | | 肢 | 213 | 狍 | 121 | 疚 | 79 |
| 钖 | 189 | 供 | 50 | 侈 | 20 | 舍 | 144 | 肽 | 156 | 狞 | 118 | 疡 | 189 |
| 钗 | 15 | 使 | 147 | 佳 | 219 | 金 | 76 | 肱 | 49 | 狒 | 41 | 剂 | 68 |
| 郏 | 217 | 佰 | 3 | 侎 | 193 | 剑 | 54 | 肫 | 220 | 咎 | 79 | 卒 | 223 |
| 制 | 215 | 侑 | 199 | 侘 | 163 | 郐 | 87 | 肿 | 216 | 备 | 6 | 郊 | 73 |
| 知 | 213 | 侉 | 87 | 侪 | 15 | 刹 | 141 | 胂 | 115 | 炙 | 215 | 忞 | 113 |
| 迭 | 33 | 例 | 95 | 佼 | 74 | 郗 | 57 | 胀 | 210 | 枭 | 177 | 兖 | 187 |
| 氖 | 42 | 侠 | 173 | 依 | 191 | 命 | 113 | 胅 | 171 | 钱 | 72 | 庚 | 49 |
| 迮 | 207 | 臾 | 200 | 饮 | 25 | 肴 | 190 | 朋 | 122 | 饰 | 147 | 废 | 41 |
| 垂 | 23 | 侥 | 74 | 伴 | 189 | 郅 | 132 | 欣 | 130 | 饱 | 5 | 净 | 78 |
| 牦 | 108 | 版 | 4 | 侘 | 15 | 斧 | 44 | 股 | 51 | 饲 | 151 | 妾 | 132 |
| 牧 | 115 | 侄 | 214 | 侬 | 119 | 凭 | 152 | 肮 | 2 | 饴 | 37 | 盲 | 108 |
| 物 | 170 | 岱 | 28 | 帛 | 11 | 爸 | 3 | 肪 | 40 | 饽 | 192 | 放 | 41 |
| 牥 | 40 | 侦 | 211 | 卑 | 6 | 采 | 13 | 肥 | 41 | 【丶一】 | | 刻 | 85 |
| 乖 | 52 | 侣 | 104 | 的 | 30 | 籴 | 31 | 服 | 44 | 冽 | 98 | 於 | 200 |
| 刮 | 52 | 侗 | 34 | 迫 | 126 | 觅 | 111 | 胁 | 178 | 变 | 9 | 劲 | 57 |
| 秆 | 47 | 侃 | 84 | 阜 | 45 | 受 | 148 | 周 | 217 | 京 | 77 | 育 | 201 |
| 和 | 57 | 侧 | 14 | 侔 | 114 | 乳 | 139 | 剁 | 37 | 享 | 176 | 氓 | 108 |
| 季 | 68 | 侏 | 217 | 【丿丿】 | | 贪 | 156 | 昏 | 65 | 冼 | 175 | 【丶丨】 | |
| 委 | 167 | 侁 | 144 | 质 | 215 | 念 | 118 | 迨 | 39 | 庞 | 121 | 闸 | 208 |
| 竺 | 218 | 凭 | 125 | 欣 | 179 | 贫 | 125 | 郈 | 184 | 店 | 32 | 闹 | 116 |
| 秉 | 11 | 侹 | 161 | 郐 | 59 | 敉 | 4 | 鱼 | 200 | 夜 | 191 | 【丶丿】 | |
| 迤 | 192 | 佸 | 65 | 征 | 212 | 忿 | 42 | 兔 | 162 | 庙 | 112 | 郑 | 213 |
| | | | | 徂 | 25 | 瓮 | 168 | 狎 | 123 | 府 | 44 | 券 | 136 |

| 卷 | 81 | 沮 | 80 | 波 | 11 | 宠 | 21 | 袄 | 174 | 隶 | 95 | 限 | 175 |
|---|---|---|---|---|---|---|---|---|---|---|---|---|---|
| 单 | 28 | 泗 | 159 | 泼 | 125 | 宜 | 192 | 祎 | 191 | 帚 | 217 | 嵒 | 76 |
| 炜 | 167 | 油 | 198 | 泽 | 207 | 审 | 145 | 祉 | 214 | 屈 | 159 | 嵧 | 115 |
| 伛 | 120 | 泱 | 188 | 泾 | 77 | 宙 | 217 | 视 | 147 | 居 | 80 | 【丿】 | |
| 炬 | 81 | 泂 | 79 | 治 | 215 | 官 | 52 | 祈 | 128 | 届 | 76 | 姝 | 109 |
| 炖 | 37 | 泗 | 134 | 怔 | 213 | 空 | 86 | 祇 | 128 | 刷 | 150 | 姑 | 50 |
| 炒 | 17 | 泅 | 151 | 怯 | 132 | 帘 | 96 | 役 | 36 | 鸤 | 146 | 妼 | 3 |
| 忻 | 179 | 泊 | 11 | 怙 | 61 | 岁 | 171 | 祊 | 7 | 屈 | 135 | 姐 | 27 |
| 炘 | 84 | 泠 | 100 | 怵 | 22 | 穹 | 134 | 诇 | 161 | 弧 | 60 | 姐 | 76 |
| 炝 | 131 | 泒 | 213 | 怖 | 12 | 宛 | 165 | 诛 | 217 | 弥 | 111 | 妯 | 217 |
| 炊 | 23 | 泺 | 106 | 怦 | 122 | 实 | 146 | 诜 | 144 | 弦 | 174 | 姓 | 180 |
| 炆 | 168 | 沿 | 187 | 怛 | 27 | 宓 | 111 | 话 | 61 | 弢 | 157 | 姈 | 100 |
| 炕 | 84 | 泃 | 80 | 快 | 189 | 【丶丿】 | | 诞 | 28 | 弨 | 17 | 姗 | 142 |
| 炎 | 187 | 泖 | 108 | 性 | 180 | 诓 | 87 | 诟 | 50 | 【一丨】 | | 妮 | 117 |
| 炉 | 103 | 泡 | 122 | 怍 | 223 | 诔 | 93 | 诠 | 136 | 承 | 19 | 姪 | 180 |
| 炔 | 136 | 注 | 218 | 怕 | 121 | 试 | 147 | 诡 | 54 | 孟 | 110 | 始 | 147 |
| 【丶丶】 | | 泣 | 129 | 怜 | 96 | 郎 | 91 | 询 | 184 | 陋 | 102 | 帑 | 157 |
| 沫 | 114 | 泫 | 183 | 怡 | 217 | 诖 | 52 | 诣 | 193 | 戕 | 131 | 弩 | 119 |
| 浅 | 130 | 泮 | 121 | 怩 | 117 | 诗 | 146 | 净 | 213 | 陌 | 114 | 孥 | 119 |
| 法 | 39 | 泞 | 119 | 怫 | 44 | 诘 | 75 | 该 | 46 | 陁 | 39 | 弩 | 119 |
| 泔 | 46 | 沱 | 163 | 怊 | 17 | 戾 | 95 | 详 | 176 | 孤 | 50 | 姆 | 114 |
| 泄 | 178 | 泻 | 178 | 怿 | 193 | 肩 | 71 | 诧 | 15 | 抱 | 5 | 虱 | 146 |
| 沽 | 50 | 泌 | 111 | 怪 | 52 | 房 | 40 | 浑 | 65 | 陕 | 142 | 迢 | 160 |
| 沭 | 149 | 泳 | 198 | 怡 | 192 | 诙 | 63 | 詪 | 58 | 亟 | 67 | 迦 | 69 |
| 河 | 57 | 泥 | 117 | 峃 | 184 | 戽 | 61 | 诩 | 182 | 陉 | 46 | 驾 | 70 |
| 泷 | 101 | 泯 | 113 | 学 | 184 | 诚 | 19 | 【一一】 | | 陈 | 148 | 【一丶】 | |
| 泙 | 125 | 沸 | 41 | 宝 | 5 | 郓 | 205 | 建 | 72 | 降 | 73 | 迳 | 78 |
| 沾 | 209 | 泓 | 59 | 宗 | 222 | 衬 | 18 | 郏 | 184 | 陗 | 67 | 叁 | 140 |
| 泸 | 103 | 沼 | 210 | 定 | 34 | 衫 | 142 | 肃 | 153 | 函 | 55 | 参 | 13 |
| 泪 | 93 | 泇 | 69 | 宕 | 29 | 衩 | 15 | 录 | 103 | 陔 | 46 | 迨 | 28 |

## 笔画索引 九画

| 字 | 页 | 字 | 页 | 字 | 页 | 字 | 页 | 字 | 页 | 字 | 页 | 字 | 页 | 字 | 页 | 字 | 页 |
|---|---|---|---|---|---|---|---|---|---|---|---|---|---|---|---|---|---|
| 艰 | 71 | 驿 | 193 | 玲 | 100 | 城 | 19 | 垏 | 47 | 荙 | 27 | 荒 | 63 |
| 叕 | 220 | 绎 | 193 | 珑 | 95 | 挟 | 178 | 垎 | 58 | 巷 | 177 | 荄 | 46 |
| 【一一】 | | 经 | 77 | 珊 | 142 | 挠 | 116 | 挣 | 212 | 荚 | 70 | 茺 | 21 |
| 线 | 175 | 驽 | 156 | 聊 | 101 | 垤 | 33 | 挤 | 68 | 蒉 | 192 | 荷 | 107 |
| 绀 | 47 | 给 | 28 | 玹 | 183 | 政 | 213 | 垴 | 116 | 贳 | 147 | 垩 | 38 |
| 继 | 178 | 贯 | 53 | 珌 | 8 | 赴 | 45 | 垓 | 46 | 尧 | 137 | 荓 | 125 |
| 驱 | 123 | 甾 | 205 | 珉 | 113 | 赵 | 210 | 垟 | 189 | 荤 | 8 | 茳 | 73 |
| 绂 | 44 | | | 玿 | 143 | 赳 | 79 | 拼 | 125 | 茈 | 24 | 茫 | 108 |
| 练 | 96 | **九画** | | 珈 | 69 | 贡 | 6 | 垞 | 15 | 带 | 28 | 荡 | 29 |
| 驵 | 206 | | | 玻 | 11 | 垙 | 53 | 拖 | 208 | 草 | 14 | 荣 | 138 |
| 组 | 223 | 【一一】 | | 毒 | 35 | 挡 | 29 | 挖 | 164 | 茧 | 71 | 荦 | 65 |
| 绅 | 144 | 耔 | 222 | 型 | 180 | 挡 | 29 | 埃 | 1 | 茼 | 80 | 荥 | 180 |
| 细 | 173 | 契 | 129 | 铍 | 44 | 拽 | 219 | 按 | 2 | 茴 | 161 | 荤 | 106 |
| 驶 | 147 | 贰 | 39 | 【一丨】 | | 垌 | 34 | 挥 | 63 | 茵 | 194 | 荧 | 196 |
| 织 | 213 | 栔 | 75 | 拭 | 147 | 哉 | 206 | 埤 | 104 | 茴 | 64 | 荨 | 184 |
| 驷 | 79 | 奏 | 222 | 垚 | 190 | 垲 | 83 | 持 | 175 | 茱 | 218 | 荩 | 115 |
| 绚 | 79 | 春 | 24 | 挂 | 52 | 挺 | 161 | 挪 | 120 | 荏 | 160 | 茛 | 49 |
| 驸 | 151 | 帮 | 4 | 封 | 42 | 括 | 89 | 垠 | 195 | 荞 | 132 | 故 | 51 |
| 驸 | 45 | 珏 | 82 | 持 | 20 | 挻 | 142 | 拯 | 213 | 茯 | 44 | 荬 | 77 |
| 驹 | 80 | 珐 | 39 | 拮 | 75 | 郝 | 57 | 拶 | 205 | 茽 | 216 | 胡 | 60 |
| 终 | 216 | 珂 | 85 | 拷 | 85 | 垍 | 68 | 某 | 114 | 荏 | 138 | 劁 | 86 |
| 驺 | 222 | 珑 | 101 | 拱 | 50 | 垧 | 143 | 甚 | 145 | 荐 | 180 | 荪 | 154 |
| 绐 | 217 | 玶 | 125 | 垭 | 185 | 垢 | 50 | 荆 | 77 | 荃 | 136 | 荫 | 194 |
| 驻 | 218 | 玷 | 32 | 挝 | 168 | 耇 | 50 | 茏 | 92 | 荟 | 64 | 茹 | 139 |
| 驽 | 183 | 珇 | 223 | 垣 | 203 | 拴 | 150 | 茸 | 138 | 茶 | 15 | 荔 | 95 |
| 绊 | 4 | 珅 | 144 | 项 | 177 | 拾 | 146 | 萱 | 62 | 荀 | 184 | 南 | 116 |
| 驼 | 163 | 珌 | 28 | 垮 | 87 | 挑 | 160 | 革 | 48 | 茗 | 113 | 荚 | 107 |
| 绋 | 44 | 珀 | 126 | 挎 | 87 | 垛 | 37 | 茜 | 171 | 荠 | 128 | 茬 | 59 |
| 绌 | 23 | 预 | 55 | 挞 | 27 | 指 | 214 | 荏 | 15 | 荌 | 73 | 药 | 217 |
| 绍 | 143 | 珍 | 211 | 挞 | 155 | 垫 | 32 | 荐 | 72 | 茨 | 24 | 药 | 190 |

# 笔画索引 九画

| | | | | | | | | | | | | | | | | |
|---|---|---|---|---|---|---|---|---|---|---|---|---|---|---|---|---|
| 标 | 9 | 栅 | 208 | 甬 | 7 | 残 | 13 | 览 | 91 | 显 | 175 | 呲 | 24 |
| 奈 | 115 | 柳 | 101 | 研 | 187 | 殂 | 25 | 竖 | 149 | 冒 | 108 | 胃 | 167 |
| 栈 | 209 | 柊 | 216 | 砗 | 43 | 殃 | 188 | 【丨丿】 | | 咠 | 182 | 胄 | 217 |
| 枯 | 135 | 炮 | 5 | 砖 | 219 | 殇 | 143 | 籴 | 46 | 映 | 197 | 贵 | 54 |
| 柑 | 46 | 柱 | 219 | 厘 | 93 | 殄 | 159 | 省 | 145 | 禺 | 200 | 畋 | 159 |
| 枯 | 87 | 柿 | 147 | 砗 | 18 | 殆 | 28 | 【丨丶】 | | 晒 | 145 | 畈 | 40 |
| 栅 | 215 | 栏 | 91 | 厚 | 59 | 【一丿】 | | 削 | 184 | 星 | 180 | 界 | 76 |
| 柯 | 85 | 样 | 4 | 砑 | 186 | 轵 | 50 | 尝 | 17 | 昳 | 33 | 虷 | 55 |
| 柄 | 11 | 柠 | 119 | 砘 | 37 | 轷 | 85 | 【丨一】 | | 昨 | 223 | 虹 | 59 |
| 柘 | 211 | 柁 | 163 | 砒 | 123 | 轸 | 103 | 哐 | 88 | 眕 | 212 | 虾 | 173 |
| 栊 | 101 | 枞 | 198 | 砌 | 129 | 轴 | 217 | 昧 | 109 | 呋 | 63 | 虼 | 49 |
| 枢 | 79 | 招 | 143 | 砂 | 141 | 轵 | 214 | 昉 | 112 | 哒 | 27 | 虻 | 110 |
| 枰 | 125 | 枷 | 69 | 泵 | 7 | 铁 | 193 | 眍 | 86 | 呤 | 100 | 蚁 | 192 |
| 栋 | 34 | 柽 | 18 | 砚 | 188 | 轾 | 60 | 哪 | 4 | 昫 | 182 | 蚝 | 222 |
| 栌 | 103 | 树 | 149 | 砑 | 220 | 轿 | 212 | 盹 | 36 | 曷 | 57 | 思 | 151 |
| 相 | 176 | 勃 | 11 | 砭 | 9 | 轹 | 95 | 是 | 147 | 昴 | 108 | 蚂 | 106 |
| 查 | 15 | 剌 | 90 | 砍 | 84 | 轺 | 190 | 郢 | 197 | 咧 | 98 | 蛊 | 216 |
| 枷 | 173 | 郚 | 169 | 砜 | 42 | 轻 | 133 | 眇 | 112 | 昱 | 201 | 咣 | 53 |
| 柙 | 177 | 剐 | 102 | 砹 | 82 | 鸦 | 185 | 冔 | 11 | 昡 | 183 | 虽 | 153 |
| 柚 | 198 | 要 | 190 | 面 | 112 | 虿 | 15 | 觇 | 176 | 昵 | 117 | 品 | 125 |
| 枳 | 214 | 鸧 | 146 | 耐 | 116 | 皆 | 75 | 眊 | 108 | 咦 | 192 | 响 | 161 |
| 柷 | 218 | 酊 | 34 | 耏 | 39 | 毖 | 8 | 盼 | 121 | 哓 | 177 | 咽 | 188 |
| 柞 | 223 | 迺 | 115 | 耍 | 150 | 【丨一】 | | 眨 | 208 | 昭 | 210 | 骂 | 107 |
| 柏 | 3 | 郏 | 95 | 奎 | 88 | 韭 | 79 | 眬 | 101 | 哗 | 8 | 哆 | 204 |
| 枥 | 164 | 柬 | 71 | 耷 | 27 | 背 | 6 | 昀 | 159 | 咥 | 173 | 剀 | 52 |
| 栀 | 213 | 【一丿】 | | 麦 | 208 | 战 | 209 | 眈 | 28 | 昇 | 9 | 郧 | 205 |
| 柃 | 100 | 咸 | 175 | 牵 | 130 | 觇 | 15 | 哇 | 164 | 昳 | 136 | 勋 | 184 |
| 柢 | 31 | 庨 | 108 | 鸥 | 120 | 点 | 32 | 哩 | 39 | 畏 | 167 | 咻 | 181 |
| 栎 | 95 | 威 | 166 | 皰 | 64 | 虐 | 120 | 哄 | 59 | 毗 | 123 | 哗 | 61 |
| 构 | 50 | 歪 | 164 | 癸 | 187 | 【丨丨】 | | 哑 | 186 | 趴 | 120 | 咱 | 206 |

| 字 | 页 | 字 | 页 | 字 | 页 | 字 | 页 | 字 | 页 | 字 | 页 | 字 | 页 | 字 | 页 | 字 | 页 | 字 | 页 |
|---|---|---|---|---|---|---|---|---|---|---|---|---|---|---|---|---|---|---|---|
| 囿 | 199 | 峒 | 161 | 铃 | 130 | 秒 | 112 | 俚 | 94 | 徊 | 61 | 胧 | 101 |
| 咿 | 191 | 峤 | 132 | 钥 | 190 | 香 | 176 | 保 | 5 | 徇 | 185 | 胚 | 3 |
| 响 | 176 | 峗 | 166 | 钦 | 132 | 种 | 216 | 傅 | 125 | 徉 | 189 | 胨 | 34 |
| 哌 | 121 | 峋 | 184 | 钧 | 83 | 秭 | 222 | 促 | 25 | 衍 | 187 | 胩 | 83 |
| 哙 | 87 | 峥 | 212 | 钨 | 169 | 秋 | 134 | 俄 | 37 | 律 | 104 | 胪 | 103 |
| 哈 | 55 | 峧 | 73 | 钩 | 50 | 科 | 85 | 俐 | 95 | 很 | 58 | 胆 | 28 |
| 哚 | 37 | 骈 | 125 | 钪 | 84 | 重 | 216 | 侮 | 170 | 须 | 181 | 胛 | 70 |
| 咯 | 48 | 贱 | 72 | 钫 | 40 | 复 | 45 | 侨 | 171 | 舢 | 142 | 胂 | 145 |
| 哆 | 37 | 贴 | 160 | 钬 | 66 | 竿 | 46 | 俭 | 71 | 舣 | 192 | 胜 | 146 |
| 咬 | 190 | 贶 | 88 | 钭 | 35 | 笺 | 200 | 俗 | 153 | 【丿丶】 | | 胙 | 224 |
| 咳 | 85 | 贻 | 192 | 钮 | 119 | 笈 | 67 | 俘 | 44 | 叙 | 182 | 胞 | 20 |
| 咩 | 112 | 骨 | 51 | 钯 | 3 | 笃 | 35 | 信 | 179 | 俞 | 200 | 胍 | 52 |
| 咪 | 111 | 幽 | 198 | 卸 | 178 | 【丿丨】 | | 俍 | 97 | 拿 | 187 | 胗 | 211 |
| 咤 | 208 | 【丿一】 | | 缸 | 47 | 俦 | 21 | 皇 | 63 | 郤 | 171 | 胝 | 213 |
| 哝 | 119 | 钘 | 180 | 拜 | 4 | 段 | 36 | 泉 | 136 | 剑 | 72 | 胸 | 135 |
| 哪 | 115 | 铁 | 43 | 看 | 84 | 俨 | 187 | 饭 | 53 | 俞 | 22 | 胞 | 5 |
| 哏 | 49 | 钙 | 46 | 矩 | 80 | 俅 | 134 | 鬼 | 54 | 逃 | 158 | 胖 | 121 |
| 哞 | 114 | 钚 | 13 | 矧 | 145 | 便 | 9 | 侵 | 132 | 俎 | 223 | 脉 | 107 |
| 哟 | 197 | 钛 | 156 | 毡 | 209 | 俩 | 97 | 禹 | 201 | 郐 | 173 | 胅 | 41 |
| 峙 | 215 | 钜 | 81 | 氡 | 34 | 俪 | 95 | 侯 | 59 | 爰 | 203 | 胫 | 78 |
| 峘 | 62 | 钝 | 37 | 氟 | 44 | 俫 | 90 | 追 | 219 | 郛 | 44 | 胎 | 155 |
| 耑 | 36 | 钞 | 17 | 氢 | 133 | 昪 | 200 | 俑 | 198 | 食 | 146 | 鸨 | 5 |
| 炭 | 157 | 钟 | 216 | 牯 | 51 | 叟 | 152 | 俟 | 151 | 瓴 | 100 | 匍 | 126 |
| 剁 | 98 | 钡 | 6 | 怎 | 207 | 垡 | 39 | 俊 | 83 | 盆 | 122 | 勉 | 112 |
| 峡 | 173 | 钢 | 47 | 郜 | 48 | 贷 | 28 | 【丿丿】 | | 鸰 | 14 | 狯 | 138 |
| 峣 | 190 | 钠 | 115 | 牲 | 145 | 垄 | 72 | 盾 | 37 | 【丿一】 | | 狭 | 174 |
| 罘 | 44 | 铱 | 17 | 选 | 183 | 顺 | 150 | 胝 | 59 | 胗 | 147 | 狮 | 146 |
| 帧 | 211 | 钤 | 76 | 适 | 147 | 修 | 181 | 逅 | 60 | 胧 | 135 | 独 | 35 |
| 罚 | 39 | 钣 | 4 | 柜 | 81 | 俏 | 132 | 衍 | 84 | 肚 | 51 | 狲 | 87 |
| 峤 | 135 | 铃 | 105 | 秕 | 7 | 俣 | 201 | 待 | 28 | 胚 | 122 | 狰 | 213 |

| | | | | | | | | | | | | | | | | |
|---|---|---|---|---|---|---|---|---|---|---|---|---|---|---|---|---|
| 狡 | 74 | 奖 | 73 | 【丶丨】 | | 炣 | 85 | 浏 | 98 | 洛 | 106 | 恂 | 185 |
| 贴 | 209 | 哀 | 1 | 闺 | 53 | 炳 | 11 | 浃 | 69 | 浏 | 100 | 恪 | 85 |
| 炮 | 9 | 亭 | 160 | 闻 | 168 | 炻 | 146 | 柴 | 127 | 济 | 69 | 恔 | 74 |
| 狩 | 148 | 亮 | 97 | 阂 | 155 | 炼 | 97 | 浇 | 73 | 洨 | 177 | 恼 | 116 |
| 狱 | 201 | 庤 | 215 | 闽 | 113 | 炟 | 27 | 泚 | 25 | 浐 | 16 | 恽 | 205 |
| 狠 | 58 | 度 | 36 | 间 | 104 | 炽 | 20 | 浈 | 211 | 流 | 21 | 恨 | 58 |
| 狲 | 154 | 弈 | 193 | 闾 | 84 | 炯 | 79 | 狮 | 146 | 洋 | 189 | 举 | 80 |
| 訇 | 58 | 奕 | 193 | 阀 | 39 | 炸 | 208 | 洸 | 53 | 洴 | 125 | 觉 | 82 |
| 訄 | 134 | 迹 | 68 | 阁 | 48 | 烀 | 60 | 浊 | 220 | 洣 | 111 | 宣 | 182 |
| 逄 | 121 | 庭 | 160 | 阁 | 57 | 烟 | 198 | 洞 | 34 | 洲 | 217 | 宦 | 62 |
| 昝 | 206 | 庥 | 181 | 【丶丿】 | | 烁 | 150 | 泗 | 195 | 浑 | 65 | 宥 | 199 |
| 贸 | 108 | 疠 | 95 | 差 | 14 | 炮 | 122 | 洄 | 64 | 浒 | 60 | 戚 | 19 |
| 怨 | 203 | 疣 | 198 | 养 | 189 | 炷 | 219 | 测 | 14 | 浓 | 119 | 室 | 147 |
| 急 | 67 | 疥 | 76 | 美 | 109 | 炫 | 183 | 洙 | 218 | 津 | 76 | 宫 | 49 |
| 饵 | 39 | 疯 | 222 | 羑 | 199 | 烂 | 91 | 洗 | 173 | 浔 | 185 | 宪 | 176 |
| 饶 | 137 | 疮 | 23 | 姜 | 73 | 烃 | 160 | 活 | 65 | 浕 | 77 | 突 | 162 |
| 蚀 | 146 | 疯 | 42 | 迸 | 7 | 剃 | 159 | 洑 | 44 | 洳 | 139 | 穿 | 23 |
| 饷 | 176 | 疫 | 193 | 叛 | 121 | 【丶丶】 | | 涎 | 175 | 恸 | 162 | 窀 | 220 |
| 恰 | 57 | 疢 | 18 | 送 | 152 | 洭 | 88 | 洎 | 69 | 恃 | 147 | 窃 | 132 |
| 恪 | 92 | 疤 | 3 | 类 | 93 | 洼 | 164 | 洢 | 191 | 恒 | 58 | 客 | 85 |
| 饺 | 74 | 庠 | 176 | 籼 | 174 | 洁 | 75 | 洫 | 182 | 恓 | 171 | 【丶一】 | |
| 侬 | 171 | 咨 | 221 | 迷 | 111 | 洘 | 85 | 派 | 121 | 恢 | 186 | 诚 | 76 |
| 胤 | 196 | 姿 | 221 | 籽 | 222 | 洱 | 39 | 浍 | 64 | 恢 | 63 | 冠 | 52 |
| 饼 | 11 | 亲 | 132 | 娄 | 102 | 洪 | 59 | 洽 | 129 | 恍 | 63 | 诬 | 169 |
| 【丶一】 | | 竑 | 59 | 前 | 130 | 洹 | 62 | 洮 | 158 | 恫 | 34 | 语 | 201 |
| 峦 | 105 | 音 | 194 | 酋 | 134 | 涑 | 129 | 染 | 137 | 恺 | 84 | 扂 | 32 |
| 弯 | 164 | 彦 | 188 | 首 | 148 | 洒 | 140 | 浍 | 166 | 恻 | 14 | 扁 | 9 |
| 孪 | 105 | 飒 | 140 | 逆 | 117 | 洧 | 167 | 洵 | 184 | 恬 | 159 | 扃 | 79 |
| 娈 | 105 | 帝 | 31 | 兹 | 221 | 浐 | 169 | 泽 | 73 | 恤 | 182 | 袆 | 64 |
| 将 | 73 | 施 | 146 | 总 | 222 | 灭 | 182 | 洺 | 113 | 恰 | 129 | 衲 | 115 |

| 字 | 页 | 字 | 页 | 字 | 页 | 字 | 页 | 字 | 页 | 字 | 页 | 字 | 页 | 字 | 页 |
|---|---|---|---|---|---|---|---|---|---|---|---|---|---|---|---|
| 衽 | 138 | 退 | 163 | 娅 | 186 | 矜 | 76 | 鬲 | 9 | 珣 | 185 | 赶 | 47 |
| 袄 | 2 | 既 | 69 | 姮 | 58 | 垩 | 93 | | | 珞 | 106 | 起 | 128 |
| 衿 | 76 | 叚 | 174 | 娉 | 87 | 【一】 | | 十画 | | 珵 | 18 | 盐 | 187 |
| 袂 | 109 | 屋 | 169 | 姨 | 192 | 绑 | 4 | 【一一】 | | 珧 | 21 | 捎 | 143 |
| 祛 | 135 | 昼 | 217 | 娆 | 137 | 绒 | 138 | 耕 | 49 | 班 | 4 | 埕 | 56 |
| 祜 | 61 | 咫 | 214 | 姻 | 195 | 结 | 75 | 耘 | 205 | 珲 | 65 | 捍 | 56 |
| 祐 | 147 | 屏 | 125 | 姝 | 148 | 绔 | 87 | 耖 | 17 | 聿 | 76 | 埕 | 19 |
| 祐 | 199 | 屎 | 147 | 娇 | 73 | 骁 | 177 | 耗 | 57 | 珥 | 185 | 捏 | 118 |
| 袚 | 44 | 弭 | 111 | 姤 | 50 | 绕 | 138 | 耙 | 120 | 垠 | 195 | 埘 | 147 |
| 祖 | 223 | 费 | 41 | 姶 | 38 | 绖 | 33 | 艳 | 188 | 敖 | 2 | 埋 | 107 |
| 神 | 145 | 【一丨】 | | 姚 | 190 | 驷 | 195 | 挈 | 132 | 珑 | 95 | 捉 | 220 |
| 祝 | 219 | 陡 | 35 | 娩 | 54 | 绚 | 195 | 恝 | 70 | 珥 | 182 | 捆 | 89 |
| 祚 | 224 | 逊 | 185 | 姣 | 73 | 骃 | 144 | 泰 | 156 | 素 | 153 | 捐 | 81 |
| 诮 | 132 | 砢 | 85 | 妍 | 125 | 绠 | 160 | 秦 | 133 | 匿 | 117 | 埙 | 184 |
| 祇 | 213 | 眉 | 109 | 姹 | 15 | 骄 | 73 | 珪 | 53 | 蚕 | 13 | 埚 | 54 |
| 袮 | 111 | 胥 | 181 | 娜 | 115 | 绤 | 187 | 珥 | 39 | 顽 | 165 | 损 | 154 |
| 祕 | 111 | 孩 | 55 | 怒 | 119 | 骈 | 61 | 珙 | 50 | 盏 | 209 | 袁 | 203 |
| 祠 | 24 | 陛 | 8 | 架 | 70 | 绗 | 56 | 珥 | 181 | 【一丨】 | | 挹 | 193 |
| 误 | 170 | 陟 | 215 | 贺 | 58 | 绘 | 64 | 项 | 181 | 匪 | 41 | 捌 | 3 |
| 诰 | 48 | 陧 | 118 | 盈 | 196 | 给 | 49 | 珹 | 19 | 恚 | 64 | 都 | 35 |
| 诱 | 199 | 陨 | 205 | 【一丶】 | | 绚 | 183 | 珴 | 185 | 埒 | 92 | 哲 | 211 |
| 海 | 64 | 陡 | 145 | 怼 | 36 | 象 | 163 | 玼 | 25 | 捞 | 92 | 逝 | 147 |
| 浕 | 88 | 除 | 22 | 羿 | 193 | 绛 | 73 | 珖 | 53 | 栽 | 206 | 耆 | 128 |
| 鸩 | 212 | 险 | 175 | 枭 | 173 | 骆 | 106 | 珰 | 29 | 埔 | 126 | 耄 | 109 |
| 说 | 150 | 院 | 203 | 勇 | 198 | 络 | 106 | 勐 | 69 | 捕 | 12 | 捡 | 71 |
| 昶 | 17 | 【一丿】 | | 㿠 | 156 | 绝 | 82 | 珠 | 218 | 埂 | 49 | 挫 | 27 |
| 诵 | 152 | 娀 | 152 | 怠 | 28 | 绞 | 74 | 珽 | 161 | 捂 | 170 | 垮 | 98 |
| 【一一】 | | 娃 | 164 | 癸 | 54 | 骇 | 55 | 珣 | 177 | 振 | 212 | 将 | 104 |
| 郡 | 83 | 姞 | 67 | 蚤 | 207 | 统 | 161 | 珩 | 58 | 载 | 206 | 垺 | 44 |
| 晁 | 86 | 姥 | 92 | 柔 | 139 | 骈 | 124 | 珧 | 190 | 垹 | 13 | 换 | 62 |

| | | | | | | | | | | | | | | | | | |
|---|---|---|---|---|---|---|---|---|---|---|---|---|---|---|---|---|---|
| 挽 | 165 | 莲 | 96 | 鸪 | 50 | 桁 | 58 | 酏 | 192 | 原 | 203 | 赀 | 221 |
| 埌 | 137 | 莳 | 147 | 莼 | 24 | 桂 | 150 | 颀 | 88 | 套 | 158 | 桌 | 220 |
| 赟 | 215 | 莫 | 114 | 框 | 88 | 桧 | 64 | 逦 | 94 | 剞 | 67 | 鸬 | 103 |
| 挚 | 215 | 萬 | 168 | 梆 | 4 | 桃 | 158 | 翅 | 20 | 逐 | 218 | 虔 | 130 |
| 热 | 138 | 莪 | 37 | 栻 | 147 | 桅 | 166 | 【一丿】 | | 砻 | 101 | 虑 | 104 |
| 恐 | 86 | 莉 | 95 | 桂 | 54 | 栒 | 185 | 辱 | 139 | 烈 | 98 | 【丨丨】 | |
| 捣 | 30 | 莠 | 199 | 桔 | 75 | 唇 | 24 | 殊 | 148 | 监 | 71 |
| 埗 | 182 | 莓 | 109 | 栲 | 85 | 桩 | 219 | 厝 | 27 | 殉 | 185 | 紧 | 76 |
| 垸 | 203 | 荷 | 57 | 栳 | 92 | 校 | 178 | 孬 | 116 | 翃 | 59 | 【丨丶】 | |
| 埌 | 92 | 莜 | 198 | 桠 | 185 | 核 | 57 | 夏 | 174 | 顾 | 51 | 逍 | 177 |
| 壶 | 60 | 莅 | 95 | 郴 | 18 | 样 | 189 | 砝 | 39 | 【一乛】 | | 党 | 29 |
| 捃 | 83 | 茶 | 162 | 桓 | 62 | 栟 | 6 | 砹 | 1 | 鄋 | 127 | 【丨一】 | |
| 埇 | 198 | 荟 | 174 | 栖 | 127 | 桉 | 1 | 砗 | 11 | 轼 | 147 | 眬 | 101 |
| 捅 | 161 | 莛 | 27 | 栜 | 70 | 根 | 49 | 砸 | 205 | 轻 | 215 | 唠 | 102 |
| 盍 | 57 | 莩 | 44 | 桤 | 137 | 栩 | 182 | 砺 | 95 | 铳 | 53 | 唛 | 107 |
| 埃 | 1 | 菱 | 153 | 桎 | 215 | 逑 | 134 | 砰 | 122 | 轿 | 74 | 逞 | 19 |
| 挨 | 1 | 获 | 66 | 桢 | 212 | 索 | 155 | 砧 | 212 | 辄 | 217 | 晅 | 183 |
| 耻 | 20 | 莸 | 198 | 桃 | 53 | 逋 | 12 | 砠 | 80 | 辁 | 136 | 晒 | 142 |
| 耿 | 49 | 获 | 31 | 档 | 29 | 彧 | 201 | 砷 | 144 | 辂 | 103 | 晟 | 19 |
| 耽 | 28 | 莘 | 179 | 桕 | 104 | 哥 | 48 | 砟 | 208 | 较 | 74 | 眩 | 183 |
| 聂 | 118 | 晋 | 77 | 桐 | 161 | 速 | 153 | 砼 | 161 | 鸱 | 57 | 眠 | 111 |
| 莰 | 84 | 恶 | 38 | 桤 | 127 | 鬲 | 95 | 砥 | 31 | 鸹 | 34 | 晓 | 177 |
| 茝 | 15 | 莎 | 141 | 株 | 218 | 豇 | 73 | 砾 | 95 | 顿 | 37 | 晔 | 215 |
| 荸 | 7 | 莞 | 165 | 梃 | 161 | 逗 | 35 | 硅 | 219 | 毐 | 36 | 胎 | 192 |
| 莆 | 126 | 劳 | 134 | 桰 | 52 | 栗 | 95 | 砬 | 90 | 毙 | 8 | 唝 | 59 |
| 莴 | 97 | 莹 | 196 | 桥 | 132 | 贾 | 70 | 砣 | 164 | 致 | 215 | 唢 | 19 |
| 都 | 140 | 莨 | 97 | 栴 | 209 | 酐 | 46 | 础 | 22 | 【丨一】 | | 唏 | 208 |
| 恭 | 49 | 莺 | 196 | 柏 | 79 | 酎 | 217 | 破 | 126 | 荆 | 41 | 哮 | 178 |
| 莽 | 108 | 真 | 211 | 梃 | 15 | 酌 | 220 | 砭 | 86 | 龇 | 18 | 唠 | 92 |
| 莱 | 90 | 莙 | 83 | 桦 | 61 | 配 | 122 | 恶 | 119 | 柴 | 15 | 鸭 | 185 |

# 笔画索引 十画

| | | | | | | | | | | | | | | | | | | |
|---|---|---|---|---|---|---|---|---|---|---|---|---|---|---|---|---|---|---|
| 晃 | 63 | 蚄 | 40 | 峡 | 90 | 钺 | 204 | 氦 | 55 | 【丿丨】 | | 倜 | 159 | | | | | |
| 哼 | 11 | 蚪 | 35 | 罡 | 47 | 钻 | 223 | 氧 | 189 | 俸 | 43 | 隼 | 154 | | | | | |
| 哥 | 182 | 蚓 | 195 | 罢 | 3 | 铲 | 103 | 氨 | 1 | 倩 | 130 | 隽 | 82 | | | | | |
| 唏 | 12 | 蚆 | 3 | 罟 | 51 | 钽 | 156 | 毪 | 114 | 债 | 209 | 倞 | 78 | | | | | |
| 哽 | 49 | 哨 | 143 | 峭 | 132 | 钼 | 115 | 特 | 158 | 俵 | 10 | 俯 | 44 | | | | | |
| 唔 | 169 | 唢 | 155 | 峨 | 37 | 钾 | 70 | 牺 | 171 | 郫 | 190 | 倍 | 6 | | | | | |
| 晔 | 191 | 哩 | 96 | 崄 | 175 | 钟 | 145 | 造 | 207 | 借 | 76 | 倦 | 82 | | | | | |
| 晌 | 143 | 唇 | 126 | 峪 | 201 | 钿 | 32 | 乘 | 19 | 偌 | 140 | 俾 | 28 | | | | | |
| 晁 | 17 | 哭 | 87 | 峰 | 42 | 铀 | 198 | 敌 | 31 | 值 | 214 | 倓 | 156 | | | | | |
| 剔 | 158 | 郫 | 110 | 峧 | 150 | 铁 | 160 | 舐 | 148 | 倩 | 7 | 倧 | 222 | | | | | |
| 晐 | 46 | 圙 | 201 | 崀 | 92 | 铂 | 12 | 秣 | 114 | 倚 | 192 | 倌 | 52 | | | | | |
| 晏 | 188 | 哦 | 37 | 圆 | 203 | 铃 | 100 | 秫 | 149 | 俺 | 2 | 倥 | 86 | | | | | |
| 晖 | 64 | 唣 | 207 | 觊 | 69 | 铄 | 150 | 秤 | 19 | 倾 | 133 | 臬 | 118 | | | | | |
| 晕 | 204 | 唏 | 171 | 峻 | 83 | 铅 | 130 | 租 | 222 | 倒 | 30 | 健 | 72 | | | | | |
| 鸮 | 177 | 恩 | 38 | 贼 | 207 | 铆 | 108 | 积 | 67 | 俳 | 121 | 臭 | 22 | | | | | |
| 钓 | 5 | 盎 | 2 | 赇 | 64 | 铈 | 147 | 秧 | 188 | 俶 | 23 | 射 | 144 | | | | | |
| 趵 | 155 | 唑 | 224 | 赂 | 103 | 铉 | 183 | 盉 | 57 | 倬 | 220 | 皋 | 47 | | | | | |
| 蚍 | 164 | 鸯 | 188 | 赃 | 206 | 铊 | 155 | 秩 | 215 | 倏 | 148 | 躬 | 49 | | | | | |
| 眕 | 212 | 唤 | 62 | 赅 | 46 | 铋 | 8 | 称 | 18 | 脩 | 181 | 息 | 171 | | | | | |
| 蚌 | 5 | 唁 | 188 | 赆 | 77 | 铌 | 117 | 秘 | 111 | 倘 | 157 | 郫 | 123 | | | | | |
| 蚨 | 44 | 哼 | 58 | 【丿一】 | | 铝 | 210 | 透 | 162 | 俱 | 81 | 倨 | 81 | | | | | |
| 蚜 | 185 | 唧 | 67 | 钰 | 201 | 铍 | 123 | 笑 | 67 | 倮 | 106 | 倔 | 83 | | | | | |
| 蚍 | 123 | 啊 | 1 | 钱 | 130 | 钹 | 125 | 笔 | 71 | 倡 | 17 | 怀 | 122 | | | | | |
| 蚋 | 140 | 唉 | 1 | 钲 | 213 | 铎 | 37 | 笔 | 7 | 候 | 60 | 衄 | 120 | | | | | |
| 蚬 | 175 | 唆 | 154 | 钳 | 130 | 铒 | 115 | 笑 | 178 | 倕 | 23 | 【丿丿】 | | | | | | |
| 畔 | 121 | 啼 | 21 | 钴 | 51 | 牾 | 146 | 笊 | 210 | 赁 | 99 | 顾 | 128 | | | | | |
| 蚝 | 56 | 崁 | 84 | 钵 | 11 | 牲 | 144 | 笫 | 222 | 恁 | 116 | 徒 | 162 | | | | | |
| 蚧 | 76 | 崂 | 92 | 铁 | 149 | 缺 | 136 | 笏 | 61 | 倭 | 168 | 徕 | 90 | | | | | |
| 蛇 | 49 | 峿 | 169 | 钜 | 126 | 氩 | 186 | 笋 | 154 | 倪 | 117 | 虒 | 151 | | | | | |
| 蚊 | 168 | 峯 | 143 | 铍 | 11 | 氤 | 195 | 笆 | 3 | 俾 | 7 | 徐 | 182 | | | | | |

## 笔画索引 十画

| 殷 | 195 | 胱 | 53 | 徐 | 200 | 勍 | 133 | 紊 | 168 | 恙 | 189 | 烬 | 77 |
|---|---|---|---|---|---|---|---|---|---|---|---|---|---|
| 舭 | 7 | 胴 | 35 | 狻 | 175 | 衷 | 216 | 唐 | 157 | 瓶 | 125 | 递 | 31 |
| 舯 | 216 | 胭 | 186 | 狷 | 195 | 高 | 47 | 凋 | 33 | 桼 | 82 | 【丶丶】 | |
| 舰 | 72 | 脍 | 87 | 逖 | 159 | 亳 | 12 | 颃 | 56 | 拳 | 136 | 涛 | 157 |
| 舱 | 14 | 脎 | 140 | 狼 | 91 | 郭 | 54 | 瓷 | 24 | 敉 | 111 | 浙 | 211 |
| 般 | 4 | 朓 | 160 | 卿 | 133 | 席 | 172 | 资 | 221 | 粉 | 42 | 涍 | 178 |
| 航 | 56 | 脆 | 26 | 猁 | 116 | 准 | 220 | 恣 | 222 | 料 | 98 | 涝 | 92 |
| 舫 | 41 | 脂 | 213 | 狻 | 153 | 座 | 224 | 凉 | 97 | 耙 | 3 | 浡 | 12 |
| 舥 | 120 | 胸 | 180 | 逢 | 43 | 症 | 213 | 站 | 209 | 益 | 193 | 浦 | 126 |
| 舣 | 33 | 胳 | 48 | 桀 | 75 | 疳 | 46 | 剖 | 126 | 兼 | 71 | 浭 | 49 |
| 【丿丶】 | | 脏 | 206 | 鸵 | 164 | 疴 | 85 | 竞 | 78 | 朔 | 150 | 涑 | 153 |
| 途 | 162 | 脐 | 128 | 留 | 101 | 病 | 11 | 部 | 13 | 郸 | 28 | 浯 | 169 |
| 拿 | 115 | 胶 | 74 | 袅 | 118 | 疽 | 28 | 匈 | 136 | 烤 | 85 | 酒 | 79 |
| 釜 | 45 | 脑 | 116 | 瞀 | 202 | 疸 | 80 | 旁 | 121 | 烘 | 58 | 涞 | 90 |
| 瓮 | 152 | 胲 | 55 | 鸳 | 202 | 疾 | 67 | 旆 | 122 | 烜 | 183 | 涟 | 96 |
| 爹 | 33 | 胼 | 124 | 皱 | 217 | 痄 | 208 | 旄 | 108 | 烠 | 64 | 涉 | 144 |
| 舀 | 190 | 朕 | 212 | 悖 | 11 | 斋 | 208 | 旅 | 104 | 烦 | 40 | 娑 | 154 |
| 爱 | 1 | 脒 | 111 | 馃 | 153 | 疹 | 212 | 旃 | 209 | 烧 | 143 | 消 | 177 |
| 豺 | 15 | 胺 | 2 | 饿 | 38 | 痈 | 197 | 畜 | 23 | 烛 | 218 | 涅 | 118 |
| 豹 | 5 | 脓 | 119 | 馁 | 116 | 疼 | 158 | 【丶丨】 | | 炯 | 161 | 浬 | 94 |
| 奚 | 171 | 鸱 | 19 | 【丶一】 | | 疱 | 122 | 阃 | 89 | 烟 | 186 | 涠 | 166 |
| 鬯 | 17 | 虓 | 177 | 凌 | 100 | 痊 | 219 | 阄 | 79 | 烶 | 161 | 浼 | 125 |
| 衾 | 132 | 玺 | 173 | 凇 | 152 | 痃 | 183 | 阆 | 195 | 烻 | 142 | 浞 | 220 |
| 鸰 | 100 | 鲃 | 30 | 凄 | 127 | 痂 | 70 | 阅 | 204 | 烨 | 191 | 涓 | 81 |
| 颁 | 4 | 鸲 | 135 | 栾 | 105 | 疲 | 123 | 阎 | 92 | 烩 | 64 | 涢 | 205 |
| 颂 | 152 | 逛 | 53 | 挛 | 105 | 痉 | 78 | 【丶丿】 | | 烙 | 92 | 涡 | 168 |
| 翁 | 168 | 狴 | 8 | 恋 | 97 | 脊 | 68 | 殷 | 51 | 烊 | 189 | 涒 | 193 |
| 【丿一】 | | 狸 | 93 | 桨 | 73 | 效 | 178 | 羞 | 181 | 剡 | 142 | 涔 | 14 |
| 胯 | 87 | 狷 | 82 | 浆 | 73 | 离 | 93 | 耙 | 3 | 郯 | 156 | 浩 | 57 |
| 胰 | 192 | 狲 | 95 | 衰 | 150 | 衮 | 54 | 羔 | 47 | 烀 | 185 | 浰 | 37 |

| | | | | | | | | | | | | | | | | |
|---|---|---|---|---|---|---|---|---|---|---|---|---|---|---|---|---|
| 浰 | 95 | 悭 | 130 | 案 | 2 | 崔 | 58 | 陲 | 23 | 通 | 161 | 秬 | 151 |
| 海 | 55 | 悄 | 131 | 【丶一】 | | 谁 | 144 | 阮 | 117 | 能 | 117 | 舂 | 105 |
| 浜 | 4 | 悍 | 56 | 请 | 133 | 谂 | 145 | 陴 | 123 | 难 | 116 | 焘 | 158 |
| 涉 | 198 | 悝 | 88 | 朗 | 91 | 调 | 33 | 陶 | 158 | 逡 | 137 | 春 | 21 |
| 涂 | 162 | 悃 | 89 | 诸 | 218 | 冤 | 202 | 陷 | 176 | 预 | 201 | 琎 | 77 |
| 浠 | 171 | 悒 | 193 | 诹 | 222 | 谄 | 16 | 陪 | 122 | 桑 | 141 | 球 | 134 |
| 浴 | 201 | 悔 | 64 | 诺 | 120 | 谅 | 97 | 烝 | 213 | 剢 | 37 | 琄 | 169 |
| 浮 | 44 | 悯 | 113 | 读 | 35 | 谆 | 220 | 【一丿】 | | 【一一】 | | 琏 | 96 |
| 涂 | 55 | 悦 | 204 | 廖 | 192 | 谇 | 154 | 姬 | 67 | 绠 | 49 | 琐 | 155 |
| 涣 | 62 | 悌 | 159 | 扆 | 192 | 谈 | 156 | 娠 | 144 | 骊 | 93 | 珵 | 19 |
| 浼 | 109 | 恨 | 97 | 冢 | 216 | 谊 | 193 | 娱 | 200 | 绡 | 177 | 理 | 94 |
| 泽 | 43 | 悛 | 136 | 逐 | 220 | 【一一】 | | 娌 | 94 | 聘 | 19 | 琅 | 183 |
| 涤 | 31 | 岩 | 137 | 扇 | 142 | 剥 | 11 | 娉 | 125 | 绢 | 82 | 琇 | 181 |
| 流 | 101 | 害 | 55 | 诽 | 41 | 恳 | 86 | 娟 | 81 | 绣 | 181 | 珲 | 44 |
| 润 | 140 | 宽 | 87 | 袜 | 164 | 圣 | 67 | 娲 | 164 | 验 | 162 | 琀 | 55 |
| 涧 | 72 | 宦 | 192 | 祛 | 135 | 展 | 209 | 恕 | 149 | 绤 | 20 | 麸 | 43 |
| 涕 | 159 | 宸 | 18 | 祖 | 156 | 剧 | 81 | 娥 | 37 | 继 | 188 | 琉 | 101 |
| 浣 | 62 | 家 | 70 | 袖 | 181 | 屑 | 178 | 娩 | 112 | 绥 | 173 | 琅 | 91 |
| 浪 | 92 | 宵 | 177 | 袗 | 212 | 屐 | 67 | 娴 | 175 | 绦 | 154 | 珺 | 83 |
| 浸 | 77 | 宴 | 188 | 袍 | 122 | 屙 | 37 | 娣 | 31 | 骍 | 157 | 【一丨】 | |
| 涨 | 210 | 宾 | 10 | 祥 | 121 | 弱 | 140 | 娘 | 118 | 继 | 180 | 捧 | 123 |
| 烫 | 157 | 窍 | 132 | 被 | 6 | 【一丨】 | | 娌 | 167 | 绡 | 69 | 掭 | 160 |
| 涩 | 141 | 窅 | 190 | 被 | 12 | 陵 | 100 | 婀 | 37 | 绽 | 159 | 堵 | 35 |
| 涌 | 198 | 窄 | 209 | 祯 | 212 | 陬 | 222 | 奢 | 119 | 骎 | 62 | 埭 | 93 |
| 浃 | 151 | 窊 | 164 | 桃 | 160 | 勐 | 110 | 甬 | 161 | 骏 | 132 | 捱 | 190 |
| 浚 | 83 | 容 | 138 | 祥 | 176 | 羒 | 206 | 哥 | 48 | 邕 | 83 | 措 | 27 |
| 悈 | 76 | 鸾 | 33 | 课 | 86 | 蚕 | 29 | 【一丶】 | | 鸷 | 197 | 描 | 112 |
| 悖 | 6 | 窕 | 190 | 冥 | 113 | 祥 | 206 | 畚 | 7 | | 151 | 埴 | 214 |
| 悚 | 152 | 剜 | 164 | 透 | 167 | 蚩 | 19 | 翀 | 21 | 十一画 | | 域 | 201 |
| 悟 | 170 | 宰 | 206 | 谀 | 200 | 祟 | 154 | 盼 | 42 | 【一一】 | | 埕 | 185 |
| | | | | | | | | | | 彗 | 64 | | |

| 捺 | 115 | 堋 | 122 | 掺 | 15 | 萆 | 220 | 萤 | 196 | 觋 | 172 | 戚 | 127 |
|---|---|---|---|---|---|---|---|---|---|---|---|---|---|
| 埼 | 128 | 教 | 74 | 掇 | 37 | 菖 | 16 | 营 | 196 | 检 | 71 | 戛 | 70 |
| 掎 | 68 | 埭 | 162 | 掇 | 37 | 萌 | 110 | 萦 | 196 | 桲 | 44 | 硎 | 180 |
| 埯 | 2 | 掏 | 158 | 掼 | 53 | 萜 | 160 | 萦 | 196 | 棁 | 82 | 硅 | 53 |
| 掩 | 187 | 掐 | 129 | 职 | 214 | 萝 | 105 | 乾 | 130 | 梓 | 222 | 硔 | 50 |
| 捷 | 75 | 掬 | 80 | 聃 | 28 | 菌 | 83 | 萧 | 177 | 梳 | 148 | 硭 | 108 |
| 掤 | 30 | 鸶 | 215 | 基 | 67 | 萎 | 167 | 萩 | 103 | 梲 | 220 | 硒 | 171 |
| 排 | 121 | 掠 | 105 | 聆 | 100 | 黄 | 200 | 萬 | 135 | 梯 | 158 | 硕 | 150 |
| 焉 | 186 | 掂 | 32 | 勘 | 84 | 萑 | 62 | 菰 | 51 | 桫 | 154 | 硙 | 27 |
| 掉 | 33 | 掖 | 190 | 聊 | 97 | 萆 | 8 | 菡 | 56 | 桹 | 91 | 碳 | 174 |
| 掳 | 103 | 捽 | 223 | 聍 | 119 | 荺 | 31 | 萨 | 140 | 棂 | 100 | 硗 | 131 |
| 埫 | 157 | 培 | 122 | 娶 | 136 | 菜 | 13 | 菇 | 51 | 桶 | 162 | 硐 | 35 |
| 捆 | 52 | 掊 | 126 | 菁 | 77 | 菾 | 118 | 棒 | 158 | 梭 | 154 | 砣 | 167 |
| 埸 | 193 | 接 | 75 | 菝 | 3 | 菜 | 42 | 械 | 178 | 救 | 79 | 硚 | 132 |
| 堌 | 51 | 堉 | 201 | 著 | 219 | 菔 | 44 | 梏 | 215 | 啬 | 141 | 砜 | 116 |
| 埵 | 37 | 掷 | 215 | 菱 | 100 | 菟 | 162 | 彬 | 10 | 郾 | 187 | 硷 | 64 |
| 捶 | 23 | 埠 | 142 | 萚 | 164 | 萄 | 158 | 梦 | 110 | 匦 | 89 | 硌 | 49 |
| 赦 | 144 | 掸 | 28 | 萁 | 128 | 菪 | 29 | 梵 | 40 | 曹 | 14 | 硍 | 195 |
| 报 | 116 | 掞 | 188 | 菥 | 171 | 菊 | 80 | 婪 | 91 | 敕 | 20 | 劻 | 112 |
| 堆 | 36 | 控 | 86 | 菘 | 152 | 萃 | 26 | 梓 | 12 | 副 | 45 | 鸸 | 39 |
| 推 | 163 | 控 | 86 | 菫 | 76 | 菩 | 126 | 梗 | 49 | 敢 | 201 | 瓠 | 61 |
| 埤 | 124 | 壶 | 89 | 勒 | 92 | 菼 | 156 | 梧 | 169 | 豉 | 20 | 匏 | 122 |
| 掙 | 3 | 掜 | 98 | 黄 | 63 | 菏 | 57 | 梾 | 90 | 票 | 124 | 奢 | 143 |
| 埠 | 13 | 捐 | 130 | 莉 | 25 | 萍 | 125 | 桃 | 96 | 酚 | 82 | 盔 | 88 |
| 晢 | 211 | 探 | 157 | 荽 | 116 | 萡 | 222 | 梢 | 143 | 酞 | 205 | 爽 | 150 |
| 掀 | 174 | 悫 | 137 | 菂 | 128 | 菠 | 11 | 桯 | 160 | 酝 | 156 | 厩 | 79 |
| 逮 | 88 | 埭 | 28 | 萋 | 127 | 萢 | 34 | 桦 | 18 | 酗 | 182 | 聋 | 101 |
| 授 | 148 | 埽 | 141 | 勋 | 194 | 若 | 29 | 梏 | 51 | 酚 | 42 | 龚 | 49 |
| 捻 | 118 | 据 | 81 | 菲 | 41 | 菅 | 71 | 梅 | 109 | 【一丿】 | | 袭 | 172 |
| 捡 | 117 | 掘 | 82 | 菽 | 148 | 菀 | 165 | 桧 | 162 | 厢 | 176 | 鸷 | 98 |
|  |  |  |  |  |  |  |  |  |  | 厣 | 187 |  |  |

| 殒 | 205 | 喷 | 207 | 眼 | 92 | 蛉 | 100 | 帻 | 207 | 锃 | 67 | 铮 | 213 |
|---|---|---|---|---|---|---|---|---|---|---|---|---|---|
| 殓 | 97 | 匙 | 20 | 啭 | 219 | 蛀 | 219 | 翈 | 137 | 铐 | 85 | 铯 | 141 |
| 殍 | 124 | 晡 | 12 | 睃 | 83 | 蛇 | 144 | 崚 | 93 | 铑 | 92 | 铰 | 74 |
| 盛 | 146 | 晤 | 170 | 啡 | 41 | 蛏 | 19 | 崧 | 152 | 铒 | 39 | 铱 | 191 |
| 【一丶】 | | 晨 | 18 | 畦 | 128 | 蚴 | 199 | 崖 | 185 | 铓 | 59 | 铲 | 16 |
| 贲 | 90 | 眺 | 160 | 時 | 215 | 唬 | 60 | 崎 | 128 | 销 | 199 | 铳 | 21 |
| 區 | 9 | 眵 | 20 | 顿 | 31 | 累 | 93 | 崦 | 186 | 铊 | 27 | 铴 | 157 |
| 零 | 200 | 睁 | 213 | 跐 | 71 | 鄂 | 38 | 崭 | 209 | 铖 | 19 | 铵 | 2 |
| 雪 | 184 | 眯 | 111 | 跌 | 43 | 唱 | 17 | 逻 | 106 | 铗 | 70 | 银 | 195 |
| 【一丿】 | | 眼 | 187 | 跂 | 128 | 患 | 62 | 帼 | 54 | 铘 | 190 | 铷 | 139 |
| 辄 | 211 | 眸 | 114 | 距 | 81 | 啰 | 105 | 崮 | 51 | 铙 | 116 | 矫 | 74 |
| 辅 | 45 | 悬 | 183 | 趾 | 214 | 唾 | 164 | 崔 | 26 | 铚 | 215 | 氪 | 86 |
| 辆 | 97 | 野 | 191 | 啃 | 86 | 唯 | 166 | 帷 | 166 | 铛 | 29 | 悟 | 170 |
| 堑 | 130 | 圊 | 133 | 跃 | 204 | 啤 | 123 | 崟 | 195 | 铝 | 104 | 牿 | 108 |
| 【丨一】 | | 啫 | 211 | 啮 | 118 | 啥 | 141 | 崞 | 177 | 铜 | 161 | 牯 | 51 |
| 龁 | 57 | 啪 | 120 | 跄 | 131 | 唰 | 217 | 崩 | 7 | 锦 | 33 | 甜 | 159 |
| 逴 | 24 | 啦 | 90 | 略 | 105 | 啕 | 158 | 崞 | 54 | 铟 | 195 | 鸪 | 52 |
| 颅 | 103 | 啫 | 120 | 蚶 | 55 | 嗯 | 60 | 崒 | 223 | 铠 | 84 | 秸 | 75 |
| 虚 | 182 | 喵 | 112 | 蛄 | 51 | 啐 | 26 | 崇 | 21 | 铡 | 208 | 梨 | 93 |
| 彪 | 9 | 啉 | 99 | 蜗 | 11 | 唛 | 142 | 崆 | 86 | 铢 | 218 | 犁 | 93 |
| 【丨丿】 | | 勖 | 182 | 蛎 | 96 | 唷 | 197 | 崛 | 80 | 铣 | 173 | 秸 | 104 |
| 雀 | 137 | 曼 | 107 | 蚱 | 125 | 啴 | 16 | 崛 | 82 | 铥 | 34 | 秒 | 65 |
| 【丨丶】 | | 娿 | 174 | 蛛 | 34 | 唿 | 29 | 崛 | 56 | 铤 | 161 | 移 | 192 |
| 堂 | 157 | 晦 | 65 | 蛆 | 135 | 啵 | 12 | 赇 | 134 | 铧 | 61 | 秾 | 119 |
| 常 | 17 | 晞 | 171 | 蚰 | 198 | 啶 | 34 | 赈 | 212 | 铨 | 136 | 透 | 166 |
| 【丨一】 | | 唵 | 2 | 蛑 | 137 | 啷 | 91 | 婴 | 196 | 铩 | 141 | 笺 | 71 |
| 眭 | 88 | 晗 | 56 | 蛊 | 51 | 唳 | 96 | 赊 | 144 | 铪 | 55 | 笫 | 134 |
| 眭 | 153 | 冕 | 112 | 圉 | 201 | 啸 | 178 | 圈 | 136 | 铫 | 33 | 笨 | 7 |
| 啐 | 43 | 晚 | 165 | 蚱 | 208 | 唎 | 150 | 【丿一】 | | 铭 | 113 | 管 | 126 |
| 眦 | 222 | 啄 | 220 | 蚯 | 134 | 啜 | 24 | 钏 | 180 | 铬 | 49 | 笼 | 102 |

## 笔画索引 十一画

| | | | | | | | | | | | | | | | |
|---|---|---|---|---|---|---|---|---|---|---|---|---|---|---|---|
| 笪 | 27 | 偲 | 13 | 舳 | 218 | 脸 | 96 | 馗 | 88 | 廊 | 91 | 羚 | 100 |
| 笛 | 31 | 傀 | 88 | 盘 | 121 | 脞 | 27 | 祭 | 69 | 康 | 84 | 羝 | 30 |
| 笙 | 145 | 偷 | 162 | 舴 | 207 | 胼 | 98 | 馃 | 55 | 庸 | 197 | 羟 | 131 |
| 笮 | 207 | 偶 | 19 | 舶 | 12 | 脬 | 121 | 馄 | 65 | 鹿 | 103 | 盖 | 46 |
| 符 | 44 | 您 | 118 | 舲 | 100 | 脱 | 163 | 馅 | 176 | 盗 | 30 | 羕 | 189 |
| 笱 | 50 | 偬 | 222 | 船 | 23 | 脘 | 158 | 馆 | 52 | 章 | 209 | 眷 | 82 |
| 笠 | 96 | 售 | 148 | 鸼 | 217 | 脘 | 165 | 【丶一】 | | 竟 | 78 | 粝 | 96 |
| 笥 | 151 | 停 | 160 | 舷 | 175 | 脉 | 118 | 凑 | 25 | 竫 | 78 | 粘 | 209 |
| 第 | 31 | 偻 | 102 | 舵 | 37 | 匐 | 44 | 减 | 71 | 翊 | 194 | 粗 | 25 |
| 筊 | 119 | 偏 | 124 | 【丿丶】 | | 鸱 | 68 | 鸾 | 105 | 商 | 143 | 粕 | 126 |
| 笤 | 160 | 躯 | 135 | 斜 | 178 | 象 | 177 | 恵 | 172 | 旌 | 77 | 粒 | 96 |
| 笳 | 70 | 皑 | 63 | 龛 | 201 | 够 | 50 | 毫 | 56 | 族 | 223 | 断 | 36 |
| 笾 | 9 | 皑 | 1 | 郯 | 148 | 逸 | 194 | 孰 | 149 | 旋 | 117 | 剪 | 72 |
| 答 | 20 | 兜 | 35 | 龛 | 84 | 猜 | 13 | 烹 | 122 | 旋 | 183 | 兽 | 148 |
| 敏 | 113 | 皎 | 74 | 盒 | 57 | 猪 | 218 | 庱 | 19 | 埜 | 89 | 敝 | 8 |
| 【丿丨】 | | 假 | 70 | 鸽 | 48 | 猎 | 98 | 庶 | 149 | 望 | 166 | 焐 | 170 |
| 偎 | 178 | 郫 | 201 | 瓠 | 20 | 猫 | 108 | 庹 | 164 | 衮 | 109 | 焊 | 56 |
| 偾 | 42 | 偓 | 169 | 敛 | 96 | 猗 | 191 | 麻 | 106 | 率 | 104 | 焆 | 81 |
| 偡 | 209 | 衃 | 179 | 悉 | 171 | 猇 | 177 | 庵 | 1 | 【丶丨】 | | 烯 | 171 |
| 做 | 224 | 【丿丿】 | | 欲 | 202 | 凰 | 63 | 顾 | 133 | 阇 | 35 | 焓 | 56 |
| 鸺 | 181 | 鸰 | 58 | 彩 | 13 | 猖 | 16 | 庚 | 201 | 國 | 202 | 焕 | 62 |
| 偃 | 187 | 猗 | 69 | 豞 | 22 | 猡 | 106 | 库 | 8 | 阉 | 186 | 烽 | 42 |
| 偭 | 112 | 徘 | 121 | 领 | 100 | 猊 | 117 | 痔 | 215 | 阊 | 16 | 焖 | 110 |
| 偕 | 178 | 徙 | 173 | 翎 | 100 | 猞 | 144 | 瘗 | 192 | 阅 | 173 | 烷 | 165 |
| 袋 | 28 | 徜 | 17 | 【丿一】 | | 猓 | 77 | 痓 | 20 | 阋 | 168 | 烺 | 91 |
| 悠 | 198 | 得 | 30 | 脚 | 74 | 猝 | 25 | 疵 | 24 | 阎 | 65 | 焗 | 80 |
| 偿 | 17 | 衔 | 175 | 脖 | 12 | 斛 | 60 | 痊 | 136 | 阐 | 187 | 焌 | 83 |
| 偶 | 120 | 衔 | 183 | 脯 | 126 | 觖 | 82 | 痒 | 189 | 阐 | 186 | 【丶丶】 | |
| 偈 | 69 | 舸 | 48 | 豚 | 163 | 猕 | 111 | 痕 | 58 | 【丶丿】 | | 清 | 133 |
| 偎 | 166 | 舻 | 103 | 脶 | 106 | 猛 | 110 | 鸡 | 74 | 着 | 220 | 渍 | 222 |

| 添 | 159 | 泚 | 41 | 惭 | 13 | 窒 | 215 | 谕 | 202 | 隗 | 167 | 翌 | 194 |
|---|---|---|---|---|---|---|---|---|---|---|---|---|---|
| 渚 | 218 | 渔 | 200 | 悱 | 41 | 窑 | 190 | 谖 | 183 | 隃 | 149 | 惠 | 198 |
| 鸿 | 59 | 淘 | 158 | 悼 | 30 | 窕 | 160 | 逸 | 15 | 隆 | 102 | 欸 | 1 |
| 淇 | 128 | 淴 | 60 | 惝 | 17 | 密 | 111 | 谙 | 1 | 隐 | 196 | 【一一】 | |
| 淋 | 99 | 淳 | 24 | 惧 | 81 | 【丶一】 | | 谚 | 188 | 【一丿】 | | 婧 | 131 |
| 渐 | 171 | 液 | 191 | 惕 | 159 | 谋 | 114 | 谛 | 31 | 婧 | 78 | 绩 | 69 |
| 淞 | 152 | 淬 | 26 | 悃 | 165 | 谌 | 18 | 谜 | 111 | 婊 | 10 | 绪 | 182 |
| 渎 | 35 | 涪 | 44 | 悸 | 69 | 谍 | 33 | 谝 | 124 | 婷 | 180 | 绫 | 100 |
| 涯 | 186 | 淤 | 199 | 惟 | 166 | 谎 | 63 | 谞 | 182 | 嫩 | 80 | 骐 | 128 |
| 淹 | 186 | 淯 | 202 | 惆 | 21 | 谭 | 195 | 【一一】 | | 婼 | 140 | 㻭 | 18 |
| 涿 | 220 | 涖 | 4 | 惦 | 65 | 谏 | 72 | 逯 | 103 | 媖 | 196 | 续 | 182 |
| 渠 | 135 | 淡 | 29 | 惚 | 60 | 诚 | 175 | 逮 | 28 | 婳 | 61 | 骑 | 128 |
| 渐 | 72 | 淙 | 25 | 惊 | 77 | 扈 | 61 | 敢 | 47 | 婍 | 129 | 绮 | 129 |
| 淑 | 148 | 淀 | 32 | 悙 | 36 | 䩗 | 83 | 尉 | 167 | 婕 | 75 | 骓 | 41 |
| 淖 | 116 | 涫 | 53 | 恬 | 32 | 谐 | 178 | 屠 | 162 | 娴 | 149 | 绯 | 41 |
| 挲 | 140 | 浣 | 203 | 悴 | 26 | 谑 | 184 | 艴 | 12 | 婗 | 89 | 绰 | 24 |
| 尚 | 157 | 深 | 144 | 惮 | 29 | 裆 | 29 | 弸 | 122 | 娟 | 17 | 绱 | 143 |
| 渌 | 57 | 渌 | 103 | 惔 | 156 | 袂 | 44 | 弹 | 73 | 婢 | 8 | 骒 | 86 |
| 混 | 65 | 涮 | 150 | 惊 | 25 | 袷 | 129 | 弹 | 29 | 婳 | 217 | 绲 | 54 |
| 润 | 54 | 涵 | 56 | 惋 | 165 | 袼 | 48 | 【一丨】 | | 婚 | 65 | 绳 | 145 |
| 涠 | 124 | 婆 | 126 | 惨 | 13 | 裈 | 89 | 隋 | 154 | 娭 | 136 | 骓 | 220 |
| 涞 | 159 | 㲻 | 29 | 惙 | 24 | 裉 | 86 | 堕 | 37 | 婵 | 15 | 维 | 166 |
| 涸 | 58 | 梁 | 97 | 惯 | 53 | 祷 | 30 | 鄜 | 109 | 婶 | 145 | 绵 | 111 |
| 渑 | 112 | 渗 | 145 | 寇 | 86 | 祸 | 66 | 随 | 154 | 婠 | 164 | 绶 | 148 |
| 淮 | 61 | 淄 | 221 | 寅 | 195 | 祲 | 77 | 蛋 | 29 | 婉 | 165 | 绷 | 7 |
| 淦 | 47 | 情 | 133 | 寄 | 69 | 谞 | 148 | 隅 | 200 | 豨 | 119 | 绸 | 21 |
| 淯 | 177 | 惬 | 132 | 㝩 | 206 | 谒 | 191 | 隈 | 166 | 袈 | 70 | 骝 | 158 |
| 渊 | 202 | 悛 | 100 | 寂 | 69 | 谓 | 167 | 隗 | 163 | 颇 | 126 | 绚 | 158 |
| 淫 | 195 | 悴 | 180 | 谪 | 62 | 谔 | 38 | 巢 | 160 | 【一丶】 | | 绺 | 101 |
| 淴 | 122 | 惜 | 171 | 宿 | 153 | 谡 | 177 | 隍 | 63 | 颈 | 78 | 综 | 97 |

| | | | | | | | | | |
|---|---|---|---|---|---|---|---|---|---|
| 绰 | 220 | 琨 | 89 | 握 | 186 | 蝥 | 33 | 葚 | 145 | 敬 | 78 | 械 | 202 |
| 棬 | 136 | 靓 | 97 | 堙 | 195 | 揄 | 200 | 葫 | 60 | 葱 | 25 | 棱 | 35 |
| 综 | 222 | 琟 | 166 | 堧 | 189 | 援 | 203 | 萳 | 116 | 蒋 | 73 | 椅 | 192 |
| 绽 | 209 | 琼 | 134 | 堨 | 139 | 揿 | 15 | 葙 | 176 | 葶 | 160 | 椓 | 221 |
| 绾 | 165 | 斑 | 4 | 揩 | 83 | 蛮 | 134 | 轩 | 130 | 蒂 | 32 | 椒 | 74 |
| 骗 | 153 | 坎 | 187 | 越 | 204 | 蛰 | 211 | 轵 | 170 | 萎 | 102 | 棹 | 210 |
| 骡 | 103 | 琮 | 25 | 趄 | 80 | 絷 | 214 | 辂 | 140 | 鄂 | 221 | 棵 | 85 |
| 绿 | 104 | 琁 | 32 | 趁 | 18 | 塄 | 164 | 散 | 141 | 蒎 | 121 | 棍 | 54 |
| 骏 | 13 | 琯 | 52 | 趋 | 135 | 裁 | 13 | 葳 | 212 | 落 | 106 | 椤 | 106 |
| 缀 | 220 | 琬 | 165 | 超 | 17 | 搁 | 48 | 葴 | 166 | 萱 | 183 | 椎 | 23 |
| 缁 | 221 | 琛 | 18 | 揽 | 91 | 搓 | 26 | 惹 | 138 | 葵 | 162 | 椎 | 220 |
| 巢 | 17 | 琭 | 103 | 堤 | 30 | 楼 | 102 | 蕨 | 16 | 蔻 | 52 | 棉 | 111 |
| | | 琚 | 80 | 提 | 158 | 搂 | 102 | 葬 | 206 | 蒿 | 9 | 椑 | 6 |
| **十二画** | | 辇 | 117 | 喆 | 211 | 搅 | 74 | 蒈 | 84 | 韩 | 56 | 椴 | 215 |
| | | 替 | 159 | 揞 | 191 | 壹 | 191 | 郸 | 109 | 戟 | 68 | 鸩 | 170 |
| **【一丨】** | | 雳 | 203 | 博 | 12 | 塥 | 124 | 募 | 115 | 朝 | 17 | 赍 | 67 |
| 粞 | 65 | | | **【一丨】** | | 颉 | 178 | 握 | 169 | 葺 | 129 | 葭 | 70 | 棚 | 122 |
| 絷 | 75 | 揌 | 178 | 喝 | 38 | 摒 | 11 | 葛 | 48 | 辜 | 51 | 椆 | 21 |
| 琫 | 7 | 揍 | 222 | 揭 | 75 | 揆 | 88 | 黄 | 89 | 葵 | 88 | 椋 | 97 |
| 琵 | 123 | 埫 | 24 | 喜 | 173 | 摇 | 141 | 蒽 | 173 | 棒 | 5 | 椁 | 55 |
| 琲 | 170 | 款 | 87 | 彭 | 122 | 揉 | 139 | 萼 | 38 | 楮 | 22 | 棓 | 6 |
| 琴 | 133 | 堃 | 58 | 揣 | 23 | 掾 | 203 | 菁 | 51 | 棱 | 93 | 棬 | 136 |
| 琶 | 120 | 堪 | 84 | 塄 | 93 | 葵 | 129 | 萩 | 134 | 棋 | 128 | 椪 | 123 |
| 琪 | 128 | 揕 | 212 | 揪 | 133 | 聒 | 54 | 董 | 34 | 椰 | 190 | 椟 | 187 |
| 瑛 | 196 | 堞 | 33 | 插 | 14 | 斯 | 151 | 葆 | 5 | 楷 | 27 | 棕 | 222 |
| 琳 | 99 | 搽 | 15 | 揪 | 79 | 期 | 127 | 葸 | 152 | 植 | 214 | 棺 | 52 |
| 琦 | 128 | 塔 | 155 | 煅 | 36 | 欺 | 127 | 葩 | 120 | 森 | 141 | 椀 | 165 |
| 琢 | 221 | 搭 | 27 | 搜 | 152 | 基 | 69 | 葰 | 83 | 琴 | 144 | 椰 | 91 |
| 琲 | 6 | 揸 | 208 | 煮 | 218 | 联 | 96 | 葎 | 105 | 棼 | 42 | 椎 | 72 |
| 琡 | 23 | 堰 | 188 | 堞 | 60 | 斮 | 43 | 葡 | 126 | 焚 | 42 | 棣 | 32 |

## 笔画索引 十二画

| | | | | | | | | | | | | | | | | |
|---|---|---|---|---|---|---|---|---|---|---|---|---|---|---|---|---|
| 椐 | 80 | 欹 | 127 | 龄 | 179 | 喃 | 116 | 蛙 | 164 | 啼 | 159 | 嵫 | 221 |
| 椭 | 164 | 厥 | 82 | 紫 | 222 | 喳 | 208 | 蛱 | 70 | 嗟 | 75 | 喔 | 169 |
| 鹁 | 12 | 奢 | 211 | 【丨丨】 | | 晶 | 77 | 蛲 | 116 | 喽 | 102 | 颌 | 192 |
| 惠 | 65 | 殖 | 214 | 凿 | 206 | 晪 | 159 | 蛭 | 215 | 嗞 | 221 | 崛 | 109 |
| 鹋 | 12 | 裂 | 99 | 粪 | 214 | 喇 | 90 | 蛳 | 151 | 喧 | 183 | 圌 | 24 |
| 甦 | 153 | 雄 | 181 | 【丨丶】 | | 遇 | 202 | 蛐 | 135 | 喀 | 83 | 圐 | 87 |
| 惑 | 66 | 殚 | 28 | 辉 | 64 | 喊 | 56 | 蛔 | 64 | 喔 | 169 | 赋 | 45 |
| 逼 | 7 | 殛 | 68 | 敞 | 17 | 喱 | 94 | 蛛 | 218 | 喙 | 65 | 赌 | 35 |
| 覃 | 156 | 【一丶】 | | 棠 | 157 | 喹 | 88 | 蜓 | 160 | 㽘 | 43 | 赎 | 149 |
| 粟 | 153 | 颊 | 70 | 掌 | 19 | 遏 | 38 | 蛞 | 89 | 嵁 | 84 | 赐 | 25 |
| 棘 | 68 | 雳 | 96 | 赏 | 143 | 晷 | 54 | 蜒 | 187 | 嵌 | 131 | 赑 | 8 |
| 酣 | 55 | 雯 | 168 | 掌 | 210 | 晾 | 97 | 蛤 | 55 | 嵫 | 33 | 赑 | 112 |
| 酤 | 51 | 雱 | 121 | 【丨一】 | | 景 | 78 | 蛴 | 128 | 嵘 | 138 | 赒 | 217 |
| 酢 | 224 | 【一一】 | | 晴 | 133 | 晱 | 142 | 蛟 | 74 | 嵖 | 15 | 赔 | 122 |
| 酥 | 153 | 辊 | 54 | 睐 | 90 | 喈 | 75 | 蚌 | 189 | 幅 | 44 | 赕 | 28 |
| 酡 | 164 | 辋 | 165 | 暑 | 149 | 畴 | 21 | 蜃 | 114 | 崾 | 190 | 黑 | 58 |
| 酸 | 126 | 辍 | 117 | 最 | 223 | 践 | 72 | 唆 | 83 | 崴 | 56 | 【丿一】 | |
| 鹂 | 93 | 椠 | 131 | 晰 | 171 | 跖 | 214 | 喝 | 197 | 崶 | 164 | 铸 | 219 |
| 觌 | 31 | 暂 | 206 | 睄 | 143 | 跋 | 3 | 喝 | 57 | 遄 | 23 | 锞 | 107 |
| 【一丿】 | | 辌 | 97 | 量 | 97 | 跌 | 33 | 鹃 | 81 | 崿 | 96 | 锈 | 92 |
| 厨 | 22 | 辍 | 24 | 睇 | 171 | 跗 | 43 | 喂 | 167 | 帽 | 109 | 钍 | 36 |
| 厦 | 142 | 辎 | 221 | 脸 | 72 | 跞 | 96 | 喟 | 89 | 嵋 | 200 | 铗 | 134 |
| 裛 | 2 | 雅 | 186 | 睨 | 32 | 跚 | 142 | 啩 | 70 | 崽 | 206 | 铺 | 126 |
| 甋 | 8 | 翘 | 132 | 鼎 | 34 | 跑 | 122 | 喘 | 23 | 崿 | 38 | 锫 | 170 |
| 硬 | 197 | 【丨一】 | | 晙 | 154 | 跎 | 164 | 啾 | 79 | 嵚 | 133 | 铼 | 90 |
| 硝 | 177 | 辈 | 41 | 喷 | 122 | 跏 | 70 | 嗖 | 152 | 嵬 | 166 | 铽 | 158 |
| 硪 | 169 | 辈 | 6 | 晫 | 221 | 跛 | 12 | 喤 | 63 | 崩 | 200 | 链 | 97 |
| 确 | 137 | 斐 | 41 | 戢 | 68 | 跆 | 156 | 喉 | 59 | 翊 | 65 | 铿 | 86 |
| 硫 | 101 | 悲 | 6 | 喋 | 33 | 跍 | 115 | 喻 | 202 | 嵯 | 26 | 销 | 177 |
| 雁 | 188 | 斯 | 195 | 嗒 | 27 | 遗 | 192 | 喑 | 195 | 嵝 | 102 | 锁 | 155 |

笔画索引 十二画 37

| | | | | | | | | | | | | | | | | | |
|---|---|---|---|---|---|---|---|---|---|---|---|---|---|---|---|---|---|
| 铿 | 208 | 毳 | 26 | 筘 | 29 | 遑 | 63 | 舜 | 150 | 猢 | 60 | 敦 | 36 |
| 锄 | 22 | 氮 | 29 | 筥 | 80 | 皓 | 57 | 貂 | 33 | 猹 | 15 | 哀 | 126 |
| 锂 | 94 | 毯 | 157 | 筒 | 162 | 皖 | 165 | 【丿一】 | | 猩 | 180 | 廒 | 179 |
| 锅 | 183 | 毽 | 72 | 筅 | 175 | 粤 | 204 | 腈 | 77 | 猥 | 167 | 廋 | 152 |
| 锅 | 54 | 氯 | 105 | 筏 | 39 | 奥 | 2 | 腙 | 10 | 猬 | 167 | 庾 | 167 |
| 锆 | 48 | 犊 | 35 | 筵 | 187 | 傩 | 120 | 腊 | 90 | 猫 | 162 | 斌 | 10 |
| 锇 | 38 | 犄 | 67 | 筌 | 136 | 【丿丨】 | | 腌 | 186 | 猾 | 61 | 痣 | 215 |
| 锈 | 181 | 犋 | 81 | 答 | 27 | 遁 | 37 | 腓 | 41 | 猴 | 59 | 痨 | 92 |
| 锉 | 27 | 鹄 | 60 | 筋 | 76 | 街 | 75 | 腘 | 55 | 㺄 | 201 | 瘏 | 170 |
| 锊 | 105 | 犍 | 130 | 筝 | 213 | 惩 | 19 | 腆 | 160 | 飓 | 81 | 痘 | 35 |
| 锋 | 43 | 鹅 | 38 | 【丿丨】 | | 御 | 202 | 腴 | 83 | 觞 | 143 | 痞 | 123 |
| 锌 | 179 | 颏 | 161 | 傣 | 27 | 徨 | 63 | 腋 | 200 | 觚 | 51 | 痢 | 96 |
| 锍 | 101 | 剩 | 146 | 傲 | 2 | 循 | 185 | 脾 | 123 | 猱 | 116 | 痤 | 26 |
| 铜 | 83 | 稆 | 67 | 傯 | 153 | 媭 | 182 | 腋 | 191 | 愈 | 6 | 痪 | 62 |
| 铜 | 72 | 稍 | 143 | 傅 | 45 | 觚 | 171 | 腑 | 45 | 颍 | 79 | 痫 | 175 |
| 锐 | 140 | 程 | 19 | 傈 | 96 | 艇 | 161 | 腙 | 222 | 飧 | 154 | 痧 | 141 |
| 锑 | 158 | 稌 | 162 | 傕 | 119 | 【丿丶】 | | 腚 | 34 | 然 | 137 | 痛 | 162 |
| 锓 | 59 | 稀 | 171 | 奡 | 173 | 舒 | 149 | 腔 | 131 | 馇 | 15 | 廊 | 157 |
| 银 | 91 | 黍 | 149 | 腴 | 35 | 畲 | 144 | 腕 | 165 | 馈 | 89 | 赓 | 49 |
| 锒 | 133 | 稃 | 43 | 牌 | 121 | 番 | 200 | 腱 | 72 | 馉 | 51 | 粢 | 221 |
| 铹 | 80 | 税 | 150 | 犏 | 177 | 弑 | 148 | 腒 | 80 | 馊 | 152 | 竦 | 152 |
| 锎 | 1 | 稂 | 91 | 悦 | 157 | 逾 | 200 | 颌 | 167 | 馋 | 15 | 童 | 161 |
| 甥 | 145 | 筐 | 88 | 堡 | 5 | 领 | 58 | 鱿 | 198 | 【丶一】 | | 瓿 | 13 |
| 犇 | 6 | 筀 | 54 | 傒 | 171 | 貪 | 171 | 鈍 | 163 | 裒 | 179 | 竣 | 83 |
| 掣 | 18 | 等 | 30 | 集 | 68 | 颏 | 45 | 鲁 | 103 | 渿 | 96 | 啻 | 20 |
| 掰 | 3 | 笳 | 86 | 焦 | 74 | 釉 | 199 | 鲂 | 40 | 装 | 219 | 遹 | 159 |
| 短 | 36 | 筑 | 219 | 傍 | 5 | 番 | 39 | 鲃 | 3 | 蛮 | 107 | 旐 | 210 |
| 智 | 215 | 策 | 14 | 傧 | 10 | 释 | 148 | 颎 | 197 | 脔 | 105 | 颏 | 85 |
| 矬 | 26 | 筘 | 8 | 储 | 22 | 鹆 | 202 | 猰 | 186 | 就 | 79 | 【丶丨】 | |
| 氰 | 133 | 筛 | 142 | 催 | 82 | 禽 | 133 | 䳘 | 88 | 鄣 | 57 | 鹇 | 175 |

| 字 | 页 | 字 | 页 | 字 | 页 | 字 | 页 | 字 | 页 | 字 | 页 | 字 | 页 | 字 | 页 |
|---|---|---|---|---|---|---|---|---|---|---|---|---|---|---|---|
| 阄 | 195 | 湛 | 209 | 溇 | 203 | 愣 | 93 | 程 | 19 | 【一丨】 | | 鹜 | 170 | | |
| 阆 | 91 | 港 | 47 | 溢 | 122 | 愀 | 132 | 裣 | 96 | 疏 | 149 | 【一一】 | | | |
| 阇 | 136 | 渫 | 179 | 渌 | 68 | 愎 | 8 | 裕 | 202 | 隔 | 48 | 骘 | 65 | | |
| 阔 | 90 | 滞 | 215 | 湾 | 164 | 惶 | 63 | 裤 | 87 | 骘 | 216 | 缂 | 86 | | |
| 阕 | 137 | 溚 | 27 | 渟 | 160 | 愧 | 89 | 裥 | 72 | 隙 | 173 | 缃 | 176 | | |
| 【丶丿】 | | 溑 | 196 | 渡 | 36 | 愉 | 200 | 裙 | 137 | 隘 | 1 | 缄 | 71 | | |
| 善 | 142 | 湖 | 60 | 游 | 198 | 愔 | 195 | 裰 | 100 | 【一丿】 | | 缅 | 112 | | |
| 翔 | 176 | 湘 | 176 | 溇 | 208 | 愃 | 183 | 祺 | 128 | 媒 | 109 | 毳 | 216 | | |
| 羡 | 176 | 渣 | 208 | 渼 | 109 | 慨 | 84 | 裸 | 53 | 媎 | 116 | 缆 | 91 | | |
| 普 | 127 | 渤 | 12 | 溇 | 102 | 营 | 87 | 裞 | 29 | 媛 | 139 | 骐 | 159 | | |
| 粪 | 42 | 湮 | 186 | 渝 | 71 | 敦 | 178 | 禅 | 16 | 媞 | 148 | 缇 | 159 | | |
| 粞 | 171 | 湎 | 112 | 滋 | 221 | 割 | 48 | 禄 | 104 | 媪 | 2 | 缈 | 112 | | |
| 尊 | 223 | 湝 | 75 | 湉 | 159 | 寒 | 56 | 幂 | 111 | 絮 | 182 | 缉 | 67 | | |
| 奠 | 32 | 湜 | 147 | 渲 | 183 | 富 | 45 | 谡 | 153 | 媀 | 124 | 缊 | 205 | | |
| 遒 | 134 | 渺 | 112 | 溉 | 46 | 寓 | 202 | 谢 | 179 | 嫂 | 141 | 缌 | 151 | | |
| 道 | 30 | 湿 | 146 | 渥 | 169 | 窜 | 26 | 谣 | 190 | 媓 | 63 | 缎 | 36 | | |
| 遂 | 154 | 温 | 168 | 湣 | 113 | 窝 | 169 | 谤 | 5 | 媛 | 203 | 缐 | 176 | | |
| 孳 | 221 | 渴 | 85 | 湄 | 109 | 窘 | 74 | 谥 | 148 | 婷 | 161 | 猴 | 50 | | |
| 曾 | 14 | 渭 | 167 | 湑 | 182 | 窗 | 23 | 谦 | 130 | 婦 | 32 | 缒 | 220 | | |
| 焯 | 17 | 溃 | 89 | 滁 | 22 | 窖 | 79 | 谧 | 111 | 媄 | 109 | 缓 | 62 | | |
| 焜 | 89 | 湍 | 162 | 溞 | 141 | 甯 | 119 | 【一一】 | | 媚 | 109 | 缔 | 32 | | |
| 焰 | 188 | 溅 | 72 | 愤 | 42 | 寐 | 109 | 遐 | 174 | 婿 | 182 | 缕 | 104 | | |
| 焞 | 163 | 滑 | 61 | 慌 | 63 | 【丶一】 | | 犀 | 171 | 【一丶】 | | 骗 | 124 | | |
| 焙 | 6 | 湃 | 121 | 惰 | 37 | 谟 | 113 | 属 | 149 | 琉 | 135 | 编 | 9 | | |
| 焊 | 16 | 湫 | 134 | 愐 | 112 | 扉 | 41 | 屡 | 104 | 毵 | 140 | 缗 | 113 | | |
| 欹 | 182 | 溲 | 152 | 愠 | 205 | 遍 | 9 | 孱 | 16 | 犟 | 64 | 骙 | 88 | | |
| 焱 | 188 | 湟 | 63 | 惺 | 180 | 棠 | 129 | 弼 | 8 | 登 | 30 | 骚 | 141 | | |
| 鹈 | 159 | 淑 | 182 | 愦 | 89 | 雇 | 51 | 强 | 131 | 皴 | 26 | 缘 | 203 | | |
| 【丶丶】 | | 渝 | 200 | 愕 | 38 | 厥 | 187 | 粥 | 217 | 矞 | 202 | 飧 | 176 | | |
| 溃 | 42 | 滃 | 187 | 惴 | 220 | 裢 | 96 | 巽 | 185 | 婺 | 170 | | | | |

## 笔画索引 十三画

| 十三画 | | | | | | | | | | | | | | | |
|---|---|---|---|---|---|---|---|---|---|---|---|---|---|---|---|
| 【一一】 | | 瑙 | 116 | 摘 | 20 | 墓 | 115 | 颐 | 192 | 榛 | 18 | 硝 | 49 |
| | | 遘 | 50 | 塘 | 157 | 幕 | 115 | 蓢 | 140 | 椭 | 192 | 碍 | 1 |
| 耢 | 92 | 韫 | 205 | 搪 | 157 | 蓦 | 114 | 蒸 | 213 | 桐 | 104 | 碘 | 32 |
| 瑃 | 24 | 魂 | 65 | 塝 | 5 | 鹊 | 112 | 献 | 176 | 槎 | 15 | 碓 | 36 |
| 瑟 | 141 | 【一丨】 | | 搒 | 5 | 蒽 | 38 | 蓣 | 202 | 楼 | 102 | 碑 | 6 |
| 瑚 | 60 | 髡 | 89 | 摀 | 23 | 蒨 | 131 | 楔 | 178 | 榉 | 80 | 硼 | 122 |
| 瑊 | 97 | 髢 | 31 | 搛 | 71 | 蓓 | 6 | 椿 | 24 | 楦 | 183 | 碉 | 33 |
| 琼 | 97 | 肆 | 151 | 搠 | 150 | 蒺 | 8 | 椹 | 145 | 概 | 46 | 碚 | 65 |
| 鹋 | 170 | 摄 | 144 | 摈 | 10 | 蒇 | 106 | 楪 | 33 | 楣 | 109 | 碎 | 154 |
| 瑅 | 159 | 摸 | 113 | 彀 | 50 | 蓊 | 168 | 楠 | 116 | 楹 | 197 | 碚 | 6 |
| 琄 | 109 | 填 | 159 | 毂 | 51 | 蒯 | 87 | 禁 | 77 | 楸 | 109 | 碰 | 123 |
| 瑆 | 180 | 搏 | 12 | 振 | 209 | 蓟 | 69 | 楂 | 208 | 椽 | 23 | 碑 | 30 |
| 鹊 | 78 | 塢 | 48 | 搦 | 120 | 蓬 | 122 | 楷 | 156 | 裘 | 135 | 碇 | 34 |
| 瑞 | 140 | 塬 | 203 | 摊 | 156 | 蓑 | 154 | 楚 | 22 | 赖 | 90 | 碇 | 86 |
| 瑕 | 36 | 鄢 | 186 | 搡 | 141 | 蒿 | 56 | 栋 | 97 | 剽 | 124 | 碗 | 165 |
| 瑝 | 63 | 剹 | 99 | 聘 | 125 | 蒺 | 68 | 楷 | 84 | 甄 | 212 | 碌 | 104 |
| 琅 | 136 | 趑 | 221 | 蓁 | 212 | 蒌 | 94 | 榄 | 91 | 歃 | 195 | 碜 | 18 |
| 瑰 | 53 | 摅 | 149 | 㦰 | 84 | 蔀 | 13 | 想 | 176 | 酮 | 161 | 鹌 | 1 |
| 瑀 | 201 | 塌 | 155 | 斟 | 212 | 蒟 | 80 | 楫 | 68 | 酰 | 174 | 尴 | 46 |
| 瑜 | 200 | 摁 | 38 | 蒜 | 153 | 蒡 | 5 | 榅 | 168 | 酯 | 214 | 【一丶】 |
| 瑷 | 203 | 鼓 | 51 | 蒲 | 126 | 蓄 | 182 | 榅 | 151 | 酪 | 113 | 鄂 | 61 |
| 琦 | 32 | 塆 | 47 | 蓍 | 146 | 蒹 | 71 | 楞 | 93 | 酪 | 92 | 雷 | 92 |
| 瑳 | 26 | 摆 | 4 | 鄞 | 195 | 萠 | 150 | 楸 | 134 | 酬 | 21 | 零 | 100 |
| 瑄 | 183 | 赪 | 19 | 勤 | 133 | 蒲 | 126 | 椴 | 36 | 酰 | 119 | 雾 | 170 |
| 瑕 | 174 | 携 | 178 | 靴 | 184 | 蔹 | 92 | 梗 | 124 | 【一丿】 | | 雹 | 5 |
| 瑎 | 109 | 蜇 | 211 | 靳 | 77 | 蓉 | 138 | 槐 | 62 | 蜃 | 145 | 【一一】 |
| 骜 | 2 | 摭 | 23 | 靶 | 3 | 蒙 | 110 | 槌 | 24 | 感 | 47 | 辏 | 25 |
| 遨 | 2 | 搬 | 4 | 鹄 | 137 | 蓢 | 91 | 楯 | 150 | 碏 | 134 | 辐 | 44 |
| 骛 | 3 | 摇 | 190 | 蓐 | 139 | 蓂 | 111 | 暂 | 171 | 磋 | 129 | 辑 | 68 |
| 瑑 | 219 | 搞 | 48 | 蓝 | 91 | 盏 | 197 | 榆 | 200 | 碏 | 137 | 辒 | 168 |

| 字 | 页 | 字 | 页 | 字 | 页 | 字 | 页 | 字 | 页 | 字 | 页 | 字 | 页 | 字 | 页 | 字 | 页 |
|---|---|---|---|---|---|---|---|---|---|---|---|---|---|---|---|---|---|
| 输 | 149 | 睡 | 150 | 逼 | 155 | 蜣 | 131 | 骱 | 76 | 键 | 73 | 签 | 130 | | | | |
| 辎 | 199 | 睨 | 117 | 晴 | 88 | 蜕 | 163 | 骰 | 162 | 锯 | 81 | 简 | 72 | | | | |
| 辏 | 139 | 睢 | 154 | 畸 | 67 | 蜿 | 165 | 【丿一】 | | 锰 | 110 | 筷 | 87 | | | | |
| 【丨一】 | | 睚 | 80 | 跬 | 88 | 蛹 | 198 | 䏝 | 131 | 镏 | 221 | 筅 | 52 | | | | |
| 督 | 35 | 睥 | 124 | 跱 | 216 | 嗣 | 151 | 锗 | 211 | 矮 | 1 | 筥 | 91 | | | | |
| 频 | 125 | 睬 | 13 | 跨 | 87 | 嗯 | 117 | 锞 | 67 | 雉 | 216 | 【丿丨】 | | | | | |
| 龃 | 80 | 鹍 | 89 | 跶 | 27 | 嗅 | 181 | 错 | 27 | 氲 | 204 | 毁 | 64 | | | | |
| 龄 | 100 | 嘟 | 35 | 跷 | 131 | 嗥 | 56 | 锘 | 120 | 牖 | 124 | 舅 | 79 | | | | |
| 龅 | 5 | 嗜 | 148 | 跸 | 8 | 嗲 | 32 | 锚 | 108 | 辞 | 24 | 鼠 | 149 | | | | |
| 韶 | 160 | 嗑 | 86 | 跐 | 24 | 嗳 | 1 | 锁 | 196 | 歃 | 142 | 牒 | 33 | | | | |
| 觜 | 221 | 嗫 | 118 | 跹 | 175 | 嗡 | 168 | 锑 | 6 | 稑 | 104 | 煲 | 5 | | | | |
| 訾 | 222 | 嗬 | 57 | 跮 | 174 | 嗌 | 194 | 锜 | 128 | 稙 | 214 | 催 | 26 | | | | |
| 粲 | 14 | 嗯 | 38 | 跳 | 160 | 嗍 | 154 | 锝 | 30 | 稞 | 85 | 傻 | 142 | | | | |
| 虞 | 200 | 嗔 | 18 | 跺 | 37 | 嗨 | 55 | 锞 | 86 | 稚 | 216 | 像 | 177 | | | | |
| 【丨丨】 | | 鄙 | 7 | 跪 | 54 | 嗜 | 55 | 锟 | 89 | 稗 | 4 | 傺 | 20 | | | | |
| 鉴 | 72 | 嗦 | 154 | 路 | 104 | 嗤 | 20 | 锡 | 171 | 稔 | 138 | 躲 | 37 | | | | |
| 【丨丶】 | | 嗝 | 48 | 跻 | 67 | 嗵 | 161 | 锢 | 52 | 稠 | 21 | 鹐 | 6 | | | | |
| 邓 | 157 | 愚 | 200 | 跤 | 74 | 嗓 | 141 | 锣 | 106 | 颓 | 163 | 魁 | 88 | | | | |
| 【丨一】 | | 戥 | 30 | 跟 | 49 | 署 | 149 | 锤 | 24 | 愁 | 21 | 敫 | 74 | | | | |
| 睛 | 78 | 嗄 | 142 | 遣 | 130 | 置 | 216 | 锥 | 220 | 穆 | 13 | 傯 | 104 | | | | |
| 睹 | 35 | 暖 | 120 | 蜘 | 75 | 罨 | 187 | 锦 | 76 | 筹 | 21 | 【丿丿】 | | | | | |
| 睦 | 115 | 戛 | 62 | 蛸 | 177 | 罪 | 223 | 锧 | 216 | 筼 | 102 | 衙 | 186 | | | | |
| 瞄 | 112 | 盟 | 110 | 蜈 | 170 | 罩 | 210 | 锨 | 174 | 筠 | 205 | 微 | 166 | | | | |
| 睚 | 186 | 煦 | 182 | 蜩 | 203 | 蜀 | 149 | 锪 | 65 | 筢 | 120 | 徭 | 190 | | | | |
| 嗪 | 133 | 歇 | 178 | 蜗 | 169 | 幌 | 63 | 锫 | 24 | 筮 | 148 | 愆 | 130 | | | | |
| 睫 | 75 | 暗 | 2 | 蛾 | 38 | 嵊 | 146 | 锫 | 122 | 篁 | 47 | 艄 | 143 | | | | |
| 楚 | 167 | 晖 | 49 | 蜊 | 94 | 嵝 | 118 | 锩 | 82 | 筲 | 143 | 艅 | 200 | | | | |
| 嗷 | 2 | 暄 | 183 | 蜉 | 22 | 嵩 | 152 | 锬 | 156 | 筼 | 205 | 艇 | 167 | | | | |
| 嗉 | 153 | 暇 | 174 | 蜍 | 44 | 嶂 | 68 | 铍 | 11 | 筈 | 48 | 【丿丶】 | | | | | |
| 睐 | 72 | 照 | 210 | 蜂 | 43 | 赒 | 43 | 锭 | 34 | 筱 | 177 | 觎 | 200 | | | | |

# 笔画索引 十三画

| | | | | | | | | | | | | | | | | |
|---|---|---|---|---|---|---|---|---|---|---|---|---|---|---|---|---|
| 毹 | 149 | 詹 | 209 | 雏 | 22 | 麂 | 68 | 煻 | 89 | 滥 | 91 | 漳 | 216 |
| 愈 | 202 | 鲅 | 3 | 馐 | 191 | 裔 | 194 | 煜 | 204 | 裟 | 141 | 粱 | 97 |
| 裋 | 59 | 鲆 | 125 | 馍 | 113 | 靖 | 78 | 煋 | 180 | 滉 | 63 | 滩 | 156 |
| 遥 | 190 | 鲇 | 117 | 馏 | 101 | 新 | 179 | 煜 | 202 | 溻 | 155 | 渐 | 202 |
| 貆 | 62 | 鲈 | 103 | 馑 | 181 | 鄠 | 210 | 煨 | 166 | 溷 | 65 | 愫 | 153 |
| 貊 | 114 | 鲉 | 199 | 【丶一】 | | 歆 | 179 | 煟 | 167 | 溦 | 166 | 愭 | 128 |
| 貅 | 181 | 鲊 | 208 | 酱 | 73 | 鹑 | 24 | 煓 | 162 | 滏 | 8 | 慑 | 144 |
| 貉 | 58 | 稣 | 153 | 鹒 | 24 | 意 | 194 | 煆 | 36 | 潞 | 181 | 慎 | 145 |
| 颔 | 56 | 鲋 | 45 | 裹 | 194 | 旒 | 101 | 煌 | 63 | 溴 | 181 | 慥 | 207 |
| 【丿一】 | | 鲌 | 12 | 禀 | 11 | 雍 | 197 | 煊 | 183 | 溦 | 195 | 愲 | 158 |
| 腻 | 117 | 卿 | 196 | 亶 | 28 | 【丶丨】 | | 煸 | 9 | 滏 | 45 | 慊 | 131 |
| 媵 | 25 | 鲍 | 80 | 廒 | 2 | 阖 | 58 | 煺 | 163 | 滔 | 158 | 誉 | 202 |
| 腩 | 116 | 鲍 | 5 | 瘀 | 218 | 阗 | 159 | 【丶丶】 | | 溪 | 171 | 鲎 | 60 |
| 腰 | 189 | 鸵 | 164 | 痱 | 41 | 阘 | 155 | 溣 | 188 | 溢 | 168 | 塞 | 140 |
| 腼 | 112 | 鲅 | 123 | 痹 | 8 | 阙 | 118 | 溱 | 133 | 溜 | 100 | 骞 | 130 |
| 腽 | 164 | 鲐 | 156 | 痼 | 52 | 阙 | 137 | 溘 | 86 | 滦 | 105 | 寞 | 114 |
| 腥 | 180 | 锥 | 50 | 廓 | 90 | 【丶丿】 | | 溞 | 144 | 漷 | 66 | 窥 | 88 |
| 腮 | 140 | 肆 | 194 | 痴 | 20 | 羧 | 154 | 满 | 107 | 潋 | 178 | 窦 | 35 |
| 腭 | 38 | 猿 | 203 | 痿 | 167 | 豢 | 62 | 溿 | 108 | 漓 | 94 | 窠 | 85 |
| 腨 | 150 | 颖 | 197 | 瘐 | 201 | 誊 | 158 | 漠 | 114 | 滚 | 54 | 窣 | 153 |
| 腹 | 45 | 鸽 | 130 | 痒 | 26 | 粳 | 78 | 潜 | 77 | 溏 | 157 | 窟 | 87 |
| 腺 | 176 | 摇 | 190 | 瘀 | 199 | 粮 | 97 | 滢 | 197 | 滂 | 121 | 寝 | 133 |
| 腧 | 162 | 飔 | 151 | 瘴 | 28 | 数 | 149 | 滇 | 32 | 溢 | 194 | 【丶一】 | |
| 腧 | 149 | 飕 | 152 | 痰 | 156 | 煎 | 71 | 溱 | 155 | 溯 | 153 | 塑 | 91 |
| 鹏 | 122 | 鲑 | 61 | 瘆 | 145 | 猷 | 199 | 溥 | 127 | 滨 | 10 | 谨 | 76 |
| 塍 | 19 | 鲎 | 50 | 廉 | 96 | 塑 | 153 | 滴 | 48 | 溶 | 138 | 褙 | 67 |
| 媵 | 197 | 触 | 23 | 廊 | 197 | 慈 | 24 | 溧 | 96 | 滓 | 222 | 裱 | 10 |
| 腾 | 158 | 解 | 76 | 鹓 | 49 | 煤 | 109 | 潺 | 139 | 溟 | 113 | 褂 | 52 |
| 媵 | 102 | 遛 | 101 | 廖 | 43 | 煁 | 18 | 源 | 203 | 溽 | 74 | 褚 | 22 |
| 腿 | 163 | 煞 | 142 | 麂 | 198 | 煴 | 60 | 滤 | 105 | 溺 | 117 | 裸 | 106 |

| | | | | | | | | | | | | | | | | | | |
|---|---|---|---|---|---|---|---|---|---|---|---|---|---|---|---|---|---|---|
| 裼 | 172 | 媛 | 1 | 十四画 | | 墈 | 84 | 漻 | 98 | 蔻 | 86 | 槠 | 218 |
| 禅 | 8 | 嫉 | 68 | | | 墐 | 77 | 綦 | 128 | 蓓 | 182 | 榷 | 137 |
| 裾 | 80 | 嫌 | 175 | 【一一】 | | 墘 | 130 | 聚 | 81 | 蔼 | 1 | 榍 | 179 |
| 褛 | 37 | 嫁 | 70 | 耤 | 68 | 墙 | 131 | 摽 | 10 | 蔷 | 131 | 毫 | 216 |
| 禊 | 173 | 嫔 | 125 | 𥡥 | 157 | 摴 | 22 | 菑 | 131 | 熙 | 172 | 鸥 | 187 |
| 福 | 44 | 媲 | 20 | 瑧 | 212 | 墟 | 182 | 靺 | 114 | 蔚 | 167 | 歌 | 48 |
| 禋 | 195 | 戩 | 46 | 璈 | 2 | 墁 | 107 | 靼 | 27 | 鹕 | 60 | 遭 | 206 |
| 禔 | 214 | 【一丶】 | | 璃 | 110 | | | 鞅 | 188 | 兢 | 78 | 硬 | 12 |
| 禘 | 32 | 勠 | 104 | 瑨 | 77 | 摺 | 98 | 鞁 | 4 | 煆 | 51 | 酵 | 74 |
| 禒 | 175 | 戮 | 88 | 瑱 | 160 | 摞 | 106 | 皱 | 6 | 蓼 | 98 | 酽 | 188 |
| 漫 | 107 | 叠 | 33 | 静 | 78 | 嘉 | 70 | 勒 | 190 | 榛 | 212 | 醋 | 126 |
| 谪 | 211 | 【一㇗】 | | 碧 | 8 | 摧 | 26 | 蕲 | 153 | 榧 | 41 | 醐 | 146 |
| 谢 | 72 | 缙 | 77 | 瑶 | 190 | 樱 | 196 | 薰 | 124 | 楮 | 214 | 醒 | 19 |
| 谬 | 113 | 缜 | 212 | 瑷 | 1 | 赫 | 58 | 慕 | 115 | 模 | 113 | 酷 | 87 |
| 【一一】 | | 缚 | 45 | 璃 | 94 | 截 | 75 | 暮 | 115 | 榑 | 44 | 酶 | 109 |
| 鹕 | 153 | 缛 | 139 | 瑭 | 157 | 𦱶 | 219 | 摹 | 113 | 椟 | 70 | 醉 | 162 |
| 颢 | 204 | 骠 | 203 | 瑢 | 138 | 赶 | 184 | 蔓 | 107 | 槛 | 84 | 酹 | 93 |
| 群 | 137 | 辔 | 122 | 葵 | 2 | 誓 | 148 | 蔑 | 112 | 槠 | 29 | 酿 | 118 |
| 殿 | 32 | 骢 | 172 | 赘 | 220 | 鋬 | 134 | 夢 | 110 | 榻 | 155 | 酸 | 153 |
| 辟 | 124 | 缝 | 43 | 熬 | 2 | 摭 | 214 | 兢 | 35 | 桦 | 154 | 【一丿】 | |
| 愿 | 113 | 骝 | 101 | 靓 | 50 | 墈 | 84 | 蓰 | 173 | 榛 | 223 | 厮 | 151 |
| 【一丨】 | | 缡 | 26 | 斡 | 74 | 墒 | 197 | 蔹 | 96 | 榭 | 179 | 碹 | 129 |
| 障 | 210 | 缟 | 48 | 愿 | 158 | 境 | 78 | 蔡 | 13 | 槑 | 47 | 磋 | 217 |
| 【一丿】 | | 缠 | 16 | 嫠 | 94 | 摘 | 208 | 蔗 | 211 | 榴 | 101 | 碟 | 33 |
| 媾 | 50 | 缢 | 94 | 韬 | 158 | 墒 | 143 | 蔟 | 25 | 槟 | 26 | 碴 | 15 |
| 嫫 | 113 | 缢 | 194 | 瑷 | 1 | 摔 | 150 | 蔺 | 99 | 槁 | 48 | 碱 | 72 |
| 媳 | 203 | 缣 | 71 | 【一丨】 | | 撇 | 125 | 戬 | 72 | 榜 | 4 | 磅 | 208 |
| 媳 | 172 | 缤 | 10 | 㭘 | 21 | 墚 | 97 | 蔽 | 8 | 槟 | 11 | 碡 | 91 |
| 嫂 | 124 | 骗 | 142 | 髦 | 108 | 毂 | 51 | 蓴 | 56 | 榨 | 208 | 碣 | 75 |
| 媱 | 190 | 剿 | 74 | 墧 | 186 | 撒 | 56 | 蔫 | 135 | 榕 | 139 | 碨 | 167 |

| | | | | | | | | | | | | | | | |
|---|---|---|---|---|---|---|---|---|---|---|---|---|---|---|---|
| 碍 | 38 | 【丨一】 | | 蝎 | 194 | 赚 | 219 | 稳 | 168 | 僭 | 73 | 鲥 | 39 |
| 碳 | 157 | 鹍 | 80 | 蝇 | 197 | 骷 | 87 | 骛 | 134 | 僬 | 74 | 鲫 | 146 |
| 碲 | 32 | 颗 | 85 | 蜘 | 214 | 骶 | 31 | 熏 | 184 | 劁 | 131 | 鲴 | 161 |
| 磋 | 26 | 夥 | 66 | 蜱 | 123 | 鹘 | 51 | 箐 | 134 | 僦 | 79 | 鲵 | 207 |
| 磁 | 24 | 瞅 | 22 | 蜩 | 160 | 【丿一】 | | 箦 | 207 | 僮 | 161 | 鲶 | 60 |
| 碹 | 184 | 瞍 | 152 | 蜷 | 136 | 锲 | 132 | 箧 | 132 | 傅 | 223 | 鲦 | 87 |
| 碥 | 9 | 睽 | 102 | 蝉 | 16 | 锴 | 27 | 箍 | 51 | 僧 | 141 | 鲱 | 210 |
| 愿 | 203 | 睺 | 88 | 蜿 | 164 | 锶 | 84 | 箸 | 219 | 鼻 | 7 | 鲍 | 166 |
| 劂 | 82 | 墅 | 149 | 蜢 | 91 | 锷 | 151 | 箨 | 164 | 魄 | 126 | 鲭 | 69 |
| 臧 | 206 | 嗷 | 93 | 蜢 | 110 | 锸 | 38 | 箕 | 67 | 魅 | 109 | 鲛 | 74 |
| 豨 | 172 | 嘈 | 14 | 嘘 | 182 | 锤 | 15 | 箬 | 140 | 魃 | 3 | 鲜 | 174 |
| 殡 | 10 | 嗽 | 153 | 嘡 | 157 | 锹 | 131 | 箖 | 99 | 魆 | 182 | 鲨 | 1 |
| 【一、】 | | 嘌 | 124 | 鄂 | 38 | 锺 | 216 | 算 | 153 | 僎 | 219 | 鲟 | 185 |
| 需 | 182 | 喊 | 127 | 嘣 | 7 | 锻 | 36 | 筭 | 8 | 睾 | 47 | 夐 | 181 |
| 霆 | 161 | 嘎 | 46 | 嘤 | 196 | 锼 | 152 | 篓 | 106 | 【丿】 | | 疑 | 192 |
| 霁 | 69 | 暧 | 1 | 嘚 | 30 | 锽 | 63 | 劁 | 208 | 槊 | 121 | 獐 | 210 |
| 【一丿】 | | 鹕 | 58 | 嘛 | 107 | 锾 | 59 | 箪 | 28 | 艋 | 110 | 獍 | 78 |
| 辕 | 203 | 瞑 | 113 | 嘀 | 31 | 锿 | 62 | 箔 | 12 | 【丿丶】 | | 飑 | 101 |
| 辖 | 174 | 暴 | 175 | 嗾 | 152 | 锵 | 131 | 管 | 52 | 辇 | 178 | 鹭 | 204 |
| 辗 | 209 | 踌 | 22 | 嘧 | 111 | 锾 | 1 | 箜 | 86 | 鄱 | 126 | 觫 | 153 |
| 【丨一】 | | 跟 | 97 | 嘌 | 9 | 镀 | 36 | 箢 | 203 | 貌 | 109 | 雒 | 106 |
| 蜇 | 41 | 跽 | 69 | 嘿 | 123 | 镁 | 109 | 箫 | 177 | 【丿一】 | | 孵 | 43 |
| 裴 | 122 | 踊 | 198 | 嚣 | 91 | 镂 | 102 | 箓 | 104 | 膜 | 113 | 夤 | 195 |
| 翡 | 41 | 靖 | 133 | 幔 | 107 | 镃 | 221 | 毓 | 202 | 膊 | 12 | 僅 | 76 |
| 雌 | 24 | 蜞 | 128 | 嶂 | 210 | 镄 | 41 | 【丿丨】 | | 膈 | 48 | 馒 | 107 |
| 龇 | 221 | 蜡 | 90 | 嶂 | 210 | 锏 | 109 | 舆 | 200 | 膀 | 5 | 【丶一】 | |
| 龈 | 195 | 蜥 | 172 | 嶍 | 172 | 舞 | 170 | 僖 | 172 | 膑 | 11 | 渐 | 151 |
| 鳌 | 25 | 蜮 | 202 | 赙 | 45 | 犒 | 85 | 儆 | 78 | 鲑 | 53 | 銮 | 105 |
| 睿 | 140 | 螺 | 55 | 圌 | 105 | 舔 | 160 | 僳 | 153 | 鲒 | 75 | 裹 | 55 |
| 【丨丶】 | | 蜾 | 55 | | | | | | | | | | |
| 裳 | 143 | 蜩 | 54 | 罂 | 196 | 秘 | 8 | 僚 | 98 | 鲉 | 167 | 敲 | 131 |

## 笔画索引 十五画

| | | | | | | | | | |
|---|---|---|---|---|---|---|---|---|---|
| 豪 | 56 | 【丶丿】 | | 潄 | 150 | 赛 | 140 | 潏 | 82 | 【一一】 | | 碻 | 28 |
| 膏 | 47 | 蔀 | 142 | 漂 | 124 | 寨 | 130 | 【一一】 | | 骠 | 9 | 【一丨】 | |
| 蛰 | 149 | 蓥 | 208 | 潾 | 60 | 寡 | 52 | 暨 | 69 | 缥 | 124 | 撵 | 117 |
| 廛 | 77 | 鋆 | 176 | 漫 | 107 | 窬 | 200 | 履 | 173 | 缦 | 108 | 髯 | 137 |
| 遮 | 211 | 精 | 78 | 潩 | 194 | 窨 | 196 | 【一丨】 | | 骡 | 106 | 髳 | 160 |
| 麽 | 113 | 粿 | 55 | 潔 | 106 | 窭 | 81 | 鹛 | 109 | 缧 | 92 | 撷 | 178 |
| 廣 | 194 | 鄰 | 99 | 潓 | 62 | 察 | 15 | 隩 | 3 | 缨 | 196 | 撕 | 151 |
| 腐 | 45 | 粹 | 26 | 潍 | 26 | 蜜 | 111 | 隧 | 154 | 骢 | 25 | 撒 | 140 |
| 瘩 | 27 | 粽 | 222 | 潆 | 21 | 寤 | 170 | 【一丿】 | | 缥 | 187 | 撅 | 82 |
| 瘌 | 90 | 糁 | 144 | 澄 | 47 | 寥 | 98 | 嫣 | 186 | 缩 | 154 | 撩 | 98 |
| 瘗 | 194 | 歘 | 131 | 潋 | 97 | 【丶一】 | | 嫱 | 131 | 缪 | 114 | 趣 | 136 |
| 瘟 | 168 | 槊 | 150 | 潴 | 218 | 稹 | 92 | 嫩 | 116 | 缫 | 141 | 趟 | 157 |
| 瘦 | 148 | 鹚 | 24 | 漪 | 191 | 稷 | 65 | 嫖 | 124 | | | 璞 | 126 |
| 瘊 | 59 | 弊 | 8 | 潛 | 69 | 谭 | 156 | 嬉 | 194 | 十五画 | | 撑 | 19 |
| 瘥 | 15 | 鄫 | 207 | 潲 | 104 | 肇 | 211 | 嫷 | 61 | 【一一】 | | 撮 | 26 |
| 瘘 | 102 | 熄 | 172 | 漳 | 210 | 綮 | 134 | 嫦 | 17 | 慧 | 65 | 撬 | 132 |
| 瘕 | 70 | 熥 | 100 | 滴 | 30 | 潜 | 207 | 嫚 | 108 | 耦 | 120 | 赭 | 211 |
| 瘙 | 141 | 熔 | 58 | 潋 | 183 | 褡 | 27 | 嫘 | 92 | 楼 | 102 | 播 | 40 |
| 廖 | 98 | 熔 | 139 | 漾 | 189 | 褙 | 6 | 嫜 | 210 | 瑾 | 77 | 播 | 11 |
| 辣 | 90 | 煽 | 142 | 演 | 187 | 褐 | 58 | 嫡 | 31 | 璜 | 63 | 擒 | 133 |
| 彰 | 210 | 熜 | 158 | 澈 | 47 | 褓 | 5 | 嫪 | 92 | 璃 | 162 | 撸 | 102 |
| 竭 | 76 | 【丶丶】 | | 漏 | 102 | 褕 | 200 | 甎 | 116 | 璀 | 26 | 鋆 | 205 |
| 韶 | 143 | 漓 | 186 | 潏 | 102 | 褛 | 104 | 【一丶】 | | 璎 | 196 | 墩 | 36 |
| 端 | 36 | 潋 | 75 | 潺 | 98 | 褊 | 9 | 翟 | 209 | 璁 | 25 | 撞 | 219 |
| 旗 | 128 | 潢 | 63 | 潍 | 166 | 褪 | 163 | 翠 | 26 | 麹 | 135 | 撤 | 18 |
| 旖 | 192 | 潆 | 197 | 懂 | 133 | 禛 | 212 | 熊 | 181 | 璋 | 210 | 墰 | 142 |
| 膂 | 104 | 潇 | 177 | 慢 | 108 | 禚 | 221 | 凳 | 30 | 璇 | 183 | 搏 | 223 |
| 【丶丨】 | | 潋 | 91 | 慷 | 84 | 谯 | 132 | 瞀 | 109 | 璆 | 135 | 增 | 207 |
| 阃 | 84 | 漆 | 127 | 愡 | 197 | 谰 | 91 | 瞀 | 171 | 氂 | 20 | 撙 | 26 |
| | | 漕 | 14 | 寮 | 209 | 谱 | 127 | | | 奭 | 148 | 墀 | 20 |

## 十五画

| 字 | 页 | 字 | 页 | 字 | 页 | 字 | 页 | 字 | 页 | 字 | 页 | 字 | 页 | 字 | 页 |
|---|---|---|---|---|---|---|---|---|---|---|---|---|---|---|---|
| 撰 | 219 | 槽 | 14 | 碾 | 117 | 嘲 | 17 | 蝲 | 90 | 嵩 | 172 | 镕 | 139 |
| 聩 | 89 | 樀 | 199 | 磔 | 141 | 颢 | 197 | 蝠 | 44 | 嶓 | 11 | 靠 | 85 |
| 聪 | 25 | 槭 | 129 | 殣 | 77 | 遢 | 174 | 蜂 | 88 | 幡 | 39 | 稹 | 212 |
| 觐 | 77 | 樗 | 22 | 【一丶】 | | 嚈 | 82 | 蝎 | 178 | 嵽 | 79 | 稽 | 67 |
| 鞋 | 178 | 樘 | 157 | 憨 | 196 | 嘹 | 98 | 蝌 | 85 | 幢 | 219 | 稷 | 69 |
| 鞑 | 27 | 樱 | 196 | 震 | 212 | 影 | 197 | 蝮 | 45 | 嶙 | 99 | 稻 | 30 |
| 蕙 | 65 | 樊 | 40 | 霄 | 177 | 暲 | 210 | 蝼 | 152 | 嶟 | 223 | 黎 | 94 |
| 鞒 | 132 | 橡 | 177 | 霉 | 109 | 暶 | 183 | 蝗 | 63 | 噌 | 14 | 稿 | 48 |
| 鞍 | 2 | 槲 | 60 | 雩 | 208 | 踦 | 192 | 蝓 | 200 | 嶝 | 30 | 稼 | 70 |
| 蕈 | 185 | 樟 | 210 | 霈 | 122 | 踔 | 24 | 蝣 | 199 | 墨 | 114 | 箱 | 176 |
| 蕨 | 82 | 橄 | 47 | 【一丿】 | | 踝 | 62 | 蝼 | 102 | 骺 | 59 | 箴 | 212 |
| 蕤 | 139 | 敷 | 43 | 辘 | 104 | 踢 | 158 | 蝤 | 135 | 骼 | 48 | 篑 | 89 |
| 蕞 | 223 | 鹝 | 194 | 【丨一】 | | 踏 | 155 | 蝙 | 9 | 骸 | 55 | 篁 | 63 |
| 蕺 | 68 | 豌 | 164 | 龉 | 201 | 踟 | 20 | 噗 | 126 | 【丿一】 | | 篌 | 59 |
| 蕢 | 110 | 飘 | 124 | 龊 | 24 | 踒 | 169 | 嘬 | 223 | 锻 | 118 | 篓 | 102 |
| 蕉 | 74 | 醋 | 25 | 觑 | 136 | 蹄 | 216 | 颚 | 38 | 镆 | 114 | 箭 | 73 |
| 蒯 | 65 | 酲 | 89 | 【丨丿】 | | 踩 | 13 | 嘿 | 58 | 镇 | 212 | 篇 | 124 |
| 奭 | 3 | 醇 | 24 | 瞌 | 85 | 踮 | 32 | 噍 | 75 | 铺 | 12 | 篆 | 219 |
| 蕃 | 11 | 醉 | 223 | 瞒 | 107 | 踣 | 12 | 噢 | 120 | 镉 | 48 | 【丿丨】 | |
| 蕲 | 128 | 醅 | 122 | 瞋 | 18 | 踯 | 214 | 噙 | 133 | 锐 | 157 | 僵 | 73 |
| 蕰 | 168 | 【一丿】 | | 题 | 159 | 踬 | 73 | 噜 | 102 | 镑 | 81 | 牖 | 199 |
| 蕊 | 139 | 厣 | 191 | 暵 | 56 | 疃 | 23 | 镍 | 118 | 僾 | 183 |
| 颐 | 207 | 魇 | 187 | 暴 | 5 | 踞 | 81 | 噂 | 223 | 锋 | 115 | 儋 | 28 |
| 蕻 | 131 | 餍 | 188 | 瞎 | 173 | 蝽 | 24 | 噌 | 14 | 镕 | 168 | 躺 | 157 |
| 蔬 | 149 | 磕 | 85 | 瞑 | 113 | 蝶 | 33 | 嘱 | 218 | 镏 | 101 | 皞 | 57 |
| 蕴 | 205 | 磊 | 93 | 嘻 | 172 | 蟏 | 32 | 噗 | 185 | 镐 | 48 | 皛 | 177 |
| 熹 | 221 | 磔 | 211 | 嘭 | 122 | 蝾 | 139 | 噔 | 30 | 镑 | 5 | 僻 | 124 |
| 槿 | 77 | 磙 | 54 | 噎 | 190 | 蝴 | 60 | 颙 | 219 | 镒 | 194 | 【丿丿】 | |
| 横 | 58 | 磅 | 5 | 嘶 | 151 | 蛹 | 116 | 噚 | 101 | 镓 | 70 | 德 | 30 |
| 樯 | 131 | 碾 | 130 | 噶 | 46 | 蝘 | 187 | 噗 | 44 | 镔 | 10 | 鹏 | 158 |

| 字 | 页 | 字 | 页 | 字 | 页 | 字 | 页 | 字 | 页 | 字 | 页 | 字 | 页 | 字 | 页 | 字 | 页 |
|---|---|---|---|---|---|---|---|---|---|---|---|---|---|---|---|---|---|
| 徼 | 214 | 觱 | 67 | 糌 | 206 | 澳 | 3 | 褐 | 155 | 驿 | 16 | 擅 | 143 |
| 艘 | 152 | 觯 | 216 | 糍 | 25 | 潘 | 121 | 褫 | 20 | 畿 | 67 | 撤 | 152 |
| 艎 | 63 | 鹧 | 101 | 糈 | 182 | 澈 | 103 | 褡 | 76 | **十六画** | | 毅 | 60 |
| 磐 | 121 | 徼 | 140 | 糅 | 139 | 潼 | 161 | 褟 | 183 | | | 磬 | 134 |
| 艏 | 148 | 馔 | 219 | 翦 | 72 | 澈 | 18 | 遣 | 130 | **【一】** | | 鄹 | 222 |
| **【丿丶】** | | **【丶一】** | | 遵 | 223 | 壅 | 101 | 谓 | 183 | 撼 | 73 | 颟 | 118 |
| 虢 | 55 | 熟 | 149 | 鹟 | 194 | 澜 | 91 | 鹤 | 58 | 耨 | 119 | 蕻 | 59 |
| 鹞 | 190 | 摩 | 114 | 鹡 | 71 | 潽 | 126 | 谵 | 209 | 磅 | 121 | 蕹 | 167 |
| 鹠 | 168 | 麾 | 64 | 憋 | 10 | 潾 | 99 | **【フ一】** | | 璈 | 78 | 鞘 | 132 |
| **【丿一】** | | 褒 | 5 | 熛 | 10 | 潺 | 16 | 憨 | 55 | 璞 | 126 | 鞔 | 107 |
| 膝 | 172 | 廛 | 16 | 熜 | 25 | 澄 | 19 | 熨 | 205 | 璟 | 78 | 燕 | 188 |
| 膘 | 10 | 瘛 | 20 | 熵 | 143 | 潾 | 202 | 慰 | 167 | 靛 | 32 | 黇 | 159 |
| 膣 | 157 | 瘼 | 114 | 熠 | 194 | 懂 | 34 | 劈 | 123 | 璠 | 40 | 颠 | 107 |
| 滕 | 158 | 瘘 | 10 | **【丶丶】** | | 憭 | 98 | 履 | 104 | 璘 | 99 | 薤 | 179 |
| 鲠 | 49 | 瘢 | 4 | 潖 | 120 | 憬 | 78 | 屦 | 81 | 璲 | 154 | 蕾 | 93 |
| 鲴 | 94 | 瘤 | 101 | 潜 | 130 | 憔 | 132 | **【フ丿】** | | 聱 | 2 | 蘋 | 125 |
| 鲢 | 96 | 瘠 | 68 | 澍 | 150 | 懊 | 3 | 嬉 | 172 | 螯 | 2 | 蕗 | 104 |
| 鲣 | 71 | 瘫 | 156 | 澎 | 122 | 憧 | 21 | 嫽 | 98 | 噔 | 30 | 薯 | 149 |
| 鲥 | 147 | 瘾 | 67 | 澌 | 151 | 憎 | 207 | 飔 | 178 | **【一丨】** | | 薨 | 58 |
| 鲤 | 94 | 鹤 | 68 | 澈 | 140 | 憕 | 19 | **【フ丶】** | | 髻 | 69 | 薛 | 184 |
| 鲦 | 112 | 凛 | 99 | 潮 | 17 | 骞 | 174 | 戮 | 104 | 氆 | 221 | 薇 | 166 |
| 鲦 | 160 | 颜 | 187 | 潜 | 142 | 戴 | 187 | 遹 | 202 | 氅 | 181 | 擎 | 133 |
| 鲧 | 54 | 毅 | 194 | 潭 | 156 | 寮 | 98 | 螫 | 108 | 擀 | 47 | 擎 | 133 |
| 鲩 | 63 | **【丶丿】** | | 潵 | 82 | 窵 | 201 | 豫 | 202 | 撼 | 56 | 薜 | 179 |
| 鲲 | 83 | 羯 | 76 | 潦 | 98 | 额 | 38 | **【フ一】** | | 擂 | 93 | 薪 | 179 |
| 卿 | 69 | 羰 | 157 | 鲨 | 141 | **【丶一】** | | 缱 | 178 | 操 | 14 | 薏 | 194 |
| 鲬 | 198 | 糊 | 60 | 澂 | 19 | 漱 | 188 | 缭 | 98 | 熹 | 172 | 薙 | 168 |
| 獘 | 218 | 楂 | 15 | 潲 | 143 | 翩 | 124 | 缮 | 142 | 憙 | 173 | 薮 | 152 |
| 獗 | 82 | 糇 | 59 | 鋞 | 171 | 褥 | 139 | 骠 | 99 | 髭 | 7 | 薄 | 12 |
| 獠 | 98 | 遴 | 99 | 潟 | 173 | 褴 | 91 | 缯 | 207 | 擐 | 63 | 颠 | 32 |

| 翰 | 56 | 醚 | 111 | 遽 | 81 | 蟆 | 106 | 镞 | 63 | 【丿丨】 | | 鲳 | 17 |
|---|---|---|---|---|---|---|---|---|---|---|---|---|---|
| 噩 | 38 | 醋 | 182 | 甗 | 187 | 螈 | 203 | 镖 | 10 | 盥 | 53 | 鲴 | 52 |
| 薜 | 8 | 【一丿】 | | 【丨丶】 | | 螠 | 181 | 镗 | 157 | 儒 | 139 | 鲵 | 117 |
| 薅 | 56 | 髹 | 8 | 氅 | 17 | 螅 | 172 | 馒 | 108 | 劓 | 194 | 鲷 | 33 |
| 樾 | 204 | 磺 | 84 | 【丨一】 | | 螭 | 20 | 锸 | 7 | 觎 | 135 | 鲸 | 78 |
| 橞 | 65 | 磕 | 14 | 瞟 | 124 | 螗 | 157 | 镛 | 197 | 翱 | 2 | 鲰 | 146 |
| 橱 | 22 | 磲 | 129 | 嘻 | 172 | 螃 | 121 | 镜 | 78 | 魉 | 97 | 鲹 | 145 |
| 橛 | 82 | 磔 | 135 | 瞠 | 19 | 螠 | 194 | 镝 | 31 | 魈 | 177 | 鲻 | 221 |
| 橑 | 98 | 殨 | 188 | 瞰 | 84 | 螟 | 113 | 镞 | 223 | 邀 | 189 | 獴 | 110 |
| 橇 | 132 | 飙 | 10 | 嚄 | 65 | 噱 | 184 | 镢 | 125 | 【丿丿】 | | 獭 | 155 |
| 樵 | 132 | 獗 | 42 | 嚆 | 56 | 膦 | 101 | 镠 | 101 | 衡 | 220 | 獬 | 179 |
| 檎 | 133 | 殪 | 194 | 噤 | 77 | 器 | 129 | 氆 | 104 | 徼 | 75 | 邂 | 179 |
| 橹 | 103 | 【一丶】 | | 罂 | 211 | 噪 | 207 | 氇 | 127 | 衡 | 58 | 馞 | 209 |
| 橦 | 161 | 霖 | 99 | 噉 | 163 | 噬 | 148 | 赞 | 206 | 【丿丶】 | | 【丶一】 | |
| 樽 | 223 | 霏 | 41 | 瞳 | 161 | 噫 | 191 | 憩 | 129 | 歙 | 144 | 禅 | 37 |
| 橾 | 172 | 霓 | 117 | 瞰 | 18 | 噻 | 140 | 穑 | 141 | 盦 | 2 | 鹧 | 211 |
| 橙 | 19 | 霍 | 66 | 蹀 | 33 | 嚓 | 123 | 醑 | 12 | 【丿一】 | | 磨 | 114 |
| 橘 | 80 | 霎 | 142 | 踳 | 15 | 巆 | 110 | 穆 | 115 | 膨 | 123 | 廨 | 179 |
| 橼 | 203 | 【一一】 | | 蹉 | 32 | 巇 | 110 | 稽 | 69 | 膳 | 143 | 赟 | 204 |
| 墼 | 67 | 錾 | 206 | 踹 | 23 | 瞰 | 187 | 篝 | 50 | 膦 | 158 | 癀 | 63 |
| 整 | 213 | 辙 | 211 | 踵 | 216 | 罹 | 94 | 筐 | 41 | 滕 | 158 | 瘰 | 10 |
| 橐 | 164 | 辚 | 99 | 踽 | 80 | 嶦 | 143 | 篥 | 96 | 膥 | 99 | 瘵 | 106 |
| 融 | 139 | 氇 | 154 | 嘴 | 223 | 圜 | 62 | 篮 | 91 | 腖 | 73 | 廪 | 99 |
| 翮 | 58 | 臻 | 212 | 踱 | 37 | 鹦 | 196 | 篯 | 26 | 雕 | 33 | 瘿 | 197 |
| 瓢 | 124 | 【丨一】 | | 蹄 | 159 | 赠 | 208 | 篾 | 71 | 鲭 | 133 | 瘵 | 209 |
| 醛 | 136 | 冀 | 69 | 蹉 | 26 | 默 | 114 | 篷 | 207 | 鲮 | 100 | 瘴 | 210 |
| 醐 | 60 | 骑 | 192 | 踊 | 124 | 黔 | 130 | 篦 | 8 | 鲯 | 128 | 癃 | 102 |
| 酾 | 159 | 鲵 | 117 | 蹂 | 139 | 【丿一】 | | 簏 | 20 | 鲰 | 222 | 瘾 | 196 |
| 醒 | 180 | 蹉 | 27 | 螨 | 107 | 锗 | 65 | 篙 | 47 | 鲱 | 41 | 瘸 | 137 |
| | | 餐 | 13 | 蟒 | 108 | 镨 | 220 | 篱 | 94 | 鲲 | 89 | 瘳 | 21 |

| 斓 | 91 | 【丶丶】 | | 【丶一】 | | 璩 | 135 | 檑 | 93 | 【丨一】 | | 嚓 | 13 |
|---|---|---|---|---|---|---|---|---|---|---|---|---|---|
| 麋 | 83 | 濩 | 66 | 褶 | 211 | 璐 | 104 | 檞 | 88 | 瞳 | 145 | 羁 | 67 |
| 麈 | 218 | 濜 | 22 | 禧 | 173 | 璪 | 207 | 檄 | 172 | 瞭 | 98 | 罽 | 69 |
| 凝 | 119 | 濑 | 90 | 【一一】 | | 璫 | 74 | 檐 | 187 | 瞧 | 132 | 嶒 | 207 |
| 辨 | 9 | 澪 | 100 | 璧 | 8 | 璬 | 157 | 檞 | 76 | 瞬 | 150 | 嶷 | 192 |
| 辩 | 9 | 濒 | 10 | 避 | 8 | 【一丨】 | | 檩 | 99 | 瞳 | 161 | 赠 | 143 |
| 赢 | 197 | 濠 | 81 | 嬖 | 8 | 髽 | 219 | 檀 | 156 | 朦 | 99 | 黜 | 23 |
| 鹭 | 221 | 滩 | 154 | 犟 | 73 | 戴 | 28 | 懑 | 109 | 瞩 | 218 | 黥 | 199 |
| 壅 | 197 | 潞 | 104 | 【一丨】 | | 螯 | 148 | 醢 | 55 | 瞪 | 30 | 髁 | 85 |
| 【丶丿】 | | 澧 | 94 | 隰 | 172 | 擤 | 180 | 醨 | 94 | 噬 | 159 | 髀 | 8 |
| 羱 | 203 | 澡 | 207 | 【一丿】 | | 壕 | 57 | 【一丿】 | | 曙 | 149 | 【丿一】 | |
| 羲 | 172 | 澴 | 62 | 嬬 | 183 | 擿 | 158 | 翳 | 194 | 嚅 | 139 | 镨 | 173 |
| 糟 | 6 | 激 | 67 | 孺 | 143 | 擦 | 13 | 繄 | 191 | 蹉 | 118 | 镩 | 156 |
| 糙 | 14 | 澹 | 29 | 【一丶】 | | 𣪠 | 60 | 磾 | 156 | 蹒 | 121 | 镦 | 82 |
| 糇 | 135 | 澥 | 179 | 鹨 | 101 | 馨 | 134 | 礁 | 74 | 踢 | 155 | 镣 | 98 |
| 糖 | 157 | 澶 | 16 | 嵩 | 58 | 擢 | 221 | 磻 | 121 | 蹈 | 30 | 镤 | 126 |
| 糕 | 47 | 濂 | 96 | 颡 | 141 | 藉 | 68 | 礅 | 36 | 蹊 | 172 | 镥 | 58 |
| 瞥 | 125 | 濉 | 197 | 【一一】 | | 臺 | 156 | 磷 | 99 | 蹉 | 68 | 镨 | 40 |
| 甑 | 208 | 澼 | 124 | 缰 | 73 | 鞋 | 90 | 磴 | 30 | 螨 | 63 | 镧 | 103 |
| 燎 | 98 | 憹 | 23 | 缱 | 130 | 鞠 | 80 | 鹩 | 98 | 蟒 | 177 | 镨 | 36 |
| 燋 | 74 | 懒 | 91 | 缲 | 132 | 鞭 | 71 | 【一丶】 | | 螬 | 14 | 镧 | 91 |
| 燠 | 202 | 憾 | 56 | 缳 | 62 | 藏 | 14 | 霜 | 150 | 螵 | 124 | 错 | 127 |
| 熸 | 172 | 憕 | 29 | 缴 | 74 | 薷 | 139 | 霞 | 174 | 瞳 | 163 | 磷 | 99 |
| 燔 | 40 | 懈 | 179 | 繸 | 194 | 薰 | 184 | 【丨一】 | | 螳 | 157 | 镩 | 223 |
| 燃 | 137 | 懔 | 99 | 十七画 | | 蕹 | 112 | 龋 | 136 | 螺 | 106 | 镪 | 154 |
| 燧 | 154 | 黉 | 59 | | | 薛 | 175 | 醒 | 169 | 蟋 | 172 | 镨 | 26 |
| 燊 | 145 | 褰 | 130 | 【一一】 | | 薿 | 117 | 黝 | 10 | 蟑 | 210 | 镪 | 131 |
| 燚 | 194 | 寰 | 172 | 璲 | 141 | 薶 | 48 | 壑 | 58 | 蟀 | 150 | 镫 | 30 |
| 燏 | 202 | 窿 | 102 | 璥 | 62 | 藻 | 124 | 【丨丨】 | | 嚎 | 57 | 镐 | 82 |
| | | | | 璨 | 14 | 檬 | 110 | 黻 | 44 | 嚛 | 56 | 鳒 | 174 |

笔画索引 十八画

| 字 | 页 | 字 | 页 | 字 | 页 | 字 | 页 | 字 | 页 | 字 | 页 | 字 | 页 | 字 | 页 |
|---|---|---|---|---|---|---|---|---|---|---|---|---|---|---|---|
| 矰 | 207 | 艚 | 14 | 鳇 | 63 | 濯 | 221 | 【一一】 | | 蕙 | 10 | 蟠 | 121 |
| 穗 | 154 | 【丿丶】 | | 鯨 | 136 | 懦 | 120 | 骤 | 217 | 藩 | 39 | 蟮 | 143 |
| 檏 | 126 | 龠 | 204 | 鳉 | 73 | 豁 | 65 | 缳 | 182 | 鹩 | 110 | 嚚 | 195 |
| 黏 | 117 | 鹬 | 40 | 鳊 | 9 | 謇 | 72 | 十八画 | | 檫 | 15 | 嚣 | 177 |
| 穜 | 161 | 爵 | 82 | 獯 | 184 | 謩 | 72 | | | 覆 | 45 | 鹨 | 62 |
| 穟 | 154 | 繇 | 199 | 螽 | 216 | 邃 | 154 | 【一】 | | 醪 | 92 | 黠 | 174 |
| 魏 | 167 | 獲 | 114 | 【丶一】 | | 【丶一】 | | 瑷 | 139 | 厴 | 188 | 黟 | 191 |
| 勒 | 92 | 邈 | 112 | 燮 | 179 | 襕 | 91 | 鳌 | 3 | 感 | 25 | 髃 | 200 |
| 簧 | 63 | 貘 | 123 | 鹜 | 79 | 禭 | 154 | 鳌 | 2 | 礞 | 110 | 髅 | 102 |
| 簌 | 153 | 谿 | 172 | 襄 | 176 | 褔 | 131 | 鳌 | 172 | 礓 | 73 | 骼 | 129 |
| 篾 | 112 | 【丿一】 | | 廬 | 211 | 【一一】 | | 鶖 | 53 | 礑 | 93 | 【丿】 | |
| 簇 | 192 | 臊 | 51 | 糜 | 111 | 鼚 | 69 | 髽 | 136 | 磲 | 207 | 镬 | 66 |
| 筀 | 35 | 朦 | 110 | 縻 | 111 | 蟸 | 167 | 鬃 | 222 | 燹 | 175 | 镭 | 93 |
| 簏 | 104 | 臊 | 141 | 膺 | 196 | 臀 | 163 | 瞽 | 51 | 餮 | 160 | 镮 | 62 |
| 簇 | 25 | 膻 | 142 | 癍 | 4 | 檗 | 12 | 藕 | 120 | 【丨】 | | 镯 | 221 |
| 簖 | 36 | 臆 | 194 | 癌 | 1 | 甓 | 124 | 爇 | 140 | 瞿 | 135 | 镰 | 96 |
| 簋 | 54 | 臃 | 197 | 糜 | 111 | 臂 | 9 | 鞯 | 71 | 瞻 | 209 | 镱 | 194 |
| 繁 | 40 | 鲭 | 24 | 辫 | 9 | 擘 | 12 | 鞳 | 155 | 瞵 | 184 | 鄩 | 206 |
| 【丿丨】 | | 鲼 | 42 | 赢 | 197 | 【一丨】 | | 鞭 | 31 | 颢 | 57 | 醞 | 204 |
| 盼 | 42 | 鲽 | 33 | 【丶丿】 | | 孺 | 139 | 鞫 | 58 | 曜 | 190 | 馥 | 45 |
| 黛 | 28 | 鲥 | 90 | 糟 | 206 | 嚎 | 64 | 鞭 | 9 | 蹒 | 22 | 簋 | 45 |
| 儳 | 93 | 鲴 | 7 | 糠 | 84 | 【一丿】 | | 鞠 | 80 | 蹚 | 157 | 簟 | 32 |
| 鵅 | 74 | 鲦 | 97 | 餞 | 55 | 嬬 | 139 | 鞧 | 134 | 蹦 | 7 | 簦 | 98 |
| 儴 | 10 | 鳘 | 17 | 燥 | 207 | 嬷 | 114 | 鞣 | 139 | 鹭 | 104 | 簪 | 206 |
| 鼾 | 55 | 鲲 | 159 | 【丶丶】 | | 嬥 | 160 | 蕲 | 194 | 蹢 | 31 | 簰 | 121 |
| 皤 | 126 | 鲳 | 168 | 濎 | 110 | 【一丶】 | | 薑 | 93 | 蹜 | 153 | 鼬 | 147 |
| 翹 | 165 | 鳀 | 166 | 濡 | 139 | 翼 | 194 | 藜 | 94 | 蟥 | 123 | 鼬 | 199 |
| 雠 | 163 | 鳃 | 140 | 濮 | 126 | 孟 | 108 | 藁 | 75 | 螅 | 65 | 駒 | 135 |
| 【丿丶】 | | 鳄 | 38 | 潞 | 8 | 鹩 | 202 | 藤 | 158 | 蟫 | 195 | 雠 | 22 |
| 劚 | 23 | 鳅 | 134 | 濠 | 57 | 鏊 | 114 | 擎 | 114 | 蟛 | 161 | 皦 | 74 |
| 徽 | 64 | | | | | | | | | | | | |

| 艟 | 21 | 鋈 | 101 | 醭 | 12 | 髌 | 11 | 麈 | 2 | 鬃 | 40 | 【丿】 | |
|---|---|---|---|---|---|---|---|---|---|---|---|---|---|
| 翻 | 39 | 懵 | 110 | 醮 | 75 | 【丿】 | | 麖 | 78 | 蘖 | 118 | 镳 | 10 |
| 臑 | 116 | 襟 | 76 | 醯 | 172 | 镲 | 15 | 瓣 | 4 | 蘘 | 137 | 镴 | 90 |
| 膳 | 158 | 襦 | 15 | 酆 | 100 | 籀 | 217 | 羸 | 106 | 欂 | 12 | 鳘 | 94 |
| 鳍 | 128 | 【一】 | | 霪 | 195 | 籁 | 12 | 蠃 | 93 | 醵 | 81 | 籍 | 68 |
| 鳎 | 155 | 璧 | 9 | 霭 | 1 | 籁 | 90 | 羹 | 49 | 醴 | 94 | 纂 | 223 |
| 鳏 | 52 | 鹂 | 124 | 霨 | 168 | 簿 | 13 | 鳌 | 10 | 霰 | 176 | 璺 | 168 |
| 鳐 | 190 | 蹙 | 24 | 【丨】 | | 蟞 | 113 | 爆 | 5 | 颥 | 139 | 鼯 | 170 |
| 鳑 | 121 | 缰 | 114 | 黼 | 45 | 僦 | 16 | 煂 | 85 | 【丨】 | | 犨 | 21 |
| 鳒 | 71 | 彝 | 192 | 曝 | 5 | 儳 | 137 | 瀚 | 56 | 酃 | 43 | 赟 | 205 |
| 鼥 | 61 | 邋 | 90 | 嚯 | 66 | 雊 | 59 | 瀣 | 179 | 瓹 | 188 | 嬉 | 173 |
| 【丶】 | | 十九画 | | 蹰 | 22 | 魈 | 20 | 瀛 | 197 | 耀 | 190 | 鳜 | 54 |
| 鹇 | 209 | 【一】 | | 蹶 | 82 | 艨 | 110 | 襦 | 139 | 酆 | 136 | 鳝 | 143 |
| 鹰 | 196 | 鬏 | 79 | 蹽 | 97 | 豰 | 158 | 襫 | 18 | 夒 | 82 | 鳞 | 99 |
| 癫 | 90 | 攉 | 65 | 蹼 | 127 | 鳓 | 92 | 【一】 | | 曦 | 172 | 鳟 | 223 |
| 瘴 | 93 | 韺 | 124 | 蹴 | 40 | 鳔 | 10 | 藚 | 204 | 躁 | 207 | 獾 | 62 |
| 癔 | 194 | 攒 | 26 | 蹾 | 26 | 鳕 | 184 | 襞 | 9 | 躅 | 218 | 【丶】 | |
| 癜 | 32 | 韝 | 50 | 蹬 | 36 | 鳗 | 107 | 疆 | 73 | 蠕 | 139 | 魔 | 114 |
| 癖 | 124 | 鞴 | 6 | 蹲 | 36 | 鳙 | 69 | 嬿 | 188 | 罍 | 164 | 鎏 | 4 |
| 翱 | 161 | 藿 | 66 | 蹭 | 14 | 鳚 | 84 | 骥 | 69 | 嚼 | 74 | 糯 | 120 |
| 旞 | 154 | 蘧 | 135 | 蹿 | 26 | 鳛 | 197 | 趱 | 223 | 嚷 | 137 | 爔 | 66 |
| 翻 | 99 | 蘖 | 118 | 蹬 | 30 | 鳘 | 168 | 二十画 | | 巇 | 172 | 爊 | 172 |
| 糧 | 73 | 蘅 | 58 | 蠖 | 66 | 鳗 | 172 | 【一】 | | 巍 | 166 | 灌 | 53 |
| 龌 | 16 | 警 | 78 | 蠓 | 110 | 蟹 | 179 | 瓒 | 206 | 酃 | 172 | 瀾 | 69 |
| 罄 | 10 | 蘑 | 114 | 蟾 | 16 | 【丶】 | | 鬈 | 212 | 巉 | 16 | 瀹 | 204 |
| 翾 | 208 | 藻 | 207 | 蠊 | 96 | 颤 | 16 | 鬓 | 11 | 黩 | 35 | 瀼 | 137 |
| 瀣 | 51 | 蘸 | 104 | 巅 | 32 | 麿 | 111 | 壤 | 137 | 黥 | 133 | 瀵 | 42 |
| 瀑 | 127 | 檬 | 94 | 鬩 | 183 | 癣 | 183 | 攘 | 137 | 鳡 | 13 | 襫 | 148 |
| 瀍 | 16 | 攀 | 121 | 毁 | 135 | 麒 | 128 | 馨 | 179 | 鳢 | 98 | 【一】 | |
| 潾 | 10 | 殷 | 222 | 髋 | 87 | 魇 | 117 | | | | | 嬖 | 124 |

| | | | | | | | | | | | | | | | |
|---|---|---|---|---|---|---|---|---|---|---|---|---|---|---|---|
| 孀 | 150 | 霸 | 3 | 麝 | 144 | 懿 | 194 | 镶 | 176 | 攥 | 223 | 醺 | 111 |
| 孅 | 174 | 露 | 104 | 赣 | 47 | 龥 | 16 | 穰 | 137 | 颧 | 136 | 躜 | 179 |
| 骦 | 150 | 霹 | 123 | 夔 | 88 | 蘸 | 209 | 鳎 | 75 | 躜 | 223 | 衢 | 136 |
| 骧 | 176 | 【丨】 | | 爝 | 53 | 鹳 | 53 | 鲦 | 58 | 罐 | 53 | 鑫 | 179 |
| 缵 | 176 | 颦 | 125 | 爙 | 204 | 蘖 | 118 | 鳝 | 52 | 籥 | 204 | 灞 | 3 |
| 二十一画 | | 龇 | 22 | 爝 | 83 | 蘼 | 111 | 【丶】 | | 鼹 | 188 | 欐 | 121 |
| 【一】 | | 囊 | 116 | 灌 | 135 | 囊 | 116 | 瓤 | 137 | 鼷 | 172 | 蠹 | 30 |
| 耰 | 198 | 躏 | 99 | 灏 | 57 | 礴 | 150 | 亹 | 167 | 鬣 | 99 | 鬟 | 99 |
| 蠢 | 24 | 嚣 | 93 | 襻 | 137 | 鹈 | 150 | 饔 | 197 | 獾 | 83 | 攘 | 116 |
| 瑾 | 53 | 黯 | 2 | 【一】 | | 霾 | 107 | 瘫 | 136 | 囔 | 116 |
| 璎 | 179 | 髓 | 154 | 鉴 | 6 | 【丨】 | | 【一】 | | 麟 | 99 | 魑 | 208 |
| 瓖 | 176 | 【丿】 | | 羼 | 16 | 氍 | 135 | 鹫 | 202 | 镯 | 81 | 觿 | 172 |
| 髻 | 107 | 鳍 | 78 | 蠡 | 94 | 饕 | 158 | 二十三画 | | 二十四画以上 | | 馕 | 116 |
| 趯 | 159 | 鳎 | 61 | 二十二画 | | 躔 | 16 | | | | | 恋 | 47 |
| 罄 | 123 | 鳏 | 47 | | | 躜 | 99 | 鬓 | 62 | 矗 | 23 | 蠼 | 136 |
| 醺 | 184 | 鳡 | 94 | 【一】 | | 髑 | 35 | 趱 | 206 | 矗 | 36 | 爨 | 26 |
| 礴 | 12 | 鳣 | 209 | 糖 | 114 | 【丿】 | | 攫 | 83 | | | 黩 | 116 |
| | | 【丶】 | | | | 镶 | 16 | | | | |
| | | 癫 | 32 | | | | | | | | |

# ā—ān

| 读音 | 大陆 | 台湾 | 香港 |
|---|---|---|---|
| **A** | | | |
| ā | 吖 6画,三级 | 罕 | |
| | 阿 7画,一级 | 阿常 | 阿常 |
| | 啊 10画,一级 | 啊常 | 啊常 |
| | 锕(錒) 12画,二级 | 錒次 | |
| āi | 哎 8画,一级 | 哎常 | 哎常 |
| | 哀 9画,一级 | 常 | 常 |
| | 埃 10画,一级 | 常 | 常 |
| | 挨 10画,一级 | 常 | 常 |
| | 唉 10画,一级 | 常 | 常 |
| | 锿(鎄) 14画,三级 | 鎄罕 | |
| ái | 皑(皚) 11画,二级 | 皚常 | 皚常 |
| | 癌 17画,一级 | 常 | 常 |
| ǎi | 毒 7画,三级 | 次 | |
| | 欸 11画,二级 | 次 | |
| | 矮 13画,一级 | 常 | 常 |
| | 蔼(藹) 14画,一级 | 藹常 | 藹常 |
| | 霭(靄) 19画,二级 | 靄常 | 靄常 |
| ài | 艾 5画,一级 | 艾常 | 艾常 |
| | 砹 10画,二级 | 砹罕 | |
| | 爱(愛) 10画,一级 | 愛常 | 愛常 |
| | 隘 12画,一级 | 隘常 | 隘常 |
| | 碍(礙) 13画,一级 | 礙常碍异 | 礙常 |
| | 嗳(噯) 13画,二级 | 噯常 | 噯常 |
| | 嫒(嬡) 13画,二级 | 嬡次 | |
| | 瑷(璦) 14画,三级 | 璦常 | 璦常 |
| | 叆(靉) 14画,二级 | 靉次 | |
| | 暧(曖) 14画,二级 | 曖常 | 曖常 |
| ān | 安 6画,一级 | 常 | 常 |
| | 垵 9画,三级 | 次 | |
| | 桉❶ 10画,二级 | 次 | |
| | 氨 10画,一级 | 常 | 常 |
| | 庵❷[菴] 11画,一级 | 庵常菴常 | 庵常 菴异 |
| | 谙(諳) 11画,二级 | 諳次 | |
| | 鹌(鵪) 13画,二级 | 鵪常 | 鵪常 |
| | 鮟(鮟) 14画,三级 | 鮟罕 | |

❶桉:用于树名,大陆不再作为"案"的异体字。

❷庵:台湾用于"庵寺""尼姑庵"作"庵",用于"菴舍""菴庐"作"菴"。

| 读音 | 大陆 | 台湾 | 香港 |
|---|---|---|---|
| ǎn | 鞍[鞌] 15画,一级 | 鞍常 鞌异 | 鞍常 |
| | 盦 16画,三级 | 盦次 | |
| | 俺 10画,一级 | 常 | 常 |
| | 埯 11画,二级 | 罕 | |
| | 唵 11画,二级 | 次 | |
| | 铵(銨) 11画,二级 | 銨次 | |
| àn | 犴 6画,三级 | 次 | |
| | 岸[垾] 8画,一级 | 岸常 垾罕 | 岸常 |
| | 按 9画,一级 | 常 | 常 |
| | 胺 10画,二级 | 胺次 | |
| | 案 10画,一级 | 常 | 常 |
| | 暗[晻闇] 13画,一级 | 暗常 晻次 闇次 | 暗常 |
| | 黯 21画,一级 | 常 | 常 |
| āng | 肮(骯) 8画,一级 | 骯常 肮次 | 骯常 |
| áng | 卬 4画,三级 | 次 | |
| | 昂 8画,一级 | 常 | 常 |
| àng | 盎 10画,二级 | 常 | 常 |
| āo | 凹 5画,一级 | 常 | 常 |
| áo | 敖❶ 10画,二级 | 敖常 | 敖常 |
| | 熬 13画,三级 | 熬罕 | |
| | 遨 13画,二级 | 遨常 | 遨常 |

| 读音 | 大 陆 | 台湾 | 香港 |
|---|---|---|---|
| | 嗷 13画,二级 | 嗷常 | 嗷常 |
| | 廒 13画,三级 | 廒罕 | |
| | 璈 14画,二级 | 璈罕 | |
| | 獒 14画,二级 | 獒次 | |
| | 熬 14画,一级 | 熬常 | 熬常 |
| | 聱 16画,二级 | 聱常 | 聱常 |
| | 螯 16画,二级 | 螯常 | |
| | 翱[翶] 16画,二级 | 翱常 翶异 | 翱常 翶异 |
| | 鳌(鰲)[鼇] 18画,二级 | 鼇常 鰲次 | 鼇常 |
| | 鏖 19画,二级 | 鏖常 | 鏖常 |
| ǎo | 袄(襖) 9画,一级 | 襖常 袄异 | 襖常 |
| | 媪 12画,二级 | 媼常 媪异 | 媼常 媪异 |
| ào | 岙 7画,三级 | 罕 | |
| | 坳[垇] 8画,二级 | 坳次 垇罕 | |
| | 拗[抝] 8画,二级 | 拗常 抝异 | 拗常 |
| | 穒 12画,三级 | 次 | |
| | 傲 12画,一级 | 傲常 | 傲常 |
| | 奥❷ 12画,一级 | 奥常 | 奥常 |

❶敖:字形左侧,大陆6画,台湾、香港7画,上为士,下为方。

❷奥:字形上部中间,大陆为米,台湾、香港为釆(7画)。

| 读音 | 大陆 | 台湾 | 香港 | 读音 | 大陆 | 台湾 | 香港 |
|---|---|---|---|---|---|---|---|
|  | 鳌(鰲) 13画,二级 | 鰲次 |  |  | 妭 8画,三级 | 妭罕 |  |
|  | 隩 14画,三级 | 隩次 |  |  | 胈 9画,三级 | 胈次 |  |
|  | 薁 15画,三级 | 薁次 |  |  | 菝 11画,三级 | 菝次 |  |
|  | 澳 15画,一级 | 澳常 | 澳常 |  | 跋 12画,一级 | 跋常 | 跋常 |
|  | 懊 15画,一级 | 懊常 | 懊常 |  | 魃 14画,二级 | 魃次 |  |
|  | 鏊 18画,二级 | 鏊次 |  | bǎ | 把 7画,一级 | 常 | 常 |
| **B** |  |  |  |  | 钯(鈀) 9画,二级 | 鈀次 |  |
| bā | 八 2画,一级 | 常 | 常 |  | 靶 13画,一级 | 常 | 常 |
|  | 巴 4画,一级 | 常 | 常 | bà | 坝(垻壩) 7画,一级 | 壩常垻异 | 壩常 |
|  | 扒 5画,一级 | 常 | 常 |  | 爸 8画,一级 | 常 | 常 |
|  | 叭 5画,一级 | 常 | 常 |  | 罢(罷) 10画,一级 | 罷常罢异 | 罷常 |
|  | 朳 6画,三级 | 罕 |  |  | 鲅(鮁) 13画,二级 | 鮁罕 |  |
|  | 芭 7画,一级 | 芭常 | 芭常 |  | 霸[覇] 21画,一级 | 霸常覇异 | 霸常 |
|  | 岜 7画,三级 | 罕 |  |  | 灞 24画,二级 | 灞次 |  |
|  | 疤 9画,一级 | 常 | 常 | ba | 吧 7画,一级 | 常 | 常 |
|  | 捌 10画,一级 | 捌次 |  | bāi | 掰 12画,一级 | 次 |  |
|  | 蚆 10画,三级 | 次 |  | bái | 白 5画,一级 | 常 | 常 |
|  | 笆 10画,二级 | 常 | 常 | bǎi | 百 6画,一级 | 常 | 常 |
|  | 粑 10画,三级 | 常 |  |  | 佰 8画,二级 | 常 | 常 |
|  | 粨 10画,二级 | 次 |  |  | 柏[栢] 9画,一级 | 柏常栢异 | 柏常 |
|  | 鲃(鲃) 12画,三级 | 鲃罕 |  |  | 捭 11画,二级 | 次 |  |
| bá | 拔 8画,一级 | 拔常 | 拔常 |  |  |  |  |

| 读音 | 大陆 | 台湾 | 香港 |
|---|---|---|---|
| | 摆❶(擺襬) 13画,一级 | 擺常襬次摆异 | 擺常 |
| bài | 败(敗) 8画,一级 | 敗常 | 敗常 |
| | 拜 9画,一级 | 常 | 常 |
| | 稗[粺] 13画,二级 | 稗次粺次 | |
| bān | 扳 7画,一级 | 扳常 | 扳常 |
| | 攽 8画,三级 | 次 | |
| | 班 10画,一级 | 常 | 常 |
| | 般 10画,一级 | 常 | 常 |
| | 颁(頒) 10画,一级 | 頒常 | 頒常 |
| | 斑 12画,一级 | 常 | 常 |
| | 搬 13画,一级 | 常 | 常 |
| | 瘢 15画,二级 | 次 | |
| | 癍 17画,二级 | 罕 | |
| | 鋬 20画,三级 | 罕 | |
| bǎn | 阪❷ 6画,二级 | 阪常 | 阪常 |
| | 坂[阪❸岅] 7画,二级 | 阪常坂常岅异 | 阪常 |
| | 板❹(闆) 8画,一级 | 板常闆常 | 板常 闆常 |
| | 昄 8画,三级 | 昄次 | |
| | 版 8画,一级 | 版常 | 版常 |
| | 钣(鈑) 9画,二级 | 鈑次 | |
| bàn | 办(辦) 4画,一级 | 辦常办异 | 辦常 |
| | 半 5画,一级 | 常 | 常 |
| | 扮 7画,一级 | 常 | 常 |
| | 伴 7画,一级 | 常 | 常 |
| | 拌 8画,一级 | 常 | 常 |
| | 绊(絆) 8画,一级 | 絆常 | 絆常 |
| | 桦 9画,二级 | 次 | |
| | 湴 11画,三级 | 次 | |
| | 靽 14画,三级 | | |
| | 瓣 19画,一级 | 常 | 常 |
| bāng | 邦❺ 6画,一级 | 邦常 | 邦常 |
| | 帮(幫)[幚幇] 9画,一级 | 幫常幚异 幇异幇异 | 幫常 |
| | 哪 9画,二级 | 哪罕 | |
| | 梆 10画,二级 | 梆常 | 梆常 |
| | 浜 10画,二级 | 异 | |
| bǎng | 绑(綁) 9画,一级 | 綁常 | 綁常 |
| | 榜[牓] 14画,一级 | 榜常牓次 | 榜常 |

❶摆:大陆繁体文本和台湾用于"摆放、摆动、摇摆"作"擺",用于"衣摆""裙摆"作"襬"。
❷阪:用于地名,如"大阪"。另见4页"坂"字条。
❸阪另见4页"阪"字条。
❹板:大陆繁体文本和台湾用于"老板"作"闆"。
❺邦:字形起笔,大陆为横,台湾、香港为撇。

| 读音 | 大 陆 | 台湾 | 香港 | 读音 | 大 陆 | 台湾 | 香港 |
|---|---|---|---|---|---|---|---|
| bàng | 膀[髈] 14画,一级 | 膀常髈异 | 膀常 | | 宝(寶)[寳] 8画,一级 | 寳常寶异 宝异 | 寳常 |
| | 玤 8画,三级 | 玤次 | | | 保 9画,一级 | 常 | 常 |
| | 蚌 10画,一级 | 蚌常 | 蚌常 | | 鸨(鴇) 9画,二级 | 鴇次 | |
| | 棒 12画,一级 | 常 | 常 | | 葆 12画,二级 | 葆次 | |
| | 傍 12画,一级 | 常 | 常 | | 堡 12画,一级 | 常 | 常 |
| | 谤(謗) 12画,一级 | 謗常 | 謗常 | | 褓[緥] 14画,二级 | 褓常緥异 | 褓常 |
| | 塝 13画,三级 | 罕 | | bào | 报(報) 7画,一级 | 報常报异 | 報常 |
| | 搒 13画,三级 | 次 | | | 刨❶[鉋鑤] 7画,一级 | 刨常鉋常 鑤罕 | 刨常 鉋常 |
| | 蒡 13画,二级 | 蒡次 | | | 抱 8画,一级 | 常 | 常 |
| | 磅 15画,一级 | 常 | 常 | | 趵 10画,二级 | 次 | |
| | 镑(鎊) 15画,一级 | 鎊常 | 鎊常 | | 豹 10画,一级 | 常 | 常 |
| bāo | 包 5画,一级 | 常 | 常 | | 鲍(鮑) 13画,一级 | 鮑常 | 鮑常 |
| | 苞 8画,一级 | 苞常 | 苞常 | | 暴 15画,一级 | 常 | 常 |
| | 孢 8画,二级 | 次 | | | 曝 19画,一级 | 常 | 常 |
| | 枹 9画,三级 | 次 | | | 爆 19画,一级 | 常 | 常 |
| | 胞 9画,一级 | 胞常 | 胞常 | bēi | 杯❷[桮盃] 8画,一级 | 杯常盃常 桮次 | 杯常 盃常 |
| | 龅(齙) 13画,二级 | 齙罕 | | | | | |
| | 煲 13画,二级 | 次 | | | | | |
| | 褒[襃] 15画,一级 | 褒常襃异 | 褒常 襃异 | | | | |
| báo | 雹 13画,一级 | 雹常 | 雹常 | | | | |
| bǎo | 饱(飽) 8画,一级 | 飽常 | 飽常 | | | | |

❶刨:台湾用于"刨平、刨冰、刨根问底"作"刨",用于"刨子(木工工具)、刨花、刨凳"作"鉋"。

❷杯:大陆繁体文本和台湾用于"酒杯、茶杯、杯中物、杯弓蛇影、杯水车薪"作"杯",俗字作"盃",木制的杯子也作"桮"。

| 读音 | 大 陆 | 台湾 | 香港 |
|---|---|---|---|
| | 卑 8画，一级 | 常 | 常 |
| | 背❶[揹] 9画，一级 | 背常揹次 | 背常 |
| | 椑 12画，三级 | 次 | |
| | 悲 12画，一级 | 悲常 | 悲常 |
| | 碑 13画，一级 | 常 | 常 |
| | 鹎(鵯) 13画，三级 | 鵯次 | |
| běi | 北❷ 5画，一级 | 北常 | 北常<br>北异 |
| bèi | 贝(貝) 4画，一级 | 貝常 | 貝常 |
| | 孛 7画，二级 | 次 | |
| | 邶 7画，二级 | 邶次 | |
| | 狈(狽) 7画，一级 | 狽常 | 狽常 |
| | 沝(浿) 7画，三级 | 浿次 | |
| | 备(備)[俻] 8画，一级 | 備常 俻异 | 備常 |
| | 钡(鋇) 9画，二级 | 鋇次 | |
| | 倍 10画，一级 | 常 | 常 |
| | 悖[誖] 10画，一级 | 悖常 誖罕 | 悖常 |
| | 被 10画，一级 | 常 | 常 |
| | 琲 12画，三级 | 琲罕 | |
| | 棓 12画，三级 | 次 | |
| | 辈(輩) 12画，一级 | 輩常 | 輩常 |
| | 惫(憊) 12画，一级 | 憊常 | 憊常 |
| | 焙 12画，二级 | 常 | 常 |
| | 蓓 13画，二级 | 蓓常 | 蓓常 |
| | 碚 13画，二级 | 次 | |
| | 鞁 14画，三级 | 罕 | |
| | 褙 14画，二级 | 褙次 | |
| | 糒 16画，三级 | 糒次 | |
| | 鞴 19画，二级 | 鞴异 | |
| | 鐾 21画，二级 | 罕 | |
| bei | 呗(唄) 7画，二级 | 唄次 | |
| bēn | 奔[奔逩犇❸] 8画，一级 | 奔常奔罕<br>逩罕犇异 | 奔常 |
| | 贲(賁) 9画，二级 | 賁常 | 賁常 |
| | 栟 10画，二级 | 次 | |
| | 犇❹ 12画，三级 | 异 | |
| | 锛(錛) 13画，二级 | 錛次 | |

❶背：大陆繁体文本和台湾用于"背心、背景、背叛、后背、汗流浃背、人心向背"作"背"；用于"背负、背书包、背小孩"作"背"，也作"揹"。

❷北：字形右侧起笔，大陆为长撇，香港为短撇，台湾为横。

❸犇"另见6页"犇"字条。

❹犇：用于人名。另见6页"奔"字条。

| 读音 | 大陆 | 台湾 | 香港 | 读音 | 大陆 | 台湾 | 香港 |
|---|---|---|---|---|---|---|---|
| běn | 本 5画,一级 | 常 | 常 | | 鼻 14画,一级 | 常 | 常 |
| | 苯 8画,二级 | 苯次 | | bǐ | 匕❶ 2画,一级 | 匕常 | 匕常 |
| | 畚 10画,二级 | 常 | 常 | | 比❷ 4画,一级 | 比常 | 比常 |
| bèn | 坌 7画,二级 | 次 | | | 芘 7画,三级 | 芘次 | |
| | 倴 10画,三级 | 罕 | | | 吡 7画,二级 | 吡异 | |
| | 笨 11画,一级 | 常 | 常 | | 沘 7画,三级 | 沘次 | |
| bēng | 祊 8画,三级 | 次 | | | 妣 7画,二级 | 妣常 | 妣常 |
| | 崩 11画,一级 | 常 | 常 | | 彼 8画,一级 | 常 | 常 |
| | 绷(绷)[繃] 11画,一级 | 繃常绷异 | 繃常 | | 秕[粃] 9画,二级 | 秕次粃异 | |
| | 嘣 14画,二级 | 罕 | | | 笔(筆) 10画,一级 | 筆常笔异 | 筆常 |
| béng | 甭 9画,二级 | 常 | 常 | | 俾 10画,二级 | 常 | 常 |
| běng | 琒 12画,二级 | 次 | | | 舭 10画,三级 | 舭罕 | |
| bèng | 泵 9画,一级 | 次 | | | 鄙 13画,一级 | 鄙常 | 鄙常 |
| | 迸 9画,二级 | 迸次 | 迸常 | bì | 币(幣) 4画,一级 | 幣常 | 幣常 |
| | 甏 16画,二级 | 罕 | | | 必 5画,一级 | 常 | 常 |
| | 镚(鏰) 16画,二级 | 鏰罕 | | | 毕(畢) 6画,一级 | 畢常 | 畢常 |
| | 蹦 18画,一级 | 常 | 常 | | 闭(閉) 6画,一级 | 閉常 | 閉常 |
| bī | 逼[偪] 12画,一级 | 逼常偪次 | 逼常 | | 坒 7画,三级 | 坒罕 | |
| | 鲾(鰏) 17画,三级 | 鰏罕 | | | 佖 7画,三级 | 次 | |
| bí | 荸 10画,二级 | 荸常 | 荸常 | | | | |

❶匕:字形起笔,大陆、香港为撇,台湾为横。
❷比:字形右侧起笔,大陆为撇,台湾、香港为横。

bì

| 读音 | 大陆 | 台湾 | 香港 |
|---|---|---|---|
| | 庇 7画,一级 | 庇常 | 庇常 |
| | 邲 7画,三级 | 邲次 | |
| | 诐(詖) 7画,三级 | 詖次 | |
| | 苾 8画,三级 | 苾次 | |
| | 畀 8画,二级 | 次 | |
| | 呹 8画,三级 | 次 | |
| | 珌 9画,三级 | 次 | |
| | 荜(蓽) 9画,二级 | 蓽次 | |
| | 柲 9画,二级 | 柲次 | |
| | 哔(嗶) 9画,二级 | 嗶次 | |
| | 陛 9画,二级 | 陛常 | 陛常 |
| | 毙(斃)[獘] 10画,一级 | 斃常 獘次 | 斃常 |
| | 铋(鉍) 10画,二级 | 鉍次 | |
| | 狴 10画,三级 | 狴 | |
| | 萆 11画,三级 | 萆次 | |
| | 庳 11画,三级 | 次 | |
| | 敝 11画,二级 | 常 | 常 |
| | 婢 11画,二级 | 常 | 常 |
| | 皕 12画,三级 | 次 | |
| | 贲(賁) 12画,三级 | 賁次 | |
| | 筚(篳) 12画,二级 | 篳次 | |
| | 愎 12画,二级 | 常 | 常 |
| | 弻 12画,二级 | 常 | 常 |
| | 萞 13画,二级 | 萞次 | |
| | 跸(蹕) 13画,二级 | 蹕次 | |
| | 痹[痺] 13画,一级 | 痹常 痺次 | 痹常 |
| | 滗(潷) 13画,二级 | 潷罕 | |
| | 裨 13画,二级 | 常 | 常 |
| | 碧 14画,一级 | 常 | 常 |
| | 蔽 14画,一级 | 蔽常 | 蔽常 |
| | 馝 14画,三级 | 次 | |
| | 箅 14画,二级 | 次 | |
| | 弊[獘] 14画,一级 | 弊常 獘罕 | 弊常 |
| | 薜 16画,二级 | 薜常 | |
| | 觱 16画,三级 | 觱次 | |
| | 篦 16画,二级 | 篦次 | |
| | 壁 16画,一级 | 常 | 常 |
| | 避 16画,一级 | 避常 | 避常 |
| | 嬖 16画,二级 | 次 | |
| | 髀 17画,二级 | 髀次 | |
| | 濞 17画,二级 | 次 | |

| 读音 | 大陆 | 台湾 | 香港 | 读音 | 大陆 | 台湾 | 香港 |
|---|---|---|---|---|---|---|---|
| | 臂 17画,一级 | 臂常 | 臂常 | | 汴 7画,二级 | 次 | |
| | 璧 18画,一级 | 常 | 常 | | 忭 7画,二级 | 次 | |
| | 襞 19画,二级 | 次 | | | 邠 7画,三级 | 邠罕 | |
| biān | 边(邊) 5画,一级 | 邊常 边异 | 邊常 | | 变(變) 8画,一级 | 變常 | 變常 |
| | 砭 9画,二级 | 砭常 | 砭常 | | 昪 9画,三级 | 罕 | |
| | 笾(籩) 11画,二级 | 籩次 | | | 便 9画,一级 | 常 | 常 |
| | 蝙 12画,三级 | 蝙次 | | | 遍[徧] 12画,一级 | 遍常 徧异 | 遍常 |
| | 编(編) 12画,一级 | 編常 | 編常 | | 辨 16画,一级 | 常 | 常 |
| | 煸 13画,二级 | 煸罕 | | | 辩(辯) 16画,一级 | 辯常 | 辯常 |
| | 蝙 15画,二级 | 蝙常 | 蝙常 | | 辫(辮) 17画,一级 | 辮常 | 辮常 |
| | 鳊(鯿) 17画,二级 | 鯿异 | | biāo | 杓 7画,二级 | 次 | |
| | 鞭 18画,一级 | 常 | 常 | | 标(標) 9画,一级 | 標常 | 標常 |
| biǎn | 贬(貶) 8画,一级 | 貶常 | 貶常 | | 飑(颮) 9画,二级 | 颮次 | |
| | 扁❶ 9画,一级 | 扁常 | 扁常 | | 骉(驫) 9画,三级 | 驫次 | |
| | 匾 11画,一级 | 匾常 | 匾常 | | 彪 11画,一级 | 彪常 | 彪常 |
| | 碥 14画,三级 | 碥罕 | | | 幖 14画,三级 | 罕 | |
| | 褊 14画,二级 | 褊次 | | | 膘(膘) 14画,二级 | 膘常 | 膘常 |
| biàn | 卞 4画,二级 | 常 | 常 | | | | |
| | 弁 5画,二级 | 常 | 常 | | | | |
| | 抃 7画,二级 | 次 | | | | | |
| | 苄 7画,二级 | 苄罕 | | | | | |

❶扁:字形上部,大陆、香港为点,台湾为撇。用作合体字部件时同此,如"偏、篇、匾"。

| 读音 | 大　陆 | 台湾 | 香港 |
|---|---|---|---|
| | 膘[臕] 15画，二级 | 膘次臕次 | |
| | 熛 15画，三级 | 次 | |
| | 飙(飈) 16画，二级 | 飈次 | |
| | 镖(鏢) 16画，二级 | 鏢常 | 鏢常 |
| | 瘭 16画，三级 | 瘭次 | |
| | 儦 17画，三级 | 次 | |
| | 藨 18画，三级 | 藨次 | |
| | 瀌 18画，三级 | 瀌次 | |
| | 镳(鑣) 20画，二级 | 鑣常 | 鑣常 |
| biǎo | 表❶(錶) 8画，一级 | 表常錶常 | 表常錶常 |
| | 婊 11画，二级 | 常 | 常 |
| | 脿 12画，三级 | 脿罕 | |
| | 裱 13画，二级 | 次 | |
| biào | 俵 10画，二级 | 次 | |
| | 摽 14画，二级 | 次 | |
| | 鳔(鰾) 19画，二级 | 鰾常 | 鰾常 |
| biē | 憋 15画，一级 | 次 | |
| | 鳖(鱉)[鼈] 19画，一级 | 鱉常鼈异 | 鼈常 |
| bié | 乩 6画，三级 | 罕 | |

| 读音 | 大　陆 | 台湾 | 香港 |
|---|---|---|---|
| bié bié | 别❷㊀；㊁(彆) 7画，一级 | 別常彆常別异 | 別常彆常 |
| bié | 蟞 18画，二级 | 蟞次 | |
| biě | 瘪(癟)[癳] 15画，一级 | 癟次癳罕 | |
| bīn | 邠 6画，三级 | 邠次 | |
| | 宾(賓) 10画，一级 | 賓常 | 賓常 |
| | 彬 11画，一级 | 常 | 常 |
| | 傧(儐) 12画，二级 | 儐常 | 儐常 |
| | 斌 12画，一级 | 次 | |
| | 滨(濱) 13画，一级 | 濱常濱异 | 濱常 |
| | 缤(繽) 13画，一级 | 繽常 | 繽常 |
| | 镔(鑌) 15画，二级 | 鑌次 | |
| | 濒(瀕) 16画，一级 | 瀕常 | 瀕常 |
| | 豳 17画，二级 | 次 | |
| bìn | 摈(擯) 13画，二级 | 擯次 | |
| | 殡(殯) 14画，二级 | 殯常 | 殯常 |

❶表：大陆繁体文本和台湾用于"表白、表格、年表、填表、仪表(人的外表)、履历表、课程表、进度表"作"表"，用于"手表、钟表、电表、仪表(测量仪器)、电压表"作"錶"。

❷别：①字形左下部，大陆为力，台湾、香港为力左侧不出头。②大陆繁体文本和台湾用于"区别、告别、别说话"作"别"，用于"别扭"作"彆"。

bīng—bó  11

| 读音 | 大陆 | 台湾 | 香港 |
|---|---|---|---|
|  | 膑(臏) 14画,二级 | 臏常 | 臏常 |
|  | 髌(髕) 19画,二级 | 髕次 |  |
|  | 鬓(鬢) 20画,一级 | 鬢常 | 鬢常 |
| bīng | 冰[氷] 6画,一级 | 冰常 氷异 | 冰常 |
|  | 兵 7画,一级 | 常 | 常 |
|  | 槟(檳) 14画,二级 | 檳常 | 檳常 |
| bǐng | 丙 5画,一级 | 常 | 常 |
|  | 邴 7画,二级 | 邴次 |  |
|  | 秉 8画,一级 | 常 | 常 |
|  | 柄 9画,一级 | 常 | 常 |
|  | 昺 9画,三级 | 次 |  |
|  | 饼(餅) 9画,一级 | 餅常 | 餅常 |
|  | 炳 9画,二级 | 常 | 常 |
|  | 蛃 11画,三级 | 罕 |  |
|  | 禀[稟] 13画,二级 | 稟常 禀异 | 稟常 |
| bìng | 并❶[並竝併] 6画,一级 | 并常 並常 併常 竝异 | 并常 並常 併常 |
|  | 病 10画,一级 | 常 | 常 |
|  | 摒 12画,二级 | 常 | 常 |
| bō | 拨(撥) 8画,一级 | 撥常 | 撥常 |

| 读音 | 大陆 | 台湾 | 香港 |
|---|---|---|---|
|  | 波 8画,一级 | 常 | 常 |
|  | 玻 9画,一级 | 常 | 常 |
|  | 砵 10画,三级 | 次 |  |
|  | 啵 10画,三级 | 罕 |  |
|  | 钵(缽)[鉢盋] 10画,二级 | 缽常 鉢次 盋异 | 缽常 鉢异 |
|  | 饽(餑) 10画,二级 | 餑次 |  |
|  | 剥 10画,一级 | 剝常 剥异 | 剝常 |
|  | 菠 11画,一级 | 菠常 | 菠常 |
|  | 饽(鏺) 13画,三级 | 鏺罕 |  |
|  | 播 15画,一级 | 常 | 常 |
|  | 蕃 15画,一级 | 蕃常 | 蕃常 |
|  | 嶓 15画,三级 | 次 |  |
| bó | 伯 7画,一级 | 常 | 常 |
|  | 驳(駁)[駮] 7画,一级 | 駁常 駮次 | 駁常 |
|  | 帛 8画,二级 | 常 | 常 |
|  | 泊 8画,一级 | 常 | 常 |
|  | 勃 9画,一级 | 常 | 常 |
|  | 钹(鈸) 10画,二级 | 鈸常 | 鈸常 |

❶并:大陆繁体文本和台湾用于"并立、并存、并联、并举、并拢、并称、并序、并不、并且、并非、并头莲、并驾齐驱、并肩作战、并行不悖、相提并论、兼收并蓄"作"並",用于"并吞、合并、兼并、归并、一并、并发症"作"併",用于"并州""并日而食"和姓作"并"。

| 读音 | 大陆 | 台湾 | 香港 |
|---|---|---|---|
|  | 铂(鉑) 10画,二级 | 鉑常 | 鉑常 |
|  | 亳 10画,二级 | 次 |  |
|  | 浡 10画,三级 | 次 |  |
|  | 袯(襏) 10画,三级 | 襏次 |  |
|  | 桲 11画,三级 | 罕 |  |
|  | 舶 11画,一级 | 常 | 常 |
|  | 脖[脖] 11画,一级 | 脖常 脖罕 | 脖常 |
|  | 舲 11画,三级 | 次 |  |
|  | 博[博] 12画,一级 | 博常 愽异 | 博常 |
|  | 鹁(鵓) 12画,二级 | 鵓次 |  |
|  | 渤 12画,一级 | 常 | 常 |
|  | 搏 13画,一级 | 常 | 常 |
|  | 鲌(鮊) 13画,三级 | 鮊罕 |  |
|  | 僰 14画,二级 | 次 |  |
|  | 箔 14画,二级 | 常 | 常 |
|  | 膊 14画,一级 | 膊常 | 膊常 |
|  | 踣 15画,三级 | 次 |  |
|  | 镈(鎛) 15画,三级 | 鎛次 |  |
|  | 薄 16画,一级 | 薄常 | 薄常 |
|  | 馞 16画,三级 | 罕 |  |
|  | 檘 20画,三级 | 檘次 |  |
|  | 礴 21画,二级 | 礴次 |  |
| bǒ | 跛 12画,一级 | 常 | 常 |
| bò | 檗 17画,二级 | 次 |  |
|  | 擘 17画,二级 | 常 | 常 |
|  | 簸 19画,一级 | 常 | 常 |
| bo | 啵 11画,二级 | 次 |  |
| bū | 逋 10画,二级 | 逋次 |  |
|  | 晡 11画,二级 | 次 |  |
| bú | 醭 19画,三级 | 次 |  |
| bǔ bo | 卜❶(蔔) 2画,一级 | 卜常 蔔常 | 卜常 蔔常 |
| bǔ | 卟 5画,二级 | 罕 |  |
|  | 补(補) 7画,一级 | 補常 | 補常 |
|  | 捕 10画,一级 | 常 | 常 |
|  | 哺 10画,一级 | 常 | 常 |
|  | 鹋(鵏) 12画,三级 | 鵏次 |  |
| bù | 不 4画,一级 | 常 | 常 |
|  | 布[佈] 5画,一级 | 布常 佈次 | 布常 佈常 |
|  | 步 7画,一级 | 常 | 常 |
|  | 怖 8画,一级 | 常 | 常 |

❶卜:大陆繁体文本和台湾用于"占卜""卜卦"作"卜",用于"萝卜"作"蔔"。

| 读音 | 大陆 | 台湾 | 香港 |
|---|---|---|---|
|  | 钚(鈈) 9画,二级 | 鈈异 |  |
|  | 埗 10画,三级 | 罕 |  |
|  | 部 10画,一级 | 部常 | 部常 |
|  | 埠 11画,一级 | 常 | 常 |
|  | 瓿 12画,二级 | 瓿次 |  |
|  | 蔀 13画,三级 | 蔀次 |  |
|  | 簿 19画,一级 | 常 | 常 |
| **C** |  |  |  |
| cā | 擦 17画,一级 | 常 | 常 |
|  | 嚓 17画,二级 | 次 |  |
| cāi | 偲 11画,三级 | 次 |  |
|  | 猜 11画,一级 | 猜常 | 猜常 |
| cái | 才❶(纔) 3画,一级 | 才常 纔次 | 才常 |
|  | 材 7画,一级 | 常 | 常 |
|  | 财(財) 7画,一级 | 財常 | 財常 |
|  | 裁 12画,一级 | 常 | 常 |
| cǎi cài | 采❷㊀[採]; ㊁[寀] 8画,一级 | 采常 採常 寀次 | 采常 採常 |
| cǎi | 彩❸[綵] 11画,一级 | 彩常 綵常 | 彩常 綵常 |
|  | 睬[保] 13画,一级 | 睬常 保异 | 睬常 |
|  | 踩[跴] 15画,一级 | 踩常 跴罕 | 踩常 |

| 读音 | 大陆 | 台湾 | 香港 |
|---|---|---|---|
| cài | 菜 11画,一级 | 菜常 | 菜常 |
|  | 蔡 14画,一级 | 蔡常 | 蔡常 |
| cān shēn | 参(參)[叅]㊀; ㊁[葠蔘] 8画,一级 | 參常 參异 叅异 葠罕 蔘罕 | 參常 |
| cān | 骖(驂) 11画,二级 | 驂次 |  |
|  | 餐 16画,一级 | 餐常 | 餐常 |
| cán | 残(殘) 9画,一级 | 殘常 | 殘常 |
|  | 蚕(蠶) 10画,一级 | 蠶常 蚕次 | 蠶常 |
|  | 惭(慚)[慙] 11画,一级 | 慚常 慙异 | 慚常 |
| cǎn | 惨(慘) 11画,一级 | 慘常 | 慘常 |
|  | 穇(穇) 13画,三级 | 穇罕 |  |
|  | 黪(黲) 20画,二级 | 黲次 |  |

❶才:大陆繁体文本和台湾用于"才能、人才、天才、刚才"作"才";用于副词,表示刚刚、仅仅等义(如"结婚才三年"),作"才",也作"纔"。

❷采:大陆繁体文本和台湾用于"风采、神采、文采、采桑子(词牌名)、神采飞扬、无精打采"作"采",用于"采摘、采访、采纳、采光、采集、采取、采用、开采"作"採",用于"采地""采邑"作"寀"。

❸彩:大陆繁体文本和台湾用于"彩凤、彩虹、彩排、彩色、色彩、光彩、精彩、中彩、五彩缤纷"作"彩",用于"彩船、彩球、彩楼、彩牌楼、剪彩、张灯结彩"作"綵"。

| 读音 | 大陆 | 台湾 | 香港 |
|---|---|---|---|
| càn | 灿(燦) 7画，一级 | 燦常 | 燦常 |
| | 粲 13画，二级 | 次 | |
| | 璨 17画，二级 | 次 | |
| cāng | 仓(倉) 4画，一级 | 倉常 | 倉常 倉异 |
| | 伧(傖) 6画，二级 | 傖常 | 傖常 傖异 |
| | 苍(蒼) 7画，一级 | 蒼常 | 蒼常 蒼异 |
| | 沧(滄) 7画，一级 | 滄常 | 滄常 滄异 |
| | 鸧(鶬) 9画，三级 | 鶬次 | |
| | 舱(艙) 10画，二级 | 艙常 | 艙常 艙异 |
| cáng | 藏 17画，一级 | 藏常 | 藏常 |
| cāo | 操[捺捼] 16画，一级 | 操常 捼异 | 操常 |
| | 糙 16画，一级 | 糙常 | 糙常 糙异 |
| cáo | 曹 11画，一级 | 常 | 常 |
| | 嘈 14画，二级 | 常 | 常 |
| | 漕 14画，二级 | 常 | 常 |
| | 槽 15画，一级 | 常 | 常 |
| | 艚 16画，三级 | 罕 | |
| | 螬 17画，二级 | 次 | |
| | 糟 17画，三级 | 罕 | |
| cǎo | 草[艸] 9画，一级 | 草常 艸次 | 草常 |

| 读音 | 大陆 | 台湾 | 香港 |
|---|---|---|---|
| cè | 册[冊] 5画，一级 | 冊常 册异 | 冊常 |
| | 厕(廁)[厠] 8画，一级 | 廁常 厠异 | 廁常 |
| | 侧(側) 8画，一级 | 側常 | 側常 |
| | 测(測) 9画，一级 | 測常 | 測常 |
| | 恻(惻) 9画，二级 | 惻常 | 惻常 |
| | 策[筴策] 12画，一级 | 策常 筴次 筞异 | 策常 |
| cén | 岑 7画，二级 | 岑常 | 岑常 岑异 |
| | 涔 10画，二级 | 涔次 | |
| cēng | 噌 15画，二级 | 次 | |
| céng | 层(層) 7画，一级 | 層常 | 層常 |
| | 曾 12画，一级 | 常 | 常 |
| | 嶒 15画，三级 | 次 | |
| cèng | 蹭 19画，一级 | 次 | |
| chā | 叉 3画，一级 | 常 | 常 |
| | 差❶ 9画，一级 | 差常 | 差常 |
| | 插❷[挿] 12画，一级 | 插常 挿异 | 插常 插异 |

❶差：字形上部，大陆 6 画，台湾、香港 7 画，左下的撇与上边的竖不相连。
❷插：字形右上起笔，大陆为撇，台湾、香港为横。

| 读音 | 大陆 | 台湾 | 香港 | 读音 | 大陆 | 台湾 | 香港 |
|---|---|---|---|---|---|---|---|
| chá | 馇(餷) 12画,二级 | 餷罕 | | | 诧(詫) 8画,二级 | 詫常 | 詫常 |
| | 锸(鍤) 14画,二级 | 鍤次 | | | 姹 9画,二级 | 奼 | |
| | 垞 9画,三级 | 次 | | chāi | 拆 8画,一级 | 常 | 常 |
| | 茬 9画,一级 | 茬罕 | | | 钗(釵) 8画,二级 | 釵常 | 釵常 |
| | 茶 9画,一级 | 茶常 | 茶常 | chái | 侪(儕) 8画,二级 | 儕次 | |
| | 查[查] 9画,一级 | 查常 查异 | 查常 | | 柴 10画,一级 | 柴常 | 柴常 柴异 |
| | 搽 12画,二级 | 搽常 | 搽常 | | 豺 10画,一级 | 常 | 常 |
| | 嵖 12画,二级 | 罕 | | chǎi | 茝 10画,三级 | 茝罕 | |
| | 猹 12画,二级 | 罕 | | chài | 虿(蠆) 9画,二级 | 蠆次 | |
| | 槎 13画,二级 | 槎次 | | | 瘥 14画,三级 | 瘥次 | |
| | 碴[碴] 14画,二级 | 碴次 碴罕 | | chān | 辿 6画,三级 | 辿罕 | |
| | 察[詧] 14画,一级 | 察常 詧异 | 察常 | | 觇(覘) 9画,二级 | 覘次 | |
| | 楂 15画,二级 | 罕 | | | 梴 10画,三级 | 梴罕 | |
| | 檫 18画,三级 | 罕 | | | 掺(掺) 11画,一级 | 掺次 掺异 | |
| chǎ | 衩 8画,二级 | 次 | | | 搀(攙) 12画,一级 | 攙常 | 攙常 |
| | 蹅 16画,二级 | 次 | | | 襜 18画,三级 | 襜次 | |
| | 镲(鑔) 19画,二级 | 鑔罕 | | chán | 谗(讒) 11画,二级 | 讒常 | 讒常 |
| chà | 汊 6画,二级 | 次 | | | 婵(嬋) 11画,二级 | 嬋常 婵异 | 嬋常 |
| | 杈 7画,二级 | 次 | | | 馋(饞) 12画,一级 | 饞常 | 饞常 |
| | 岔 7画,一级 | 常 | 常 | | | | |
| | 侘 8画,三级 | 次 | | | | | |

| 读音 | 大陆 | 台湾 | 香港 |
|---|---|---|---|
| | 禅(禪) 12画,一级 | 禪常 | 禪常 |
| | 孱 12画,二级 | 常 | 常 |
| | 缠(纏) 13画,一级 | 纏常 | 纏常 |
| | 蝉(蟬) 14画,一级 | 蟬常 | 蟬常 |
| | 廛 15画,二级 | 次 | |
| | 潺 15画,二级 | 常 | 常 |
| | 澶 16画,二级 | 次 | |
| | 瀍 18画,三级 | 次 | |
| | 蟾 19画,二级 | 蟾次 | |
| | 儳 19画,三级 | 次 | |
| | 巉 20画,二级 | 次 | |
| | 躔 22画,三级 | 次 | |
| | 镵(鑱) 22画,二级 | 鑱次 | |
| chǎn | 产❶(產) 6画,一级 | 產常 產异 | 產常 |
| | 屲 7画,三级 | 罕 | |
| | 浐(滻) 9画,三级 | 滻次 | |
| | 谄(諂) 10画,二级 | 諂常 | 諂常 |
| | 啴(嘽) 11画,三级 | 嘽次 | |
| | 铲❷(鏟)[剷] 11画,一级 | 鏟常 剷常 | 鏟常 剷常 |
| | 闸(閘) 11画,一级 | 閘常 | 閘常 |
| | 蒇(蕆) 12画,三级 | 蕆次 | |
| | 焯(燀) 12画,三级 | 燀次 | |
| | 骣(驏) 15画,二级 | 驏次 | |
| | 辗(輾) 18画,三级 | 輾次 | |
| chàn | 忏(懺) 6画,二级 | 懺常 | 懺常 |
| | 划(剗) 7画,三级 | 剗异 | |
| | 颤(顫) 19画,一级 | 顫常 | 顫常 |
| | 羼 21画,二级 | 次 | |
| | 韂 22画,三级 | 韂罕 | |
| chāng | 伥(倀) 6画,二级 | 倀常 | 倀常 |
| | 昌 8画,一级 | 常 | 常 |
| | 菖 11画,二级 | 菖次 | |
| | 猖 11画,一级 | 常 | 常 |
| | 阊(閶) 11画,二级 | 閶次 | |

❶产:大陆繁体字上为产,台湾、香港字形厂上为文。

❷铲:台湾用于"铲子""铁铲"多作"鏟",用于"铲除""铲平"多作"剷"。

| 读音 | 大陆 | 台湾 | 香港 | 读音 | 大陆 | 台湾 | 香港 |
|---|---|---|---|---|---|---|---|
| | 娼 11画,二级 | 常 | 常 | | 畅(暢) 8画,一级 | 暢常 | 暢常 |
| | 鲳(鯧) 16画,二级 | 鯧常 | | | 倡 10画,一级 | 常 | 常 |
| cháng | 长(長) 4画,一级 | 長常 | 長常 | | 鬯 10画,三级 | 鬯常 | |
| | 苌(萇) 7画,二级 | 萇次 | | | 唱 11画,一级 | 常 | 常 |
| | 肠(腸)[膓] 7画,一级 | 腸常 膓异 | 腸常 | chāo | 抄 7画,一级 | 常 | 常 |
| | 尝❶(嘗)[嚐甞] 9画,一级 | 嘗常 嚐常 甞异 | 嘗常 | | 怊 8画,三级 | 次 | |
| | 常 11画,一级 | 常 | 常 | | 弨 8画,三级 | 次 | |
| | 偿(償) 11画,一级 | 償常 | 償常 | | 钞(鈔) 9画,一级 | 鈔常 | 鈔常 |
| | 徜 11画,二级 | 次 | | | 超 12画,一级 | 常 | 常 |
| | 嫦 14画,二级 | 常 | 常 | | 焯 12画,二级 | 次 | |
| | 鳝(鱨) 17画,三级 | 鱨次 | | cháo | 晁 10画,二级 | 次 | |
| chǎng | 厂(廠) 2画,一级 | 廠常 厂次 | 廠常 | | 巢 11画,一级 | 常 | 常 |
| | 场(場)[塲] 6画,一级 | 場常 塲异 | 場常 | | 朝 12画,一级 | 常 | 常 |
| | 铱(鋹) 9画,三级 | 鋹罕 | | | 嘲 15画,一级 | 常 | 常 |
| | 昶 9画,二级 | 次 | | | 潮 15画,一级 | 常 | 常 |
| | 惝 11画,二级 | 次 | | chǎo | 吵 7画,一级 | 常 | 常 |
| | 敞 12画,一级 | 常 | 常 | | 炒 8画,一级 | 常 | 常 |
| | 氅 16画,二级 | 次 | | chào | 耖 10画,二级 | 耖次 | |
| chàng | 怅(悵) 7画,二级 | 悵常 | 悵常 | chē | 车(車) 4画,一级 | 車常 | 車常 |

❶尝:大陆繁体文本和台湾用于"尝试、未尝、备尝"作"嘗";用于"品尝、尝一口、尝一尝"作"嚐",也作"嚐"。

| 读音 | 大陆 | 台湾 | 香港 |
|---|---|---|---|
| | 砗(硨) 9画,二级 | 硨罕 | |
| chě | 扯[撦] 7画,一级 | 扯常 撦次 | 扯常 |
| chè | 彻(徹) 7画,一级 | 徹常 | 徹常 |
| | 坼 8画,二级 | 常 | 常 |
| | 掣 12画,二级 | 常 | 常 |
| | 撤 15画,一级 | 撤常 | 撤常 |
| | 澈 15画,一级 | 澈常 | 澈常 |
| | 瞰 16画,三级 | 瞰罕 | |
| chēn | 抻 8画,二级 | 罕 | |
| | 郴 10画,二级 | 郴次 | |
| | 綝(綝) 11画,三级 | 綝次 | |
| | 琛 12画,二级 | 琛次 | |
| | 嗔 13画,二级 | 次 | |
| | 瞋❶ 15画,二级 | 次 | |
| chén | 臣 6画,一级 | 常 | 常 |
| | 尘(塵) 6画,一级 | 塵常 尘异 | 塵常 |
| | 辰 7画,一级 | 常 | 常 |
| | 沉❷ 7画,一级 | 沉常 | 沉常 |
| | 忱 7画,一级 | 常 | 常 |
| | 陈(陳) 7画,一级 | 陳常 | 陳常 |

| 读音 | 大陆 | 台湾 | 香港 |
|---|---|---|---|
| | 宸 10画,二级 | 常 | |
| | 梣 11画,三级 | 梣次 | |
| | 晨 11画,一级 | 常 | 常 |
| | 谌(諶) 11画,二级 | 諶次 | |
| | 煁 13画,三级 | 次 | |
| chěn | 碜(磣) 13画,二级 | 磣次 | |
| chèn | 衬(襯) 8画,一级 | 襯常 | 襯常 |
| | 疢 9画,三级 | 次 | |
| | 龀(齔) 10画,二级 | 齔次 | |
| | 趁[趂] 12画,一级 | 趁常 趂异 | 趁常 |
| | 榇(櫬) 13画,三级 | 櫬次 | |
| | 谶(讖) 19画,二级 | 讖常 | 讖常 |
| chēng | 柽(檉) 9画,二级 | 檉次 | |
| | 琤 10画,二级 | 琤次 | |
| | 称(稱) 10画,一级 | 稱常 称异 | 稱常 |

❶瞋:义为发怒时睁大眼睛,大陆不再作为"嗔"的异体字。

❷沉:①字形右下部,大陆、香港为几,台湾为儿。②大陆繁体文本和台湾用于"沉没、沉淀、沉默、下沉、浮沉"多作"沈"。另见145页"沈"字条。

# chéng—chī

| 读音 | 大陆 | 台湾 | 香港 |
|---|---|---|---|
| | 蛏(蟶) 11画,二级 | 蟶次 | |
| | 偁 11画,三级 | 次 | |
| | 赪(赬) 13画,三级 | 赬次 | |
| | 撑[撐] 15画,一级 | 撐常撑异 | 撐常 |
| | 瞠 16画,二级 | 常 | 常 |
| chéng | 成 6画,一级 | 常 | 常 |
| | 丞 6画,二级 | 常 | 常 |
| | 呈❶ 7画,一级 | 呈常 | 呈常 |
| | 枨(棖) 8画,二级 | 棖次 | |
| | 诚(誠) 8画,一级 | 誠常 | 誠常 |
| | 承 8画,一级 | 常 | 常 |
| | 城 9画,一级 | 常 | 常 |
| | 宬 9画,三级 | 罕 | |
| | 珹 10画,三级 | 罕 | |
| | 埕 10画,二级 | 埕次 | |
| | 晟 10画,二级 | 次 | |
| | 乘[乘椉] 10画,一级 | 乘常乘异椉异 | 乘常 |
| | 珵 11画,三级 | 珵次 | |
| | 铖(鋮) 11画,三级 | 鋮次 | |
| | 程 12画,一级 | 程常 | 程常 |

| 读音 | 大 陆 | 台湾 | 香港 |
|---|---|---|---|
| | 惩(懲) 12画,一级 | 懲常惩异 | 懲常 |
| | 裎 12画,二级 | 裎次 | |
| | 塍[堘] 13画,三级 | 塍次堘异 | |
| | 酲 14画,三级 | 酲次 | |
| | 澂❷ 15画,三级 | 澂次 | |
| | 澄[澂❸] 15画,一级 | 澄常澂次 | 澄常 |
| | 憕 15画,三级 | 罕 | |
| | 橙 16画,一级 | 常 | 常 |
| chěng | 逞 10画,一级 | 逞常 | 逞常 |
| | 骋(騁) 10画,二级 | 騁常 | 騁常 |
| | 庱 11画,三级 | 庱次 | |
| chèng | 秤 10画,一级 | 常 | 常 |
| | 稱 12画,三级 | 次 | |
| chī | 吃[喫] 6画,一级 | 吃常喫次 | 吃常 |
| | 哧 10画,二级 | 次 | |
| | 鸱(鴟) 10画,二级 | 鴟罕 | |
| | 蚩 10画,二级 | 蚩常 | 蚩常蚩异 |

❶呈:字形下部,大陆为王,台湾、香港起笔为撇。用作合体字部件时同此,如"程""逞"。
❷澂:用于人名。另见19页"澄"字条。
❸"澂"另见19页"澂"字条。

| 读音 | 大 陆 | 台湾 | 香港 |
|---|---|---|---|
|  | 绨(綈) 10画,三级 | 綈次 |  |
|  | 眵 11画,二级 | 罕 |  |
|  | 答 11画,二级 | 常 | 常 |
|  | 瓻 11画,三级 | 瓻罕 |  |
|  | 摛(攡) 13画,三级 | 摛次 攡常 |  |
|  | 嗤 13画,二级 | 嗤常 | 嗤常 嗤异 |
|  | 痴[癡] 13画,一级 | 痴常 癡异 | 痴常 癡异 |
|  | 媸 13画,二级 | 媸次 |  |
|  | 螭 16画,二级 | 螭次 |  |
|  | 魑 19画,二级 | 魑次 |  |
| chí | 池 6画,一级 | 常 | 常 |
|  | 弛 6画,一级 | 常 | 常 |
|  | 驰(馳) 6画,一级 | 馳常 | 馳常 |
|  | 迟(遲) 7画,一级 | 遲常 | 遲常 |
|  | 茌 8画,二级 | 茌次 |  |
|  | 持 9画,一级 | 常 | 常 |
|  | 匙❶ 11画,一级 | 匙常 | 匙常 |
|  | 漦 15画,三级 | 次 |  |
|  | 墀 15画,二级 | 常 | 常 |
|  | 踟 15画,二级 | 常 | 常 |
|  | 篪 16画,二级 | 篪次 |  |

| 读音 | 大 陆 | 台湾 | 香港 |
|---|---|---|---|
| chǐ | 尺 4画,一级 | 常 | 常 |
|  | 齿(齒) 8画,一级 | 齒常 | 齒常 |
|  | 侈 8画,一级 | 常 | 常 |
|  | 胣 9画,三级 | 胣次 |  |
|  | 耻[恥] 10画,一级 | 耻常 恥异 | 恥常 |
|  | 豉 11画,二级 | 常 | 常 |
|  | 褫 15画,二级 | 褫常 | 褫常 |
| chì | 彳 3画,三级 | 次 |  |
|  | 叱 5画,二级 | 常 | 常 |
|  | 斥 5画,二级 | 常 | 常 |
|  | 赤 7画,一级 | 常 | 常 |
|  | 饬(飭) 7画,二级 | 飭常 | 飭常 |
|  | 炽(熾) 9画,二级 | 熾常 | 熾常 |
|  | 翅[翄] 10画,二级 | 翅常 翄异 | 翅常 |
|  | 敕[勅勑] 11画,二级 | 敕次 勅异 勑异 | 勅异 |
|  | 痓 11画,三级 | 罕 |  |
|  | 啻 12画,二级 | 常 | 常 |
|  | 傺 13画,三级 | 次 |  |
|  | 瘛 15画,二级 | 瘛罕 |  |

❶匙:字形右上起笔,大陆、香港为撇,台湾为横。

## chōng—chóu

| 读音 | 大陆 | 台湾 | 香港 |
|---|---|---|---|
| chōng | 冲❶(衝) 6画,一级 | 衝常冲常 冲异 | 冲常 衝常 |
| | 充❷ 6画,一级 | 充常 | 充常 |
| | 忡 7画,二级 | 次 | |
| | 茺 9画,三级 | 茺次 | |
| | 浺 9画,三级 | 浺罕 | |
| | 珫 10画,三级 | 珫罕 | |
| | 翀 10画,三级 | 罕 | |
| | 舂 11画,二级 | 常 | 常 |
| | 摏 14画,三级 | 异 | |
| | 憧 15画,二级 | 常 | 常 |
| | 艟 18画,二级 | 次 | |
| chóng | 虫❸(蟲) 6画,一级 | 虫常 蟲常 | 虫常 蟲常 |
| | 崇 11画,一级 | 常 | 常 |
| | 漴 14画,三级 | 罕 | |
| chǒng | 宠(寵) 8画,一级 | 寵常 | 寵常 |
| chòng | 铳(銃) 11画,二级 | 銃次 | |
| chōu | 抽 8画,一级 | 常 | 常 |
| | 瘳 16画,二级 | 次 | |
| | 犨 20画,三级 | 次 | |
| chóu | 仇❹[讎雠] 4画,一级 | 仇常 讎次 雠异 | 仇常 |

| 读音 | 大陆 | 台湾 | 香港 |
|---|---|---|---|
| | 俦(儔) 9画,二级 | 儔常 | 儔常 |
| | 帱(幬) 10画,三级 | 幬次 | |
| | 惆 11画,二级 | 惆常 | 惆常 |
| | 绸(綢)[紬] 11画,一级 | 綢常 紬次 | 綢常 |
| | 椆 12画,三级 | 罕 | |
| | 畴(疇) 12画,一级 | 疇常 | 疇常 |
| | 酬[酧醻詶] 13画,一级 | 酬常 詶次 酧异 醻异 | 酬常 |
| | 稠 13画,一级 | 稠常 | 稠常 |
| | 愁 13画,一级 | 常 | 常 |
| | 筹(籌) 13画,一级 | 籌常 筹异 | 籌常 |

❶冲:"冲"是"衝"的俗字。大陆繁体文本和台湾用于"冲洗、冲塌、冲毁、冲茶、冲服、冲积、冲刷、冲淡、冲天、冲销、冲喜、太冲、幼冲、冲冷水、兴冲冲、气冲冲、气冲斗牛、气冲霄汉、一飞冲天、怒气冲天、怒气冲冲、冲虚至德真经(书名)"作"冲",用于"冲刺、冲动、冲锋、冲击、冲浪、冲突、冲撞、冲犯、冲劲、冲脉、要冲、折冲、冲南走、味很冲、怒发冲冠、冲任不调证"作"衝"。

❷充:字形上部,大陆、香港为亠,台湾起笔为横。

❸虫:①大陆繁体文本和台湾用于"昆虫、害虫、虫害"作"蟲"。②"虫"在台湾一般仅用于部首。

❹仇:大陆繁体文本和台湾用于"仇恨、仇敌、报仇"作"仇",用于"校雠、雠定、仇雠"作"雠"。"雠""讎"另见22页"雠"字条。

| 读音 | 大陆 | 台湾 | 香港 |
|---|---|---|---|
| | 踌(躊) 14画,二级 | 躊常 | 躊常 |
| | 雠❶(讎)[讐] 18画,二级 | 讎次讐异 | |
| chǒu | 丑❷(醜) 4画,一级 | 丑常醜常 | 丑常醜常 |
| | 俦 9画,三级 | 俦异 | |
| | 瞅[瞁䁩] 14画,一级 | 瞅次瞁异䁩罕 | |
| chòu | 臭 10画,一级 | 常 | 常 |
| chū | 出❸(齣) 5画,一级 | 出常齣常 | 出常齣常 |
| | 初 7画,一级 | 常 | 常 |
| | 邮 7画,三级 | 邮罕 | |
| | 貙(貙) 11画,三级 | 貙次 | |
| | 摴 14画,三级 | 摴次 | |
| | 樗 15画,二级 | 樗次 | |
| chú | 刍(芻) 5画,二级 | 芻常 | 芻常 |
| | 除 9画,一级 | 除常 | 除常 |
| | 厨[厨廚] 12画,一级 | 廚常厨罕廚异 | 廚常 |
| | 锄(鋤)[耡鉏] 12画,二级 | 鋤常耡次鉏次 | 鋤常 |
| | 滁 12画,二级 | 滁次 | |
| | 蜍 13画,二级 | 蜍次 | |
| | 雏(雛) 13画,一级 | 雛常 | 雛常 |

| 读音 | 大陆 | 台湾 | 香港 |
|---|---|---|---|
| | 橱[樹] 16画,一级 | 樹常橱异 | 樹常 |
| | 蹰 18画,二级 | 蹰常 | 蹰常 |
| | 躇[蹰] 19画,二级 | 躇次蹰异 | |
| chǔ | 杵 8画,二级 | 杵常 | 杵常 |
| | 础(礎) 10画,一级 | 礎常 | 礎常 |
| | 楮 12画,二级 | 次 | |
| | 储(儲) 12画,一级 | 儲常 | 儲常 |
| | 楚 13画,一级 | 常 | 常 |
| | 褚 13画,一级 | 常 | 常 |
| | 濋 16画,三级 | 次 | |
| | 龉(龉) 21画,三级 | 龉异 | |
| chù | 亍 3画,三级 | 次 | |
| | 处(處) 5画,一级 | 處常 | 處常 |
| | 怵 8画,二级 | 怵常 | 怵常 |

❶雠:用于"校雠、雠定、仇雠"等,其他意义用"仇"。"讎""讐"另见21页"仇"字条。

❷丑:①字形中间,大陆为短横,左侧出头;台湾、香港为长横,左右出头。②大陆繁体文本和台湾用于"小丑、丑角、丑时、子丑寅卯"和姓作"丑",用于"丑恶、丑陋、丑行、丑闻、丑态、出丑"作"醜"。

❸出:大陆繁体文本和台湾用于"出入、出动、推出"作"出",用于"一出戏"多作"齣"。

| 读音 | 大陆 | 台湾 | 香港 |
|---|---|---|---|
|  | 绌(絀) 8画,二级 | 絀常 | 絀常 |
|  | 俶 10画,二级 | 次 |  |
|  | 畜 10画,一级 | 常 | 常 |
|  | 琡 12画,三级 | 次 |  |
|  | 搐 13画,三级 | 次 |  |
|  | 触(觸) 13画,一级 | 觸常 | 觸常 |
|  | 憷 16画,三级 | 罕 |  |
|  | 黜 17画,二级 | 常 | 常 |
|  | 斶 17画,三级 | 常 |  |
|  | 矗 24画,一级 | 常 | 常 |
| chuāi | 揣 12画,一级 | 常 | 常 |
|  | 搋 13画,二级 | 搋次 |  |
| chuài | 踹 16画,二级 | 常 | 常 |
| chuān | 川 3画,一级 | 常 | 常 |
|  | 氚 7画,二级 | 次 |  |
|  | 穿 9画,一级 | 穿常 | 穿常 |
| chuán | 传(傳) 6画,一级 | 傳常 | 傳常 |
|  | 船[舩] 11画,一级 | 船常 舩异 | 船常 |
|  | 遄 12画,二级 | 遄次 |  |
|  | 椽 13画,二级 | 次 |  |
| chuǎn | 舛 6画,二级 | 常 | 常 |
|  | 喘 12画,一级 | 常 | 常 |

| 读音 | 大陆 | 台湾 | 香港 |
|---|---|---|---|
| chuàn | 串 7画,一级 | 常 | 常 |
|  | 钏(釧) 8画,二级 | 釧常 | 釧常 |
| chuāng | 疮(瘡) 9画,一级 | 瘡常 | 瘡常 瘡异 |
|  | 窗❶[窻窓窻牕] 牕 12画,一级 | 窗常 窻异 窓异 牕异 窻罕 | 窗常 窻异 |
| chuáng | 床[牀] 7画,一级 | 床常 牀次 | 牀常 |
|  | 噇 15画,三级 | 罕 |  |
| chuǎng | 闯(闖) 6画,一级 | 闖常 | 闖常 |
| chuàng | 创(創)[刱剙] 6画,一级 | 創常 剙异 刱异 | 創常 創异 |
|  | 怆(愴) 7画,二级 | 愴常 | 愴常 愴异 |
| chuī | 吹 7画,一级 | 常 | 常 |
|  | 炊 8画,一级 | 常 | 常 |
| chuí | 垂❷ 8画,一级 | 垂常 | 垂常 |
|  | 陲 10画,三级 | 陲次 |  |
|  | 陲 10画,二级 | 陲常 | 陲常 |
|  | 捶[搥] 11画,一级 | 捶常 搥次 | 捶常 |
|  | 棰[箠] 12画,二级 | 棰次 箠次 |  |

❶窗:字形下部中间,大陆、香港为夕,台湾为两撇一点。

❷垂:字形中间两个十字,大陆相连,台湾、香港断开。用作合体字部件时同此,如"捶、箠、郵"。

| 读音 | 大陆 | 台湾 | 香港 | 读音 | 大陆 | 台湾 | 香港 |
|---|---|---|---|---|---|---|---|
|  | 圂 12画,三级 | 次 |  |  | 戳 18画,一级 | 常 | 常 |
|  | 槌 13画,二级 | 槌常 | 槌常 | chuò | 啜 11画,二级 | 常 | 常 |
|  | 锤(錘)[鎚] 13画,一级 | 錘常 鎚次 | 錘常 |  | 惙 11画,三级 | 次 |  |
| chūn | 春[旾] 9画,一级 | 春常 旾异 | 春常 |  | 绰(綽) 11画,一级 | 綽常 | 綽常 |
|  | 堾 12画,三级 | 异 |  |  | 辍(輟) 12画,二级 | 輟常 | 輟常 |
|  | 珺 13画,三级 | 异 |  |  | 龊(齪) 15画,二级 | 齪常 | 齪常 |
|  | 椿 13画,一级 | 次 |  | cī | 呲 9画,二级 | 呲罕 |  |
|  | 蝽 15画,二级 | 异 |  |  | 疵 11画,二级 | 疵常 | 疵常 疵异 |
|  | 鰆(鰆) 17画,三级 | 鰆罕 |  |  | 跐 13画,二级 | 跐次 |  |
| chún | 纯(純) 7画,一级 | 純常 | 純常 | cí | 词(詞)[䛐] 7画,一级 | 詞常 䛐异 | 詞常 |
|  | 莼(蒓)[蓴] 10画,二级 | 蓴次 蒓异 |  |  | 兹 9画,三级 | 兹次 |  |
|  | 唇[脣] 10画,一级 | 唇常 脣次 | 唇常 脣常 |  | 茨 9画,二级 | 茨次 |  |
|  | 淳[湻] 11画,一级 | 淳常 湻异 | 淳常 |  | 祠 9画,一级 | 常 | 常 |
|  | 錞(錞) 13画,三级 | 錞次 |  |  | 瓷 10画,一级 | 瓷常 | 瓷常 |
|  | 鹑(鶉) 13画,二级 | 鶉常 | 鶉常 |  | 辞(辭)[辝] 13画,一级 | 辭常 辝异 辞异 | 辭常 |
|  | 醇[醕] 15画,一级 | 醇常 醕异 | 醇常 |  | 慈 13画,一级 | 慈常 | 慈常 慈异 |
| chǔn | 蠢[惷] 21画,一级 | 蠢常 惷次 | 蠢常 |  | 磁 14画,一级 | 磁常 | 磁常 磁异 |
| chuō | 踔 11画,三级 | 踔次 |  |  | 雌 14画,一级 | 雌常 | 雌常 雌异 |
|  | 踖 15画,二级 | 踖次 |  |  | 鹚(鷀)[鶿] 14画,二级 | 鶿次 鷀罕 |  |

| 读音 | 大陆 | 台湾 | 香港 | 读音 | 大陆 | 台湾 | 香港 |
|---|---|---|---|---|---|---|---|
| | 糍[餈] 15画,二级 | 餈次糍异 | | cóng | 从(從) 4画,一级 | 從常从异 | 從常 |
| cǐ | 此 6画,一级 | 此常 | 此常<br>此异 | | 丛(叢) 5画,一级 | 叢常 | 叢常 |
| | 泚 9画,三级 | 泚次 | | | 淙 11画,二级 | 常 | 常 |
| | 玼 10画,三级 | 玼次 | | | 悰 11画,三级 | 次 | |
| | 鹾(鹺) 14画,三级 | 鹺次 | | | 琮 12画,二级 | 次 | |
| cì | 次❶ 6画,一级 | 次常 | 次常 | còu | 凑[湊] 11画,二级 | 湊常凑异 | 湊常 |
| | 刺 8画,一级 | 常 | 常 | | 辏(輳) 13画,二级 | 輳次 | |
| | 伺 8画,三级 | 伺次 | | | 腠 13画,二级 | 腠次 | |
| | 莿 11画,三级 | 莿次 | | cū | 粗[觕麤] 11画,二级 | 粗常觕次<br>麤次 | 粗常 |
| | 赐(賜) 12画,一级 | 賜常 | 賜常 | cú | 徂 8画,二级 | 次 | |
| cōng | 匆[怱悤] 5画,一级 | 匆常怱异<br>悤异 | 匆常<br>怱异 | | 殂 9画,二级 | 次 | |
| | 苁(蓯) 7画,二级 | 蓯次 | | cù | 促 9画,一级 | 常 | 常 |
| | 囱❷ 7画,一级 | 囪常 | 囱常<br>囪异 | | 猝 11画,二级 | 次 | |
| | 枞(樅) 8画,二级 | 樅常 | | | 蔟 14画,二级 | 蔟次 | |
| | 葱[蔥] 12画,二级 | 蔥常葱异 | 葱常 | | 醋 15画,一级 | 常 | 常 |
| | 骢(驄) 14画,二级 | 驄次 | | | 簇 17画,一级 | 常 | 常 |
| | 璁 15画,二级 | 璁次 | | | 蹙 18画,二级 | 常 | 常 |
| | 聪(聰) 15画,一级 | 聰常聪异 | 聰常<br>聪异 | | | | |
| | 熜 15画,二级 | 熜罕 | | | | | |

❶次:字形左侧,大陆、香港为一点一提,台湾为两横。

❷囱:字形中间,大陆、香港夕,台湾为两撇一点。

| 读音 | 大陆 | 台湾 | 香港 | 读音 | 大陆 | 台湾 | 香港 |
|---|---|---|---|---|---|---|---|
| | 蹿[躥] 19画,二级 | 蹿次 躥异 | | | 悴[顇] 11画,一级 | 悴常 顇异 | 悴常 |
| cuān | 氽 6画,二级 | 次 | | | 毳 12画,二级 | 次 | |
| | 撺(攛) 15画,二级 | 攛次 | | | 瘁 13画,二级 | 常 | 常 |
| | 镩(鑹) 17画,二级 | 鑹罕 | | | 粹 14画,一级 | 常 | 常 |
| | 蹿(躥) 19画,二级 | 躥次 | | | 翠 14画,一级 | 常 | 常 |
| cuán | 攒(攢) 19画,二级 | 攢次 | | cūn | 邨❶ 6画,三级 | 邨次 | |
| cuàn | 窜(竄) 12画,一级 | 竄常 | 竄常 | | 村[邨]❷ 7画,一级 | 村常 邨次 | 村常 |
| | 篡[簒] 16画,一级 | 篡常 簒异 | 篡常 | | 皴 12画,二级 | 皴常 | 皴常 |
| | 爨 30画,二级 | 常 | 常 | cún | 存 6画,一级 | 常 | 常 |
| cuī | 崔 11画,一级 | 常 | 常 | cǔn | 忖 6画,二级 | 常 | 常 |
| | 催 13画,一级 | 常 | 常 | cùn | 寸 3画,一级 | 常 | 常 |
| | 缞(縗) 13画,三级 | 縗次 | | cuō | 搓 12画,一级 | 搓常 | 搓常 |
| | 摧 14画,一级 | 常 | 常 | | 瑳 13画,三级 | 瑳次 | |
| | 榱 14画,二级 | 次 | | | 磋 14画,二级 | 磋常 | 磋常 |
| cuǐ | 漼 14画,三级 | 次 | | | 撮 15画,一级 | 撮常 | 撮常 撮异 |
| | 璀 15画,二级 | 次 | | | 蹉 16画,二级 | 蹉常 | 蹉常 |
| cuì | 脆[脃] 10画,一级 | 脆常 脃异 | 脆常 | cuó | 嵯 12画,二级 | 嵯次 | |
| | 萃 11画,二级 | 萃常 | 萃常 | | 矬 12画,二级 | 次 | |
| | 啐 11画,二级 | 次 | | | 痤 12画,二级 | 次 | |
| | 淬 11画,二级 | 次 | | | | | |

❶邨:用于人名。另见 26 页"村"字条。
❷"邨"另见 26 页"邨"字条。

| 读音 | 大陆 | 台湾 | 香港 | 读音 | 大陆 | 台湾 | 香港 |
|---|---|---|---|---|---|---|---|
| | 磋(鹾) 16画,三级 | 鹾次 | | | 炟 9画,三级 | 次 | |
| cuǒ | 脞 11画,三级 | 脞次 | | | 砝(碴) 11画,三级 | 碴罕 | |
| cuò | 挫 10画,一级 | 常 | 常 | | 铋(鐽) 11画,三级 | 鐽罕 | |
| | 莝 10画,三级 | 莝次 | | | 笪 11画,二级 | 次 | |
| | 厝 10画,二级 | 常 | | | 答 12画,一级 | 常 | 常 |
| | 措 11画,一级 | 常 | 常 | | 瘩 12画,三级 | 瘩罕 | |
| | 楛 12画,三级 | 次 | | | 靼 14画,二级 | 常 | 常 |
| | 锉(銼)[剉] 12画,二级 | 銼常剉次 | 銼常 | | 鞑(韃) 15画,二级 | 韃常 | 韃常 |
| | 错(錯) 13画,一级 | 錯常 | 錯常 | dǎ | 打 5画,一级 | 常 | 常 |
| **D** | | | | dà | 大 3画,一级 | 常 | 常 |
| dā | 奃 9画,二级 | 次 | | da | 垯(墶) 9画,三级 | 墶罕 | |
| | 哒(噠) 9画,三级 | 噠次 | | | 跶(躂) 13画,二级 | 躂常 | 躂常 |
| | 搭 12画,一级 | 搭常 | 搭常 | | 瘩[瘩] 14画,一级 | 瘩常瘩罕 | 瘩常 |
| | 嗒 12画,二级 | 嗒次 | | dāi | 呆[獃] 7画,一级 | 呆常獃次 | 呆常 |
| | 褡 14画,三级 | 鎝次 | | | 呔 7画,二级 | 次 | |
| | 褡 14画,二级 | 褡次 | | dǎi | 歹 4画,一级 | 常 | 常 |
| dá | 达(達) 6画,一级 | 達常达次 | 達常 | | 傣 12画,二级 | 次 | |
| | 怛 8画,二级 | 次 | | dài | 代 5画,一级 | 常 | 常 |
| | 妲 8画,二级 | 次 | | | 轪(軑) 7画,三级 | 軑次 | |
| | 迖(達) 9画,三级 | 達罕 | | | | | |

| 读音 | 大陆 | 台湾 | 香港 | 读音 | 大陆 | 台湾 | 香港 |
|---|---|---|---|---|---|---|---|
| | 坔 8画,三级 | 罕 | | | 眈 9画,二级 | 次 | |
| | 岱 8画,二级 | 常 | 常 | | 耽[躭] 10画,一级 | 耽常 躭异 | 耽常 躭常 |
| | 迨 8画,二级 | 迨次 | | | 郸(鄲) 10画,二级 | 鄲次 | |
| | 绐(紿) 8画,三级 | 紿次 | | | 聃 11画,二级 | 次 | |
| | 玳[瑇] 9画,二级 | 玳常 瑇异 | 玳常 | | 殚(殫) 12画,二级 | 殫次 | |
| | 带(帶) 9画,一级 | 帶常 | 帶常 | | 瘅(癉) 13画,三级 | 癉次 | |
| | 殆 9画,二级 | 常 | 常 | | 箪(簞) 14画,二级 | 簞常 | 簞常 |
| | 贷(貸) 9画,一级 | 貸常 | 貸常 | | 儋 15画,二级 | 儋次 | |
| | 待 9画,一级 | 常 | 常 | dǎn | 纨(紞) 7画,三级 | 紞次 | |
| | 怠 9画,一级 | 常 | 常 | | 胆(膽) 9画,一级 | 膽常 胆异 | 膽常 |
| | 埭 11画,二级 | 次 | | | 疸 10画,二级 | 次 | |
| | 袋 11画,一级 | 常 | 常 | | 掸(撣) 11画,二级 | 撣次 | |
| | 逮 11画,一级 | 逮常 | 逮常 | | 赕(賧) 12画,二级 | 賧罕 | |
| | 靆(靆) 15画,三级 | 靆次 | | | 亶 13画,二级 | 次 | |
| | 戴 17画,一级 | 常 | 常 | dàn | 旦 5画,一级 | 常 | 常 |
| | 黛 17画,二级 | 常 | 常 | | 但 7画,一级 | 常 | 常 |
| dān | 丹 4画,一级 | 常 | 常 | | 诞(誕) 8画,一级 | 誕常 | 誕常 |
| | 担(擔) 8画,一级 | 擔常 担异 | 擔常 | | 伔(僤) 10画,三级 | 僤次 | |
| | 单(單) 8画,一级 | 單常 单异 | 單常 | | | | |

## dāng—dāo

| 读音 | 大陆 | 台湾 | 香港 |
|---|---|---|---|
| | 疍 10画,三级 | 罕 | |
| | 萏 11画,二级 | 萏次 | |
| | 啖[啗噉] 11画,二级 | 啖常 啗次 噉次 | 啖常 |
| | 淡 11画,一级 | 常 | 常 |
| | 惮(憚) 11画,二级 | 憚常 惮异 | 憚常 |
| | 弹(彈) 11画,一级 | 彈常 弹异 | 彈常 |
| | 蛋 11画,一级 | 常 | 常 |
| | 氮 12画,一级 | 常 | 常 |
| | 澹 16画,二级 | 澹常 | 澹常 |
| | 憺 16画,三级 | 憺次 | |
| dāng | 当❶(當噹) 6画,一级 | 當常 噹常 当异 | 當常 噹常 |
| | 珰(璫) 10画,二级 | 璫次 | |
| | 铛(鐺) 11画,一级 | 鐺常 | 鐺常 |
| | 裆(襠) 11画,二级 | 襠常 | 襠常 |
| | 筜(簹) 12画,三级 | 簹次 | |
| dǎng | 挡(擋)[攩] 9画,一级 | 擋常 攩次 挡异 | 擋常 |
| | 党❷(黨) 10画,一级 | 黨常 党次 | 黨常 |
| | 谠(讜) 12画,二级 | 讜次 | |

| 读音 | 大陆 | 台湾 | 香港 |
|---|---|---|---|
| | 桵(檔) 14画,三级 | 檔罕 | |
| dàng | 凼 6画,二级 | 罕 | |
| | 砀(碭) 8画,二级 | 碭次 | |
| | 宕 8画,二级 | 次 | |
| | 垱(壋) 9画,二级 | 壋罕 | |
| | 荡❸(蕩)[盪] 9画,一级 | 蕩常 盪常 | 蕩常 盪常 |
| | 档(檔) 10画,一级 | 檔常 | 檔常 |
| | 菪 11画,二级 | 菪罕 | |
| | 逿(盪) 11画,三级 | 盪次 | |
| dāo | 刀 2画,一级 | 常 | 常 |
| | 叨 5画,一级 | 常 | 常 |
| | 忉 5画,三级 | 次 | |

❶当:大陆繁体文本和台湾用于"当代、当政、适当、旗鼓相当"作"當",用于拟声词"叮当""钟声当当响"多作"噹"。

❷党:大陆繁体文本和台湾用于"党派、党羽、政党、朋党、上党(古地名)"作"黨";用于"党项(民族名)""党羌(民族名)"作"党";用于姓,"黨"和"党"本来是不同的两家人。

❸荡:大陆繁体文本和台湾用于"荡平、荡漾、荡妇、浩荡、淫荡、黄天荡(水域名,在长江下游)、闯荡江湖、心荡神驰、倾家荡产"作"蕩";用于"荡舟、摇荡、振荡、震荡、动荡、游荡、激荡、回荡、荡秋千、荡气回肠、回肠荡气"作"盪";用于"荡涤","蕩"和"盪"均可。

| 读音 | 大陆 | 台湾 | 香港 | 读音 | 大陆 | 台湾 | 香港 |
|---|---|---|---|---|---|---|---|
| | 氘 6画,二级 | 次 | | de | 的 8画,一级 | 常 | 常 |
| | 舠 8画,三级 | 次 | | dèn | 扽 7画,三级 | 罕 | |
| | 魛(魛) 10画,三级 | 魛罕 | | dēng | 灯(燈) 6画,一级 | 燈常灯异 | 燈常 |
| dáo | 捯 11画,二级 | 次 | | | 登 12画,一级 | 常 | 常 |
| dǎo | 导(導) 6画,一级 | 導常 | 導常 | | 噔 15画,二级 | 罕 | |
| | 岛(島)[嶋] 7画,一级 | 島常嶋罕 | 島常 | | 璒 16画,三级 | 罕 | |
| | 捣(搗)[擣擲] 10画,一级 | 搗常擣次擲罕 | 搗常 | | 蹬 19画,一级 | 常 | 常 |
| | 倒 10画,一级 | 常 | 常 | děng | 等 12画,一级 | 常 | 常 |
| | 祷(禱) 11画,一级 | 禱常 | 禱常 | | 戥 13画,二级 | 次 | |
| | 蹈 17画,一级 | 常 | 常 | dèng | 邓(鄧) 4画,一级 | 鄧常 | 鄧常 |
| dào | 到 8画,一级 | 常 | 常 | | 凳[櫈] 14画,一级 | 凳常櫈异 | 凳常櫈异 |
| | 盗 11画,一级 | 盗常盜异 | 盜常 | | 嶝 15画,二级 | 常 | 常 |
| | 悼 11画,一级 | 常 | 常 | | 磴 17画,二级 | 常 | 常 |
| | 道 12画,一级 | 道常 | 道常 | | 瞪 17画,一级 | 常 | 常 |
| | 稻 15画,一级 | 常 | 常 | | 镫(鐙) 17画,二级 | 鐙次 | |
| | 纛 25画,二级 | 纛次 | | dī | 低 7画,一级 | 低常 | 低常低异 |
| dē | 嘚 14画,二级 | 罕 | | | 羝 11画,三级 | 羝次 | |
| dé | 得 11画,一级 | 常 | 常 | | 堤[隄] 12画,一级 | 堤常隄次 | 堤常 |
| | 锝(鍀) 13画,二级 | 鍀罕 | | | 碲(磾) 13画,三级 | 磾罕 | |
| | 德[悳] 15画,一级 | 德常悳异 | | | 滴 14画,一级 | 常 | 常 |

## dí—dì

| 读音 | 大陆 | 台湾 | 香港 |
|---|---|---|---|
| dí | 镝(鏑) 16画,二级 | 鏑常 | 鏑常 |
| | 鞮 18画,三级 | 次 | |
| | 狄 7画,二级 | 常 | 常 |
| | 迪 8画,一级 | 迪常 | 迪常 |
| | 籴(糴) 8画,二级 | 糴次 籴异 | |
| | 荻 10画,二级 | 荻常 | 荻常 |
| | 敌(敵) 10画,一级 | 敵常 | 敵常 |
| | 涤(滌) 10画,一级 | 滌常 | 滌常 |
| | 頔(頔) 11画,三级 | 頔罕 | |
| | 笛 11画,一级 | 常 | 常 |
| | 觌(覿) 12画,三级 | 覿次 | |
| | 髢 13画,三级 | 异 | |
| | 嘀 14画,一级 | 常 | 常 |
| | 嫡 14画,二级 | 常 | 常 |
| | 蹢 18画,三级 | 次 | |
| dǐ | 氐❶ 5画,二级 | 氐常 | 氐常 氐异 |
| | 邸 7画,二级 | 邸常 | 邸常 邸异 |
| | 诋(詆) 7画,二级 | 詆常 | 詆常 詆异 |
| | 坻 8画,二级 | 坻次 | |
| | 抵❷[牴觝] 8画,一级 | 抵常 牴常 觝次 | 抵常 牴常 抵异 牴异 |
| | 苤 8画,三级 | 苤异 | |
| | 底 8画,一级 | 底常 | 底常 底异 |
| | 柢 9画,二级 | 柢次 | |
| | 砥 10画,二级 | 砥常 | 砥常 砥异 |
| | 骶 14画,二级 | 骶罕 | |
| dì | 地 6画,一级 | 常 | 常 |
| | 坄 7画,三级 | 次 | |
| | 杕 7画,三级 | 次 | |
| | 弟 7画,一级 | 常 | 常 |
| | 帝 9画,一级 | 常 | 常 |
| | 递(遞) 10画,一级 | 遞常 递异 | 遞常 |
| | 娣 10画,二级 | 常 | 常 |
| | 菂 11画,三级 | 菂次 | |
| | 第 11画,一级 | 常 | 常 |
| | 谛(諦) 11画,二级 | 諦常 | 諦常 |

❶氐:字形下部,大陆为点,台湾、香港为短横。
❷抵:大陆繁体文本和台湾用于"抵抗、抵御、抵罪"作"抵";用于"抵触"作"牴",也作"觝"。

| 读音 | 大 陆 | 台湾 | 香港 |
|---|---|---|---|
| | 蒂[蔕] 12画,一级 | 蒂常 蔕次 | 蒂常 |
| | 棣 12画,二级 | 常 | 常 |
| | 睇 12画,二级 | 次 | |
| | 媂 12画,三级 | 罕 | |
| | 缔(締) 12画,一级 | 締常 | 締常 |
| | 琗 13画,三级 | 罕 | |
| | 褅 13画,三级 | 次 | |
| | 碲 14画,二级 | 次 | |
| | 螮(螮) 15画,三级 | 螮次 | |
| | 蹄 16画,三级 | 次 | |
| diǎ | 嗲 13画,二级 | 次 | |
| diān | 掂 11画,一级 | 次 | |
| | 滇 13画,一级 | 常 | 常 |
| | 颠(顛) 16画,一级 | 顛常 | 顛常 |
| | 巅(巔) 19画,一级 | 巔常 | 巔常 |
| | 癫(癲) 21画,二级 | 癲常 | 癲常 |
| diǎn | 典 8画,一级 | 常 | 常 |
| | 点(點) 9画,一级 | 點常 点异 | 點常 |
| | 碘 13画,一级 | 常 | 常 |
| | 踮 15画,二级 | 次 | |
| 读音 | 大 陆 | 台湾 | 香港 |
|---|---|---|---|
| diàn | 电(電) 5画,一级 | 電常 | 電常 |
| | 佃 7画,一级 | 常 | 常 |
| | 甸 7画,一级 | 常 | 常 |
| | 阽 7画,三级 | 阽次 | |
| | 坫 8画,二级 | 次 | |
| | 店 8画,一级 | 常 | 常 |
| | 玷 9画,二级 | 常 | 常 |
| | 垫(墊) 9画,一级 | 墊常 | 墊常 |
| | 扂 9画,三级 | 扂次 | |
| | 钿(鈿) 10画,二级 | 鈿次 | |
| | 淀❶(澱) 11画,一级 | 澱常 淀次 | 澱常 |
| | 惦 11画,一级 | 常 | 常 |
| | 琔 12画,三级 | 异 | |
| | 奠 12画,一级 | 常 | 常 |
| | 殿 13画,一级 | 常 | 常 |
| | 靛 16画,二级 | 靛常 | 靛常 |
| | 簟 18画,二级 | 次 | |
| | 癜 18画,二级 | 次 | |
| diāo | 刁 2画,一级 | 常 | 常 |

❶淀:大陆繁体文本和台湾用于"沉淀、积淀、淀粉"作"澱",用于"水淀、白洋淀、鱼儿淀"作"淀"。

| 读音 | 大 陆 | 台湾 | 香港 |
|---|---|---|---|
| | 叼 5画,一级 | 常 | 常 |
| | 汈 5画,三级 | 罕 | |
| | 凋 10画,二级 | 凋常 | 凋常 |
| | 貂 12画,二级 | 常 | 常 |
| | 碉 13画,二级 | 碉常 | 碉常 |
| | 雕❶[鵰彫琱] 16画,一级 | 雕常 鵰次 彫常 琱次 | 雕常 彫常 |
| | 鲷(鯛) 16画,二级 | 鯛次 | |
| diào | 吊❷[弔] 6画,一级 | 吊常 弔常 | 吊常 弔常 |
| | 钓(釣) 8画,一级 | 釣常 | 釣常 |
| | 窎(窵) 10画,三级 | 窵次 | |
| | 调(調) 10画,一级 | 調常 | 調常 |
| | 掉 11画,一级 | 常 | 常 |
| | 铞(銱) 11画,三级 | 銱罕 | |
| | 铫(銚) 11画,二级 | 銚次 | |
| diē | 爹 10画,一级 | 常 | 常 |
| | 跌 12画,一级 | 常 | 常 |
| dié | 迭 8画,一级 | 迭常 | 迭常 |
| | 垤 9画,二级 | 次 | |
| | 昳 9画,三级 | 次 | |

| 读音 | 大 陆 | 台湾 | 香港 |
|---|---|---|---|
| | 绖(絰) 9画,三级 | 絰次 | |
| | 耋 10画,三级 | 次 | |
| | 谍(諜) 11画,一级 | 諜常 | 諜常 |
| | 堞 12画,二级 | 次 | |
| | 耊 12画,二级 | 次 | |
| | 喋[啑] 12画,二级 | 喋常 啑次 | 喋常 |
| | 嵽(崥) 12画,三级 | 崥次 | |
| | 楪 13画,三级 | 次 | |
| | 牒 13画,二级 | 次 | 常 |
| | 叠[疊曡疊] 13画,一级 | 疊常 曡异 叠异 疊异 | 疊常 |
| | 碟 14画,一级 | 常 | 常 |
| | 蝶[蜨] 15画,一级 | 蝶常 蜨次 | 蝶常 |
| | 蹀 16画,二级 | 次 | |
| | 鲽(鰈) 17画,二级 | 鰈次 | |
| dīng | 丁 2画,一级 | 常 | 常 |

❶雕:大陆繁体文本和台湾用于"射雕、雕刻、雕琢、雕像、雕梁画栋"作"雕";用于"雕琢""雕梁画栋"也作"彫";用于"凋零""凋落"作"凋",也作"彫"。

❷吊:大陆繁体文本和台湾用于"吊起、吊桶、吊桥、吊销、上吊、吊胃口"作"吊",用于"吊唁、吊丧、吊古、凭吊、形影相吊"作"弔"。

| 读音 | 大陆 | 台湾 | 香港 |
|---|---|---|---|
| | 仃 4画，二级 | 常 | 常 |
| | 叮 5画，一级 | 常 | 常 |
| | 玎 6画，二级 | 次 | |
| | 盯 7画，一级 | 常 | 常 |
| | 町 7画，二级 | 次 | 次 |
| | 钉(釘) 7画，一级 | 釘常 | 釘常 |
| | 疔 7画，二级 | 次 | |
| | 耵 8画，三级 | 次 | |
| | 酊 9画，二级 | 常 | 常 |
| dǐng | 顶(頂) 8画，一级 | 頂常 | 頂常 |
| | 鼎 12画，一级 | 常 | 常 |
| dìng | 订(訂) 4画，一级 | 訂常 | 訂常 |
| | 定 8画，一级 | 常 | 常 |
| | 啶 11画，三级 | 啶次 | |
| | 喹 11画，三级 | 次 | |
| | 腚 12画，二级 | 腚罕 | |
| | 碇［椗矴］ 13画，二级 | 碇次 椗异 矴异 | |
| | 锭(錠) 13画，二级 | 錠常 | 錠常 |
| diū | 丢❶ 6画，一级 | 丢常 丟异 | 丢常 丟异 |
| | 铥(銩) 11画，三级 | 銩罕 | |

| 读音 | 大陆 | 台湾 | 香港 |
|---|---|---|---|
| dōng | 东(東) 5画，一级 | 東常 | 東常 |
| | 冬❷(鼕) 5画，一级 | 冬常 鼕常 | 冬常 鼕常 |
| | 咚 8画，二级 | 常 | 常 |
| | 岽(崠) 8画，三级 | 崠罕 | |
| | 氡 9画，二级 | 罕 | |
| | 鸫(鶇) 10画，二级 | 鶇罕 | |
| | 蝀(蝀) 11画，三级 | 蝀次 | |
| dǒng | 董 12画，一级 | 董常 | 董常 |
| | 懂 15画，一级 | 懂常 | 懂常 |
| dòng | 动(動)［働］ 6画，一级 | 動常 动异 働异 | 動常 |
| | 冻(凍) 7画，一级 | 凍常 | 凍常 |
| | 侗 8画，二级 | 次 | |
| | 垌 9画，二级 | 次 | |
| | 栋(棟) 9画，一级 | 棟常 | 棟常 |
| | 胨(腖) 9画，二级 | 腖罕 | |
| | 洞 9画，一级 | 常 | 常 |
| | 恫 9画，二级 | 常 | 常 |

❶丢：字形起笔，大陆为撇，台湾、香港为横。
❷冬：大陆繁体文本和台湾用于"冬天""寒冬"作"冬"，用于拟声词鼓声"冬冬"作"鼕鼕"。

| 读音 | 大陆 | 台湾 | 香港 |
|---|---|---|---|
| | 胴 10画,二级 | 胴常 | 胴常 |
| | 硐 11画,二级 | 硐罕 | |
| dōu | 都 10画,一级 | 都常 | 都常 |
| | 兜[兠] 11画,一级 | 兜常 兠异 | 兜常 |
| | 蔸 14画,二级 | 蔸罕 | |
| | 篼 17画,二级 | 篼罕 | |
| dǒu | 抖 7画,一级 | 常 | 常 |
| | 钭(鈄) 9画,三级 | 鈄罕 | |
| | 陡 9画,一级 | 陡常 | 陡常 |
| | 蚪 10画,一级 | 常 | 常 |
| dòu | 斗❶(鬥)[鬦鬪鬬] 4画,一级 | 斗常 鬥常 鬦异 鬪异 鬬异 | 斗常 鬥常 |
| | 豆[荳] 7画,一级 | 豆常 荳次 | 豆常 |
| | 逗 10画,一级 | 逗常 | 逗常 |
| | 痘 12画,一级 | 常 | 常 |
| | 窦(竇) 13画,二级 | 竇常 | 竇常 |
| dū | 刟 6画,二级 | 罕 | |
| | 阇(闍) 11画,二级 | 闍次 | |
| | 督 13画,一级 | 常 | 常 |
| | 嘟 13画,二级 | 嘟常 | 嘟常 |
| dú | 毒❷ 9画,一级 | 毒常 | 毒常 |
| | 独(獨) 9画,一级 | 獨常 独异 | 獨常 |
| | 读(讀) 10画,一级 | 讀常 | 讀常 |
| | 渎(瀆) 11画,二级 | 瀆常 | 瀆常 |
| | 椟(櫝) 12画,二级 | 櫝常 | 櫝常 |
| | 犊(犢) 12画,二级 | 犢常 | 犢常 |
| | 牍(牘) 12画,二级 | 牘常 | 牘常 |
| | 黩(黷) 20画,二级 | 黷常 | 黷常 |
| | 髑 22画,二级 | 髑次 | |
| dǔ | 笃(篤) 9画,二级 | 篤常 | 篤常 |
| | 堵 11画,一级 | 常 | 常 |
| | 赌(賭) 12画,一级 | 賭常 | 賭常 |
| | 睹[覩] 13画,一级 | 睹常 覩异 | 睹常 |
| dù | 芏 6画,三级 | 芏次 | |
| | 杜 7画,一级 | 常 | 常 |

❶斗:大陆繁体文本和台湾用于"斗殴、斗争、斗法、争斗、战斗、奋斗"作"鬥",用于"斗量、斗室、斗胆、升斗、星斗、北斗星、一斗米"作"斗"。

❷毒:字形下部,大陆、香港为母,台湾为毋。

| 读音 | 大陆 | 台湾 | 香港 |
|---|---|---|---|
|  | 肚 7画，一级 | 肚常 | 肚常 |
|  | 妒[妬] 7画，一级 | 妒常妬异 | 妒常 |
|  | 度 9画，一级 | 常 | 常 |
|  | 锧(鑕) 12画，三级 | 鑕罕 |  |
|  | 渡 12画，一级 | 常 | 常 |
|  | 镀(鍍) 14画，一级 | 鍍常 | 鍍常 |
|  | 蠹 24画，二级 | 常 | 常 |
| duān | 耑❶ 9画，三级 | 次 |  |
|  | 端 14画，一级 | 常 | 常 |
| duǎn | 短 12画，一级 | 常 | 常 |
| duàn | 段 9画，一级 | 常 | 常 |
|  | 断(斷) 11画，一级 | 斷常斷异 | 斷常 |
|  | 塅 12画，三级 | 罕 |  |
|  | 缎(緞) 12画，一级 | 緞常 | 緞常 |
|  | 瑖 13画，三级 | 罕 |  |
|  | 椴 13画，二级 | 次 |  |
|  | 煅 13画，二级 | 次 |  |
|  | 锻(鍛) 14画，一级 | 鍛常 | 鍛常 |
|  | 籪(籪) 17画，二级 | 籪罕 |  |
| duī | 堆 11画，一级 | 常 | 常 |

| 读音 | 大陆 | 台湾 | 香港 |
|---|---|---|---|
| duì | 队(隊) 4画，一级 | 隊常 | 隊常 |
|  | 对(對) 5画，一级 | 對常对异 | 對常 |
|  | 兑❷ 7画，一级 | 兑常兌异 | 兑常 兌常 |
|  | 祋 8画，三级 | 次 |  |
|  | 怼(懟) 9画，二级 | 懟次 |  |
|  | 碓 13画，二级 | 次 |  |
| dūn | 吨(噸) 7画，一级 | 噸常 | 噸常 |
|  | 惇[憞] 11画，二级 | 惇次憞罕 |  |
|  | 敦[敦] 12画，一级 | 敦常敦异 | 敦常 |
|  | 墩[墽] 15画，一级 | 墩次墽异 |  |
|  | 礅 17画，二级 | 罕 |  |
|  | 镦(鐓) 17画，二级 | 鐓次 |  |
|  | 蹾 19画，二级 | 罕 |  |
|  | 蹲 19画，一级 | 常 | 常 |
| dǔn | 盹 9画，一级 | 常 | 常 |
|  | 趸(躉) 10画，二级 | 躉常 | 躉常 |
| dùn | 沌 7画，二级 | 常 | 常 |

❶耑：用于姓、人名。另见219页"专"字条。
❷兑：字形上部，大陆、香港为丷，台湾为八。

| 读音 | 大陆 | 台湾 | 香港 |
|---|---|---|---|
|  | 炖 8画,二级 | 罕 |  |
|  | 砘 9画,二级 | 罕 |  |
|  | 钝(鈍) 9画,一级 | 鈍常 | 鈍常 |
|  | 盾 9画,一级 | 常 | 常 |
|  | 顿(頓) 10画,一级 | 頓常 | 頓常 |
|  | 遁[遯] 12画,二级 | 遁常 遯次 | 遁常 |
| duō | 多 6画,一级 | 常 | 常 |
|  | 咄 8画,一级 | 常 | 常 |
|  | 哆 9画,一级 | 次 |  |
|  | 剟 10画,三级 | 次 |  |
|  | 敠 11画,三级 | 罕 |  |
|  | 掇 11画,二级 | 次 |  |
|  | 裰 13画,二级 | 罕 |  |
| duó | 夺(奪) 6画,一级 | 奪常 | 奪常 |
|  | 铎(鐸) 10画,二级 | 鐸常 | 鐸常 |
|  | 踱 16画,一级 | 常 | 常 |
| duǒ | 朵[朶] 6画,一级 | 朵常 朶异 | 朵常 |
|  | 哚 9画,二级 | 罕 |  |
|  | 埵 11画,二级 | 埵次 |  |
|  | 躲 13画,一级 | 常 | 常 |

| 读音 | 大陆 | 台湾 | 香港 |
|---|---|---|---|
|  | 觯(觶) 16画,三级 | 觶次 |  |
| duò | 剁 8画,二级 | 常 | 常 |
|  | 饳(飿) 8画,三级 | 飿罕 |  |
|  | 垛[垜] 9画,一级 | 垛次 垜异 |  |
|  | 舵 11画,一级 | 常 | 常 |
|  | 堕(墮) 11画,一级 | 墮常 | 墮常 |
|  | 惰 12画,一级 | 惰常 | 惰常 |
|  | 跺[跥] 13画,一级 | 跺常 跥异 | 跺常 |
| **E** |  |  |  |
| ē | 屙 10画,二级 | 屙次 |  |
|  | 婀[娿] 10画,二级 | 婀常 娿异 | 婀常 |
| é | 讹(訛)[譌] 6画,一级 | 訛常 譌异 | 訛常 譌异 譌异 |
|  | 俄 9画,一级 | 常 | 常 |
|  | 莪 10画,二级 | 莪次 |  |
|  | 哦 10画,一级 | 常 ' | 常 |
|  | 峨[峩] 10画,一级 | 峨常 峩异 | 峨常 峩异 |
|  | 涐 10画,三级 | 罕 |  |
|  | 娥 10画,一级 | 常 | 常 |

| 读音 | 大陆 | 台湾 | 香港 |
|---|---|---|---|
|  | 锇(鋨) 12画,二级 | 鋨次 |  |
|  | 鹅(鵝)[鵞䳘] 12画,一级 | 鵝常 鵞异 䳘异 | 鵝常 |
|  | 蛾 13画,一级 | 常 | 常 |
|  | 额(額)[頟] 15画,一级 | 額常 頟异 | 額常 |
| è | 厄[戹阨] 4画,二级 | 厄常 阨次 戹异 | 厄常 |
|  | 扼[搤] 7画,一级 | 扼常 搤次 | 扼常 |
|  | 苊 7画,三级 | 苊罕 |  |
|  | 呃 7画,二级 | 常 | 常 |
|  | 轭(軛) 8画,二级 | 軛常 | 軛常 |
|  | 垩(堊) 9画,二级 | 堊常 |  |
|  | 姶 9画,三级 | 次 |  |
| è ě | 恶❶(惡)㊀; ㊁(噁) 10画,一级 | 惡常 噁次 | 惡常 |
| è | 饿(餓) 10画,一级 | 餓常 | 餓常 |
|  | 鄂 11画,一级 | 鄂常 | 鄂常 |
|  | 谔(諤) 11画,二级 | 諤次 |  |
|  | 堨 12画,三级 | 次 |  |
|  | 萼[蕚] 12画,二级 | 萼常 蕚异 | 萼常 |

| 读音 | 大陆 | 台湾 | 香港 |
|---|---|---|---|
|  | 遏 12画,一级 | 遏常 | 遏常 |
|  | 崿 12画,三级 | 次 |  |
|  | 愕 12画,一级 | 常 | 常 |
|  | 噁❷(噁) 13画,三级 | 噁次 |  |
|  | 腭[齶] 13画,二级 | 齶次 腭异 |  |
|  | 碍 14画,三级 | 罕 |  |
|  | 鹗(鶚) 14画,二级 | 鶚次 |  |
|  | 锷(鍔) 14画,二级 | 鍔次 |  |
|  | 颚(顎) 15画,二级 | 顎常 | 顎常 |
|  | 噩 16画,一级 | 常 | 常 |
|  | 鳄(鰐)[鱷] 17画,一级 | 鱷常 鰐异 | 鱷常 |
| ēn | 恩[息] 10画,一级 | 恩常 息罕 | 恩常 |
|  | 蒽 13画,二级 | 蒽罕 |  |
| èn | 摁 13画,二级 | 次 |  |
| ér | 儿(兒) 2画,一级 | 兒常 儿罕 | 兒常 |
|  | 而 6画,一级 | 常 | 常 |

❶恶:大陆繁体文本和台湾用于"凶恶、厌恶、恶劣、恶化"作"惡",用于"恶心"多作"噁"。"噁"另见38页"噁"字条。

❷噁:用于化学名词如"二噁英"等。"噁"另见38页"恶"字条。

| 读音 | 大 陆 | 台湾 | 香港 |
|---|---|---|---|
| | 陑 8画,三级 | 陑次 | |
| | 耏 9画,三级 | 次 | |
| | 鸸(鴯) 11画,二级 | 鴯次 | |
| | 鲕(鮞) 14画,三级 | 鮞次 | |
| ěr | 尔(爾)[尒] 5画,一级 | 爾常尔次 尒次 | 爾常 |
| | 耳 6画,一级 | 常 | 常 |
| | 迩(邇) 8画,二级 | 邇常 | 邇常 |
| | 饵(餌) 9画,一级 | 餌常 | 餌常 |
| | 洱 9画,二级 | 常 | 常 |
| | 珥 10画,二级 | 次 | |
| | 铒(鉺) 11画,二级 | 鉺次 | |
| èr | 二 2画,一级 | 常 | 常 |
| | 贰(貳) 9画,二级 | 貳常 | 貳常 |
| | 咡 9画,三级 | 罕 | |
| **F** | | | |
| fā fà | 发❶㊀(發); ㊁(髮) 5画,一级 | 發常髮常 | 發常 髮常 |
| fá | 乏 4画,一级 | 常 | 常 |
| | 伐 6画,一级 | 常 | 常 |
| | 罚(罰)[罸] 9画,一级 | 罰常罸异 | 罰常 |

| 读音 | 大 陆 | 台湾 | 香港 |
|---|---|---|---|
| | 垡 9画,二级 | 罕 | |
| | 阀(閥) 9画,一级 | 閥常 | 閥常 |
| | 筏[栰] 12画,一级 | 筏常栰异 | 筏常 |
| fǎ | 法[法灋] 8画,一级 | 法常法罕 灋异 | 法常 |
| | 砝 10画,二级 | 常 | 常 |
| fà | 珐[琺] 9画,二级 | 琺常珐异 | 琺常 |
| fān | 帆[帆颿] 6画,一级 | 帆常颿次 帆罕 | 帆常 |
| | 番 12画,一级 | 常 | 常 |
| | 幡 15画,二级 | 次 | |
| | 藩 18画,二级 | 藩常 | 藩常 |
| | 翻[繙飜] 18画,一级 | 翻常繙次 飜异 | 翻常 |
| fán | 凡[凢] 3画,一级 | 凡常凢异 | 凡常 |
| | 氾❷ 5画,三级 | 常 | 常 |
| | 矾(礬) 8画,一级 | 礬常 | 礬常 |
| | 钒(釩) 8画,二级 | 釩次 | |

❶发:大陆繁体文本和台湾用于"发生、发动、发起、发展、发给、开发"作"發",用于"头发、毫发、千钧一发"作"髮"。

❷氾:用于姓、人名。另见 40 页"泛"字条。

| 读音 | 大陆 | 台湾 | 香港 |
|---|---|---|---|
| | 烦(煩) 10画,一级 | 煩常 | 煩常 |
| | 墦 15画,三级 | 次 | |
| | 樊 15画,二级 | 常 | 常 |
| | 璠 16画,二级 | 次 | |
| | 燔 16画,二级 | 次 | |
| | 蹯(鐇) 17画,三级 | 鐇次 | |
| | 繁[緐] 17画,一级 | 繁常 緐罕 | 繁常 |
| | 鹱(鷭) 17画,三级 | 鷭罕 | |
| | 蹯 19画,三级 | 次 | |
| | 蘩 20画,二级 | 蘩次 | |
| fǎn | 反❶ 4画,一级 | 反常 | 反常 |
| | 返 7画,一级 | 返常 | 返常 |
| fàn | 犯 5画,一级 | 常 | 常 |
| | 饭(飯) 7画,一级 | 飯常 | 飯常 |
| | 泛❷[氾汎] 7画,一级 | 泛常 氾常 汎次 | 泛常 氾常 |
| | 范❸(範) 8画,一级 | 范常 範常 | 范常 範常 |
| | 贩(販) 8画,一级 | 販常 | 販常 |
| | 畈 9画,二级 | 畈罕 | |
| | 梵 11画,二级 | 常 | 常 |

| 读音 | 大陆 | 台湾 | 香港 |
|---|---|---|---|
| fāng | 方 4画,一级 | 常 | 常 |
| | 邡 6画,三级 | 邡次 | |
| | 坊 7画,一级 | 常 | 常 |
| | 芳 7画,一级 | 芳常 | 芳常 |
| | 枋 8画,二级 | 常 | |
| | 牥 8画,三级 | 罕 | |
| | 钫(鈁) 9画,二级 | 鈁次 | |
| | 蚄 10画,三级 | 罕 | |
| fáng | 防 6画,一级 | 防常 | 防常 |
| | 妨 7画,一级 | 常 | 常 |
| | 肪 8画,一级 | 肪常 | 肪常 |
| | 房 8画,一级 | 房常 | 房常 |
| | 鲂(魴) 12画,二级 | 魴次 | |
| fǎng | 仿❹[倣髣] 6画,一级 | 仿常 倣常 髣次 | 仿常 倣常 |

❶反:字形起笔,大陆、香港为撇,台湾为横。

❷泛:台湾用于"泛称、泛指、广泛、空泛、泛泛之交"作"泛";用于"氾拜""氾论训(《淮南子》篇名)"作"氾";用于"泛滥"作"泛",也作"氾";"汎"与"泛""氾"同。"氾"另见39页"氾"字条。

❸范:大陆繁体文本和台湾用于"范围、范畴、范本、范例、规范、典范"作"範";用于"范阳(古地名)"作"范";用于姓,"范"和"範"两字本来有别,现已混淆。

❹仿:大陆繁体文本和台湾用于"仿制、仿效、模仿、相仿"作"仿",也作"倣";用于"仿佛"作"仿",也作"髣""彷"。

| 读音 | 大陆 | 台湾 | 香港 |
|---|---|---|---|
| | 访(訪) 6画,一级 | 訪常 | 訪常 |
| | 纺(紡) 7画,一级 | 紡常 | 紡常 |
| | 昉 8画,二级 | 次 | |
| | 舫 10画,二级 | 常 | 常 |
| fàng | 放 8画,一级 | 常 | 常 |
| fēi | 飞(飛) 3画,一级 | 飛常 | 飛常 |
| | 妃 6画,一级 | 常 | 常 |
| | 非❶ 8画,一级 | 非常 | 非常 |
| | 菲 11画,一级 | 菲常 | 菲常 |
| | 啡 11画,一级 | 啡常 | 啡常 |
| | 绯(緋) 11画,三级 | 騑次 | |
| | 绯(緋) 11画,二级 | 緋次 | |
| | 扉 12画,二级 | 扉常 | 扉常 |
| | 蜚 14画,二级 | 蜚次 | 蜚常 |
| | 霏 16画,二级 | 霏常 | 霏常 |
| | 鲱(鯡) 16画,二级 | 鯡罕 | |
| féi | 肥 8画,一级 | 肥常 | 肥常 |
| | 淝 11画,二级 | 淝次 | |
| | 腓 12画,二级 | 腓次 | |
| fěi | 朏 9画,三级 | 次 | |

| 读音 | 大陆 | 台湾 | 香港 |
|---|---|---|---|
| | 匪 10画,一级 | 匪常 | 匪常 |
| | 诽(誹) 10画,一级 | 誹次 | |
| | 悱 11画,二级 | 悱次 | |
| | 棐 12画,三级 | 棐次 | |
| | 斐 12画,二级 | 斐常 | 斐常 |
| | 榧 14画,二级 | 榧次 | |
| | 翡 14画,二级 | 翡常 | 翡常 |
| | 篚 16画,三级 | 篚次 | |
| fèi | 吠 7画,一级 | 常 | 常 |
| | 肺 8画,一级 | 肺常 | 肺常 |
| | 狒 8画,二级 | 次 | |
| | 废(廢)[癈] 8画,一级 | 廢常 癈次 | 廢常 |
| | 沸 8画,一级 | 常 | 常 |
| | 费(費) 9画,一级 | 費常 | 費常 |
| | 痱 10画,三级 | 痱次 | |
| | 痱[疿] 13画,二级 | 痱常 疿罕 | 痱常 |
| | 镄(鐨) 14画,三级 | 鐨次 | |
| fēn | 分 4画,一级 | 常 | 常 |

❶非:字形中间,大陆为两竖,台湾、香港为一撇一竖。用作合体字部件时同此,如"排、蜚、扉、匪"。

| 读音 | 大陆 | 台湾 | 香港 |
|---|---|---|---|
| | 芬 7画，一级 | 芬常 | 芬常 |
| | 吩 7画，一级 | 常 | 常 |
| | 纷(紛) 7画，一级 | 纷常 | 纷常 |
| | 玢 8画，二级 | 次 | |
| | 氛[雰] 8画，一级 | 氛常 雰次 | 氛常 |
| | 扮 10画，三级 | 次 | |
| | 棻 11画，二级 | 棻次 | |
| | 酚 11画，二级 | 次 | |
| fén | 坟(墳) 7画，一级 | 墳常 坟异 | 墳常 |
| | 汾 7画，二级 | 常 | 常 |
| | 棼 12画，二级 | 次 | |
| | 焚 12画，一级 | 常 | 常 |
| | 濆(濆) 12画，三级 | 濆次 | |
| | 豮(豶) 16画，三级 | 豶次 | |
| | 鼢 17画，二级 | 鼢次 | |
| fěn | 粉 10画，一级 | 常 | 常 |
| fèn | 份 6画，一级 | 常 | 常 |
| | 坋 7画，三级 | 罕 | |
| | 奋(奮) 8画，一级 | 奮常 | 奮常 |
| | 忿 8画，一级 | 常 | 常 |

| 读音 | 大陆 | 台湾 | 香港 |
|---|---|---|---|
| | 偾(僨) 11画，二级 | 僨次 | |
| | 粪(糞) 12画，一级 | 糞常 | 糞常 |
| | 愤(憤) 12画，一级 | 憤常 | 憤常 |
| | 鲼(鱝) 17画，二级 | 鱝异 | |
| | 灒 20画，三级 | 次 | |
| fēng | 丰❶(豐) 4画，一级 | 豐常 丰次 | 丰常 豐常 |
| | 风❷(風) 4画，一级 | 風常 | 風常 |
| | 沣(灃) 7画，二级 | 灃次 | |
| | 沨(渢) 7画，二级 | 渢次 | |
| | 枫(楓) 8画，一级 | 楓常 | 楓常 |
| | 封 9画，一级 | 常 | 常 |
| | 砜(碸) 9画，二级 | 碸罕 | |
| | 疯(瘋) 9画，二级 | 瘋常 | 瘋常 |
| | 峰[峯] 10画，一级 | 峰常 峯异 | 峯常 峰异 |
| | 烽 11画，二级 | 常 | 常 |

❶丰：①字形起笔，大陆为横，台湾、香港为撇。②大陆繁体文本和台湾用于"丰收""丰富"作"豐"，用于"丰采""丰姿"作"丰"。

❷风：大陆繁体字虫上为撇，台湾、香港为横。

| 读音 | 大陆 | 台湾 | 香港 | 读音 | 大陆 | 台湾 | 香港 |
|---|---|---|---|---|---|---|---|
| | 葑 12画,二级 | 葑次 | | | 呋 7画,二级 | 异 | |
| | 封 12画,三级 | 罕 | | | 玞 8画,三级 | 异 | |
| | 锋(鋒) 12画,一级 | 鋒常 | 鋒常 | | 肤(膚) 8画,一级 | 膚常肤异 | 膚常 |
| | 蜂[蠭逢] 13画,一级 | 蜂常 蠭异 逢异 | 蜂常 | | 砆 9画,三级 | 罕 | |
| | 酆 20画,二级 | 酆次 | | | 铁(鈇) 9画,三级 | 鈇次 | |
| féng | 冯(馮) 5画,一级 | 馮常 | 馮常 | | 麸(麩)[䴸稃] 11画,二级 | 麩常 䴸罕 稃异 | 麩常 |
| | 逢 10画,一级 | 逢常 | 逢常 | | 趺 11画,二级 | 次 | |
| | 浲 10画,三级 | 异 | | | 跗 12画,二级 | 次 | |
| | 缝(縫) 13画,一级 | 縫常 | 縫常 | | 稃 12画,二级 | 次 | |
| | 讽(諷) 6画,一级 | 諷常 | 諷常 | | 廍 13画,三级 | 廍次 | |
| fěng | | | | | 孵 14画,一级 | 常 | 常 |
| | 唪 11画,三级 | 次 | | | 敷 15画,一级 | 常 | 常 |
| fèng | 凤(鳳) 4画,一级 | 鳳常 凤异 | 鳳常 | fú | 弗 5画,一级 | 常 | 常 |
| | 奉 8画,一级 | 常 | 常 | | 伏 6画,一级 | 常 | 常 |
| | 俸 10画,二级 | 常 | 常 | | 凫(鳧) 6画,二级 | 鳧次 凫异 | |
| | 赗(賵) 13画,三级 | 賵次 | | | 扶 7画,一级 | 常 | 常 |
| fó/fú | 佛❶㊀;㊁[彿髴] 7画,一级 | 佛常 彿常 髴异 | 佛常 彿常 | | 芙 7画,一级 | 芙常 | 芙常 |
| fǒu | 缶 6画,二级 | 常 | 常 | | 芾 7画,二级 | 芾次 | |
| | 否 7画,一级 | 常 | 常 | | 苶 7画,三级 | 苶次 | |
| fū | 夫 4画,一级 | 常 | 常 | | | | |

❶佛:大陆繁体文本和台湾用于"佛教、拜佛、如来佛"作"佛";用于"仿佛"作"彿",也作"髴"。

fǔ

| 读音 | 大 陆 | 台湾 | 香港 |
|---|---|---|---|
| 孚 7画, 二级 | | 常 | 常 |
| 拂 8画, 一级 | | 常 | 常 |
| 苻 8画, 二级 | | 苻次 | |
| 茀 8画, 二级 | | 茀次 | |
| 服 8画, 一级 | | 常 | 常 |
| 怫 8画, 二级 | | 次 | |
| 绂(紱) 8画, 二级 | | 紱次 | |
| 绋(紼) 8画, 三级 | | 紼常 | 紼常 |
| 柭(韍) 9画, 三级 | | 韍次 | |
| 茯 9画, 二级 | | 茯次 | |
| 罘 9画, 二级 | | 次 | |
| 氟 9画, 二级 | | 常 | 常 |
| 俘 9画, 一级 | | 常 | 常 |
| 郛 9画, 二级 | | 郛次 | |
| 洑 9画, 三级 | | 次 | |
| 袚 9画, 二级 | | 袚次 | |
| 浮 10画, 三级 | | 次 | |
| 莩 10画, 二级 | | 莩次 | |
| 蚨 10画, 二级 | | 次 | |
| 浮 10画, 一级 | | 常 | 常 |
| 琈 11画, 三级 | | 罕 | |

| 读音 | 大 陆 | 台湾 | 香港 |
|---|---|---|---|
| 菔 11画, 二级 | | 菔次 | |
| 桴 11画, 二级 | | 次 | |
| 符 11画, 一级 | | 常 | 常 |
| 匐 11画, 二级 | | 常 | 常 |
| 涪 11画, 二级 | | 次 | |
| 袱 11画, 二级 | | 常 | 常 |
| 幅 12画, 一级 | | 常 | 常 |
| 辐(輻) 13画, 一级 | | 輻常 | 輻常 |
| 蜉 13画, 二级 | | 次 | |
| 福 13画, 一级 | | 常 | 常 |
| 榑 14画, 三级 | | 次 | |
| 蝠 15画, 一级 | | 常 | 常 |
| 幞 15画, 二级 | | 异 | |
| 黻 17画, 二级 | | 黻次 | |
| fǔ | 抚(撫) 7画, 一级 | 撫常 | 撫常 |
| | 甫 7画, 一级 | 常 | 常 |
| | 呒 7画, 三级 | 罕 | |
| | 拊 8画, 二级 | 次 | |
| | 斧 8画, 一级 | 常 | 常 |
| | 府 8画, 一级 | 常 | 常 |
| | 俯[頫❶俛] 10画, 一级 | 俯常 頫次 俛次 | 俯常 |

❶"頫"另见 45 页"頫"字条。

| 读音 | 大陆 | 台湾 | 香港 | 读音 | 大陆 | 台湾 | 香港 |
|---|---|---|---|---|---|---|---|
| | 釜 10画,二级 | 常 | 常 | | 副 11画,一级 | 常 | 常 |
| | 辅(輔) 11画,一级 | 輔常 | 輔常 | | 赋(賦) 12画,一级 | 賦常 | 賦常 |
| | 颒❶(頮) 12画,三级 | 頮次 | | | 傅 12画,一级 | 常 | 常 |
| | 腑 12画,二级 | 腑常 | | | 富 12画,一级 | 常 | 常 |
| | 滏 13画,二级 | 次 | | | 腹 13画,一级 | 腹常 | 腹常 |
| | 腐 14画,一级 | 常 | 常 | | 鲋(鮒) 13画,二级 | 鮒次 | |
| | 簠 18画,三级 | 次 | | | 缚(縛) 13画,二级 | 縛常 | 縛常 |
| | 黼 19画,二级 | 次 | | | 赙(賻) 14画,二级 | 賻次 | |
| fù | 父 4画,一级 | 常 | 常 | | 蝮 15画,二级 | 蝮次 | |
| | 讣(訃) 4画,二级 | 訃常 | 訃常 | | 覆 18画,一级 | 覆常 | 覆常 |
| | 付 5画,一级 | 常 | 常 | | 馥 18画,二级 | 馥常 | 馥常 |
| | 负(負) 6画,一级 | 負常 | 負常 | **G** | | | |
| | 妇(婦)[媍] 6画,一级 | 婦常 媍异 | 婦常 婦异 | gā | 旮 6画,二级 | 次 | |
| | 汃 7画,三级 | 罕 | | gá | 钆(釓) 6画,三级 | 釓罕 | |
| | 附[坿] 7画,一级 | 附常 坿异 | 附常 | | | | |
| | 咐 8画,一级 | 常 | 常 | | | | |
| | 阜❷ 8画,二级 | 常 | 常 | | | | |
| | 驸(駙) 8画,二级 | 駙常 | 駙常 | | | | |
| | 赴 9画,一级 | 常 | 常 | | | | |
| | 复❸(復複) 9画,一级 | 復常 複常 复次 | 復常 複常 | | | | |

❶颒:用于人名。"頮"另见44页"俯"字条。

❷阜:用于左偏旁多作"阝",大陆2画,台湾、香港3画,如"阿、阻、障"。

❸复:大陆繁体文本和台湾用于"复仇、复活、复位、复查、复辟、复兴、复发、复议、复古、复婚、复苏、复原、复工、复信、复社(社会团体名)、往复、反复、修复、恢复、报复、平复、答复、批复、严复(人名)、循环往复"作"復",用于"复摆、复合、复习、复制、复写、复印、复本、复姓、复数、复眼、复方、复句、复式、复杂、复沓、重复"作"複","复"使用较少。

| 读音 | 大陆 | 台湾 | 香港 |
|---|---|---|---|
| gǎ | 夃 9画，二级 | 罕 | |
| | 噶 15画，二级 | 噶次 | |
| | 尜 5画，二级 | 罕 | |
| | 嘎[嗄] 14画，二级 | 嘎常嗄罕 | |
| gà | 尬 7画，一级 | 常 | 常 |
| gāi | 该(該) 8画，一级 | 該常 | 該常 |
| | 陔 8画，二级 | 陔次 | |
| | 垓 9画，二级 | 次 | |
| | 荄 9画，三级 | 荄次 | |
| | 晐 10画，三级 | 罕 | |
| | 赅(賅) 10画，二级 | 賅常 | 賅常 |
| gǎi | 改 7画，一级 | 常 | 常 |
| gài | 丐[匄匃] 4画，一级 | 丐常匄异匃异 | 丐常 |
| | 陒(隑) 8画，三级 | 隑次 | |
| | 钙(鈣) 9画，二级 | 鈣常 | 鈣常 |
| | 盖(蓋) 11画，一级 | 蓋常盖异 | 蓋常 |
| | 溉 12画，一级 | 常 | 常 |
| | 概[槩] 13画，一级 | 概常槩异 | 概常 |
| | 戤 13画，三级 | 罕 | |

| 读音 | 大陆 | 台湾 | 香港 |
|---|---|---|---|
| gān gàn | 干❶ ㊀(乾)[乹乾];㊁(幹)[榦] 3画，一级 | 干常乾常干常乾常幹次榦次乹异乾异 | 干常乾常幹常榦常 |
| gān | 甘 5画，一级 | 常 | 常 |
| | 玕 7画，二级 | 次 | |
| | 肝 7画，一级 | 肝常 | 肝常 |
| | 坩 8画，二级 | 常 | 常 |
| | 苷 8画，二级 | 苷罕 | |
| | 矸 8画，二级 | 次 | |
| | 泔 8画，二级 | 次 | |
| | 柑 9画，一级 | 常 | 常 |
| | 竿 9画，一级 | 常 | 常 |
| | 酐 10画，二级 | 次 | |
| | 疳 10画，二级 | 常 | 常 |
| | 尴(尷) 13画，一级 | 尷常 | 尷常 |
| gǎn | 杆❷[桿] 7画，一级 | 桿常杆次 | 杆常桿常 |

❶干：大陆繁体文本和台湾用于"干旱、干燥、干枯、干柴、干粮、干净、干脆、饼干、包干、干着急、桑干河(水名，在河北和山西)、外强中干"作"乾"，用于"干劲、干栏、干线、干练、干部、才干、实干、树干、井干、主干、枝干、躯干、骨干、干活儿"作"幹"，用于"干戈、干犯、干涉、干预、干扰、干系、天干、江干、栏干(也作"栏杆")、若干、相干、不相干、长干里(古地名，在今南京)"作"干"。"乾"另见130页"乾"字条。

❷杆：大陆繁体文本和台湾用于"杆子、木杆、栏杆、旗杆、桅杆、吊杆、标杆、电线杆、光杆司令"作"杆"，用于"杆秤、杆菌、杠杆、秤杆"作"桿"。

| 读音 | 大陆 | 台湾 | 香港 | 读音 | 大陆 | 台湾 | 香港 |
|---|---|---|---|---|---|---|---|
| | 秆[稈] 8画,一级 | 稈常秆异 | 稈常 | | 矼 8画,三级 | 次 | |
| | 赶(趕) 10画,一级 | 趕常赶次 | 趕常 | | 钢(鋼) 9画,一级 | 鋼常 | 鋼常 |
| | 敢 11画,一级 | 敢常 | 敢常 | | 缸 9画,一级 | 常 | 常 |
| | 感 13画,一级 | 常 | 常 | | 罡 10画,二级 | 次 | |
| | 澉 14画,二级 | 澉次 | | | 堽 13画,三级 | 罕 | |
| | 橄 15画,一级 | 橄常 | 橄常 | gǎng | 岗(崗) 7画,一级 | 崗次 | |
| | 擀 16画,二级 | 罕 | | | 港 12画,一级 | 常 | 常 |
| | 鳡(鱤) 21画,三级 | 鱤罕 | | gàng | 杠[槓] 7画,一级 | 槓常杠次 | 槓常 |
| gàn | 旰 7画,二级 | 次 | | | 塂 9画,三级 | 罕 | |
| | 绀(紺) 8画,二级 | 紺次 | | | 筻 13画,三级 | 罕 | |
| | 淦 11画,二级 | 次 | | | 戆(戇) 25画,二级 | 戇次 | |
| | 骭 14画,三级 | 罕 | | gāo | 皋[皐臯] 10画,二级 | 皋次皐异 臯异 | |
| | 赣(贛)[贑灨] 21画,一级 | 贛常灨次 贑异 | 贛常 | | 高 10画,一级 | 常 | 常 |
| gāng | 冈(岡) 4画,一级 | 岡常 | 岡常 | | 羔 10画,一级 | 常 | 常 |
| | 江 5画,三级 | 罕 | | | 槔 14画,二级 | 次 | |
| | 刚(剛) 6画,一级 | 剛常 | 剛常 | | 睾 14画,二级 | 次 | 常 |
| | 肛[疘] 7画,一级 | 肛常疘异 | 肛常 | | 膏 14画,一级 | 膏常 | 膏常 |
| | 纲(綱) 7画,一级 | 綱常 | 綱常 | | 篙 16画,二级 | 常 | 常 |
| | 枫(棡) 8画,三级 | 棡次 | | | 糕[餻] 16画,一级 | 糕常餻异 | 糕常 |
| | | | | gǎo | 杲 8画,二级 | 次 | |

| 读音 | 大陆 | 台湾 | 香港 |
|---|---|---|---|
| | 搞 13画,一级 | 常 | 常 |
| | 缟(縞) 13画,二级 | 縞次 | |
| | 槁[稾] 14画,二级 | 槁常稾异 | 槁常 |
| | 镐(鎬) 15画,一级 | 鎬次 | |
| | 稿[稾] 15画,一级 | 稿常稾异 | 稿常 |
| | 藁 17画,二级 | 藁异 | |
| gào | 告❶ 7画,一级 | 告常 | 告常<br>告异 |
| | 郜 9画,二级 | 郜次 | |
| | 诰(誥) 9画,二级 | 誥常 | 誥常<br>誥异 |
| | 锆(鋯) 12画,二级 | 鋯次 | |
| | 筶 13画,三级 | 罕 | |
| gē | 戈 4画,一级 | 常 | 常 |
| | 仡 5画,二级 | 次 | |
| | 圪 6画,二级 | 罕 | |
| | 疙 8画,一级 | 常 | 常 |
| | 咯 9画,二级 | 常 | 常 |
| | 哥 10画,一级 | 常 | 常 |
| | 胳[肐] 10画,一级 | 胳常肐次 | 胳常 |
| | 鸽(鴿) 11画,一级 | 鴿常 | 鴿常 |
| | 袼 11画,三级 | 次 | |
| | 搁(擱) 12画,一级 | 擱常 | 擱常 |
| | 割 12画,一级 | 割常 | 割常<br>割异 |
| | 歌[謌] 14画,一级 | 歌常謌异 | 歌常 |
| gé | 革 9画,一级 | 常 | 常 |
| | 阁❷(閣)[閤] 9画,一级 | 閣常閤常 | 閣常<br>閤常 |
| | 格 10画,一级 | 常 | 常 |
| | 隔 12画,一级 | 隔常 | 隔常 |
| | 塥 13画,三级 | 罕 | |
| | 嗝 13画,二级 | 次 | |
| | 滆 13画,三级 | 次 | |
| | 膈 14画,二级 | 膈常 | 膈常 |
| | 骼 15画,二级 | 骼常 | 骼常 |
| | 镉(鎘) 15画,二级 | 鎘次 | |
| gě | 哿 10画,三级 | 次 | |
| | 舸 11画,二级 | 次 | |
| | 葛 12画,一级 | 葛常 | 葛常 |

❶ 字形上部,大陆与台湾均为牛,竖画下边不出头;香港为牛,与大陆、台湾不同。用作合体字部件时同此,如"皓、造、犟"。

❷ 阁:台湾用于"楼阁、出阁、书阁、内阁、组阁下、阁员、空中楼阁"作"閣";用于"閤府清泰、閤第光临、閤家欢乐"作"閤",与"阖(闔)"合"同。"閤"另见57页"合"字条。

| 读音 | 大陆 | 台湾 | 香港 |
|---|---|---|---|
| gè | 个(個)[箇] 3画,一级 | 個常箇次 个异 | 個常 |
| | 各 6画,一级 | 常 | 常 |
| | 虼 9画,二级 | 罕 | |
| | 硌 11画,二级 | 次 | |
| | 铬(鉻) 11画,二级 | 鉻常 | |
| gěi | 给(給) 9画,一级 | 給常 | 給常 |
| gēn | 根 10画,一级 | 常 | 常 |
| | 跟 13画,一级 | 常 | 常 |
| gén | 哏 9画,二级 | 次 | |
| gèn | 亘[亙] 6画,二级 | 亙常亘异 | 亙常 |
| | 艮 6画,二级 | 常 | 常 |
| | 茛 9画,三级 | 茛次 | |
| gēng | 庚 8画,一级 | 常 | 常 |
| | 耕[畊] 10画,一级 | 耕常畊异 | 耕常 |
| | 浭 10画,三级 | 次 | |
| | 赓(賡) 12画,二级 | 賡次 | |
| | 鹒(鶊) 13画,三级 | 鶊次 | |
| | 羹 19画,一级 | 常 | 常 |
| gěng | 埂 10画,一级 | 常 | |

| 读音 | 大陆 | 台湾 | 香港 |
|---|---|---|---|
| | 耿 10画,一级 | 常 | 常 |
| | 哽 10画,二级 | 次 | |
| | 绠(綆) 10画,二级 | 綆次 | |
| | 梗 11画,一级 | 常 | 常 |
| | 嗊 13画,三级 | 罕 | |
| | 鲠(鯁)[骾] 15画,二级 | 鯁次骾次 | |
| gèng | 更 7画,一级 | 常 | 常 |
| | 喠 13画,三级 | 罕 | |
| gōng | 工 3画,一级 | 常 | 常 |
| | 弓 3画,一级 | 常 | 常 |
| | 公 4画,一级 | 常 | 常 |
| | 功 5画,一级 | 常 | 常 |
| | 攻 7画,一级 | 常 | 常 |
| | 邥 8画,三级 | 邥罕 | |
| | 肱 8画,二级 | 肱常 | 肱常 |
| | 宫 9画,一级 | 宫常宮异 | 宮常 |
| | 恭 10画,一级 | 常 | 常 |
| | 蚣 10画,一级 | 常 | 常 |
| | 躬[躳] 10画,一级 | 躬常躳异 | 躬常 |
| | 龚(龔) 11画,二级 | 龔常 | 龔常 |

| 读音 | 大陆 | 台湾 | 香港 | 读音 | 大陆 | 台湾 | 香港 |
|---|---|---|---|---|---|---|---|
| | 觥 13画,二级 | 觥次 | | | 笱 11画,三级 | 次 | |
| gǒng | 巩(鞏) 6画,一级 | 鞏常 | 鞏常 | gòu | 构(構)[搆] 8画,一级 | 構常搆次 | 構常 |
| | 汞 7画,一级 | 常 | 常 | | 购(購) 8画,一级 | 購常 | 購常 |
| | 拱 9画,一级 | 常 | 常 | | 诟(詬) 8画,二级 | 詬常 | 詬常 |
| | 珙 10画,二级 | 次 | | | 垢 9画,一级 | 常 | 常 |
| | 硔 11画,三级 | 罕 | | | 姤 9画,三级 | 次 | |
| gòng | 共 6画,一级 | 常 | 常 | | 够[夠] 11画,一级 | 夠常够异 | 夠常 |
| | 贡(貢) 7画,一级 | 貢常 | 貢常 | | 遘 13画,三级 | 遘常 | 遘常 |
| | 供 8画,一级 | 常 | 常 | | 彀 13画,二级 | 次 | |
| gōu | 勾 4画,一级 | 常 | 常 | | 雊 13画,三级 | 次 | |
| | 佝 7画,二级 | 常 | 常 | | 媾 13画,二级 | 常 | 常 |
| | 沟(溝) 7画,一级 | 溝常 | 溝常 | | 觏(覯) 14画,二级 | 覯次 | |
| | 钩(鈎)[鉤] 9画,一级 | 鉤常鈎异 | 鈎常鉤异 | gū | 估 7画,一级 | 常 | 常 |
| | 缑(緱) 12画,二级 | 緱次 | | | 咕 8画,一级 | 常 | 常 |
| | 篝 16画,二级 | 次 | | | 沽 8画,一级 | 常 | 常 |
| | 鞲 19画,二级 | 异 | | | 孤 8画,一级 | 常 | 常 |
| gǒu | 苟❶ 8画,一级 | 苟常 | 苟常 | | 姑 8画,一级 | 常 | 常 |
| | 岣 8画,二级 | 次 | | | 轱(軲) 9画,二级 | 軲罕 | |
| | 狗 8画,一级 | 常 | 常 | | 鸪(鴣) 10画,二级 | 鴣常 | 鴣常 |
| | 耇 9画,三级 | 次 | | | | | |
| | 枸 9画,二级 | 常 | 常 | | | | |

❶苟:字形上部,大陆为艹,台湾、香港 4 画,中间断开。

# gǔ—gù

| 读音 | 大陆 | 台湾 | 香港 |
|---|---|---|---|
| | 菇 11画,二级 | 菇常 | 菇常 |
| | 菇 11画,一级 | 菇次 | |
| | 蛄 11画,二级 | 常 | |
| | 菁 12画,三级 | 菁次 | |
| | 辜 12画,一级 | 常 | 常 |
| | 酤 12画,二级 | 次 | |
| | 觚 12画,二级 | 觚次 | |
| | 箍 14画,二级 | 次 | |
| gǔ | 古 5画,一级 | 常 | 常 |
| | 谷❶(穀) 7画,一级 | 谷常 穀常 | 谷常 穀常 |
| | 汩 7画,二级 | 次 | |
| | 诂(詁) 7画,二级 | 詁常 | 詁常 |
| | 股 8画,一级 | 股常 | 股常 |
| | 骨❷ 9画,一级 | 骨常 | 骨常 |
| | 牯 9画,二级 | 常 | 常 |
| | 胍 9画,三级 | 胍罕 | |
| | 罟 10画,二级 | 常 | 常 |
| | 钴(鈷) 10画,二级 | 鈷常 | 鈷常 |
| | 羖 10画,三级 | 次 | |
| | 蛊(蠱) 11画,二级 | 蠱常 | 蠱常 |
| | 馉(餶) 12画,三级 | 餶罕 | |

| 读音 | 大陆 | 台湾 | 香港 |
|---|---|---|---|
| | 鼓[皷] 13画,一级 | 鼓常 皷异 | 鼓常 |
| | 穀(穀) 13画,二级 | 穀常 | 穀常 |
| | 榖 14画,二级 | 次 | |
| | 瑴 14画,三级 | 次 | |
| | 鹘(鶻) 14画,二级 | 鶻次 | |
| | 臌 17画,二级 | 臌罕 | |
| | 瞽 18画,二级 | 常 | 常 |
| | 濲 18画,三级 | 次 | |
| gù | 固 8画,一级 | 常 | 常 |
| | 故 9画,一级 | 常 | 常 |
| | 顾(顧) 10画,一级 | 顧常 | 顧常 |
| | 堌 11画,三级 | 罕 | |
| | 梏 11画,三级 | 次 | |
| | 崮 11画,三级 | 罕 | |
| | 牿 11画,三级 | 次 | |
| | 雇❸[僱] 12画,一级 | 雇常 僱常 | 雇常 僱常 |

❶大陆繁体文本和台湾用于"山谷、鬼谷子(古代人名、书名)、进退维谷"作"谷",用于"稻谷、谷雨(节气名)、不穀(古代君主谦逊的自称)、穀梁(姓)、穀梁传(书名)"作"穀",用于姓多作"谷"。

❷骨:字形冖上中间,大陆为横折,台湾、香港为一横一竖。用作合体字部件时同此。

❸雇:台湾用于"雇工、雇主、雇员"作"雇";用于"雇车、雇主、雇佣"作"僱",也作"雇"。

| 读音 | 大陆 | 台湾 | 香港 |
|---|---|---|---|
| | 锅(鍋) 13画,二级 | 鍋次 | |
| | 瘑 13画,二级 | 次 | |
| | 鲴(鯝) 16画,二级 | 鯝罕 | |
| guā | 瓜 5画,一级 | 常 | 常 |
| | 呱 8画,二级 | 常 | 常 |
| | 刮(颳)❶ 8画,一级 | 刮常 颳常 | 刮常 颳常 |
| | 胍 9画,二级 | 胍罕 | |
| | 栝 10画,二级 | 次 | |
| | 鸹(鴰) 11画,二级 | 鴰次 | |
| guǎ | 剐(剮) 9画,二级 | 剮罕 | |
| | 寡 14画,一级 | 常 | 常 |
| guà | 卦 8画,一级 | 常 | 常 |
| | 坬 8画,三级 | 罕 | |
| | 诖(詿) 8画,二级 | 詿次 | |
| | 挂[掛罣] 9画,一级 | 掛常 挂次 罣次 | 掛常 |
| | 褂 13画,一级 | 常 | 常 |
| guāi | 乖 8画,一级 | 乖常 | 乖常 |
| | 掴(摑) 11画,二级 | 摑常 | 摑常 |
| guǎi | 拐❷[枴] 8画,一级 | 拐常 枴常 | 拐常 枴常 枴异 枴异 |

| 读音 | 大陆 | 台湾 | 香港 |
|---|---|---|---|
| guài | 夬 4画,二级 | 次 | |
| | 怪[恠] 8画,一级 | 怪常 恠异 | 怪常 |
| guān | 关(關) 6画,一级 | 關常 | 關常 |
| | 观(觀) 6画,一级 | 觀常 观异 | 觀常 |
| | 官 8画,一级 | 常 | 常 |
| | 冠 9画,一级 | 常 | 常 |
| | 倌 10画,二级 | 常 | 常 |
| | 蔻 12画,三级 | 蔻罕 | |
| | 棺 12画,一级 | 常 | 常 |
| | 鳏(鰥) 18画,二级 | 鰥常 | 鰥常 |
| guǎn | 馆(館)[舘] 11画,一级 | 館常 舘异 | 館常 |
| | 琯 12画,二级 | 次 | |
| | 筦❸ 13画,三级 | 次 | |
| | 管[筦❹] 14画,一级 | 管常 筦次 | 管常 |
| | 鳤(鱒) 22画,三级 | 鱒罕 | |

❶刮:大陆繁体文本和台湾用于"刮除、刮痕、刮痧、刮脸、刮胡子、刮地皮、刮目相看"作"刮";用于"刮风""被风刮落"作"颳",也作"刮"。

❷拐、枴:①字形右下部,大陆为力,台湾、香港为刀。②大陆繁体文本和台湾用于"拐角、拐杖、拐骗、诱拐、拐弯抹角"作"拐";用于"拐杖""拐棒"作"枴",也作"拐"。

❸筦:用于人名。另见52页"管"字条。

❹"筦"另见52页"管"字条。

| 读音 | 大 陆 | 台湾 | 香港 |
|---|---|---|---|
| guàn | 毌 4画,三级 | 次 | |
| | 贯(貫) 8画,一级 | 貫常 | 貫常 |
| | 掼(摜) 11画,二级 | 摜次 | |
| | 涫 11画,二级 | 次 | |
| | 惯(慣) 11画,一级 | 慣常 | 慣常 |
| | 祼 12画,三级 | 次 | |
| | 盥 16画,二级 | 常 | 常 |
| | 灌 20画,一级 | 灌常 | 灌常 |
| | 瓘 21画,二级 | 瓘次 | |
| | 爟 21画,三级 | 爟次 | |
| | 鹳(鸛) 22画,二级 | 鸛次 | |
| | 罐[鑵] 23画,一级 | 罐常鑵罕 | 罐常 |
| guāng | 光 6画,一级 | 常 | 常 |
| | 侊 9画,三级 | 罕 | |
| | 咣 9画,二级 | 罕 | |
| | 洸 9画,三级 | 次 | |
| | 珖 10画,三级 | 次 | |
| | 桄 10画,三级 | 次 | |
| | 铣(輄) 10画,三级 | 輄异 | |
| | 胱 10画,二级 | 胱常 | 胱常 |
| guǎng | 广(廣) 3画,一级 | 廣常广罕 | 廣常 |
| | 犷(獷) 6画,二级 | 獷常 | 獷常 |
| guàng | 逛 10画,一级 | 逛常 | 逛常 |
| guī | 归(歸) 5画,一级 | 歸常归异 | 歸常歸异 |
| | 圭 6画,二级 | 常 | 常 |
| | 龟❶(龜) 7画,一级 | 龜常 | 龜常 |
| | 妫(嬀) 7画,二级 | 媯次嬀异 | |
| | 规(規)[槼] 8画,一级 | 規常槼罕 | 規常 |
| | 邽 8画,三级 | 邽次 | |
| | 皈 9画,二级 | 皈常 | 皈常 |
| | 闺(閨) 9画,一级 | 閨常 | 閨常 |
| | 珪 10画,三级 | 次 | |
| | 硅 11画,一级 | 罕 | |
| | 瑰[瓌] 13画,一级 | 瑰常瓌异 | 瑰常 |
| | 鲑(鮭) 14画,二级 | 鮭次 | |
| | 鬶(鬹) 18画,三级 | 鬹罕 | |
| guǐ | 宄 5画,三级 | 次 | |

❶龟:大陆繁体字为笔画较少的俗体,与台湾、香港字形不同。

| 读音 | 大陆 | 台湾 | 香港 |
|---|---|---|---|
| | 轨(軌) 6画,一级 | 軌常 | 軌常 |
| | 庋 7画,二级 | 次 | |
| | 匦(匭) 8画,二级 | 匭次 | |
| | 诡(詭) 8画,一级 | 詭常 | 詭常 |
| | 鬼❶ 9画,一级 | 鬼常 | 鬼常 |
| | 姽 9画,三级 | 次 | |
| | 癸 9画,一级 | 常 | 常 |
| | 晷 12画,二级 | 次 | |
| | 簋 17画,二级 | 次 | |
| guǐ jǔ | 柜❷(櫃) 8画,一级 | 櫃常 柜次 | 櫃常 柜异 |
| guì | 刿(劌) 8画,二级 | 劌次 | |
| | 刽(劊) 8画,二级 | 劊次 | 劊常 |
| | 贵(貴) 9画,一级 | 貴常 | 貴常 |
| | 桂 10画,一级 | 常 | 常 |
| | 筀 12画,三级 | 罕 | |
| | 跪 13画,一级 | 常 | 常 |
| | 鳜(鱖) 20画,二级 | 鱖常 | 鱖常 |
| gǔn | 衮 10画,二级 | 衮常 衮异 | 衮常 |
| | 绲(緄) 11画,二级 | 緄次 | |
| | 辊(輥) 12画,二级 | 輥次 | |
| | 滚 13画,一级 | 滚常 滚异 | 滚常 |
| | 磙 15画,二级 | 磙罕 | |
| | 鲧(鯀) 15画,二级 | 鯀次 | |
| gùn | 棍 12画,一级 | 棍常 | 棍常 |
| guō | 呙❸(咼) 7画,三级 | 咼次 | |
| | 埚(堝) 10画,二级 | 堝次 | |
| | 郭 10画,一级 | 郭常 | 郭常 |
| | 崞 11画,三级 | 次 | |
| | 聒 12画,二级 | 次 | |
| | 锅(鍋) 12画,一级 | 鍋常 | 鍋常 |
| | 蝈(蟈) 14画,二级 | 蟈常 | 蟈常 |
| guó | 国(國) 8画,一级 | 國常 国异 | 國常 |
| | 帼(幗) 11画,二级 | 幗常 | 幗常 |
| | 涸(漍) 11画,三级 | 漍罕 | |

❶鬼:台湾、香港字形10画,左下的撇与上边的竖不相连。

❷柜:大陆繁体文本和台湾用于"柜台、书柜、衣柜、冰柜、掌柜"作"櫃",用于"柜木""柜柳"作"柜"。

❸呙:大陆繁体字上部中间为横折,台湾、香港为一横一竖。

| 读音 | 大陆 | 台湾 | 香港 | 读音 | 大陆 | 台湾 | 香港 |
| --- | --- | --- | --- | --- | --- | --- | --- |
| | 腘(膕) 12画,三级 | 膕次 | | | 海 10画,一级 | 常 | 常 |
| | 虢 15画,二级 | 虢次 | | | 醢 17画,二级 | 次 | |
| | 膕 17画,三级 | 次 | | hài | 亥 6画,一级 | 常 | 常 |
| guǒ | 果[菓] 8画,一级 | 果常 菓异 | 果常 | | 骇(駭) 9画,一级 | 駭常 | 駭常 |
| | 馃(餜) 11画,二级 | 餜异 | | | 氦 10画,二级 | 常 | 常 |
| | 椁❶[槨] 12画,二级 | 槨常 椁异 | 槨常 | | 害❷ 10画,一级 | 害常 | 害常 害异 |
| | 蜾 14画,三级 | 次 | | | 嗐 13画,二级 | 嗐次 | |
| | 裹 14画,一级 | 常 | 常 | hān | 顸(頇) 9画,二级 | 頇次 | |
| | 粿 14画,二级 | 次 | | | 蚶 11画,二级 | 常 | 常 |
| guò | 过(過) 6画,一级 | 過常 过异 | 過常 | | 酣 12画,一级 | 常 | 常 |
| **H** | | | | | 憨 15画,一级 | 憨次 | |
| hā | 哈 9画,一级 | 常 | 常 | | 鼾 17画,二级 | 常 | 常 |
| | 铪(鉿) 11画,二级 | 鉿次 | | hán | 邗 5画,二级 | 邗次 | |
| há | 蛤 12画,一级 | 常 | 常 | | 邯 7画,二级 | 邯次 | |
| hāi | 咍 8画,三级 | 次 | | | 含 7画,一级 | 含常 | 含常 含异 |
| | 嗨 13画,二级 | 常 | 常 | | 函[圅] 8画,一级 | 函常 圅异 | 函常 |
| hái | 还(還) 7画,一级 | 還常 还异 | 還常 | | 邗 9画,三级 | 次 | |
| | 孩 9画,一级 | 常 | 常 | | 浛 10画,三级 | 浛罕 | |
| | 骸 15画,二级 | 骸常 | 骸常 | | 琀 11画,三级 | 琀次 | |
| hǎi | 胲 10画,三级 | 胲次 | | | | | |

❶椁:台湾用于"棺椁"多作"槨"。
❷字形中部,大陆为丰,与台湾、香港有别。用作合体字部件时同此,如"割、瞎、辖"。

| 读音 | 大陆 | 台湾 | 香港 |
|---|---|---|---|
| | 晗 11画,二级 | 晗罕 | |
| | 崡 11画,三级 | 罕 | |
| | 焓 11画,二级 | 焓罕 | |
| | 涵 11画,一级 | 常 | 常 |
| | 韩(韓) 12画,一级 | 韓常 | 韓常 |
| | 崶 12画,三级 | 罕 | |
| | 寒 12画,一级 | 常 | 常 |
| hǎn | 罕 7画,一级 | 罕常 | 罕常 |
| | 喊 12画,一级 | 常 | 常 |
| | 嘁(嚂) 17画,三级 | 嚂罕 | |
| hàn | 汉(漢) 5画,一级 | 漢常 | 漢常 |
| | 扞❶ 6画,三级 | 次 | |
| | 汗 6画,一级 | 常 | 常 |
| | 旱 7画,一级 | 常 | 常 |
| | 埠 10画,三级 | 异 | |
| | 捍[扞❷] 10画,一级 | 捍次扞次 | |
| | 悍[猂] 10画,一级 | 悍常猂异 | 悍常 |
| | 菡 11画,二级 | 菡次 | |
| | 焊[銲釬] 11画,一级 | 焊常銲次 釬次 | 焊常 |
| | 颔(頷) 13画,二级 | 頷常 | 頷常 頷异 |
| | 撖 14画,三级 | 撖次 | |
| | 蓒 14画,三级 | 蓒次 | |
| | 暵 15画,三级 | 次 | |
| | 撼 16画,一级 | 常 | 常 |
| | 翰 16画,一级 | 常 | 常 |
| | 憾 16画,一级 | 常 | 常 |
| | 瀚 19画,二级 | 常 | 常 |
| hāng | 夯 5画,一级 | 次 | |
| háng | 杭 8画,一级 | 常 | 常 |
| | 绗(絎) 9画,二级 | 絎罕 | |
| | 航 10画,一级 | 常 | 常 |
| | 颃(頏) 10画,二级 | 頏次 | |
| hàng | 沆 7画,二级 | 次 | |
| hāo | 蒿 13画,二级 | 蒿常 | 蒿常 |
| | 薅 16画,二级 | 薅次 | |
| | 嚆 16画,二级 | 嚆次 | |
| háo | 蚝[蠔] 10画,二级 | 蠔常蚝罕 | 蠔常 |
| | 毫 11画,一级 | 常 | 常 |
| | 嗥[嘷獋] 13画,二级 | 嗥常嘷异 獋异 | 嗥常 嗥异 |
| | 豪 14画,一级 | 常 | 常 |

❶扞:用于相互抵触义(如"扞格""扞格不通")。另见56页"捍"字条。
❷"扞"另见56页"扞"字条。

## hǎo—hé

| 读音 | 大陆 | 台湾 | 香港 |
|---|---|---|---|
| | 壕 17画，二级 | 常 | 常 |
| | 嚎 17画，一级 | 常 | 常 |
| | 濠 17画，二级 | 常 | 常 |
| hǎo | 好 6画，一级 | 常 | 常 |
| | 郝 9画，二级 | 郝次 | |
| hào | 号(號) 5画，一级 | 號常号异 | 號常 |
| | 昊 8画，二级 | 次 | |
| | 耗 10画，一级 | 耗常 | 耗常 |
| | 浩 10画，一级 | 浩常 | 浩常 浩异 |
| | 淏 11画，三级 | 罕 | |
| | 皓[皜暠] 12画，一级 | 皓常皜次 暠次 | 皓常 皓异 |
| | 鄗 12画，三级 | 鄗次 | |
| | 皞 15画，三级 | 次 | |
| | 颢(顥) 18画，二级 | 顥次 | |
| | 灏(灝) 21画，二级 | 灝次 | |
| hē | 诃(訶) 7画，二级 | 訶次 | |
| | 呵 8画，一级 | 常 | 常 |
| | 喝 12画，一级 | 常 | 常 |
| | 嗬 13画，二级 | 嗬罕 | |
| hé | 禾 5画，一级 | 常 | 常 |
| | 合❶(閤) 6画，一级 | 合常閤常 | 合常 閤常 |

| 读音 | 大陆 | 台湾 | 香港 |
|---|---|---|---|
| | 纥(紇) 6画，二级 | 紇常 | 紇常 |
| | 何 7画，一级 | 常 | 常 |
| | 和[龢❷咊] 8画，一级 | 和常龢次 咊异 | 和常 |
| | 郃 8画，三级 | 郃次 | |
| | 劾 8画，二级 | 常 | 常 |
| | 河 8画，一级 | 常 | 常 |
| | 曷 9画，二级 | 常 | 常 |
| | 饸(飴) 9画，二级 | 飴罕 | |
| | 阂(閡) 9画，二级 | 閡常 | 閡常 |
| | 盍[盇] 10画，二级 | 盍常盇异 | 盍常 |
| | 荷 10画，一级 | 荷常 | 荷常 |
| | 核[覈] 10画，一级 | 核常覈次 | 核常 |
| | 颌 10画，三级 | 罕 | |
| | 盉 10画，二级 | 次 | |
| | 菏 11画，二级 | 菏常 | |
| | 龁(齕) 11画，三级 | 齕次 | |
| | 盒 11画，一级 | 常 | 常 |

❶合：台湾用于"合力、合同、合成、结合"用"合"，用于"閤府清泰、閤第光临、閤家欢乐"作"閤"。"閤"另见48页"閤"字条。

❷"龢"另见58页"龢"字条。

| 读音 | 大陆 | 台湾 | 香港 |
|---|---|---|---|
|  | 涸 11画,二级 | 常 | 常 |
|  | 颌(頜) 12画,二级 | 頜次 |  |
|  | 貉 13画,二级 | 常 | 常 |
|  | 阖(闔) 13画,二级 | 闔常 | 闔常 |
|  | 鹖(鶡) 14画,三级 | 鶡次 |  |
|  | 翮 16画,二级 | 次 |  |
|  | 鞨 18画,二级 | 次 |  |
|  | 龢❶ 22画,三级 | 次 |  |
| hè | 垎 9画,三级 | 罕 |  |
|  | 贺(賀) 9画,一级 | 賀常 | 賀常 |
|  | 焃 10画,三级 | 罕 |  |
|  | 赫 14画,一级 | 常 | 常 |
|  | 熇 14画,三级 | 次 |  |
|  | 褐 14画,一级 | 常 | 常 |
|  | 鹤(鶴) 15画,一级 | 鶴常 | 鶴常 |
|  | 翯 16画,三级 | 次 |  |
|  | 壑 17画,二级 | 常 | 常 |
| hēi | 黑 12画,一级 | 常 | 常 |
|  | 嘿 15画,二级 | 常 | 常 |
|  | 镖(鏺) 17画,三级 | 鏺罕 |  |
| hén | 痕 11画,一级 | 常 | 常 |

| 读音 | 大陆 | 台湾 | 香港 |
|---|---|---|---|
| hěn | 佷(詪) 8画,三级 | 詪罕 |  |
|  | 很 9画,一级 | 常 | 常 |
|  | 狠 9画,一级 | 常 | 常 |
| hèn | 恨 9画,一级 | 常 | 常 |
| hēng | 亨 7画,二级 | 常 | 常 |
|  | 哼 10画,一级 | 常 | 常 |
| héng | 恒[恆] 9画,一级 | 恆常恒异 | 恆常 |
|  | 姮 9画,二级 | 次 |  |
|  | 珩 10画,二级 | 次 |  |
|  | 桁 10画,二级 | 次 |  |
|  | 鸻(鴴) 11画,二级 | 鴴罕 |  |
|  | 横 15画,一级 | 橫常横异 | 橫常 |
|  | 衡 16画,一级 | 常 | 常 |
|  | 蘅 19画,二级 | 蘅次 |  |
| hèng | 堼 12画,三级 | 罕 |  |
| hōng | 吽 7画,二级 | 罕 |  |
|  | 轰(轟) 8画,一级 | 轟常 | 轟常 |
|  | 訇 9画,二级 | 次 |  |
|  | 烘 10画,一级 | 常 | 常 |
|  | 薨 16画,二级 | 薨次 |  |

❶龢:用于人名。另见57页"和"字条。

| 读音 | 大 陆 | 台湾 | 香港 |
|---|---|---|---|
| hóng | 弘 5画,一级 | 常 | 常 |
| | 红(紅) 6画,一级 | 紅常 | 紅常 |
| | 玒 7画,三级 | 罕 | |
| | 闳(閎) 7画,二级 | 閎次 | |
| | 宏 7画,一级 | 常 | 常 |
| | 纮(紘) 7画,三级 | 紘次 | |
| | 泓 8画,二级 | 常 | 常 |
| | 荭(葒) 9画,三级 | 葒次 | |
| | 虹 9画,一级 | 常 | 常 |
| | 竑 9画,二级 | 次 | |
| | 洪 9画,一级 | 常 | 常 |
| | 翃 10画,三级 | 次 | |
| | 铁(鉷) 11画,三级 | 鉷罕 | |
| | 鸿(鴻) 11画,一级 | 鴻常 | 鴻常 |
| | 竑(鋐) 12画,三级 | 鋐次 | |
| | 翗 13画,三级 | 次 | |
| | 蕻 16画,二级 | 蕻次 | |
| | 黉(黌) 16画,三级 | 黌次 | |
| hǒng hòng | 哄❶ ㊀;㊁[鬨閧] 9画,一级 | 哄常 鬨阋 閧阋 | 哄常 鬨常 閧常 |
| hǒng | 嗊(嗊) 10画,三级 | 嗊次 | |
| hòng | 讧(訌) 5画,二级 | 訌常 | 訌常 |
| hōu | 齁 19画,二级 | 次 | |
| hóu | 侯 9画,一级 | 常 | 常 |
| | 喉 12画,一级 | 常 | 常 |
| | 猴 12画,一级 | 常 | 常 |
| | 篌(鍭) 14画,三级 | 鍭次 | |
| | 瘊 14画,二级 | 次 | |
| | 骺 15画,二级 | 骺罕 | |
| | 篌 15画,二级 | 次 | |
| | 糇[餱] 15画,三级 | 餱次 糇异 | |
| hǒu | 吼 7画,一级 | 常 | 常 |
| hòu | 后❷(後) 6画,一级 | 後常 后常 | 后常 後常 |
| | 郈 8画,三级 | 郈次 | |
| | 厚 9画,一级 | 常 | 常 |
| | 垕 9画,三级 | 罕 | |

❶哄:大陆繁体文本和台湾用于"哄动、哄传、哄骗、哄抬物价、一哄而上、一哄而散"作"哄",用于"起哄""哄堂大笑"作"鬨",也作"哄"。

❷后:大陆繁体文本和台湾用于"后妃、皇后、太后、后羿、后稷、皇天后土"作"后",用于"后边、后盾、后援、后勤、后台、后代、前后、先后、事后、空前绝后"作"後"。

| 读音 | 大 陆 | 台湾 | 香港 |
|---|---|---|---|
| | 迊 9画,二级 | 迊常 | 迊常 |
| | 候 10画,一级 | 常 | 常 |
| | 堠 12画,三级 | 次 | |
| | 鲎(鱟) 13画,二级 | 鱟次 | |
| | 鲘(鮜) 14画,三级 | 鮜罕 | |
| hū | 乎 5画,一级 | 常 | 常 |
| | 吻 8画,三级 | 次 | |
| | 呼[虖嘑謼] 8画,一级 | 呼常 虖次 謼次 嘑异 | 呼常 |
| | 忽 8画,一级 | 常 | 常 |
| | 轷(軤) 9画,三级 | 軤罕 | |
| | 烀 9画,二级 | 罕 | |
| | 唿 11画,二级 | 异 | |
| | 滹 11画,三级 | 次 | |
| | 惚 11画,二级 | 常 | 常 |
| | 滹 14画,二级 | 次 | |
| hú | 囫 7画,二级 | 次 | |
| | 狐 8画,一级 | 常 | 常 |
| | 弧 8画,一级 | 常 | 常 |
| | 胡❶[鬍][衚] 9画,一级 | 胡常 鬍常 衚次 | 胡常 鬍常 |
| | 壶(壺) 10画,一级 | 壺常 | 壺常 |
| | 斛 11画,二级 | 斛次 | |

| 读音 | 大 陆 | 台湾 | 香港 |
|---|---|---|---|
| | 葫 12画,一级 | 葫常 | 葫常 |
| | 鹄(鵠) 12画,二级 | 鵠常 | 鵠常 |
| | 猢 12画,二级 | 猢次 | |
| | 湖 12画,二级 | 湖常 | 湖常 |
| | 瑚 13画,二级 | 瑚常 | 瑚常 |
| | 煳 13画,二级 | 煳罕 | |
| | 鹕(鶘) 14画,二级 | 鶘次 | |
| | 槲 15画,二级 | 槲次 | |
| | 蝴 15画,二级 | 蝴常 | 蝴常 |
| | 糊[餬粘] 15画,一级 | 糊常 餬次 粘罕 | 糊常 |
| | 縠 16画,二级 | 次 | |
| | 醐 16画,二级 | 醐次 | |
| | 觳 17画,二级 | 觳次 | |
| hǔ | 虎❷ 8画,一级 | 虎常 | 虎常 |
| | 浒(滸) 9画,二级 | 滸次 | |
| | 唬 11画,一级 | 唬常 | 唬常 |
| | 琥 12画,二级 | 琥常 | 琥常 |
| hù | 互 4画,一级 | 常 | 常 |

❶胡:大陆繁体文本和台湾用于"胡须、大胡子、胡匪"作"鬍";用于"胡说、胡服、胡琴、胡椒、胡闹、二胡、胡作非为"作"胡"。"胡同"多作"衚衕"。

❷虎:字形下部,大陆为几,台湾、香港为儿。

| 读音 | 大陆 | 台湾 | 香港 |
|---|---|---|---|
| | 户❶ 4画,一级 | 戶常 户异 | 户常 |
| | 冱 6画,三级 | 次 | |
| | 护(護) 7画,一级 | 護常 | 護常 |
| | 沪(滬) 7画,一级 | 滬常 沪异 | 滬常 |
| | 昈 8画,三级 | 昈次 | |
| | 岵 8画,三级 | 次 | |
| | 怙 8画,二级 | 次 | |
| | 戽 8画,二级 | 戽次 | |
| | 祜 9画,二级 | 次 | |
| | 笏 10画,二级 | 次 | |
| | 瓠 11画,二级 | 常 | 常 |
| | 扈 11画,二级 | 扈常 | 扈常 |
| | 鄠 13画,三级 | 鄠次 | |
| | 嫭 14画,三级 | 次 | |
| | 鱯(鱯) 18画,三级 | 鱯罕 | |
| | 鱯(鱯) 21画,三级 | 鱯罕 | |
| huā | 花[苍蘐] 7画,一级 | 花常 苍异 蘐次 | 花常 |
| | 砉 9画,三级 | 砉次 | |
| huá | 划❷(劃) 6画,一级 | 劃常 划常 | 划常 劃常 |
| | 华(華) 6画,一级 | 華常 | 華常 |
| | 哗❸(嘩)[譁] 9画,二级 | 嘩常 譁常 | 嘩常 譁常 |
| | 骅(驊) 9画,二级 | 驊次 | |
| | 铧(鏵) 11画,二级 | 鏵次 | |
| | 猾 12画,一级 | 猾常 | 猾常 |
| | 滑 12画,一级 | 滑常 | 滑常 |
| huà | 化❹ 4画,一级 | 化常 | 化常 |
| | 画(畫) 8画,一级 | 畫常 画异 | 畫常 |
| | 话(話)[諙] 8画,一级 | 話常 諙异 | 話常 |
| | 桦(樺) 10画,一级 | 樺常 | 樺常 |
| | 婳(嫿) 11画,三级 | 嫿次 婳异 | |
| | 崋 13画,三级 | 崋次 | |
| huái | 怀(懷) 7画,一级 | 懷常 | 懷常 |
| | 徊 9画,一级 | 常 | 常 |
| | 淮 11画,一级 | 常 | 常 |

❶户:字形上部,大陆、香港为点,台湾为撇。

❷划:大陆繁体文本和台湾用于"划水、划船、划拳、划算、划不来"作"划",用于"划开、划伤、划拨、划归、划一、比划、计划、规划、策划、划时代"作"劃"。

❸哗:大陆繁体文本和台湾用于"喧哗、哗笑、哗变、哗然、哗众取宠"作"譁",用于拟声词"哗啦啦(哗剌剌)"作"嘩"。

❹化:字形右侧起笔,大陆为长撇,香港为短撇,台湾为横。

| 读音 | 大陆 | 台湾 | 香港 |
|---|---|---|---|
| | 槐 13画,一级 | 槐常 | 槐常 |
| | 踝 15画,二级 | 常 | 常 |
| huài | 坏❶(壞) 7画,一级 | 壞常 坏常 | 壞常 坏常 |
| huān | 欢(歡)〔懽 讙 驩〕 6画,一级 | 歡常 懽次 讙次 驩次 欢异 | 歡常 |
| | 獾〔貛 貆〕 20画,二级 | 獾次 貛异 貆异 | |
| huán | 环(環) 8画,一级 | 環常 环异 | 環常 |
| | 萑 9画,三级 | 萑次 | |
| | 峘 9画,三级 | 次 | |
| | 洹 9画,二级 | 次 | |
| | 桓 10画,二级 | 常 | 常 |
| | 绾(綄) 10画,三级 | 綄罕 | |
| | 锾 11画,二级 | 锾次 | |
| | 貆 13画,三级 | 次 | |
| | 锾(鍰) 14画,三级 | 鍰常 | |
| | 圜 16画,二级 | 次 | |
| | 澴 16画,三级 | 次 | |
| | 寰 16画,二级 | 次 | |
| | 缳(繯) 16画,二级 | 繯次 | |
| | 瓛(瓛) 17画,三级 | 瓛次 | |

| 读音 | 大陆 | 台湾 | 香港 |
|---|---|---|---|
| | 鹮(鹮) 18画,二级 | 鹮罕 | |
| | 镮(鐶) 18画,三级 | 鐶次 | |
| | 鬟 23画,二级 | 次 | |
| huǎn | 缓(緩) 12画,一级 | 緩常 | 緩常 |
| | 晥 13画,三级 | 罕 | |
| huàn | 幻 4画,一级 | 常 | 常 |
| | 奂❷ 7画,二级 | 奐常 | 奐常 |
| | 宦 9画,一级 | 常 | 常 |
| | 换 10画,一级 | 換常 | 換常 |
| | 唤 10画,一级 | 喚常 | 喚常 |
| | 涣 10画,一级 | 渙常 | 渙常 |
| | 浣❸〔澣〕 10画,二级 | 浣次 澣次 | |
| | 患 11画,一级 | 常 | 常 |
| | 焕 11画,一级 | 煥常 | 煥常 |
| | 逭 11画,三级 | 逭次 | |
| | 痪 12画,一级 | 瘓常 | 瘓常 |
| | 豢 13画,二级 | 常 | 常 |
| | 漶 14画,二级 | 次 | |

❶坏:大陆繁体文本和台湾作"壞",俗字作"坏"。"坏"又同"坯"。

❷奂:台湾、香港字形9画,大上为人。

❸浣:台湾用于"浣衣、浣肠、浣熊、浣纱记"作"浣";用于"上浣、中浣、下浣"作"浣",也作"澣"。

| 读音 | 大陆 | 台湾 | 香港 | 读音 | 大陆 | 台湾 | 香港 |
|---|---|---|---|---|---|---|---|
|  | 鯇(鯇) 15画,二级 | 鯇次 |  |  | 艎 15画,三级 | 次 |  |
|  | 撶 16画,三级 | 次 |  |  | 鐄(鐄) 16画,三级 | 鐄罕 |  |
| huāng | 肓 7画,二级 | 肓常 | 肓常 |  | 癀 16画,三级 | 癀罕 |  |
|  | 荒 9画,一级 | 荒常 | 荒常 |  | 蟥 17画,二级 | 蟥次 |  |
|  | 慌 12画,一级 | 慌常 | 慌常 |  | 簧 17画,一级 | 簧常 | 簧常 |
| huáng | 皇 9画,一级 | 常 | 常 |  | 鳇(鳇) 17画,二级 | 鳇罕 |  |
|  | 黄❶ 11画,一级 | 黄常 黄异 | 黄常 | huǎng | 恍[怳] 9画,一级 | 恍常 怳次 | 恍常 |
|  | 凰 11画,一级 | 常 | 常 |  | 谎(謊) 11画,一级 | 謊常 | 謊常 |
|  | 隍 11画,二级 | 隍常 | 隍常 |  | 幌 13画,一级 | 常 | 常 |
|  | 喤 12画,三级 | 次 |  | huàng | 晃[提] 10画,一级 | 晃常 提罕 | 晃常 |
|  | 遑 12画,二级 | 遑常 | 遑常 |  | 皝 11画,三级 | 罕 |  |
|  | 徨 12画,二级 | 常 | 常 |  | 滉 13画,三级 | 次 |  |
|  | 湟 12画,二级 | 次 |  | huī | 灰 6画,一级 | 常 | 常 |
|  | 惶 12画,一级 | 常 | 常 |  | 扟(撝) 7画,三级 | 撝次 |  |
|  | 媓 12画,三级 | 罕 |  |  | 诙(詼) 8画,二级 | 詼常 | 詼常 |
|  | 瑝 13画,三级 | 罕 |  |  | 挥(揮) 9画,一级 | 揮常 | 揮常 |
|  | 煌 13画,一级 | 常 | 常 |  | 咴 9画,二级 | 罕 |  |
|  | 锽(鍠) 14画,三级 | 鍠次 |  |  | 恢 9画,一级 | 常 | 常 |
|  | 潢 14画,二级 | 潢次 |  |  |  |  |  |
|  | 璜 15画,二级 | 璜常 | 璜常 |  |  |  |  |
|  | 蝗 15画,一级 | 常 | 常 |  |  |  |  |
|  | 篁 15画,二级 | 常 | 常 |  |  |  |  |

❶黄:字形中间横画上部,大陆作艹,台湾、香港作 艹。用作合体字部件时同此,如"横、簧、廣"。

| 读音 | 大陆 | 台湾 | 香港 |
|---|---|---|---|
| | 祎(禕) 9画,三级 | 禕次 | |
| | 晖(暉) 10画,三级 | 暉常 | 暉常 |
| | 辉(輝)[煇] 12画,一级 | 輝常 煇次 | 輝常 |
| | 翚(翬) 12画,二级 | 翬次 | |
| | 麾 15画,二级 | 麾常 | 麾常 |
| | 徽[徵] 17画,一级 | 徽常 徵罕 | 徽常 |
| | 隳 17画,二级 | 隳次 | |
| huí | 回❶(迴)[迴廻] 6画,一级 | 回常 迴常 迴异 廻异 | 回常 迴异 |
| | 茴 9画,二级 | 茴常 | 茴常 |
| | 洄 9画,二级 | 次 | |
| | 烠 10画,三级 | 烠罕 | |
| | 蛔[蚘蚘蛕蛕痐] 12画,二级 | 蛔常 蛕罕 蚘罕 蛕异 痐异 | 蛔常 |
| huǐ | 虺 9画,二级 | 次 | |
| | 悔 10画,一级 | 常 | 常 |
| | 毁❷[燬譭] 13画,一级 | 毁常 燬常 譭罕 毁异 | 毁常 燬常 |
| huì | 卉 5画,一级 | 常 | 常 |
| | 汇❸(匯彙)[滙] 5画,一级 | 匯常 彙常 滙异 | 匯常 彙常 |
| | 会(會) 6画,一级 | 會常 会异 | 會常 |
| | 讳(諱) 6画,一级 | 諱常 | 諱常 |

| 读音 | 大陆 | 台湾 | 香港 |
|---|---|---|---|
| | 荟(薈) 9画,二级 | 薈次 | |
| | 浍(澮) 9画,二级 | 澮次 | |
| | 诲(誨) 9画,一级 | 誨常 | 誨常 |
| | 绘(繪) 9画,一级 | 繪常 | 繪常 |
| | 恚 10画,二级 | 次 | |
| | 桧(檜) 10画,二级 | 檜常 | 檜常 |
| | 贿(賄) 10画,二级 | 賄常 | 賄常 |
| | 烩(燴) 10画,二级 | 燴常 | 燴常 |
| | 彗❹ 11画,二级 | 彗常 | 彗常 |
| | 硊 11画,三级 | 次 | |

❶回:大陆繁体文本和台湾用于"回家、回收、回归、回答、回信、回报、回复、回应、回馈、回头、回顾、回忆、回音、回族(民族名)、返回、挽回、回马枪、回文诗、第三回、起死回生"作"回",用于"回避、回旋、回廊、回路、回绕、回转、回荡、回纹、回纹针、迂回、轮回、巡回、回环转折、回肠荡气"多作"迴"。

❷毁:①大陆字形左下为工,台湾常见字形、香港字形左下为土。②台湾用于"毁灭、毁坏、毁谤、烧毁、诋毁、毁家纾难、玉石俱毁"作"毁",用于"销毁、毁燬、王室如毁"作"燬"。

❸汇:大陆繁体文本和台湾用于"汇合、汇流、汇款、汇兑、汇费、汇票、汇率、汇聚、汇总、总汇、邮汇"作"匯";用于"汇报、汇编、汇刊、词汇、语汇"作"彙";用于"汇集"作"匯",也作"彙"。

❹彗:字形下部,大陆为彐,台湾、香港中间横画右侧出头。

| 读音 | 大陆 | 台湾 | 香港 |
|---|---|---|---|
| | 晦 11画，一级 | 常 | 常 |
| | 秽(穢) 11画，一级 | 穢常 | 穢常 |
| | 惠 12画，一级 | 常 | 常 |
| | 喙 12画，二级 | 次 | |
| | 翙(翽) 12画，三级 | 翽次 | |
| | 僡(譓) 14画，三级 | 譓次 | |
| | 慧 15画，一级 | 慧常 | 慧常 |
| | 蕙 15画，二级 | 蕙常 | 蕙常 |
| | 槥 16画，三级 | 罕 | |
| | 翻(鐬) 16画，三级 | 鐬次 | |
| | 蟪 18画，二级 | 次 | |
| hūn | 昏[昬] 8画，一级 | 昏常 昬异 | 昏常 |
| | 荤(葷) 9画，一级 | 葷常 | 葷常 |
| | 阍(閽) 11画，二级 | 閽次 | |
| | 惛 11画，三级 | 次 | |
| | 婚 11画，一级 | 常 | 常 |
| | 碈 13画，三级 | 异 | |
| hún | 浑(渾) 9画，一级 | 渾常 | 渾常 |
| | 珲(琿) 10画，二级 | 琿常 | 琿常 |
| | 馄(餛) 11画，二级 | 餛常 | 餛常 |
| | 魂[䰟] 13画，一级 | 魂常 䰟异 | 魂常 |
| hùn | 诨(諢) 8画，二级 | 諢次 | |
| | 混 11画，一级 | 混常 | 混常 |
| | 溷 13画，二级 | 次 | |
| huō | 耠 12画，二级 | 耠罕 | |
| | 骅(騞) 12画，三级 | 騞次 | |
| | 锪(鍃) 13画，三级 | 鍃罕 | |
| | 劐 15画，三级 | 劐罕 | |
| | 嚯 16画，二级 | 嚯次 | |
| | 豁 17画，一级 | 豁常 | 豁常 豁异 |
| | 攉 19画，二级 | 次 | |
| huó | 佸 8画，三级 | 次 | |
| | 活 9画，一级 | 常 | 常 |
| huǒ | 火 4画，一级 | 常 | 常 |
| | 伙❶(夥) 6画，一级 | 伙常 夥常 | 伙常 夥常 |

❶伙：大陆繁体文本和台湾用于"伙食、伙房、伙夫、家伙"作"伙"；用于"伙伴、伙计、合伙、小伙子、一伙人"作"伙"，也作"夥"；用于联合义（如"夥同一气"）、众多义（如"地狭而人夥"）作"夥"。"夥"另见66页"夥"字条。

| 读音 | 大陆 | 台湾 | 香港 |
|---|---|---|---|
| | 钬(鈥) 9画,三级 | 鈥次 | |
| | 漷 13画,三级 | 漷次 | |
| | 夥❶ 14画,三级 | 常 | 常 |
| huò | 或 8画,一级 | 常 | 常 |
| | 货(貨) 8画,一级 | 貨常 | 貨常 |
| | 获❷(獲穫) 10画,一级 | 獲常 穫常 获异 | 獲常 穫常 |
| | 祸❸(禍)〔旤〕 11画,一级 | 禍常 旤异 | 禍常 |
| | 惑 12画,一级 | 常 | 常 |
| | 霍 16画,一级 | 霍常 | 霍常 |
| | 濩 16画,三级 | 濩次 | |
| | 镬(鑊) 18画,二级 | 鑊次 | |
| | 藿 19画,二级 | 藿次 | |
| | 嚯 19画,二级 | 嚯罕 | |
| | 蠖 19画,二级 | 蠖次 | |
| | 爥 20画,三级 | 爥罕 | |
| **J** | | | |
| jī | 几(幾)❹ 2画,一级 | 几常 幾常 | 几常 幾常 幾异 |
| | 讥(譏) 4画,一级 | 譏常 | 譏常 |
| | 击(擊) 5画,一级 | 擊常 | 擊常 |

| 读音 | 大陆 | 台湾 | 香港 |
|---|---|---|---|
| | 叽(嘰) 5画,一级 | 嘰常 | 嘰常 |
| | 饥❺(飢饑) 5画,一级 | 飢常 饑常 | 飢常 饑常 |
| | 玑(璣) 6画,二级 | 璣常 | 璣常 |
| | 圾 6画,一级 | 圾常 | 圾常 |
| | 芨 6画,二级 | 芨次 | |
| | 机(機) 6画,一级 | 機常 | 機常 |
| | 乩 6画,二级 | 常 | 常 |
| | 肌 6画,一级 | 肌常 | 肌常 |
| | 矶(磯) 7画,二级 | 磯常 | 磯常 |
| | 鸡❻(鷄)〔雞〕 7画,一级 | 雞常 鷄异 鶏异 | 雞常 |

❶夥:用于"众多"义不简作"伙"。另见65页"伙"字条。

❷获:大陆繁体文本和台湾用于"获得、获罪、获准、获胜、捕获、查获、缴获、不劳而获、一无所获、获益匪浅"作"獲",用于"收获"作"穫"。

❸祸:大陆繁体字右上中间为横折,台湾、香港为一横一竖。

❹几:大陆繁体文本和台湾用于"几个、几时、几乎、几何、几许、几内亚(国名)、寥寥无几"作"幾",用于"茶几、案几、书几、几杖、窗明几净"作"几"。

❺饥:大陆繁体文本和台湾用于挨饿、吃不饱义(如"饥饿、饥饱、饥民、饥色、疗饥、饥肠辘辘、饥不择食、饥寒交迫、画饼充饥")多作"飢",用于土地没有收成义(如"饥荒、饥馑、荒饥、岁饥、年饥、冻饥")多作"饑"。

❻鸡:大陆繁体文本和台湾多作"雞"。

jí

| 读音 | 大陆 | 台湾 | 香港 |
|---|---|---|---|
| | 枅 8画,三级 | 次 | |
| | 阞(濟) 8画,三级 | 隮次 | |
| | 剞 10画,二级 | 次 | |
| | 唧 10画,一级 | 常 | 常 |
| | 积(積) 10画,一级 | 積常 | 積常 |
| | 笄 10画,二级 | 次 | |
| | 屐 10画,二级 | 常 | 常 |
| | 姬 10画,二级 | 常 | 常 |
| | 基 11画,一级 | 常 | 常 |
| | 铚(銍) 11画,三级 | 銍罕 | |
| | 赍(賫)[賣齎] 12画,二级 | 齎次 賫异 賣异 | |
| | 犄 12画,二级 | 常 | 常 |
| | 稘 12画,二级 | 次 | |
| | 缉(緝) 12画,一级 | 緝常 | 緝常 |
| | 畸 13画,一级 | 常 | 常 |
| | 跻(躋) 13画,二级 | 躋次 | |
| | 锁(鏶) 13画,三级 | 鏶罕 | |
| | 禝(禝) 13画,三级 | 禝罕 | |
| | 箕 14画,一级 | 常 | 常 |
| | 稽 15画,一级 | 稽常 | 稽常 |

| 读音 | 大陆 | 台湾 | 香港 |
|---|---|---|---|
| | 觭 15画,三级 | 觭次 | |
| | 齑(齏) 15画,二级 | 齏次 | |
| | 畿 15画,二级 | 次 | |
| | 墼 16画,二级 | 罕 | |
| | 激 16画,一级 | 常 | 常 |
| | 羁(羈)[羇] 17画,二级 | 羈常 羇异 | 羈常 |
| jí | 及 3画,一级 | 及常 | 及常 |
| | 伋 5画,三级 | 伋次 | |
| | 吉 6画,一级 | 常 | 常 |
| | 岌 6画,二级 | 岌常 | 岌常 |
| | 汲 6画,二级 | 汲常 | 汲常 |
| | 级(級) 6画,一级 | 級常 | 級常 |
| | 极(極) 7画,一级 | 極常 极罕 | 極常 |
| | 即 7画,一级 | 常 | 常 |
| | 佶 8画,二级 | 次 | |
| | 亟 8画,二级 | 常 | 常 |
| | 笈 9画,二级 | 笈次 | |
| | 急 9画,一级 | 急常 | 急常 急异 |
| | 姞 9画,三级 | 次 | |
| | 疾 10画,一级 | 常 | 常 |
| | 埊 10画,三级 | 次 | |

| 读音 | 大陆 | 台湾 | 香港 |
|---|---|---|---|
| | 棘 12画, 一级 | 常 | 常 |
| | 殛 12画, 二级 | 次 | |
| | 戢 12画, 二级 | 戢常 | 戢常 |
| | 集 12画, 一级 | 常 | 常 |
| | 湒 12画, 三级 | 湒罕 | |
| | 蒺 13画, 二级 | 蒺次 | |
| | 楫[檝] 13画, 二级 | 楫常檝异 | 楫常 |
| | 辑(輯) 13画, 一级 | 輯常 | 輯常 |
| | 嵴 13画, 二级 | 嵴罕 | |
| | 嫉 13画, 一级 | 常 | 常 |
| | 耤 14画, 三级 | 耤次 | |
| | 戟 15画, 二级 | 戟次 | |
| | 瘠 15画, 二级 | 瘠常 | 瘠常 |
| | 鹡(鶺) 15画, 三级 | 鶺次 | |
| | 藉❶ 17画, 一级 | 藉常 | 藉常 |
| | 蹐 17画, 三级 | 蹐次 | |
| | 籍 20画, 一级 | 籍常 | 籍常 |
| jǐ | 己 3画, 一级 | 常 | 常 |
| | 虮(蟣) 8画, 二级 | 蟣次 | |
| | 挤(擠) 9画, 一级 | 擠常 | 擠常 |
| | 脊 10画, 一级 | 脊常 | 脊常 |

| 读音 | 大陆 | 台湾 | 香港 |
|---|---|---|---|
| | 掎 11画, 三级 | 次 | |
| | 鱾(魢) 11画, 三级 | 魢罕 | |
| | 戟 12画, 二级 | 常 | 常 |
| | 麂 13画, 二级 | 麂常 | |
| jì | 计(計) 4画, 一级 | 計常 | 計常 |
| | 记(記) 5画, 一级 | 記常 | 記常 |
| | 伎 6画, 二级 | 次 | |
| | 纪(紀) 6画, 一级 | 常 | 常 |
| | 技 7画, 一级 | 常 | 常 |
| | 芰 7画, 三级 | 芰次 | |
| | 忌 7画, 一级 | 常 | 常 |
| | 际(際) 7画, 一级 | 際常 | 際常 |
| | 妓 7画, 一级 | 常 | 常 |
| | 季 8画, 一级 | 常 | 常 |
| | 剂(劑) 8画, 一级 | 劑常 | 劑常 |
| | 垍 9画, 三级 | 罕 | |
| | 迹❷[跡蹟] 9画, 一级 | 跡常 蹟次 迹异 | 跡常 迹异 蹟异 |

❶藉：大陆读 jí 或用于慰藉、衬垫义时（如"狼藉""枕藉"）不简作"借"。另见 76 页"借"字条。

❷迹：台湾用于"足迹、轨迹、笔迹、痕迹、踪迹、遗迹、古迹、蛛丝马迹、销声匿迹"作"跡"，用于"血迹、遗迹、古迹、血迹"也作"蹟"。

| 读音 | 大 陆 | 台湾 | 香港 | 读音 | 大 陆 | 台湾 | 香港 |
|---|---|---|---|---|---|---|---|
| | 洎 9画,二级 | 次 | | | 稷 15画,二级 | 常 | 常 |
| | 济(濟) 9画,一级 | 濟常 | 濟常 | | 鲫(鯽) 15画,一级 | 鯽常 | 鯽常 |
| | 既 9画,一级 | 既常既异 | 既常 | | 髻 16画,二级 | 常 | 常 |
| | 勣❶(勣) 10画,三级 | 勣次 | | | 冀 16画,一级 | 冀常 | 冀常冀异 |
| | 觊(覬) 10画,二级 | 覬常 | 覬常 | | 稽 16画,三级 | 次 | |
| | 继(繼) 10画,一级 | 繼常 | 繼常 | | 屦 17画,二级 | 次 | |
| | 偈 11画,二级 | 次 | | | 蓟(薊) 17画,三级 | 薊罕 | |
| | 徛 11画,三级 | 次 | | | 鳜(鱖) 19画,三级 | 鱖罕 | |
| | 祭 11画,一级 | 常 | 常 | | 骥(驥) 19画,二级 | 驥常 | 驥常 |
| | 悸 11画,二级 | 常 | 常 | | 灦 20画,三级 | 次 | |
| | 寄 11画,一级 | 常 | 常 | jiā | 加 5画,一级 | 常 | 常 |
| | 寂 11画,一级 | 常 | 常 | | 伽 7画,二级 | 常 | 常 |
| | 绩(績)[勣]❷ 11画,一级 | 績常勣次 | 績常 | | 佳 8画,一级 | 常 | 常 |
| | 蒺 12画,三级 | 次 | | | 迦 8画,三级 | 罕 | |
| | 蓟(薊) 13画,二级 | 薊次 | | | 迦 8画,二级 | 迦常 | 迦常 |
| | 霁(霽) 14画,二级 | 霽常 | 霽常 | | 珈 9画,二级 | 次 | |
| | 跽 14画,三级 | 次 | | | 枷 9画,二级 | 次 | |
| | 鲚(鱭) 14画,二级 | 鱭罕 | | | 浃(浹) 9画,二级 | 浹次 | |
| | 漈 14画,三级 | 罕 | | | | | |
| | 暨 14画,二级 | 常 | 常 | | | | |

❶勣:用于人名。"勣"另见69页"绩"字条。
❷"勣"另见69页"勣"字条。

| 读音 | 大陆 | 台湾 | 香港 |
|---|---|---|---|
| | 梜(梜) 10画,三级 | 梜次 | |
| | 痂 10画,二级 | 次 | |
| | 家❶(傢) 10画,一级 | 家常傢常 | 家常傢常 |
| | 笳 11画,二级 | 次 | |
| | 袈 11画,二级 | 常 | 常 |
| | 葭 12画,二级 | 葭次 | |
| | 跏 12画,二级 | 次 | |
| | 嘉 14画,一级 | 常 | 常 |
| | 镓(鎵) 15画,二级 | 鎵次 | |
| jiá | 夹❷(夾)[袷祫] 6画,一级 | 夾常袷次 袷罕 | 夾常 |
| | 郏(郟) 8画,二级 | 郟次 | |
| | 荚(莢) 9画,二级 | 莢常 | 莢常 |
| | 恝 10画,三级 | 恝次 | |
| | 戛[戞] 11画,二级 | 戛常戞异 | 戛常 |
| | 铗(鋏) 11画,二级 | 鋏次 | |
| | 颊(頰) 12画,一级 | 頰常 | 頰常 |
| | 蛱(蛺) 12画,二级 | 蛺次 | |
| jiǎ | 甲 5画,一级 | 常 | 常 |
| | 岬 8画,二级 | 次 | |

| 读音 | 大 陆 | 台湾 | 香港 |
|---|---|---|---|
| | 胛 9画,二级 | 胛常 | 胛常 |
| | 贾(賈) 10画,一级 | 賈常 | 賈常 |
| | 钾(鉀) 10画,一级 | 鉀常 | 鉀常 |
| | 假[叚]❸ 11画,一级 | 假常叚异 | 假 |
| | 斝 12画,三级 | 次 | |
| | 槚(檟) 14画,三级 | 檟次 | |
| | 瘕 14画,三级 | 次 | |
| jià | 价❹(價) 6画,一级 | 價常价次 | 價常 |
| | 驾(駕) 8画,一级 | 駕常 | 駕常 |
| | 架 9画,一级 | 常 | 常 |
| | 嫁 13画,一级 | 常 | 常 |
| | 稼 15画,一级 | 常 | 常 |
| jiān | 戋(戔) 5画,三级 | 戔次 | |

❶家:大陆繁体文本和台湾用于"家庭、家属、家产、家乡、回家、作家、无家可归"作"家";用于"家伙""家具",多作"傢",也作"家"。

❷夹:大陆繁体文本和台湾用于"夹板、夹道、夹生、铁夹、票夹"作"夾";用于"夹衣"作"夾",也作"袷"。"袷"另见129页"袷"字条。

❸"叚"另见174页"叚"字条。

❹大陆繁体文本和台湾用于"价值、价格、代价、评价、原子价、价廉物美、讨价还价、氢是一价的元素"作"價",用于"价人(善人)、价末(方言,那么)、走价、别价、震天价响、洞山良价(人名,佛教曹洞宗创始人之一)"作"价"。

## jiǎn

| 读音 | 大陆 | 台湾 | 香港 |
|---|---|---|---|
| | 尖 6画,一级 | 常 | 常 |
| | 奸❶[姦] 6画,一级 | 奸常 姦常 | 奸常 姦常 |
| | 殲(殲) 7画,一级 | 殲常 | 殲常 |
| | 坚(堅) 7画,一级 | 堅常 | 堅常 |
| | 间(間) 7画,一级 | 間常 | 間常 |
| | 肩 8画,一级 | 肩常 | 肩常 |
| | 艰(艱) 8画,一级 | 艱常 | 艱常 |
| | 监❷(監) 10画,一级 | 監常 | 監常 |
| | 兼 10画,一级 | 常 | 常 |
| | 菅 11画,二级 | 菅常 | 菅常 |
| | 笺(箋)[牋榡] 11画,二级 | 箋常 牋次 榡异 | 箋常 |
| | 湔 12画,二级 | 常 | 常 |
| | 缄(緘)[椷] 12画,二级 | 緘常 椷罕 | 緘常 |
| | 搛 13画,二级 | 罕 | |
| | 蒹 13画,二级 | 蒹次 | |
| | 煎 13画,一级 | 煎常 | 煎常 |
| | 縑(縑) 13画,二级 | 縑常 | 縑常 |
| | 鲣(鰹) 15画,二级 | 鰹次 | |
| | 鹣(鶼) 15画,三级 | 鶼次 | |

| 读音 | 大陆 | 台湾 | 香港 |
|---|---|---|---|
| | 箋(籛) 16画,三级 | 籛次 | |
| | 鞬 17画,二级 | 鞬次 | |
| | 鞯(韉) 18画,二级 | 韉次 | |
| | 鳒(鰜) 18画,三级 | 鰜次 | |
| jiǎn | 拣(揀) 8画,一级 | 揀常 | 揀常 |
| | 枧(梘) 8画,二级 | 梘罕 | |
| | 茧(繭)[蠒] 9画,一级 | 繭常 蠒异 | 繭常 |
| | 柬 9画,一级 | 常 | 常 |
| | 俭(儉) 9画,一级 | 儉常 | 儉常 |
| | 捡(撿) 10画,一级 | 撿常 | 撿常 |
| | 笕(筧) 10画,二级 | 筧次 | |
| | 检(檢) 11画,一级 | 檢常 | 檢常 |
| | 趼 11画,三级 | 次 | |
| | 减❸[減] 11画,一级 | 減常 減异 | 減常 |

❶奸:大陆繁体文本和台湾用于"奸邪、奸诈、奸险、奸佞、奸臣、内奸、狼狈为奸"作"奸",用于"奸淫、奸污、奸情、强奸、通奸、捉奸、作奸犯科"作"姦"。

❷监:大陆繁体字右上第三笔为点,台湾、香港为横。

❸减:大陆繁体文本和台湾多作"減",俗字作"减"。

| 读音 | 大陆 | 台湾 | 香港 | 读音 | 大陆 | 台湾 | 香港 |
|---|---|---|---|---|---|---|---|
| | 剪 11画,一级 | 剪常 | 剪常 | | 牮 9画,二级 | 牮罕 | |
| | 睑(瞼) 12画,二级 | 瞼次 | | | 剑(劍)[劒] 9画,一级 | 劍常 劒异 | 劍常 |
| | 锏(鐧) 12画,二级 | 鐧罕 | | | 健 10画,一级 | 健常 | 健常 |
| | 裥(襇) 12画,二级 | 襇罕 | | | 舰(艦) 10画,一级 | 艦常 | 艦常 |
| | 楗 13画,三级 | 次 | | | 涧(澗) 10画,一级 | 澗常 | 澗常 |
| | 简(簡) 13画,一级 | 簡常 | 簡常 | | 渐(漸) 11画,一级 | 漸常 | 漸常 |
| | 谫(譾) 13画,三级 | 譾次 謭异 | | | 谏(諫) 11画,二级 | 諫常 | 諫常 |
| | 戬 14画,二级 | 戩次 | | | 楗 12画,三级 | 楗次 | |
| | 碱❶[堿鹼鹻] 14画,一级 | 鹼常 堿罕 碱异 鹻异 | 鹼常 | | 践(踐) 12画,二级 | 踐常 | 踐常 |
| | 翦 15画,三级 | 翦次 | | | 毽 12画,二级 | 毽常 | 毽常 |
| | 謇 17画,二级 | 次 | | | 腱 12画,二级 | 腱常 | 腱常 |
| | 蹇 17画,二级 | 次 | | | 溅(濺) 12画,一级 | 濺常 | 濺常 |
| jiàn | 见(見) 4画,一级 | 見常 | 見常 | | 鉴❹(鑒)[鑑鋻] 13画,一级 | 鑒常 鑑常 鉴异 | 鑒常 鑑常 |
| | 件 6画,一级 | 常 | 常 | | | | |
| | 讲(諓) 7画,三级 | 諓次 | | | | | |
| | 饯(餞) 8画,二级 | 餞常 | 餞常 | | | | |
| | 建❷ 8画,一级 | 建常 | 建常 | | | | |
| | 荐❸(薦) 9画,一级 | 薦常 荐常 | 薦常 荐异 | | | | |
| | 贱(賤) 9画,一级 | 賤常 | 賤常 | | | | |

❶碱:大陆繁体文本和台湾多作"鹼",俗字作"碱"。

❷建:字形左下的廴,大陆2画,台湾、香港3画。

❸荐:大陆繁体文本和台湾用于"荐举、举荐、推荐、引荐、毛遂自荐"多作"薦",用于"荐饥、荐食、荐枕席、荒馑荐至"作"荐"。

❹鉴:"鉴"和"鑑"形近义同。台湾用于"鉴谅、鉴核、台鉴、钧鉴、殷鉴、申鉴(书名)、前车之鉴"多作"鉴",用于"鉴别、鉴定、鉴察、鉴赏、鉴往知来、资治通鉴(书名)"多作"鑑"。

| 读音 | 大陆 | 台湾 | 香港 |
|---|---|---|---|
| | 键(鍵) 13画,一级 | 鍵常 | 鍵常 |
| | 僭 14画,二级 | 常 | 常 |
| | 踺 15画,二级 | 踺罕 | |
| | 箭 15画,一级 | 箭常 | 箭常 |
| jiāng | 江 6画,一级 | 常 | 常 |
| | 茳 9画,三级 | 茳次 | |
| | 将(將) 9画,一级 | 將常 | 將常 |
| | 姜❶(薑) 9画,一级 | 姜常 薑常 | 姜常 薑常 |
| | 豇 10画,二级 | 次 | |
| | 浆(漿) 10画,一级 | 漿常 | 漿常 |
| | 僵[殭] 15画,一级 | 僵常 殭次 | 僵常 |
| | 缰(繮)[韁] 16画,二级 | 韁常 繮异 | 韁常 |
| | 鳉(鱂) 17画,三级 | 鱂罕 | |
| | 礓 18画,二级 | 次 | |
| | 疆 19画,一级 | 常 | 常 |
| jiǎng | 讲(講) 6画,一级 | 講常 | 講常 |
| | 奖(奬)[獎] 9画,一级 | 獎常 奬异 | 獎常 奬异 |
| | 桨(槳) 10画,一级 | 槳常 | 槳常 |
| | 蒋(蔣) 12画,一级 | 蔣常 | 蔣常 |

| 读音 | 大陆 | 台湾 | 香港 |
|---|---|---|---|
| | 耩 16画,二级 | 耩罕 | |
| | 膙 16画,二级 | 膙罕 | |
| jiàng | 匠 6画,一级 | 常 | 常 |
| | 降 8画,一级 | 降常 | 降常 |
| | 洚 9画,三级 | 次 | |
| | 绛(絳) 9画,二级 | 絳次 | |
| | 弶 11画,三级 | 次 | |
| | 酱(醬) 13画,一级 | 醬常 | 醬常 |
| | 犟 16画,二级 | 犟罕 | |
| | 糨 18画,二级 | 糨罕 | |
| jiāo | 艽 5画,二级 | 艽次 | |
| | 交 6画,一级 | 常 | 常 |
| | 郊 8画,一级 | 郊常 | 郊常 |
| | 茭 9画,二级 | 茭次 | |
| | 峧 9画,三级 | 罕 | |
| | 浇(澆) 9画,一级 | 澆常 | 澆常 |
| | 娇(嬌) 9画,一级 | 嬌常 | 嬌常 |
| | 姣 9画,二级 | 常 | 常 |
| | 骄(驕) 9画,一级 | 驕常 | 驕常 |

❶姜:大陆繁体文本和台湾用于"葱姜、姜汤、姜桂、生姜"作"薑",用于姓(如"姜太公")作"姜"。

| 读音 | 大陆 | 台湾 | 香港 | 读音 | 大陆 | 台湾 | 香港 |
|---|---|---|---|---|---|---|---|
| | 胶(膠) 10画, 一级 | 膠常 | 膠常 | | 铰(鉸) 11画, 二级 | 鉸常 | |
| | 鸡(鵁) 11画, 三级 | 鵁次 | | | 矫(矯) 11画, 一级 | 矯常 | 矯常 |
| | 椒 12画, 一级 | 常 | 常 | | 皎 11画, 二级 | 常 | 常 |
| | 蛟 12画, 二级 | 常 | 常 | | 脚❶[腳] 11画, 一级 | 腳常 脚异 | 腳常 |
| | 焦 12画, 一级 | 常 | 常 | | 搅(攪) 12画, 一级 | 攪常 | 攪常 |
| | 跤 13画, 一级 | 次 | | | 敫 13画, 二级 | 罕 | |
| | 僬 14画, 三级 | 次 | | | 剿[勦勳] 13画, 二级 | 剿常 勦常 勳异 | 剿常 |
| | 鲛(鮫) 14画, 二级 | 鮫常 | 鮫常 | | 缴(繳) 16画, 一级 | 繳次 | 繳次 |
| | 蕉 15画, 一级 | 蕉常 | 蕉常 | | 璬 17画, 三级 | 罕 | |
| | 燋 16画, 三级 | 次 | | | 曒 18画, 三级 | 次 | |
| | 礁 17画, 一级 | 常 | 常 | jiào | 叫[呌] 5画, 一级 | 叫常 呌异 | 叫常 |
| | 鹪(鷦) 17画, 二级 | 鷦次 | | | 轿(轎) 10画, 一级 | 轎常 | 轎常 |
| jiáo | 嚼 20画, 一级 | 常 | 常 | | 较(較) 10画, 一级 | 較常 | 較常 |
| jiǎo | 角 7画, 一级 | 角常 | 角常 | | 教 11画, 一级 | 教常 | 教常 敎常 |
| | 侥(僥)[儌] 8画, 一级 | 僥常 儌次 | 僥常 | | 窖 12画, 一级 | 窖常 | 窖常 窌异 |
| | 佼 8画, 二级 | 次 | | | 滘 13画, 三级 | 滘罕 | |
| | 狡 9画, 一级 | 常 | 常 | | 斠 14画, 三级 | 次 | |
| | 饺(餃) 9画, 一级 | 餃常 | 餃常 | | 酵 14画, 一级 | 常 | 常 |
| | 恔 9画, 三级 | 罕 | | | | | |
| | 绞(絞) 9画, 一级 | 絞常 | 絞常 | | | | |

❶脚:大陆繁体文本和台湾多作"腳",俗字作"脚"。

| 读音 | 大陆 | 台湾 | 香港 | 读音 | 大陆 | 台湾 | 香港 |
|---|---|---|---|---|---|---|---|
|  | 潗 14画,三级 | 罕 |  |  | 刼 8画,二级 | 次 |  |
|  | 噍 15画,二级 | 次 |  |  | 杰❶[傑] 8画,一级 | 傑常 杰常 | 杰常 傑常 |
|  | 徼 16画,二级 | 次 |  |  | 诘(詰) 8画,二级 | 詰常 | 詰常 |
|  | 藠 18画,二级 | 藠罕 |  |  | 楔 9画,三级 | 楔罕 |  |
|  | 醮 19画,二级 | 次 |  |  | 拮 9画,二级 | 常 | 常 |
|  | 皭 22画,三级 | 次 |  |  | 洁(潔)[絜❷] 9画,一级 | 潔常 絜次 | 潔常 |
| jiē | 阶(階)[堦] 6画,一级 | 階常 堦异 | 階常 |  | 结(結) 9画,一级 | 結常 | 結常 |
|  | 疖(癤) 7画,二级 | 癤次 |  |  | 桔 10画,一级 | 常 | 常 |
|  | 皆 9画,一级 | 皆常 | 皆常 |  | 桀 10画,二级 | 常 | 常 |
|  | 接 11画,一级 | 常 | 常 |  | 捷[倢] 11画,一级 | 捷常 倢罕 | 捷常 |
|  | 秸[稭] 11画,一级 | 秸次 稭异 |  |  | 揭 12画,一级 | 常 | 常 |
|  | 揭 12画,一级 | 常 | 常 |  | 婕 11画,二级 | 次 |  |
|  | 喈 12画,二级 | 喈次 |  |  | 絜❸ 12画,三级 | 絜次 |  |
|  | 嗟 12画,二级 | 嗟常 | 嗟常 |  | 睫 13画,一级 | 常 | 常 |
|  | 街 12画,一级 | 常 | 常 |  | 蜐 13画,三级 | 罕 |  |
|  | 湝 12画,三级 | 湝次 |  |  | 截 14画,一级 | 常 | 常 |
| jié | 孑 3画,二级 | 常 | 常 |  | 碣 14画,二级 | 次 |  |
|  | 节(節) 5画,一级 | 節常 | 節常 |  | 鮚(鮚) 14画,三级 | 鮚次 |  |
|  | 讦(訐) 5画,二级 | 訐常 | 訐常 |  |  |  |  |
|  | 劫[刼刦刼] 7画,一级 | 劫常 刼异 刦异 刼异 | 劫常 |  |  |  |  |
|  | 岊 7画,三级 | 次 |  |  |  |  |  |

❶杰:大陆繁体文本和台湾用于"杰出、杰作、英杰、豪杰、地灵人杰"作"傑",俗字作"杰"。

❷絜另见75页"洁"字条。

❸絜:用于人名。另见75页"洁"字条。

| 读音 | 大陆 | 台湾 | 香港 |
|---|---|---|---|
| jiě | 竭 14画,一级 | 常 | 常 |
| | 羯 15画,二级 | 常 | 常 |
| | 姐 8画,一级 | 常 | 常 |
| | 解 13画,一级 | 解常 | 解常 |
| | 檞 17画,三级 | 檞次 | |
| jiè | 介 4画,一级 | 常 | 常 |
| | 戒 7画,一级 | 常 | 常 |
| | 芥 7画,一级 | 芥常 | 芥常 |
| | 玠 8画,二级 | 次 | |
| | 届❶[屆] 8画,一级 | 屆常届异 | 屆常 |
| | 界 9画,一级 | 常 | 常 |
| | 疥 9画,二级 | 常 | 常 |
| | 诫(誡) 9画,一级 | 誡常 | 誡常 |
| | 蚧 10画,二级 | 次 | |
| | 借❷(藉) 10画,一级 | 借常藉常 | 借常 藉常 |
| | 悈 10画,三级 | 次 | |
| | 骱 13画,三级 | 骱罕 | |
| | 襟 15画,三级 | 罕 | |
| jīn | 巾 3画,一级 | 常 | 常 |
| | 斤[觔] 4画,一级 | 斤常觔次 | 斤常 |
| | 今❸ 4画,一级 | 今常 | 今常 今异 |

| 读音 | 大陆 | 台湾 | 香港 |
|---|---|---|---|
| jīn | 金 8画,一级 | 常 | 常 |
| | 钘(鈃) 9画,三级 | 鈃次 | |
| | 津 9画,一级 | 常 | 常 |
| | 衿 9画,二级 | 衿次 | |
| | 矜 9画,二级 | 矜常 | 矜常 矜异 |
| | 珒 10画,三级 | 罕 | |
| | 筋 12画,一级 | 筋常 | 筋常 |
| | 襟 18画,一级 | 常 | 常 |
| jǐn | 仅(僅) 4画,一级 | 僅常仅异 | 僅常 |
| | 卺 8画,三级 | 次 | |
| | 紧(緊)[緊緊] 10画,一级 | 緊常緊异 緊异 | 緊常 |
| | 堇 11画,二级 | 次 | |
| | 锦(錦) 13画,一级 | 錦常 | 錦常 |
| | 谨(謹) 13画,一级 | 謹常 | 謹常 |
| | 馑(饉) 14画,二级 | 饉次 | |

❶届:大陆繁体文本和台湾多作"屆",俗字作"届"。

❷借:大陆繁体文本和台湾用于"借钱、借据、借条、借问、借鉴、租借、挪借、假借、借刀杀人、借题发挥"作"借",用于"借故、借口、借此、借以、借助、借手、凭借、慰藉、枕藉、狼藉"作"藉"。"藉"另见68页"藉"字条。

❸今:字形人下,大陆为点,台湾、香港为短横。

jìn—jīng  77

| 读音 | 大陆 | 台湾 | 香港 |
|---|---|---|---|
| | 廑 14画,三级 | 次 | |
| | 瑾 15画,二级 | 次 | |
| | 槿 15画,二级 | 次 | |
| jǐn❶<br>jìn | 尽(盡);(儘) 6画,一级 | 盡常 儘常<br>尽异 | 盡常<br>儘常 |
| jìn | 进(進) 7画,一级 | 進常 | 進常 |
| | 近 7画,一级 | 近常 | 近常 |
| | 妗 7画,二级 | 妗次 | |
| | 劲(勁) 7画,一级 | 勁常 | 勁常 |
| | 荩(藎) 9画,二级 | 藎次 | |
| | 浕(濜) 9画,二级 | 濜次 | |
| | 晋❷[晉] 10画,一级 | 晉常 晋异 | 晉常 |
| | 赆(贐) 10画,三级 | 贐次 | |
| | 烬(燼) 10画,二级 | 燼次 | |
| | 浸 10画,一级 | 浸常 | 浸常<br>浸异 |
| | 琎(璡) 11画,三级 | 璡罕 | |
| | 裣 11画,三级 | 裣次 | |
| | 靳 13画,二级 | 次 | |
| | 禁 13画,一级 | 常 | 常 |
| | 溍 13画,三级 | 溍罕 | |

| 读音 | 大陆 | 台湾 | 香港 |
|---|---|---|---|
| | 缙(縉) 13画,二级 | 縉次 | |
| | 瑨 14画,三级 | 瑨异 | |
| | 墐 14画,三级 | 次 | |
| | 觐(覲) 15画,二级 | 覲常 | 覲常 |
| | 殣 15画,三级 | 次 | |
| | 噤 16画,二级 | 常 | 常 |
| jīng | 茎(莖) 8画,一级 | 莖常 | 莖常 |
| | 京 8画,一级 | 常 | 常 |
| | 泾(涇) 8画,二级 | 涇常 | 涇常 |
| | 经(經) 8画,一级 | 經常 | 經常 |
| | 荆 9画,一级 | 荆常 | 荆常 |
| | 菁 11画,二级 | 菁常 | 菁常 |
| | 猄 11画,三级 | 罕 | |
| | 旌 11画,二级 | 常 | 常 |
| | 惊(驚) 11画,二级 | 驚常 | 驚常 |
| | 晶 12画,一级 | 常 | 常 |
| | 腈 12画,二级 | 腈罕 | |

❶尽:大陆繁体文本和台湾用于"尽力、尽情、尽心、尽职、尽忠、竭尽、穷尽、详尽、尽人皆知、尽善尽美、同归于尽、仁至义尽"作"盡",用于"尽量、尽管、尽教、尽数、尽可能"作"儘"。

❷晋:大陆繁体文本和台湾多作"晉",俗字作"晋"。

| 读音 | 大陆 | 台湾 | 香港 | 读音 | 大陆 | 台湾 | 香港 |
|---|---|---|---|---|---|---|---|
| | 鶄(鶄) 13画,三级 | 鶄次 | | jìng | 径❶(徑)[逕] 8画,一级 | 徑常 逕常 | 徑常 逕常 |
| | 睛 13画,一级 | 常 | 常 | | 净[淨] 8画,一级 | 淨常 | 淨常 |
| | 粳[稉秔秔] 13画,二级 | 粳常 粳异 秔异 秔异 | 粳常 | | 迳❷(逕) 8画,三级 | 逕常 | 逕常 |
| | 兢 14画,一级 | 常 | 常 | | 胫(脛)[踁] 9画,二级 | 脛次 踁异 | |
| | 精 14画,一级 | 精常 | 精常 | | 惊 10画,三级 | 次 | |
| | 鲸(鯨) 16画,一级 | 鯨常 | 鯨常 | | 痉(痙) 10画,二级 | 痙常 | 痙常 |
| | 麖 19画,三级 | 麖罕 | | | 竞(競) 10画,一级 | 競常 | 競常 |
| | 鼱 21画,三级 | 鼱次 | | | 竟 11画,一级 | 常 | 常 |
| jǐng | 井 4画,一级 | 常 | 常 | | 㤖 11画,三级 | 㤖次 | |
| | 阱[穽] 6画,二级 | 阱常 穽异 | 阱常 | | 婧 11画,二级 | 婧次 | |
| | 汫 7画,三级 | 次 | | | 敬❸ 12画,一级 | 敬常 | 敬常 |
| | 刭(剄) 7画,二级 | 剄次 | | | 靖 13画,一级 | 靖常 | 靖常 |
| | 肼 8画,二级 | 罕 | | | 静 14画,一级 | 靜常 靜异 | 靜常 |
| | 颈(頸) 11画,一级 | 頸常 | 頸常 | | 境 14画,一级 | 常 | 常 |
| | 景 12画,一级 | 常 | 常 | | 獍 14画,三级 | 次 | |
| | 儆 14画,二级 | 儆次 | | | 镜(鏡) 16画,一级 | 鏡常 | 鏡常 |
| | 憬 15画,二级 | 常 | 常 | | | | |
| | 璄 16画,三级 | 璄罕 | | | | | |
| | 璟 16画,二级 | 次 | | | | | |
| | 警 19画,一级 | 警常 | 警常 | | | | |

❶径:台湾用于"捷径、径赛、田径"作"徑",用于"径自、径庭、径行处理"作"逕"。"逕"另见78页"迳"字条。

❷迳:用于人名、地名。"逕"另见78页"径"字条。

❸敬:字形左上部,大陆为艹,台湾、香港字形4画,艹中间断开。

| 读音 | 大陆 | 台湾 | 香港 |
|---|---|---|---|
| jiōng | 坰 8画，三级 | 次 | |
| | 駉(駉) 8画，三级 | 駉次 | |
| | 扃 9画，二级 | 扃次 | |
| jiǒng | 冏 7画，三级 | 冏次 | |
| | 炅 8画，二级 | 次 | |
| | 迥[逈] 8画，二级 | 迥常逈异 | 迥常 |
| | 泂 8画，三级 | 次 | |
| | 绢(絅) 8画，三级 | 絅次 | |
| | 炯[烱] 9画，二级 | 炯常烱异 | 炯常 |
| | 颎(熲) 12画，二级 | 熲次 | |
| | 窘 12画，一级 | 窘常 | 窘常 |
| jiū | 纠(糾)[糺] 5画，一级 | 糾常糺异 | 糾常 |
| | 鸠(鳩) 7画，二级 | 鳩常 | 鳩常 |
| | 究 7画，一级 | 究常 | 究常 |
| | 赳 9画，二级 | 常 | 常 |
| | 阄(鬮) 10画，二级 | 鬮次 | |
| | 揪[揫] 12画，一级 | 揪常揫次 | 揪常 |
| | 啾 12画，二级 | 常 | 常 |
| | 鬏 19画，二级 | 罕 | |

| 读音 | 大陆 | 台湾 | 香港 |
|---|---|---|---|
| jiǔ | 九 2画，一级 | 常 | 常 |
| | 久 3画，一级 | 常 | 常 |
| | 氿 5画，三级 | 次 | |
| | 玖 7画，一级 | 常 | 常 |
| | 灸 7画，一级 | 常 | 常 |
| | 韭[韮] 9画，一级 | 韭常韮异 | 韭常 |
| | 酒 10画，一级 | 常 | 常 |
| jiù | 旧(舊) 5画，一级 | 舊常旧异 | 舊常 |
| | 臼 6画，一级 | 常 | 常 |
| | 咎❶ 8画，二级 | 咎常 | 咎常咎异 |
| | 疚 8画，一级 | 常 | 常 |
| | 柩 9画，二级 | 常 | 常 |
| | 桕 10画，二级 | 罕 | |
| | 救[捄] 11画，一级 | 救常捄次 | 救常 |
| | 厩❷[廄廐] 11画，二级 | 廄次厩异廐异 | |
| | 就 12画，一级 | 常 | 常 |
| | 舅 13画,一级 | 常 | 常 |
| | 僦 14画，三级 | 次 | |
| | 鹫 15画，三级 | 罕 | |
| | 鹫(鷲) 17画，二级 | 鷲次 | |

❶字形右上角，大陆为卜，台湾、香港为人。用作合体字部件时同此。
❷厩：大陆繁体文本和台湾多作"廄"。

| 读音 | 大 陆 | 台湾 | 香港 |
|---|---|---|---|
| jū | 拘　8画，一级 | 常 | 常 |
| | 苴　8画，二级 | 苴次 | |
| | 岨　8画，三级 | 次 | |
| | 狙　8画，二级 | 常 | 常 |
| | 泃　8画，三级 | 次 | |
| | 居　8画，一级 | 常 | 常 |
| | 驹(駒)　8画，一级 | 駒常 | 駒常 |
| | 砠　10画，三级 | 次 | |
| | 疽　10画，二级 | 常 | 常 |
| | 掬　11画，二级 | 常 | 常 |
| | 崌　11画，三级 | 次 | |
| | 婋　11画，三级 | 次 | |
| | 琚　12画，二级 | 次 | |
| | 趄　12画，二级 | 次 | |
| | 椐　12画，二级 | 次 | |
| | 锔(鋦)　12画，二级 | 鋦罕 | |
| | 腒　12画，三级 | 腒次 | |
| | 雎　13画，二级 | 次 | |
| | 鮈(鮈)　13画，三级 | 鮈罕 | |
| | 裾　13画，二级 | 次 | |
| | 鞠　17画，一级 | 常 | 常 |
| | 鞫　18画，二级 | 次 | |

| 读音 | 大 陆 | 台湾 | 香港 |
|---|---|---|---|
| jú | 局❶[跼侷]　7画，一级 | 局常跼常侷次 | 局常跼常 |
| | 菊　11画，一级 | 菊常 | 菊常 |
| | 焗　11画，二级 | 次 | |
| | 䴗(鶪)　14画，三级 | 鶪次 | |
| | 橘　16画，一级 | 橘常 | 橘常 |
| jǔ | 弆　8画，三级 | 罕 | |
| | 咀　8画，二级 | 常 | 常 |
| | 沮　8画，二级 | 常 | 常 |
| | 苣　9画，二级 | 苣常 | 苣常 |
| | 矩[榘]　9画，一级 | 矩常榘异 | 矩常 |
| | 举(舉)[擧]　9画，一级 | 舉常擧异 | 舉常擧异 |
| | 筥　12画，三级 | 筥次 | |
| | 蒟　13画，二级 | 蒟次 | |
| | 榉(櫸)　13画，二级 | 櫸次 | |
| | 龃(齟)　13画，二级 | 齟常 | 齟常 |
| | 踽　16画，二级 | 次 | |
| jù | 巨❷[鉅]　4画，一级 | 巨常鉅次 | 巨常 |

❶局：台湾用于"局部、局面、局势、格局、骗局"作"局"；用于"局促"作"局"，也作"跼"或"侷"。

❷巨：①台湾、香港字形5画。②台湾用于"巨大、巨人、巨匠、巨著、巨擘"作"巨"；用于"巨子、巨公、巨额、巨阙、巨野县(地名，在山东)、巨鹿之战"作"鉅"；用于"巨细靡遗"作"巨"，也作"鉅"。"鉅"另见81页"鉅"字条。

| 读音 | 大陆 | 台湾 | 香港 | 读音 | 大陆 | 台湾 | 香港 |
|---|---|---|---|---|---|---|---|
| | 句 5画,一级 | 常 | 常 | | 踞 15画,二级 | 次 | |
| | 讵(詎) 6画,二级 | 詎次 | | | 屦(屨) 15画,二级 | 屨次 | |
| | 拒 7画,一级 | 拒常 | 拒常 | | 遽 16画,二级 | 遽常 | 遽常 |
| | 苣 7画,二级 | 苣常 | 苣常 | | 澽 16画,三级 | 次 | |
| | 岠 7画,三级 | 岠次 | | | 醵 20画,三级 | 次 | |
| | 具 8画,一级 | 常 | 常 | juān | 捐 10画,一级 | 捐常 | 捐常 |
| | 炬 8画,一级 | 炬常 | 炬常 | | 涓 10画,一级 | 涓常 | 涓常 |
| | 钜❶(鉅) 9画,三级 | 鉅次 | | | 娟 10画,一级 | 娟常 | 娟常 |
| | 秬 9画,三级 | 秬次 | | | 焆 11画,三级 | 焆罕 | |
| | 俱 10画,一级 | 常 | 常 | | 鹃(鵑) 12画,一级 | 鵑常 | 鵑常 |
| | 倨 10画,二级 | 常 | 常 | | 镌❹(鐫) 15画,二级 | 鐫次鎸异 | |
| | 剧(劇) 10画,一级 | 劇常剧异 | 劇常 | | 蠲 23画,二级 | 次 | |
| jù jū | 据❷(據)[擄] 11画,一级 | 據常据次 擄罕 | 據常 | juǎn | 卷❺(捲) 8画,一级 | 卷常捲常 | 卷常捲常 |
| jù | 距 11画,一级 | 距常 | 距常 | | | | |
| | 惧(懼) 11画,一级 | 懼常惧异 | 懼常 | | | | |
| | 椐 12画,二级 | 罕 | | | | | |
| | 飓(颶)[颶] 12画,二级 | 颶常颶罕 | 颶常 | | | | |
| | 锯(鋸) 13画,一级 | 鋸常 | 鋸常 | | | | |
| | 聚❸ 14画,一级 | 聚常 | 聚常 | | | | |
| | 窭(窶) 14画,三级 | 窶次 | | | | | |

❶钜:用于人名、地名。"鉅"另见80页"巨"字条。
❷据:大陆繁体文本和台湾用于"据守、据点、根据、依据、收据、借据、证据、据为己有"作"據",用于"经济拮据"作"据"。
❸聚:字形下部,大陆为氺,台湾、香港为氶。
❹镌:台湾多作"鐫",俗字作"鎸"。
❺卷:台湾用于"卷入、卷逃、卷帘、卷尺、卷烟、席卷、卷起来、卷扬机、龙卷风、鸡蛋卷、铺盖卷、一卷纸(量词,用于一般成卷的东西)、卷入旋涡、卷土重来、卷款外逃、风卷残云"作"捲",用于"卷子、卷宗、卷次、卷发、卷须、案卷、书卷、画卷、试卷、交卷、第五卷(量词,用于书卷)、手不释卷"作"卷"。

| 读音 | 大陆 | 台湾 | 香港 |
|---|---|---|---|
| juàn | 锩(錈) 13画,二级 | 錈次 | |
| | 隽❶[雋] 10画,二级 | 雋常隽异 | 雋常 |
| | 倦[勌] 10画,一级 | 倦常勌异 | 倦常 |
| | 狷[獧] 10画,二级 | 狷常獧次 | 狷常 |
| | 桊 10画,三级 | 罕 | |
| | 绢(絹) 10画,一级 | 絹常 | 絹常 |
| | 鄄 11画,二级 | 鄄次 | |
| | 眷[睠] 11画,一级 | 眷常睠次 | 眷常 |
| juē | 撅 15画,二级 | 次 | |
| | 噘❷ 15画,二级 | 次 | |
| jué | 孒 3画,二级 | 常 | 常 |
| | 决❸[決] 6画,一级 | 決常决异 | 決常 |
| | 诀(訣) 6画,一级 | 訣常 | 訣常 |
| | 抉 7画,二级 | 常 | 常 |
| | 驮(駃) 7画,三级 | 駃次 | |
| | 玦 8画,二级 | 次 | |
| | 珏 9画,二级 | 异 | |
| | 砄 9画,三级 | 罕 | |
| | 觉(覺) 9画,一级 | 覺常觉异 | 覺常 |

| 读音 | 大 陆 | 台湾 | 香港 |
|---|---|---|---|
| | 绝(絕) 9画,一级 | 絕常 | 絕常 |
| | 掘 11画,一级 | 常 | 常 |
| | 桷 11画,二级 | 桷次 | |
| | 崛 11画,一级 | 常 | 常 |
| | 觖 11画,三级 | 觖次 | |
| | 厥 12画,二级 | 常 | 常 |
| | 傕 12画,三级 | 次 | |
| | 劂 14画,三级 | 次 | |
| | 谲(譎) 14画,二级 | 譎常 | 譎常 |
| | 蕨 15画,二级 | 蕨常 | 蕨常 |
| | 獗 15画,二级 | 常 | 常 |
| | 潏 15画,三级 | 次 | |
| | 橛[橜] 16画,二级 | 橛次橜异 | |
| | 镢(钁) 17画,二级 | 钁罕 | |
| | 镭(鐍) 17画,三级 | 鐍次 | |
| | 爵 17画,一级 | 常 | 常 |
| | 蹶 19画,二级 | 常 | 常 |
| | 矍 20画,二级 | 次 | |

❶隽:大陆繁体文本和台湾多作"雋",俗字作"隽"。

❷噘:义为噘嘴,大陆不再作为"撅"的异体字。

❸决:大陆繁体文本和台湾多作"決"。俗字作"决"。

| 读音 | 大陆 | 台湾 | 香港 |
|---|---|---|---|
| | 爑 21画，二级 | 次 | |
| | 攫 23画，二级 | 常 | 常 |
| | 玃 23画，三级 | 次 | |
| juè | 倔 10画，一级 | 常 | 常 |
| jūn | 军(軍) 6画，一级 | 軍常 | 軍常 |
| | 均 7画，一级 | 均常 | 均常<br>均异 |
| | 君 7画，一级 | 常 | 常 |
| | 钧(鈞) 9画，一级 | 鈞常 | 鈞常<br>鈞异 |
| | 莙 10画，三级 | 莙次 | |
| | 菌 11画，一级 | 菌常 | 菌常 |
| | 皲(皸) 11画，二级 | 皸次 | |
| | 鲪(鮶) 15画，三级 | 鮶罕 | |
| | 麇 16画，二级 | 麇次 | |
| jùn | 俊[儁僎] 9画，一级 | 俊常 儁罕<br>僎异 | 俊常 |
| | 郡 9画，二级 | 郡常 | 郡常 |
| | 捃 10画，二级 | 次 | |
| | 峻 10画，一级 | 峻常 | 峻常 |
| jùn<br>xùn | 浚❶[濬] 10画，二级 | 浚常 濬常 | 浚常<br>濬常 |
| jùn | 骏(駿) 10画，一级 | 駿常 | 駿常 |
| | 珺 11画，三级 | 罕 | |

| 读音 | 大陆 | 台湾 | 香港 |
|---|---|---|---|
| | 晙 11画，三级 | 晙次 | |
| | 焌 11画，三级 | 焌次 | |
| | 葰 12画，三级 | 葰次 | |
| | 睃 12画，三级 | 睃次 | |
| | 腒 12画，三级 | 罕 | |
| | 竣 12画，一级 | 竣常 | 常 |
| **K** | | | |
| kā | 咔 8画，二级 | 异 | |
| | 咖 8画，一级 | 常 | 常 |
| | 喀 12画，二级 | 常 | 常 |
| kǎ | 卡 5画，一级 | 常 | 常 |
| | 胩 9画，三级 | 罕 | |
| kāi | 开(開) 4画，一级 | 開常 | 開常 |
| | 揩 12画，一级 | 揩常 | 揩常 |
| | 锎(鐦) 12画，三级 | 鐦罕 | |
| kǎi | 剀(剴) 8画，二级 | 剴常 | 剴常 |
| | 凯(凱) 8画，一级 | 凱常 | 凱常 |
| | 垲(塏) 9画，三级 | 塏次 | |

❶浚：台湾用于"浚沟渠、浚利、浚明、浚河(水名，在山东)"作"浚"，用于"浚川、浚通、浚县(地名，在河南)、浚哲维商"作"濬"。

| 读音 | 大陆 | 台湾 | 香港 |
|---|---|---|---|
|  | 闿(闓) 9画, 二级 | 闓次 |  |
|  | 恺(愷) 9画, 二级 | 愷次 |  |
|  | 铠(鎧) 11画, 二级 | 鎧次 |  |
|  | 蒈 12画, 三级 | 蒈罕 |  |
|  | 慨[嘅] 12画, 一级 | 慨常 嘅异 | 慨常 |
|  | 楷 13画, 一级 | 楷常 | 楷常 |
|  | 锴(鍇) 14画, 二级 | 鍇次 |  |
| kài | 忾(愾) 7画, 二级 | 愾常 | 愾常 |
|  | 炌 8画, 三级 | 异 |  |
| kān | 刊[栞] 5画, 一级 | 刊常 栞异 | 刊常 |
|  | 勘 11画, 一级 | 勘常 | 勘常 |
|  | 龛(龕) 11画, 二级 | 龕次 |  |
|  | 堪 12画, 一级 | 堪常 | 堪常 |
|  | 嵁 12画, 三级 | 嵁次 |  |
|  | 戡 13画, 二级 | 戡常 | 戡常 |
| kǎn | 坎[埳] 7画, 一级 | 坎常 埳次 | 坎常 |
|  | 侃[偘] 8画, 二级 | 侃常 偘异 | 侃常 |
|  | 砍 9画, 一级 | 常 | 常 |
|  | 莰 10画, 三级 | 莰罕 |  |
|  | 槛(檻) 14画, 一级 | 檻常 | 檻常 |
| kàn | 看 9画, 一级 | 常 | 常 |
|  | 衎 9画, 三级 | 次 |  |
|  | 崁 10画, 三级 | 常 |  |
|  | 墈 14画, 三级 | 墈罕 |  |
|  | 阚(闞) 14画, 二级 | 闞次 |  |
|  | 磡 16画, 三级 | 磡罕 |  |
|  | 瞰[矙] 16画, 二级 | 瞰常 矙次 | 瞰常 |
| kāng | 康 11画, 一级 | 常 | 常 |
|  | 墉 14画, 三级 | 罕 |  |
|  | 慷 14画, 一级 | 常 | 常 |
|  | 糠[穅秕] 17画, 一级 | 糠常 穅异 秕异 | 糠常 |
|  | 鳒(鱇) 19画, 三级 | 鱇罕 |  |
| káng gāng | 扛㊀;㊁摃 6画, 一级 | 扛常 摃次 | 扛常 |
| kàng | 亢 4画, 一级 | 次 |  |
|  | 伉 6画, 二级 | 常 | 常 |
|  | 抗 7画, 一级 | 常 | 常 |
|  | 闶(閌) 7画, 三级 | 閌次 |  |
|  | 炕[匟] 8画, 一级 | 炕常 匟罕 | 炕常 |
|  | 钪(鈧) 9画, 三级 | 鈧罕 |  |

| 读音 | 大陆 | 台湾 | 香港 |
|---|---|---|---|
| kāo | 尻 5画,二级 | 次 | |
| kǎo | 考[攷] 6画,一级 | 考常 攷次 | 考常 |
| | 拷 9画,一级 | 常 | 常 |
| | 洘 9画,三级 | 罕 | |
| | 栲 10画,二级 | 次 | |
| | 烤 10画,一级 | 常 | 常 |
| kào | 铐(銬) 11画,一级 | 銬常 | 銬常 |
| | 犒 14画,二级 | 常 | 常 |
| | 靠 15画,一级 | 靠常 | 靠常 靠异 |
| | 爌 19画,二级 | 爌罕 | |
| kē | 苛 8画,一级 | 苛常 | 苛常 |
| | 匼 8画,三级 | 罕 | |
| | 珂 9画,二级 | 次 | |
| | 柯 9画,二级 | 常 | 常 |
| | 轲(軻) 9画,二级 | 軻常 | 軻常 |
| | 科 9画,一级 | 常 | 常 |
| | 痾 9画,二级 | 次 | |
| | 疴[痾] 10画,二级 | 痾次 痾异 | |
| | 棵 12画,一级 | 常 | 常 |
| | 稞 13画,二级 | 次 | |
| | 窠 13画,二级 | 窠常 | 窠常 |
| | 颗(顆) 14画,一级 | 顆常 | 顆常 |
| | 磕 15画,一级 | 常 | 常 |
| | 瞌 15画,二级 | 常 | 常 |
| | 蝌 15画,一级 | 常 | 常 |
| | 髁 17画,二级 | 髁次 | |
| ké | 壳❶(殼) 7画,一级 | 殼常 殼异 | 殼常 |
| | 咳[欬] 9画,一级 | 咳常 欬次 | 咳常 |
| | 颏(頦) 12画,二级 | 頦次 | |
| kě | 可 5画,一级 | 常 | 常 |
| | 坷 8画,二级 | 常 | 常 |
| | 岢 8画,二级 | 次 | |
| | 炣 9画,三级 | 罕 | |
| | 渴 12画,一级 | 常 | 常 |
| kè | 克❷(剋)[尅] 7画,一级 | 克常 剋常 尅异 | 克常 剋常 尅异 |
| | 刻 8画,一级 | 常 | 常 |
| | 恪 9画,二级 | 常 | 常 |
| | 客 9画,一级 | 常 | 常 |

❶壳:大陆繁体字左下为几,台湾、香港几上有一短横。

❷克:大陆繁体文本和台湾用于"克制、克服、克敌、克己、攻克、重六克"作"克",用于"克扣、克期、克日、克星、相生相克"作"剋"。"剋"另见86页"剋"字条。

| 读音 | 大陆 | 台湾 | 香港 |
|---|---|---|---|
| | 课(課) 10画,一级 | 課常 | 課常 |
| | 氪 11画,二级 | 次 | |
| | 骒(騍) 11画,二级 | 騍次 | |
| | 缂(緙) 12画,二级 | 緙次 | |
| | 嗑 13画,二级 | 常 | 常 |
| | 锞(錁) 13画,二级 | 錁次 | |
| | 溘 13画,二级 | 常 | 常 |
| kēi | 剋❶[尅] 9画,二级 | 剋常尅异 | 剋常尅异 |
| kěn | 肯[肎] 8画,一级 | 肯常肎异 | 肯常 |
| | 垦(墾) 9画,一级 | 墾常垦异 | 墾常 |
| | 恳(懇) 10画,一级 | 懇常恳异 | 懇常 |
| | 啃 11画,一级 | 啃常 | 啃常 |
| kèn | 裉 11画,二级 | 罕 | |
| kēng | 坑[阬] 7画,一级 | 坑常阬次 | 坑常 |
| | 吭 7画,一级 | 常 | 常 |
| | 硁(硜) 10画,三级 | 硜次 | |
| | 铿(鏗) 12画,二级 | 鏗常 | 鏗常 |
| kōng | 空 8画,一级 | 空常 | 空常 |
| | 箜 11画,三级 | 箜罕 | |

| 读音 | 大陆 | 台湾 | 香港 |
|---|---|---|---|
| | 腔 11画,二级 | 腔常 | 腔常 |
| | 箜 14画,二级 | 箜次 | |
| kǒng | 孔 4画,一级 | 常 | 常 |
| | 恐 10画,一级 | 恐常 | 恐常 |
| | 倥 10画,二级 | 倥常 | 倥常 |
| kòng | 控 11画,一级 | 控常 | 控常 |
| | 硿 13画,三级 | 硿罕 | |
| kōu | 抠(摳) 7画,一级 | 摳次 | |
| | 芤 7画,三级 | 芤罕 | |
| | 弪(彄) 7画,三级 | 彄次 | |
| | 瓯(謳) 9画,二级 | 謳罕 | |
| kǒu | 口 3画,一级 | 常 | 常 |
| kòu | 叩[敂] 5画,二级 | 叩常敂异 | 叩常 |
| | 扣❷[釦] 6画,二级 | 扣常釦异 | 扣常釦常 |
| | 寇[宼冦] 11画,一级 | 寇常冦罕寇异 | 寇常 |
| | 筘 12画,三级 | 罕 | |
| | 蔻 14画,二级 | 蔻次 | |
| kū | 矻 8画,三级 | 次 | |

❶剋:用于训斥、打人义时不简作"克"。另见85页"克"字条。

❷扣:大陆繁体文本和台湾用于"扣押、扣留、扣除、不折不扣、丝丝入扣"作"扣",用于"衣扣""纽扣"作"釦"。

| 读音 | 大陆 | 台湾 | 香港 | 读音 | 大陆 | 台湾 | 香港 |
|---|---|---|---|---|---|---|---|
| | 刳 8画,二级 | 次 | | | 蒯 13画,二级 | 蒯次 | |
| | 枯 9画,一级 | 常 | 常 | kuài | 块(塊) 7画,一级 | 塊常 块异 | 塊常 |
| | 哭 10画,一级 | 常 | 常 | | 快 7画,一级 | 常 | 常 |
| | 圐 12画,三级 | 罕 | | | 侩(儈) 8画,二级 | 儈常 | 儈常 |
| | 窟 13画,一级 | 窟常 | 窟常 | | 郐(鄶) 8画,三级 | 鄶次 | |
| | 骷 14画,二级 | 骷常 | 骷常 | | 哙(噲) 9画,二级 | 噲次 | |
| kǔ | 苦 8画,一级 | 苦常 | 苦常 | | 狯(獪) 9画,二级 | 獪次 | |
| kù | 库(庫) 7画,一级 | 庫常 | 庫常 | | 脍(膾) 10画,二级 | 膾常 | 膾常 |
| | 绔(絝) 9画,二级 | 絝异 | | | 筷 13画,一级 | 常 | 常 |
| | 喾(嚳) 12画,二级 | 嚳次 | | | 鲙(鱠) 14画,三级 | 鱠次 | |
| | 裤(褲)[袴] 12画,一级 | 褲常 袴异 | 褲常 | kuān | 宽❷(寬) 10画,一级 | 寬常 | 寬常 |
| | 酷 14画,一级 | 酷常 | 酷常 酷异 | | 髋(髖) 19画,二级 | 髖次 | |
| kuā | 夸❶(誇) 6画,一级 | 夸常 誇常 | 夸常 誇常 | kuǎn | 款[欵] 12画,一级 | 款常 欵异 | 款常 |
| | 姱 9画,三级 | 次 | | kuāng | 匡 6画,二级 | 常 | 常 |
| kuǎ | 侉 8画,二级 | 次 | | | 诓(誆) 8画,二级 | 誆次 | |
| | 垮 9画,一级 | 常 | 常 | | | | |
| kuà | 挎 9画,一级 | 次 | | | | | |
| | 胯 10画,二级 | 胯次 | | | | | |
| | 跨 13画,一级 | 常 | 常 | | | | |
| kuǎi | 扌匯(擓) 8画,二级 | 擓罕 | | | | | |

❶夸:大陆繁体文本和台湾用于"夸大、夸口、夸奖、夸耀、夸张、浮夸、自夸、矜夸、夸海口、自卖自夸"作"誇",用于"夸饰、夸诞、夸夸其谈、夸父逐日"作"夸"。

❷宽:大陆繁体字形中间为艹,台湾、香港4画,中间断开。

| 读音 | 大陆 | 台湾 | 香港 | 读音 | 大陆 | 台湾 | 香港 |
|---|---|---|---|---|---|---|---|
| | 诓 9画,二级 | 罕 | | | 悝 10画,二级 | 次 | |
| | 洭 9画,三级 | 次 | | | 盔 11画,一级 | 常 | 常 |
| | 筐 12画,一级 | 常 | 常 | | 窥(窺)[闚] 13画,一级 | 窥常 闚次 | 窥常 |
| kuáng | 狂 7画,一级 | 常 | 常 | kuí | 奎 9画,二级 | 常 | 常 |
| | 诳(誑) 9画,二级 | 誑常 | 誑常 | | 逵 11画,二级 | 逵常 | 逵常 |
| | 鵟(鵟) 12画,三级 | 鵟次 | | | 馗 11画,二级 | 次 | |
| kuǎng | 夼 6画,二级 | 罕 | | | 揆 12画,二级 | 常 | 常 |
| kuàng | 邝(鄺) 5画,二级 | 鄺次 | | | 葵 12画,一级 | 葵常 | 葵常 |
| | 圹(壙) 6画,二级 | 壙常 | 壙常 | | 喹 12画,二级 | 罕 | |
| | 纩(纊) 6画,三级 | 纊次 | | | 骙(騤) 12画,三级 | 騤次 | |
| | 旷(曠) 7画,一级 | 曠常 | 曠常 | | 暌 13画,二级 | 暌次 | |
| | 况❶[況] 7画,一级 | 况常 況异 | 况常 | | 魁 13画,一级 | 魁常 | 魁常 |
| | 矿(礦)[鑛] 8画,一级 | 礦常 鑛异 | 礦常 | | 睽 13画,三级 | 次 | |
| | 贶(貺) 9画,二级 | 貺次 | | | 睽 14画,二级 | 常 | 常 |
| | 框 10画,一级 | 常 | 常 | | 蝰 15画,二级 | 罕 | |
| | 眶 11画,一级 | 常 | 常 | | 櫆 17画,三级 | 櫆次 | |
| kuī | 亏(虧) 3画,一级 | 虧常 亏异 | 虧常 | | 夔 21画,二级 | 夔常 | |
| | 岿(巋) 8画,二级 | 巋次 | | kuǐ | 颏(頍) 10画,三级 | 頍次 | |
| | | | | | 傀 11画,二级 | 傀常 | 傀常 |
| | | | | | 跬 13画,二级 | 次 | |

❶况:大陆繁体文本和台湾作"況",俗字作"况"。

| 读音 | 大陆 | 台湾 | 香港 |
|---|---|---|---|
| kuì | 煃 13画，三级 | 罕 | |
| | 匮(匱) 11画，二级 | 匱常 | 匱常 |
| | 蒉(蕢) 12画，三级 | 蕢次 | |
| | 喟 12画，二级 | 喟常 | 喟常 |
| | 馈(饋)[餽] 12画，一级 | 餽常 饋次 | 餽常 |
| | 溃(潰) 12画，一级 | 潰常 | 潰常 |
| | 愦(憒) 12画，二级 | 憒次 | |
| | 愧[媿] 12画，一级 | 愧常 媿次 | 愧常 |
| | 聩(聵) 15画，二级 | 聵次 | |
| | 篑(簣) 15画，二级 | 簣常 | 簣常 |
| kūn | 坤[堃]❶ 8画，一级 | 坤常 堃异 | 坤常 |
| | 昆❷[崑崐] 8画，一级 | 昆常 崑常 崐异 | 昆常 崑常 |
| | 堃❸ 11画，三级 | 异 | |
| | 裈(褌) 11画，三级 | 褌次 | |
| | 婫 11画，三级 | 婫罕 | |
| | 琨 12画，二级 | 琨次 | |
| | 焜 12画，二级 | 焜次 | |
| | 髡 13画，二级 | 次 | |
| | 鹍(鵾) 13画，三级 | 鵾异 | |
| | 锟(錕) 13画，二级 | 錕次 | |
| | 醌 15画，二级 | 醌罕 | |
| | 鲲(鯤) 16画，二级 | 鯤次 | |
| kǔn | 捆❹[綑] 10画，一级 | 捆常 綑常 | 捆常 綑常 |
| | 阃(閫) 10画，二级 | 閫次 | |
| | 悃 10画，三级 | 次 | |
| | 壸(壼) 11画，三级 | 壼次 | |
| kùn | 困❺(睏) 7画，一级 | 困常 睏常 | 困常 睏常 |
| kuò | 扩(擴) 6画，一级 | 擴常 | 擴常 |
| | 括[挶] 9画，一级 | 括常 挶罕 | 括常 |
| | 蛞 12画，二级 | 次 | |

❶"堃"另见89页"堃"字条。
❷昆：大陆繁体文本和台湾用于"昆弟、昆仲、昆虫、昆明(地名，在云南)"作"昆"，用于"昆曲、昆剧、昆腔"作"崑"。"昆仑山(山名，在新疆、西藏、青海之间)"作"崑崙山"。
❸堃：用于人名。另见89页"坤"字条。
❹捆：大陆繁体文本和台湾用于"捆绑、捆缚、捆扎、一捆柴火、两捆报纸"作"捆"，也作"綑"。
❺困：大陆繁体文本和台湾用于"困境、困苦、困惑、困难、围困、困兽犹斗"作"困"，用于"困觉、困倦、人困马乏、困得睁不开眼睛"作"睏"。

| 读音 | 大陆 | 台湾 | 香港 |
|---|---|---|---|
| | 阔(闊)[濶] 12画,一级 | 闊常濶异 | 闊常 |
| | 廓 13画,一级 | 廓常 | 廓常 |
| **L** | | | |
| lā | 垃 8画,一级 | 常 | 常 |
| | 拉 8画,一级 | 常 | 常 |
| | 邋 18画,二级 | 邋次 | |
| lá | 旯 6画,二级 | 次 | |
| | 砬 10画,三级 | 次 | |
| lǎ | 喇 12画,一级 | 常 | 常 |
| là | 剌 9画,二级 | 常 | 常 |
| | 腊(臘)[臈] 12画,一级 | 臘常腊次 臈异 | 臘常 |
| | 蜡(蠟) 14画,一级 | 蠟常蜡次 | 蠟常 |
| | 瘌 14画,二级 | 次 | |
| | 辣[辢] 14画,一级 | 辣常辢异 | 辣常 |
| | 蝲 15画,三级 | 罕 | |
| | 鯻(鯻) 17画,三级 | 鯻罕 | |
| | 镴(鑞) 20画,二级 | 鑞次 | |
| la | 啦 11画,一级 | 常 | 常 |
| | 鞡 17画,二级 | 次 | |
| lái | 来(來) 7画,一级 | 來常来异 | 來常 |

| 读音 | 大陆 | 台湾 | 香港 |
|---|---|---|---|
| | 俫(倈) 9画,三级 | 倈异 | |
| | 莱(萊) 10画,一级 | 萊常 | 萊常 |
| | 崃(崍) 10画,二级 | 崍次 | |
| | 徕(徠) 10画,二级 | 徠次 | |
| | 涞(淶) 10画,二级 | 淶次 | |
| | 棶(梾) 11画,三级 | 棶次 | |
| | 铼(錸) 12画,二级 | 錸次 | |
| lài | 赉(賚) 11画,二级 | 賚次 | |
| | 睐(睞) 12画,一级 | 睞常 | 睞常 |
| | 赖(赖)[賴] 13画,一级 | 賴常頼异 | 賴常 |
| | 濑(瀨) 16画,二级 | 瀨常 | 瀨常 |
| | 癞(癩) 18画,二级 | 癩常 | 癩常 |
| | 籁(籟) 19画,二级 | 籟常 | 籟常 |
| lán | 兰(蘭) 5画,一级 | 蘭常 | 蘭常 |
| | 岚(嵐) 7画,二级 | 嵐常 | 嵐常 |
| | 拦(攔) 8画,一级 | 攔常 | 攔常 |

| 读音 | 大 陆 | 台湾 | 香港 |
|---|---|---|---|
| | 栏(欄) 9画,一级 | 欄常 | 欄常 |
| | 婪[惏] 11画,一级 | 婪常 惏次 | 婪常 |
| | 阑(闌) 12画,二级 | 闌常 | 闌常 |
| | 蓝(藍) 13画,一级 | 藍常 | 藍常 |
| | 磩(礛) 14画,三级 | 礛罕 | |
| | 谰(讕) 14画,二级 | 讕次 | |
| | 澜(瀾) 15画,一级 | 瀾常 | 瀾常 |
| | 褴(襤) 15画,二级 | 襤常 | 襤常 |
| | 篮(籃) 16画,一级 | 籃常 | 籃常 |
| | 斓(斕) 16画,二级 | 斕次 | |
| | 镧(鑭) 17画,二级 | 鑭次 | |
| | 襕(襴) 17画,三级 | 襴次 | |
| lǎn | 览(覽) 9画,一级 | 覽常 | 覽常 |
| | 揽(攬) 12画,一级 | 攬常 | 攬常 |
| | 缆(纜) 12画,一级 | 纜常 | 纜常 |
| | 榄(欖) 13画,一级 | 欖常 | 欖常 |
| | 罱 14画,二级 | 罕 | |

| 读音 | 大 陆 | 台湾 | 香港 |
|---|---|---|---|
| | 漤 14画,三级 | 罕 | |
| | 懒(懶)[嬾] 16画,一级 | 懶常 嬾次 | 懶常 |
| làn | 烂(爛) 9画,一级 | 爛常 | 爛常 |
| | 滥(濫) 13画,一级 | 濫常 | 濫常 |
| lāng | 啷 11画,二级 | 啷次 | |
| láng | 郎 8画,一级 | 郎常 | 郎常 |
| | 狼 10画,一级 | 常 | 常 |
| | 琅❶[瑯] 11画,一级 | 琅常 瑯常 | 琅常 瑯常 |
| | 稂 11画,三级 | 次 | |
| | 廊 11画,一级 | 廊常 | 廊常 |
| | 榔 12画,一级 | 榔常 | 榔常 |
| | 锒(鋃) 12画,二级 | 鋃次 | |
| | 粮 12画,二级 | 次 | |
| | 筤 13画,三级 | 次 | |
| | 螂[蜋] 14画,二级 | 螂常 蜋次 | 螂常 |
| lǎng | 朗 10画,一级 | 常 | 常 |
| | 烺 11画,三级 | 次 | |
| | 萠 13画,三级 | 萠罕 | |
| | 塱 13画,三级 | 罕 | |

❶琅:大陆繁体文本和台湾多作"琅",俗字作"瑯"。

| 读音 | 大　陆 | 台湾 | 香港 | 读音 | 大　陆 | 台湾 | 香港 |
|---|---|---|---|---|---|---|---|
| làng | 閬 14画,三级 | 罕 | | | 栳 10画,二级 | 栳次 | |
| | 埌 10画,三级 | 次 | | | 铑(銠) 11画,二级 | 銠次 | |
| | 崀 10画,三级 | 罕 | | lào | 烙 10画,一级 | 常 | 常 |
| | 阆(閬) 10画,二级 | 閬次 | | | 涝(澇) 10画,一级 | 澇次 | |
| | 浪 10画,一级 | 常 | 常 | | 耢(耮) 13画,二级 | 耮异 | |
| | 眼 11画,三级 | 罕 | | | 酪 13画,一级 | 常 | 常 |
| | 蒗 13画,二级 | 蒗次 | | | 嫪 14画,三级 | 次 | |
| lāo | 捞(撈) 10画,一级 | 撈常 | 撈常 | lè | 仂 4画,二级 | 次 | |
| láo | 劳(勞) 7画,一级 | 勞常 劳异 | 勞常 | | 叻 5画,二级 | 次 | |
| | 牢 7画,一级 | 常 | 常 | | 乐(樂) 5画,一级 | 樂常 | 樂常 |
| | 崂(嶗) 10画,三级 | 嶗罕 | | | 泐 7画,二级 | 泐次 | |
| | 唠(嘮) 10画,一级 | 嘮常 | 嘮常 | | 勒 11画,一级 | 常 | 常 |
| | 崂(嶗) 10画,三级 | 嶗次 | | | 鰳 17画,三级 | 罕 | |
| | 铹(鐒) 12画,三级 | 鐒罕 | | | 鳓(鰳) 19画,二级 | 鰳次 | |
| | 痨(癆) 12画,二级 | 癆常 | 癆常 | le | 饹(餎) 9画,二级 | 餎罕 | |
| | 醪 18画,二级 | 次 | | léi | 雷 13画,一级 | 雷常 | 雷常 |
| lǎo | 老❶ 6画,一级 | 老常 | 老常 | | 嫘 14画,二级 | 常 | 常 |
| | 佬 8画,二级 | 佬常 | 佬常 | | 缧(縲) 14画,二级 | 縲常 | 縲常 |
| | 荖 9画,三级 | 荖次 | | | | | |
| | 姥 9画,一级 | 姥常 | 姥 | | | | |

❶老:字形下部的匕,大陆、香港起笔为撇,台湾为横。

| 读音 | 大 陆 | 台湾 | 香港 |
|---|---|---|---|
| | 擂 16画，一级 | 擂常 | 擂常 |
| | 櫑 17画，三级 | 櫑罕 | |
| | 礧 18画，三级 | 礧次 | |
| | 镭(鐳) 18画，二级 | 鐳常 | 鐳常 |
| | 蘲 19画，二级 | 蘲常 | 蘲常 |
| | 虆 21画，三级 | 次 | |
| lěi | 耒❶ 6画，二级 | 耒常 | 耒常 |
| | 诔(誄) 8画，二级 | 誄次 | |
| | 垒(壘) 9画，一级 | 壘常 垒罕 | 壘常 |
| | 累❷(纍) 11画，一级 | 累常 纍次 | 累常 |
| | 磊 15画，一级 | 常 | 常 |
| | 蕾 16画，一级 | 蕾常 | 蕾常 |
| | 儡 17画，二级 | 常 | 常 |
| | 藟 18画，三级 | 藟次 | |
| | 癗 18画，三级 | 癗罕 | |
| lèi | 肋 6画，一级 | 肋常 | 肋常 |
| | 泪[淚] 8画，一级 | 淚常 泪异 | 淚常 |
| | 类(類) 9画，一级 | 類常 类异 | 類常 |
| | 酹 14画，二级 | 次 | |
| lei | 嘞 14画，二级 | 异 | |
| léng | 崚 11画，二级 | 崚次 | |

| 读音 | 大 陆 | 台湾 | 香港 |
|---|---|---|---|
| | 塄 12画，二级 | 罕 | |
| | 棱[稜] 12画，一级 | 稜常 棱次 | 稜常 |
| | 楞 13画，三级 | 常 | 常 |
| lěng | 冷 7画，一级 | 冷常 | 冷常 冷异 |
| lèng | 堎 11画，三级 | 堎罕 | |
| | 愣 12画，一级 | 常 | 常 |
| lí | 厘[釐]❸ 9画，一级 | 釐常 厘罕 | 釐常 |
| | 狸❹[貍] 10画，一级 | 狸常 貍常 | 狸常 貍异 |
| | 离(離) 10画，一级 | 離常 离次 | 離常 |
| | 骊(驪) 10画，二级 | 驪常 | 驪常 |
| | 梨[棃] 11画，一级 | 梨常 棃异 | 梨常 |
| | 犁[犂] 11画，一级 | 犁常 犂异 | 犁常 |
| | 鹂(鸝) 12画，二级 | 鸝次 | |

❶耒：字形起笔，大陆为横，台湾、香港为撇。

❷累：大陆繁体文本和台湾用于"累日、累月、累世、累卵、累犯、累计、累积、累赘、劳累、连累、家累、受累、牵累、累月积年、日积月累、果实累累、负债累累"作"累"，用于"累囚、累臣、累累若丧家之犬"作"纍"。

❸釐另见172页"釐"字条。

❹狸：台湾用于"狸猫"作"貍"。"貍"和"狸"为不同的动物名，前者为猫科动物，后者为犬科动物。

| 读音 | 大陆 | 台湾 | 香港 |
|---|---|---|---|
| lí | 喱 12画，二级 | 常 | 常 |
| | 蓠(蘺) 13画，二级 | 蘺次 | |
| | 蜊 13画，二级 | 次 | |
| | 漓❶(灕) 13画，一级 | 漓常 灕次 | 漓常 |
| | 缡(縭) 13画，二级 | 縭次 | |
| | 璃❷[琍瓈] 14画，一级 | 璃常 琍常 瓈异 | 璃常 |
| | 嫠 14画，二级 | 次 | |
| | 黎 15画，一级 | 常 | 常 |
| | 鲡(鱺) 15画，二级 | 鱺次 | |
| | 罹 16画，二级 | 常 | 常 |
| | 篱(籬) 16画，一级 | 籬常 篱罕 | 籬常 |
| | 醨 17画，三级 | 醨次 | |
| | 藜[蔾] 18画，二级 | 藜次 蔾次 | |
| | 檎 19画，三级 | 罕 | |
| | 鳌 20画，二级 | 次 | |
| | 蠡 21画，二级 | 常 | 常 |
| lǐ | 礼(禮) 5画，一级 | 禮常 礼异 | 禮常 |
| | 李 7画，一级 | 常 | 常 |
| | 里❸(裏)[裡] 7画，一级 | 里常 裡常 裏异 | 里常 裏常 裡异 |
| | 俚 9画，二级 | 常 | 常 |
| | 逦(邐) 10画，二级 | 邐常 | 邐常 |
| | 浬 10画，三级 | 常 | 常 |
| | 娌 10画，二级 | 常 | 常 |
| | 理 11画，一级 | 常 | 常 |
| | 锂(鋰) 12画，二级 | 鋰次 | |
| | 鲤(鯉) 15画，一级 | 鯉常 | 鯉常 |
| | 澧 16画，二级 | 常 | 常 |
| | 醴 20画，二级 | 次 | |
| | 鳢(鱧) 21画，二级 | 鱧次 | |
| lì | 力 2画，一级 | 常 | 常 |
| | 历❹(歷曆)[歴厤] 4画，一级 | 歷常 曆常 厤次 歷罕 歷异 历异 | 歷常 曆常 |

❶漓：大陆繁体文本和台湾用于"淋漓""淋漓尽致"作"漓"，用于"漓江(水名，在广西)""漓然"作"灕"。

❷璃：台湾用于"琉璃""玻璃"作"璃"，也作"琍"。

❸里：大陆繁体文本和台湾用于"乡里、故里、公里、邻里、里程、里拉(译名，外国货币单位)、里根(外国人名)、三里远、一日千里、不远万里"和姓作"里"；用于"里面、里头、里外、里海(湖名，在欧洲、亚洲之间)、这里、夜里、被里、里应外合、糊里糊涂、慌里慌张"作"裡"，也作"裏"。

❹历：大陆繁体文本和台湾用于"历史、历代、历程、经历、简历、学历、历尽艰辛"作"歷"，用于"历法、历书、历象、日历、年历、挂历、台历、农历、阴历、夏历"作"曆"。

| 读音 | 大陆 | 台湾 | 香港 |
|---|---|---|---|
| 厉(厲) 5画,一级 | 厲常厉异 | 厲常 |
| 立 5画,一级 | 常 | 常 |
| 朸 6画,三级 | 次 | |
| 吏 6画,一级 | 常 | 常 |
| 坜(壢) 7画,三级 | 壢常 | |
| 苈(藶) 7画,二级 | 藶次 | |
| 丽(麗) 7画,一级 | 麗常丽异 | 麗常 |
| 励(勵) 7画,一级 | 勵常 | 勵常 |
| 呖(嚦) 7画,二级 | 嚦次 | |
| 岠(嶑) 7画,三级 | 嶑罕 | |
| 利 7画,一级 | 常 | 常 |
| 沥(瀝) 7画,一级 | 瀝常 | 瀝常 |
| 枥(櫪) 8画,二级 | 櫪次 | |
| 例 8画,一级 | 常 | 常 |
| 疠(癘) 8画,二级 | 癘常 | 癘常 |
| 戾 8画,二级 | 戾常 | 戾常 |
| 隶(隸)[隷隷] 8画,一级 | 隸常 隸罕 隸异 隷罕 | 隸常 |
| 珠(瓅) 9画,三级 | 瓅次 | |
| 荔[茘] 9画,一级 | 荔常茘异 | 荔常 |
| 栎(櫟) 9画,二级 | 櫟次 | |
| 郦(酈) 9画,二级 | 酈次 | |
| 轹(轢) 9画,三级 | 轢次 | |
| 俪(儷) 9画,二级 | 儷常 | 儷常 |
| 俐 9画,一级 | 常 | 常 |
| 疬(癧) 9画,二级 | 癧异 | |
| 珕 10画,三级 | 罕 | |
| 莉 10画,一级 | 莉常 | 莉常 |
| 茘❶[蒞涖] 10画,二级 | 蒞常茘异 涖异 | 蒞常 |
| 鬲 10画,二级 | 常 | |
| 栗❷[慄] 10画,一级 | 栗常慄常 | 栗常 慄常 |
| 砺(礪) 10画,二级 | 礪常 | 礪常 |
| 砾(礫) 10画,一级 | 礫常 | 礫常 |
| 猁 10画,二级 | 罕 | |
| 唎 10画,三级 | 次 | |

❶莅:台湾用于"莅临"多作"蒞"。
❷栗:台湾用于"栗子""火中取栗"作"栗";用于"战栗""不寒而栗"作"慄",也作"栗"。

| 读音 | 大 陆 | 台湾 | 香港 | 读音 | 大 陆 | 台湾 | 香港 |
|---|---|---|---|---|---|---|---|
| | 蛎(蠣) 11画,二级 | 蠣常 | 蠣常 | | 涟(漣) 10画,二级 | 漣常 | 漣常 |
| | 唳 11画,二级 | 唳常 | 唳常 | | 梿(槤) 11画,二级 | 槤次 | |
| | 笠 11画,二级 | 常 | 常 | | 联(聯) 12画,一级 | 聯常 | 聯常 |
| | 粝(糲) 11画,二级 | 糲次 | | | 裢(褳) 12画,二级 | 褳次 | |
| | 粒 11画,一级 | 常 | 常 | | 廉[亷廉] 13画,一级 | 廉常 亷罕 廉异 | 廉常 |
| | 雳(靂) 12画,一级 | 靂常 | 靂常 | | 鲢(鰱) 15画,二级 | 鰱常 | 鰱常 |
| | 跞(躒) 12画,二级 | 躒次 | | | 濂 16画,二级 | 常 | 常 |
| | 詈 12画,二级 | 詈次 | | | 镰(鐮)[鎌鎌] 18画,一级 | 鐮常 鎌次 鎌罕 | 鐮常 |
| | 傈 12画,二级 | 罕 | | | 蠊 19画,二级 | 罕 | |
| | 溧❶ 12画,三级 | 罕 | | liǎn | 琏(璉) 11画,二级 | 璉次 | |
| | 痢 12画,一级 | 常 | 常 | | 敛(斂)[歛] 11画,一级 | 斂常 歛次 | 斂常 |
| | 溧 13画,二级 | 次 | | | 脸(臉) 11画,一级 | 臉常 | 臉常 |
| | 篥 16画,二级 | 次 | | | 裣(襝) 12画,三级 | 襝次 | |
| li | 哩 10画,一级 | 常 | 常 | | 蔹(蘞) 14画,三级 | 蘞次 | |
| lián | 奁(奩)[匳匲籨] 7画,二级 | 奩常 匳异 匲异 籨异 | 奩常 | liàn | 练(練) 8画,一级 | 練常 | 練常 |
| | 连(連) 7画,一级 | 連常 | 連常 | | | | |
| | 怜(憐) 8画,一级 | 憐常 | 憐常 | | | | |
| | 帘❷(簾) 8画,一级 | 帘常 簾常 | 帘常 簾常 | | | | |
| | 莲(蓮) 10画,一级 | 蓮常 | 蓮常 | | | | |

❶溧：义为寒冷,大陆不再作为"栗"的异体字。

❷帘：大陆繁体文本和台湾用于"窗帘、门帘、珠帘、垂帘听政"多作"簾",也作"帘"。

liáng—liáo

| 读音 | 大陆 | 台湾 | 香港 |
|---|---|---|---|
| | 炼❶(煉)[鍊] 9画,一级 | 煉常 鍊常 | 煉常 鍊常 |
| | 恋(戀) 10画,一级 | 戀常 恋异 | 戀常 |
| | 殓(殮) 11画,二级 | 殮常 | 殮常 |
| | 链(鏈) 12画,一级 | 鏈常 | 鏈常 |
| | 琏 13画,三级 | 罕 | |
| | 楝 13画,二级 | 次 | |
| | 潋(瀲) 14画,二级 | 瀲次 | |
| | 鲢(鰱) 17画,三级 | 鰱罕 | |
| liáng | 良 7画,一级 | 常 | 常 |
| | 俍 9画,三级 | 次 | |
| | 莨 10画,二级 | 莨次 | |
| | 凉❷[涼] 10画,一级 | 涼常 凉异 | 涼常 |
| | 梁[樑] 11画,一级 | 梁常 樑异 | 梁常 樑常 |
| | 综(綜) 11画,三级 | 綜罕 | |
| | 椋 12画,二级 | 罕 | |
| | 辌(輬) 12画,三级 | 輬次 | |
| | 粮(糧) 13画,一级 | 糧常 粮异 | 糧常 |
| | 樑 13画,一级 | 常 | 常 |
| | 墚 14画,三级 | 罕 | |

| 读音 | 大陆 | 台湾 | 香港 |
|---|---|---|---|
| liǎng | 两(兩) 7画,一级 | 兩常 两异 | 兩常 |
| | 俩(倆) 9画,一级 | 倆常 | 倆常 |
| | 蒋(蔣) 10画,三级 | 蔣罕 | |
| | 魉(魎) 16画,二级 | 魎次 魎异 | |
| liàng | 亮 9画,一级 | 亮常 | 亮常 |
| | 悢 10画,三级 | 次 | |
| | 谅(諒) 10画,一级 | 諒常 | 諒常 |
| | 辆(輛) 11画,一级 | 輛常 | 輛常 |
| | 靓(靚) 12画,二级 | 靚次 | |
| | 量 12画,一级 | 常 | 常 |
| | 晾 12画,一级 | 次 | |
| | 踉 14画,二级 | 次 | |
| liāo | 蹽 19画,二级 | 罕 | |
| liáo | 辽(遼) 5画,一级 | 遼常 | 遼常 |
| | 疗(療) 7画,一级 | 療常 | 療常 |
| | 聊 11画,一级 | 常 | 常 |

❶炼:大陆繁体文本和台湾用于"炼丹、炼钢、炼乳、炼制、冶炼、修炼、锻炼、炼金术、炼石补天"作"煉",也作"鍊"。

❷凉:大陆繁体文本和台湾作"涼",俗字作"凉"。

| 读音 | 大陆 | 台湾 | 香港 | 读音 | 大陆 | 台湾 | 香港 |
|---|---|---|---|---|---|---|---|
| | 僚 14画,一级 | 常 | 常 | | 撂 14画,二级 | 次 | |
| | 漻 14画,三级 | 次 | | | 嵺 14画,三级 | 罕 | |
| | 寥 14画,一级 | 常 | 常 | | 廖 14画,二级 | 常 | 常 |
| | 撩 15画,一级 | 常 | 常 | | 瞭❷ 17画,一级 | 常 | 常 |
| | 嘹 15画,一级 | 常 | 常 | | 镣(鐐) 17画,二级 | 鐐次 | |
| | 獠 15画,二级 | 次 | | liě | 咧 9画,一级 | 次 | 常 |
| | 潦 15画,二级 | 常 | 常 | liè | 列 6画,一级 | 常 | 常 |
| | 寮 15画,二级 | 常 | 常 | | 劣 6画,一级 | 常 | 常 |
| | 嫽 15画,三级 | 次 | | | 冽 8画,二级 | 常 | 常 |
| | 缭(繚) 15画,一级 | 繚常 | 繚常 | | 苶 9画,三级 | 次 | |
| | 橑 16画,三级 | 次 | | | 洌 9画,二级 | 常 | |
| | 燎 16画,二级 | 常 | 常 | | 埒 10画,二级 | 次 | |
| | 鹩(鷯) 17画,二级 | 鷯次 | | | 烈 10画,一级 | 常 | 常 |
| | 簝 18画,三级 | 次 | | | 捩 11画,二级 | 捩常 | 捩常 |
| | 髎 20画,三级 | 髎罕 | | | 䝙(䝙) 11画,三级 | 䝙次 | |
| liǎo | 了❶(瞭) 2画,一级 | 了常 瞭常 | 了常 瞭常 | | 脟 11画,三级 | 脟次 | |
| | 蓼 14画,二级 | 蓼次 | | | 猎(獵) 11画,一级 | 獵常 猎异 | 獵常 |
| | 憭 15画,三级 | 次 | | | | | |
| liào | 尥 6画,二级 | 罕 | | | | | |
| | 钌(釕) 7画,二级 | 釕次 | | | | | |
| | 料 10画,一级 | 常 | 常 | | | | |

❶了:大陆繁体文本和台湾用于"了得、了结、了然、了断、了债、了愿、终了、私了、了不起、一了百了"作"了";用于"瞭哨、瞭望、瞭望台"作"瞭";用于"明了、了解、了如指掌"作"瞭",也作"了"。"瞭"另见98页"瞭"字条。

❷瞭:用于"瞭哨、瞭望、瞭望台"不简作"了"。另见98页"了"字条。

# līn—líng

| 读音 | 大 陆 | 台湾 | 香港 |
|---|---|---|---|
| | 裂 12画，一级 | 常 | 常 |
| | 翋 13画，二级 | 罕 | |
| | 躐 22画，二级 | 次 | |
| | 鱲(鱲) 23画，三级 | 鱲罕 | |
| | 鬛 25画，二级 | 次 | |
| līn | 拎 8画，一级 | 拎常 | |
| lín | 邻(鄰)[隣] 7画，一级 | 鄰常隣异 | 鄰常 |
| | 林 8画，一级 | 常 | 常 |
| | 临(臨) 9画，一级 | 臨常 | 臨常 |
| | 啉 11画，二级 | 罕 | |
| lín lìn | 淋㊀;㊁[痳] 11画，一级 | 淋常痳次 | 淋常痳常 |
| lín | 琳 12画，一级 | 常 | 常 |
| | 箖 14画，三级 | 次 | |
| | 翷 14画，二级 | 次 | |
| | 嶙 15画，二级 | 次 | |
| | 遴 15画，二级 | 遴常 | 遴常 |
| | 潾 15画，二级 | 次 | |
| | 骐(驎) 15画，三级 | 驎次 | |
| | 璘 16画，二级 | 次 | |
| | 霖 16画，二级 | 霖常 | 霖常 |
| | 辚(轔) 16画，二级 | 轔常 | 轔常 |

| 读音 | 大 陆 | 台湾 | 香港 |
|---|---|---|---|
| | 磷❶[燐粦] 17画，一级 | 磷常燐常粦异 | 磷常燐常 |
| | 瞵 17画，三级 | 次 | |
| | 锵(鏻) 17画，三级 | 鏻次 | |
| | 翷 18画，三级 | 罕 | |
| | 鳞(鱗) 20画，一级 | 鱗常 | 鱗常 |
| | 麟[麐] 23画，二级 | 麟常麐异 | 麟常 |
| lǐn | 凛 15画，一级 | 凜常凛异 | 凜常 |
| | 廪 16画，二级 | 廩次廪异 | |
| | 懔 16画，三级 | 懔罕 | 懔罕 |
| | 檩 17画，二级 | 檩次 | |
| lìn | 吝[悋] 7画，一级 | 吝常悋异 | 吝常 |
| | 赁(賃) 10画，一级 | 賃常 | 賃常賃异 |
| | 蔺(藺) 14画，二级 | 藺常 | 藺常 |
| | 膦 16画，二级 | 膦次 | |
| | 躏(躪) 21画，一级 | 躪常 | 躪常 |
| líng | 伶 7画，一级 | 伶常 | 伶常伶异 |
| | 灵(靈) 7画，一级 | 靈常灵异 | 靈常 |

❶磷：台湾用于"磷火、磷光、鬼燐、野燐"作"燐"；用于"磷磷"作"磷"；用于"白磷、黄磷、赤磷、灰石"作"磷"，也作"燐"。

| 读音 | 大陆 | 台湾 | 香港 |
|---|---|---|---|
| | 坽 8画,三级 | 坽罕 | |
| | 苓 8画,二级 | 苓常 | 苓常<br>苓异 |
| | 囹 8画,二级 | 囹次 | |
| | 泠 8画,二级 | 泠次 | |
| | 姈 8画,三级 | 姈罕 | |
| | 玲 9画,一级 | 玲常 | 玲常<br>玲异 |
| | 柃 9画,三级 | 柃罕 | |
| | 瓴 9画,三级 | 瓴罕 | |
| | 瓴 9画,二级 | 瓴次 | |
| | 铃(鈴) 10画,一级 | 鈴常 | 鈴常<br>鈴异 |
| | 鸰(鴒) 10画,三级 | 鴒常 | |
| | 凌 10画,一级 | 凌常 | 凌常 |
| | 陵 10画,一级 | 陵常 | 陵常 |
| | 聆 11画,一级 | 聆常 | 聆常<br>聆异 |
| | 菱[蔆] 11画,一级 | 菱常 蔆次 | 菱常 |
| | 棂(欞) 11画,二级 | 櫺次 欞罕 | |
| | 蛉 11画,二级 | 蛉次 | |
| | 舲 11画,三级 | 舲次 | |
| | 翎 11画,二级 | 翎常 | 翎常<br>翎异 |
| | 羚 11画,一级 | 羚常 | 羚常<br>羚异 |

| 读音 | 大陆 | 台湾 | 香港 |
|---|---|---|---|
| | 塄 11画,三级 | 塄罕 | |
| | 绫(綾) 11画,二级 | 綾常 | 綾常 |
| | 裱 12画,二级 | 裱罕 | |
| | 零❶ 13画,一级 | 零常 | 零常<br>零异 |
| | 龄(齡) 13画,一级 | 齡常 龄次 | 齡常<br>齡异 |
| | 鲮(鯪) 16画,二级 | 鯪次 | |
| | 澪 16画,三级 | 澪罕 | |
| | 酃 19画,二级 | 酃次 | |
| lǐng | 岭(嶺) 8画,一级 | 嶺常 岭次 | 嶺常<br>嶺异 |
| | 领(領) 11画,一级 | 領常 | 領常<br>領异 |
| lìng | 另 5画,一级 | 常 | 常 |
| | 令 5画,一级 | 令常 | 令常<br>令异 |
| | 呤 8画,二级 | 呤罕 | |
| liū | 溜 13画,一级 | 常 | 常 |
| | 熘 14画,二级 | 罕 | |
| liú | 刘(劉) 6画,一级 | 劉常 刘异 | 劉常 |
| | 浏(瀏) 9画,一级 | 瀏常 | 瀏常 |

❶零:与表数目的汉字"一二三四五六七八九"连用时可用"〇"替代。

# liǔ—lóng

| 读音 | 大陆 | 台湾 | 香港 |
|---|---|---|---|
| | 留[畱留甾] 10画,一级 | 留常 畱罕 甾罕 畱异 | 留常 |
| | 流 10画,一级 | 流常 | 流常 |
| | 琉[瑠琉] 11画,一级 | 琉常 瑠异 瑠异 | 琉常 |
| | 硫 12画,一级 | 硫常 | 硫常 |
| | 馏(餾) 13画,一级 | 餾常 | 餾常 |
| | 旒 13画,二级 | 旒次 | |
| | 骝(騮) 13画,二级 | 騮次 | |
| | 榴 14画,一级 | 常 | 常 |
| | 飗(飂) 14画,三级 | 飀罕 | |
| | 镏(鎦) 15画,二级 | 鎦次 | |
| | 鹠(鶹) 15画,三级 | 鶹次 | |
| | 瘤[癅] 15画,一级 | 瘤常 癅异 | 瘤常 |
| | 鎏 15画,三级 | 鎏罕 | |
| | 嵧 16画,三级 | 罕 | |
| | 镠(鏐) 16画,二级 | 鏐次 | |
| | 鎏 18画,二级 | 鎏次 | |
| liǔ | 聊 9画,三级 | 罕 | |
| | 柳[桺栁] 9画,一级 | 柳常 栁异 桺异 | 柳常 |
| | 绺(綹) 11画,二级 | 綹次 | |
| | 锍(鎏) 12画,三级 | 鋶罕 | |
| | 罶 15画,三级 | 次 | |
| liù | 六 4画,一级 | 常 | 常 |
| | 遛 13画,二级 | 遛次 | |
| | 鹨(鷚) 16画,三级 | 鷚次 | |
| lóng | 龙❶(龍) 5画,一级 | 龍常 | 龍常 |
| | 茏(蘢) 8画,二级 | 蘢次 | |
| | 咙(嚨) 8画,一级 | 嚨常 | 嚨常 |
| | 泷(瀧) 8画,二级 | 瀧次 | |
| | 珑(瓏) 9画,二级 | 瓏常 | 瓏常 |
| | 栊(櫳) 9画,二级 | 櫳次 | |
| | 昽(曨) 9画,三级 | 曨次 | |
| | 胧(朧) 9画,一级 | 朧常 | 朧常 |
| | 砻(礱) 10画,二级 | 礱次 | |
| | 眬(矓) 10画,二级 | 矓常 | 矓常 |
| | 聋(聾) 11画,一级 | 聾常 | 聾常 |

❶龙:大陆繁体字、香港字形左下部作月,台湾作月。

| 读音 | 大 陆 | 台湾 | 香港 | 读音 | 大 陆 | 台湾 | 香港 |
|---|---|---|---|---|---|---|---|
| | 笼(籠) 11画,一级 | 籠常 | 籠常 | | 楼(樓) 13画,一级 | 樓常 楼异 | 樓常 |
| | 隆 11画,一级 | 隆常 | 隆常 | | 膢(膢) 13画,三级 | 膢次 | |
| | 滝 14画,三级 | 滝异 | | | 耧(耬) 15画,二级 | 耬次 | |
| | 癃 16画,二级 | 癃次 | | | 蝼(螻) 15画,二级 | 螻常 | 螻常 |
| | 窿 16画,一级 | 窿次 | | | 髅(髏) 18画,二级 | 髏常 | 髏常 |
| lǒng | 陇(隴) 7画,二级 | 隴常 | 隴常 | lǒu | 搂(摟) 12画,一级 | 摟常 | 摟常 |
| | 拢(攏) 8画,一级 | 攏常 | 攏常 | | 嵝(嶁) 12画,二级 | 嶁次 | |
| | 垄(壟) 8画,一级 | 壟常 | 壟常 | | 篓(簍) 15画,一级 | 簍常 | 簍常 |
| | 赟(贇) 13画,三级 | 贇罕 | | lòu | 陋 8画,一级 | 陋常 | 陋常 |
| lòng | 哢 10画,三级 | 次 | | | 镂(鏤) 14画,二级 | 鏤常 | |
| lōu | 䁖(䁖) 14画,二级 | 䁖次 | | | 瘘(瘻) 14画,二级 | 瘻异 | |
| lóu | 剅 9画,三级 | 罕 | | | 漏 14画,一级 | 漏常 | 漏常 |
| | 娄(婁) 9画,一级 | 婁常 娄异 | 婁常 | lū | 撸(擼) 15画,二级 | 擼罕 | |
| | 偻(僂) 11画,二级 | 僂次 偻异 | | | 噜(嚕) 15画,二级 | 嚕常 | 嚕常 |
| | 塿(塿) 12画,三级 | 塿次 | | lú | 卢(盧) 5画,一级 | 盧常 | 盧常 |
| | 蒌(蔞) 12画,二级 | 蔞次 | | | 芦(蘆) 7画,一级 | 蘆常 芦异 | 蘆常 |
| | 喽(嘍) 12画,二级 | 嘍常 | 嘍常 | | 庐(廬) 7画,一级 | 廬常 庐异 | 廬常 |
| | 溇(漊) 12画,三级 | 漊次 | | | | | |

| 读音 | 大陆 | 台湾 | 香港 |
|---|---|---|---|
| | 垆(壚) 8画,二级 | 壚次 | |
| | 炉(爐)[鑪❶] 8画,一级 | 爐常鑪次 炉异 | 爐常 |
| | 泸(瀘) 8画,二级 | 瀘次 | |
| | 栌(櫨) 9画,二级 | 櫨次 | |
| | 轳(轤) 9画,二级 | 轤次 | |
| | 胪(臚) 9画,二级 | 臚常 | 臚常 |
| | 鸬(鸕) 10画,二级 | 鸕次 | |
| | 铲❷(鑪) 10画,三级 | 鑪次 | |
| | 颅(顱) 11画,一级 | 顱常 | 顱常 |
| | 舻(艫) 11画,二级 | 艫次 | |
| | 鲈(鱸) 13画,二级 | 鱸常 | 鱸常 |
| lǔ | 卤❸(鹵滷) 7画,一级 | 鹵次滷次 | 鹵常 |
| | 虏(虜)[虜] 8画,一级 | 虜常 | 虜常 |
| | 掳(擄) 11画,二级 | 擄常 | 擄常 |
| | 鲁(魯) 12画,一级 | 魯常 | 魯常 |
| | 澛(澛) 15画,三级 | 澛罕 | |

| 读音 | 大陆 | 台湾 | 香港 |
|---|---|---|---|
| | 橹(櫓)[樐艪艣樬] 16画,二级 | 櫓常樐异 艪异艣异 樬异 | 櫓常 |
| | 镥(鑥) 17画,三级 | 鑥异 | |
| lù | 甪 6画,三级 | 甪次 | |
| | 陆(陸) 7画,一级 | 陸常 | 陸常 |
| | 录❹(錄) 8画,一级 | 錄常彔次 錄异录异 | 錄常 |
| | 辂(輅) 10画,二级 | 輅次 | |
| | 赂(賂) 10画,一级 | 賂常 | 賂常 |
| | 菉❺ 11画,三级 | 菉次 | |
| | 鹿❻ 11画,一级 | 鹿常 | 鹿常 |
| | 渌 11画,二级 | 渌次渌异 | |
| | 逯 11画,二级 | 逯次 | |
| | 骒(騄) 11画,三级 | 騄次 | |
| | 琭 12画,三级 | 琭次 | |

❶"鑪"另见103页"铲"字条。
❷铲:用于科技术语,指一种人造的放射性元素。"鑪"另见103页"炉"字条。
❸卤:大陆繁体文本和台湾用于"卤素"作"鹵";用于"卤味"作"滷";用于"卤水"作"鹵",也作"滷"。
❹录:繁体字右上角,大陆为彐,台湾、香港为⺕。
❺菉:用于人名、地名。另见104页"绿"字条。
❻鹿:字形右下的匕,大陆起笔为撇,台湾、香港为横。

| 读音 | 大陆 | 台湾 | 香港 |
|---|---|---|---|
| lù | 禄 12画,一级 | 祿常 | 祿常 |
| lù<br>liù | 碌㊀;㊁[硉] 13画,一级 | 碌常 硉罕 | 碌常 |
| lù | 路 13画,一级 | 常 | 常 |
|  | 稑 13画,三级 | 次 |  |
|  | 僇 13画,三级 | 次 |  |
|  | 勠❶ 13画,三级 | 异 |  |
|  | 渌(淥) 14画,二级 | 淥次 |  |
|  | 漉 14画,二级 | 漉次 |  |
|  | 辘(轆) 15画,二级 | 轆次 |  |
|  | 戮[剹] 15画,二级 | 戮常 剹罕 | 戮常 |
|  | 蓼 16画,三级 | 蓼次 |  |
|  | 潞 16画,二级 | 次 |  |
|  | 璐 17画,二级 | 次 |  |
|  | 簏 17画,三级 | 簏次 |  |
|  | 鹭(鷺) 18画,二级 | 鷺常 | 鷺常 |
|  | 麓 19画,二级 | 麓常 | 麓常 |
|  | 露 21画,一级 | 露常 | 露常 |
| lu | 氇(氌) 16画,二级 | 氌罕 |  |
| lú | 驴(驢) 7画,一级 | 驢常 馿异 | 驢常 |
|  | 闾(閭) 9画,二级 | 閭常 | 閭常 |

| 读音 | 大陆 | 台湾 | 香港 |
|---|---|---|---|
|  | 榈(櫚) 13画,二级 | 櫚常 | 櫚常 |
| lǚ | 吕 6画,一级 | 呂常 吕异 | 呂常 |
|  | 侣 8画,一级 | 侶常 伴异 | 侶常 |
|  | 挔 10画,二级 | 次 |  |
|  | 梠 10画,三级 | 梠罕 |  |
|  | 旅 10画,一级 | 常 | 常 |
|  | 铝(鋁) 11画,二级 | 鋁常 | 鋁常 |
|  | 稆 11画,三级 | 稆罕 |  |
|  | 屡(屢) 12画,一级 | 屢常 屡异 | 屢常 |
|  | 缕(縷) 12画,二级 | 縷常 | 縷常 |
|  | 膂 14画,二级 | 膂次 |  |
|  | 褛(褸) 14画,二级 | 褸常 褛异 | 褸常 |
|  | 履 15画,一级 | 常 | 常 |
| lǜ | 垏 9画,三级 | 罕 |  |
|  | 律 9画,一级 | 常 | 常 |
|  | 虑(慮) 10画,一级 | 慮常 | 慮常 |
|  | 率 11画,一级 | 常 | 常 |
|  | 绿(綠)[菉❷] 11画,一级 | 綠常 菉次 | 綠常 |

❶勠:义为合力、齐力,大陆不再作为"戮"的异体字。
❷"菉"另见103页"菉"字条。

| 读音 | 大陆 | 台湾 | 香港 |
|---|---|---|---|
| | 苝 12画,三级 | 苝罕 | |
| | 氯 12画,一级 | 氯常 | 氯常 |
| | 滤(濾) 13画,一级 | 濾常 | 濾常 |
| luán | 峦(巒) 9画,一级 | 巒常峦异 | 巒常 |
| | 挛(攣) 9画,二级 | 攣常挛异 | 攣常 |
| | 娈(孌) 9画,二级 | 孌次 | |
| | 栾(欒) 10画,二级 | 欒次栾异 | |
| | 挛(攣) 10画,二级 | 攣常挛异 | 攣常 |
| | 鸾(鸞) 11画,二级 | 鸞常鸾罕 | 鸞常 |
| | 脔(臠) 12画,二级 | 臠次脔异 | |
| | 滦(灤) 13画,二级 | 灤常滦异 | |
| | 銮(鑾) 14画,二级 | 鑾常銮异 | 鑾常 |
| luǎn | 卵 7画,一级 | 常 | 常 |
| luàn | 乱(亂) 7画,一级 | 亂常乱异 | 亂常 |
| lüè | 掠 11画,三级 | 罕 | |
| | 掠 11画,一级 | 常 | 常 |
| | 略[畧] 11画,一级 | 略常畧异 | 略常畧异 |
| | 锊(鋝) 12画,三级 | 鋝次 | |

| 读音 | 大陆 | 台湾 | 香港 |
|---|---|---|---|
| | 圙 14画,三级 | 罕 | |
| lūn | 抡(掄) 7画,一级 | 掄常 | 掄常 |
| lún | 仑❶(侖)[崙崘] 4画,一级 | 侖常崙常崘异 | 侖常崙常 |
| | 伦(倫) 6画,一级 | 倫常 | 倫常 |
| | 囵(圇) 7画,二级 | 圇次 | |
| | 沦(淪) 7画,一级 | 淪常 | 淪常 |
| | 纶(綸) 7画,二级 | 綸常 | 綸常 |
| | 轮(輪) 8画,一级 | 輪常 | 輪常 |
| | 铃(錀) 9画,三级 | 錀罕 | |
| lǔn | 埨(埨) 7画,三级 | 埨异 | |
| lùn | 论(論) 6画,一级 | 論常 | 論常 |
| luō | 啰(囉) 11画,一级 | 囉常 | 囉常 |
| luó | 罗(羅) 8画,一级 | 羅常 | 羅常 |
| | 萝(蘿) 11画,一级 | 蘿常 | 蘿常 |

❶仑:大陆繁体文本和台湾用于"仑琴(伦琴)"作"侖"。"昆仑山(山名,在新疆、西藏、青海之间)"作"崑崙山"。

| 读音 | 大陆 | 台湾 | 香港 |
|---|---|---|---|
| | 逻(邏) 11画,一级 | 邏常 逻异 | 邏常 |
| | 腡(腡) 11画,三级 | 腡罕 | |
| | 猡(玀) 11画,二级 | 玀常 | 玀常 |
| | 椤(欏) 12画,二级 | 欏罕 | |
| | 锣(鑼) 13画,一级 | 鑼常 | 鑼常 |
| | 箩(籮) 14画,一级 | 籮常 | 籮常 |
| | 骡(騾)[贏] 14画,一级 | 騾常 贏异 | 騾常 |
| | 螺 17画,一级 | 常 | 常 |
| luǒ | 倮 10画,三级 | 异 | |
| | 蓏 13画,三级 | 蓏次 | |
| | 裸[髁贏] 13画,一级 | 裸常 贏次 髁异 | 裸常 |
| | 瘰 16画,二级 | 罕 | |
| | 贏 19画,三级 | 贏次 | |
| luò | 泺(濼) 8画,二级 | 濼次 | |
| | 荦(犖) 9画,二级 | 犖常 | 犖常 |
| | 洛 9画,一级 | 常 | 常 |
| | 骆(駱) 9画,一级 | 駱常 | 駱常 |
| | 络(絡) 9画,一级 | 絡常 | 絡常 |
| | 珞 10画,二级 | 次 | |
| | 落 12画,一级 | 落常 | 落常 |
| | 摞 14画,二级 | 次 | |
| | 雒 14画,二级 | 次 | |
| | 漯 14画,二级 | 常 | |
| **M** | | | |
| ḿ | 呒(嘸) 7画,二级 | 嘸次 | |
| | 呣 8画,二级 | 罕 | |
| mā | 妈(媽) 6画,一级 | 媽常 | 媽常 |
| má | 麻❶[蔴] 11画,一级 | 麻常 蔴异 | 麻常 |
| | 蟆[蟇] 16画,二级 | 蟆常 蟇异 | 蟆常 |
| mǎ | 马(馬) 3画,一级 | 馬常 | 馬常 |
| | 犸(獁) 6画,二级 | 獁罕 | |
| | 玛(瑪) 7画,一级 | 瑪常 | 瑪常 |
| | 码(碼) 8画,一级 | 碼常 | 碼常 |
| | 蚂(螞) 9画,一级 | 螞常 | 螞常 |
| mà | 杩(榪) 7画,三级 | 榪罕 | |

❶麻:字形右下部,大陆、香港为林,台湾为㭁。

| 读音 | 大 陆 | 台湾 | 香港 |
|---|---|---|---|
| ma | 祃(禡) 7画,三级 | 禡次 | |
| | 骂❶(駡)[罵傌] 9画,一级 | 罵常 傌次 駡异 | 罵常 |
| | 吗(嗎) 6画,一级 | 嗎常 | 嗎常 |
| | 嘛 14画,一级 | 嘛常 | 嘛常 |
| mái | 埋 10画,一级 | 常 | 常 |
| | 霾 22画,二级 | 霾常 | 霾常 |
| mǎi | 买(買) 6画,一级 | 買常 | 買常 |
| | 荬(蕒) 9画,二级 | 蕒罕 | |
| mài | 劢(勱) 5画,二级 | 勱次 | |
| | 迈(邁) 6画,一级 | 邁常 | 邁常 |
| | 麦(麥)❷ 7画,一级 | 麥常 麦异 | 麥常 |
| | 卖(賣) 8画,一级 | 賣常 | 賣常 |
| | 脉❸[脈䘑衇] 9画,一级 | 脈常 脉异 衇异 䘑异 | 脈常 |
| | 唛(嘜) 10画,二级 | 嘜次 | |
| | 鿟(鎂) 12画,三级 | 鎂罕 | |
| mān | 颟(顢) 16画,二级 | 顢次 | |
| mán | 蛮(蠻) 12画,一级 | 蠻常 蛮异 | 蠻常 |

| 读音 | 大 陆 | 台湾 | 香港 |
|---|---|---|---|
| | 馒(饅) 14画,一级 | 饅常 | 饅常 饅异 |
| | 瞒(瞞) 15画,一级 | 瞞常 | 瞞常 |
| | 鞔 16画,三级 | 鞔次 | |
| | 鳗(鰻) 19画,二级 | 鰻常 | 鰻常 鰻异 |
| | 鬘 21画,三级 | 鬘次 | |
| mǎn | 满(滿) 13画,一级 | 滿常 | 滿常 |
| | 螨(蟎) 16画,二级 | 蟎罕 | |
| màn | 蔄(蕳) 9画,三级 | 蕳罕 | |
| | 曼 11画,一级 | 曼常 | 曼常 曼异 |
| | 谩(謾) 13画,二级 | 謾次 | |
| | 墁 14画,二级 | 墁次 | |
| | 蔓 14画,一级 | 蔓常 | 蔓常 蔓异 |
| | 幔 14画,二级 | 幔常 | 幔常 幔异 |
| | 漫 14画,一级 | 漫常 | 漫常 漫异 |

❶骂:大陆繁体文本和台湾作"罵",俗字作"駡"。
❷麥:用作左偏旁构成合体字时,大陆为左右结构,台湾、香港为半包围结构,如"麸(麩)、麺(麵)、麹(麴)"。
❸脉:大陆繁体文本和台湾多作"脈",俗字作"脉"。

| 读音 | 大陆 | | 台湾 | 香港 | 读音 | 大陆 | | 台湾 | 香港 |
|---|---|---|---|---|---|---|---|---|---|
| | 慢 | 14画，一级 | 慢常 | 慢常 慢异 | | 矛 | 5画，一级 | 常 | 常 |
| | 嫚 | 14画，二级 | 嫚次 | | | 茆 | 8画，二级 | 茆次 | |
| | 缦(縵) | 14画，二级 | 缦次 | | | 茅 | 8画，一级 | 茅常 | 茅常 |
| | 镘(鏝) | 16画，二级 | 镘常 | | | 牦❷[氂犛] | 8画，二级 | 氂常 犛次 牦罕 | 氂常 |
| māng | 牤 | 7画，二级 | 罕 | | | 旄 | 10画，二级 | 次 | |
| máng | 邙 | 5画，二级 | 邙次 | | | 锚(錨) | 13画，一级 | 锚常 | 锚常 |
| | 芒 | 6画，一级 | 芒常 | 芒常 | | 髦 | 14画，二级 | 常 | 常 |
| | 忙 | 6画，一级 | 常 | 常 | | 蝥 | 15画，二级 | 次 | |
| | 杧 | 7画，三级 | 罕 | | | 蟊 | 17画，二级 | 次 | |
| | 尨 | 7画，三级 | 尨次 | | mǎo | 卯[戼夘] | 5画，一级 | 卯常 戼异 夘异 | 卯常 |
| | 盲 | 8画，一级 | 常 | 常 | | 峁 | 8画，二级 | 罕 | |
| | 氓 | 8画，一级 | 常 | 常 | | 泖 | 8画，二级 | 次 | |
| | 茫 | 9画，一级 | 茫常 | 茫常 | | 昴 | 9画，二级 | 次 | |
| | 庬 | 9画，三级 | 庬次 | | | 铆(鉚) | 10画，二级 | 铆次 | |
| | 硭 | 11画，二级 | 硭次 | | mào | 芼 | 7画，二级 | 芼次 | |
| | 牻 | 11画，三级 | 牻次 | | | 茂 | 8画，一级 | 茂常 | 茂常 |
| mǎng | 莽 | 10画，一级 | 莽常 | 莽常 | | 眊 | 9画，二级 | 次 | |
| | 漭 | 13画，二级 | 漭次 | | | 冒[冐] | 9画，一级 | 冒常 冐罕 | 冒常 |
| | 蟒 | 16画，二级 | 蟒次 | 蟒常 | | 贸(貿) | 9画，一级 | 贸常 | 贸常 |
| māo | 猫❶[貓] | 11画，二级 | 貓常 貓异 | 貓常 | | | | | |
| máo | 毛 | 4画，一级 | 常 | 常 | | | | | |

❶猫：大陆繁体文本和台湾多作"貓"。
❷牦：大陆繁体文本和台湾用于"牦牛"多作"氂"。

| 读音 | 大陆 | 台湾 | 香港 |
|---|---|---|---|
| | 氁 10画,二级 | 氁次 | |
| | 衺 11画,二级 | 次 | |
| | 鄚 12画,三级 | 鄚次 | |
| | 帽[帽] 12画,一级 | 帽常 帽罕 | 帽常 |
| | 瑁 13画,二级 | 常 | 常 |
| | 楙 13画,三级 | 次 | |
| | 貌 14画,一级 | 常 | 常 |
| | 瞀 14画,二级 | 次 | |
| | 懋 17画,二级 | 次 | |
| me | 么❶(麽) 3画,一级 | 么常/麼常 麽异 | 麼常 |
| méi | 没❷ 7画,一级 | 沒常/没异 | 沒常 |
| | 玫 8画,一级 | 常 | 常 |
| | 枚 8画,一级 | 常 | 常 |
| | 眉 9画,一级 | 常 | 常 |
| | 莓 10画,二级 | 莓常 | 莓常 |
| | 梅[楳槑] 11画,一级 | 梅常 楳异 槑异 | 梅常 |
| | 郿 11画,二级 | 郿次 | |
| | 嵋 12画,二级 | 次 | |
| | 湄 12画,二级 | 次 | |
| | 媒 12画,一级 | 常 | 常 |
| | 瑂 13画,三级 | 罕 | |
| | 楣 13画,二级 | 次 | |
| | 煤 13画,一级 | 常 | 常 |
| | 酶 14画,二级 | 次 | |
| | 镅(鎇) 14画,三级 | 鎇罕 | |
| | 鹛(鶥) 14画,二级 | 鶥罕 | |
| | 霉❸(黴) 15画,一级 | 霉常/黴常 | 霉常/黴常 |
| měi | 每 7画,一级 | 常 | 常 |
| | 美 9画,一级 | 常 | 常 |
| | 浼 10画,三级 | 浼次 | |
| | 渼 12画,三级 | 次 | |
| | 媄 12画,三级 | 罕 | |
| | 镁(鎂) 14画,二级 | 鎂常 | 鎂常 |
| mèi | 妹 8画,一级 | 常 | 常 |
| | 昧 9画,一级 | 常 | 常 |
| | 袂 9画,二级 | 常 | 常 |
| | 寐 12画,二级 | 常 | 常 |
| | 媚 12画,二级 | 常 | 常 |
| | 魅 14画,一级 | 魅常 | 魅常 |

❶么:大陆繁体文本和台湾多作"麼",俗字作"麽"。"麽"另见113页"麽"字条。台湾的"么"是"幺"的省体,见189页"幺"字条。

❷没:大陆繁体文本和台湾作"沒",俗字作"没"。

❸霉:台湾用于"霉烂、霉变、霉菌、发霉、霉浆菌、青霉素"作"霉",也作"黴"。

| 读音 | 大 陆 | 台湾 | 香港 |
|---|---|---|---|
| mēn | 闷(悶) 7画,一级 | 悶常 | 悶常 |
| mén | 门(門) 3画,一级 | 門常 | 門常 |
| | 扪(捫) 6画,二级 | 捫常 | 捫常 |
| | 钔(鍆) 8画,三级 | 鍆次 | |
| | 璊(璊) 14画,三级 | 璊次 | |
| mèn | 焖(燜) 11画,二级 | 燜常 | 燜常 |
| | 懑(懣) 17画,二级 | 懣常 | 懣常 |
| men | 们(們) 5画,一级 | 們常 | 們常 |
| méng | 虻[蝱] 9画,二级 | 虻次 蝱异 | |
| | 鄸(鄸) 10画,三级 | 鄸次 | |
| | 萌 11画,一级 | 萌常 | 萌常 |
| méng<br>měng | 蒙❶ ㊀(矇 懞 濛);㊁(朦) 13画,一级 | 蒙常 矇常 濛常 懞次 | 蒙常 矇常 朦常 |
| méng | 盟 13画,一级 | 常 | 常 |
| | 甍 14画,二级 | 甍次 | |
| | 瞢 15画,二级 | 瞢次 | |
| | 嵫 16画,三级 | 嵫罕 | |
| | 檬 16画,三级 | 檬次 | |

| 读音 | 大 陆 | 台湾 | 香港 |
|---|---|---|---|
| | 檬 17画,一级 | 檬常 | 檬常 |
| | 朦 17画,一级 | 朦常 | 朦常 |
| | 鹲(鷭) 18画,三级 | 鷭次 | |
| | 礞 18画,三级 | 礞罕 | |
| | 朦 19画,二级 | 朦次 | |
| měng | 勐 10画,二级 | 异 | |
| | 猛 11画,一级 | 常 | 常 |
| | 锰(錳) 13画,一级 | 錳常 | 錳常 |
| | 蜢 14画,二级 | 常 | 常 |
| | 艋 14画,二级 | 次 | |
| | 獴 16画,二级 | 獴罕 | |
| | 懵 18画,二级 | 懵常 | 懵常 |
| | 蠓 19画,二级 | 蠓次 | |
| mèng | 孟 8画,一级 | 常 | 常 |
| | 梦❷(夢) 11画,一级 | 夢常 梦异 | 夢常 |

❶蒙:大陆繁体文本和台湾用于"蒙蔽、蒙面、蒙难、蒙骗、启蒙、愚蒙、弥蒙、蒙蒙(义为盛多的样子,如"微霜降之蒙蒙")。又义为昏暗不明的样子,如"云蒙蒙而蔽之"。又义为思虑阻塞的样子,如"心蒙蒙而未察")、蒙古(地名、民族名)、蒙头转向"作"蒙";用于"蒙眬、打蒙、昏蒙、蒙混过关"作"矇";用于"蒙骗""坑蒙拐骗"作"矇",也作"蒙";用于"迷蒙、空蒙、蒙蒙亮、白蒙蒙、灰蒙蒙、山色蒙蒙、蒙蒙细雨"多作"濛";用于"蒙昧""蒙懂"作"蒙",也作"懞"。

❷梦:大陆繁体字上部为艹,台湾、香港字形4画,中间断开。

# mī—miǎn

| 读音 | 大陆 | 台湾 | 香港 |
|---|---|---|---|
| mī | 咪 9画,一级 | 常 | 常 |
| mí | 弥❶(彌瀰) 8画,一级 | 彌常瀰常 弥异 | 彌常瀰常 |
| | 迷 9画,一级 | 迷常 | 迷常 |
| | 袮(禰) 9画,二级 | 禰次袮异 | |
| | 眯❷[瞇] 11画,一级 | 瞇常眯次 | 瞇常 |
| | 猕(獼) 11画,二级 | 獼次 | |
| | 谜(謎) 11画,一级 | 謎常 | 謎常 |
| | 醚 16画,二级 | 醚次 | |
| | 糜 17画,二级 | 糜常 | 糜常 |
| | 縻 17画,二级 | 縻次 | |
| | 麋 17画,二级 | 麋常 | 麋常 |
| | 靡 19画,一级 | 靡常 | 靡常 |
| | 蘼 22画,三级 | 蘼次 | |
| | 醾 24画,三级 | 醾次 | |
| mǐ | 米 6画,一级 | 常 | 常 |
| | 芈 7画,三级 | 芈罕 | |
| | 洣 9画,三级 | 罕 | |
| | 弭 9画,二级 | 常 | 常 |
| | 脒 10画,二级 | 罕 | |
| | 敉 10画,三级 | 次 | |
| mì | 汨 7画,二级 | 常 | 常 |

| 读音 | 大陆 | 台湾 | 香港 |
|---|---|---|---|
| | 觅(覓)[覔] 8画,一级 | 覓常覔异 | 覓常 |
| | 泌 8画,一级 | 常 | 常 |
| | 宓 8画,二级 | 次 | |
| | 祕❸ 9画,三级 | 常 | 常 |
| | 秘[祕]❹ 10画,一级 | 祕常秘次 | 祕常 |
| | 密 11画,一级 | 常 | 常 |
| | 幂[冪] 12画,二级 | 冪次冪异 | |
| | 谧(謐) 12画,二级 | 謐次 | |
| | 蓂 13画,三级 | 蓂次 | |
| | 嘧 14画,二级 | 次 | |
| | 蜜 14画,一级 | 常 | 常 |
| mián | 眠 10画,一级 | 常 | 常 |
| | 绵(綿)[緜] 11画,一级 | 綿常緜异 | 綿常 |
| | 棉 12画,一级 | 常 | 常 |
| miǎn | 丏 4画,二级 | 次 | |

❶弥:大陆繁体文本和台湾用于"弥补、弥缝、弥足、弥勒、沙弥、弥天大罪"作"彌",用于"河水弥弥"作"瀰"。"弥漫"用于水势、风雪等具体义(如"洪水四处弥漫")作"瀰",用于抽象义(如"弥漫着欢乐的气氛")作"彌"。

❷眯:台湾用于上下眼皮微合而互不接触(如"眯眼""眯缝着眼皮")作"瞇",用于灰沙等飞入眼中(如"播糠眯目""眯眼睛了")作"眯"。

❸祕:用于人名。另见111页"秘"字条。

❹"祕"另见111页"祕"字条。

| 读音 | 大陆 | 台湾 | 香港 |
|---|---|---|---|
| | 免 7画,一级 | 常 | 常 |
| | 沔 7画,二级 | 次 | |
| | 勉 9画,一级 | 常 | 常 |
| | 娩 10画,二级 | 常 | 常 |
| | 勔 11画,三级 | 异 | |
| | 冕 11画,一级 | 常 | 常 |
| | 偭 11画,三级 | 次 | |
| | 渑(澠) 11画,二级 | 澠次 | |
| | 湎 12画,二级 | 次 | |
| | 愐 12画,三级 | 罕 | |
| | 缅(緬) 12画,二级 | 緬常 | 緬常 |
| | 腼❶ 13画,二级 | 罕 | |
| | 鮸(鮸) 15画,三级 | 鮸次 | |
| miàn | 面❷(麵)[麪] 9画,一级 | 面常 麵常 麪异 | 面常 麪常 |
| | 眄 9画,二级 | 次 | |
| miāo | 喵 11画,二级 | 喵次 | |
| miáo | 苗 8画,一级 | 苗常 | 苗常 |
| | 描 11画,一级 | 描常 | 描常 |
| | 鹋(鶓) 13画,二级 | 鶓罕 | |
| | 瞄 13画,二级 | 瞄次 | 瞄常 |
| miǎo | 杪 8画,二级 | 次 | |

| 读音 | 大陆 | 台湾 | 香港 |
|---|---|---|---|
| | 眇[䁙] 9画,二级 | 眇次 䁙罕 | |
| | 秒 9画,一级 | 常 | 常 |
| | 淼❸ 12画,三级 | 次 | |
| | 渺[渺淼❹] 12画,一级 | 渺常 淼次 渺罕 | 渺常 |
| | 缈(緲) 12画,二级 | 緲次 | |
| | 藐 17画,一级 | 藐常 | 藐常 |
| | 邈 17画,二级 | 邈次 | |
| miào | 妙[玅] 7画,一级 | 妙常 玅次 | 妙常 |
| | 庙(廟) 8画,一级 | 廟常 庙异 | 廟常 |
| miē | 乜 2画,二级 | 次 | |
| | 咩[哶哔] 9画,二级 | 咩次 哔罕 哶异 | 咩常 |
| miè | 灭(滅) 5画,一级 | 滅常 | 滅常 |
| | 蔑(衊) 14画,一级 | 蔑常 衊次 | 蔑常 衊异 |
| | 篾 17画,二级 | 常 | 常 |
| mín | 民 5画,一级 | 常 | 常 |

❶腼:用于"腼腆",台湾多作"靦觍"。
❷面:大陆繁体文本和台湾用于"面部、面孔、面貌、面积、脸面、会面、表面、地面、场面、方面"作"面",用于"面粉、面饼、面包、面条、米面、汤面、挂面、药面、方便面"作"麵"。
❸淼:用于人名、地名。另见112页"渺"字条。
❹"淼"另见112页"淼"字条。

| 读音 | 大陆 | 台湾 | 香港 | 读音 | 大陆 | 台湾 | 香港 |
|---|---|---|---|---|---|---|---|
| | 苠 8画,三级 | 苠罕 | | | 茗 9画,二级 | 茗常 | 茗常 |
| | 旻 8画,二级 | 常 | | | 洺 9画,三级 | 次 | |
| | 岷 8画,二级 | 常 | 常 | | 冥[冥冥] 10画,一级 | 冥常冥罕冥罕 | 冥常 |
| | 忞 8画,三级 | 次 | | | 铭(銘) 11画,一级 | 銘常 | 銘常 |
| | 珉 9画,二级 | 异 | | | 溟 13画,二级 | 次 | |
| | 缗(緡) 12画,二级 | 緡次 | | | 暝 14画,二级 | 次 | |
| mǐn | 皿 5画,一级 | 常 | 常 | | 瞑 15画,二级 | 常 | 常 |
| | 闵(閔) 7画,二级 | 閔常 | 閔常 | | 螟 16画,二级 | 常 | 常 |
| | 抿 8画,二级 | 常 | 常 | mǐng | 酩 13画,二级 | 常 | 常 |
| | 黾(黽) 8画,二级 | 黽次黾异 | | mìng | 命[侖] 8画,一级 | 命常侖罕 | 命常 |
| | 泯[冺] 8画,二级 | 泯次冺罕 | | miù | 谬(謬) 13画,一级 | 謬常 | 謬常 |
| | 闽(閩) 9画,一级 | 閩常 | 閩常 | mō | 摸 13画,一级 | 摸常 | 摸常 |
| | 悯(憫) 10画,一级 | 憫常 | 憫常 | mó | 谟(謨)[嚜] 12画,二级 | 謨常嚜异 | 謨常 |
| | 敏 11画,一级 | 常 | 常 | | 馍(饃)[饝] 13画,一级 | 饃次饝异 | |
| | 湣 12画,三级 | 次 | | | 嫫 13画,二级 | 嫫次 | |
| | 愍 13画,三级 | 次 | | | 摹 14画,一级 | 摹常 | 摹常 |
| | 鳘(鰵) 19画,三级 | 鰵异 | | | 模 14画,一级 | 模常 | 模常 |
| míng | 名 6画,一级 | 常 | 常 | | 膜 14画,一级 | 膜常 | 膜常 |
| | 明 8画,一级 | 常 | 常 | | 麽❶ 14画,二级 | 麽常麽异 | 麽常 |
| | 鸣(鳴) 8画,一级 | 鳴常 | 鳴常 | | | | |

❶麽:用于"幺麽小丑"时不简作"么"。另见109页"么"字条。

| 读音 | 大陆 | | 台湾 | 香港 |
|---|---|---|---|---|
| | 摩 | 15画,一级 | 摩常 | 摩常 |
| | 磨 | 16画,一级 | 磨常 | 磨常 |
| | 嬤 | 17画,二级 | 嬤常 | 嬤常 |
| | 擵 | 18画,三级 | 擵罕 | |
| | 蘑 | 19画,一级 | 蘑常 | 蘑常 |
| | 魔 | 20画,一级 | 魔常 | 魔常 |
| mǒ | 抹 | 8画,一级 | 常 | 常 |
| mò | 末 | 5画,一级 | 常 | 常 |
| | 茉 | 8画,一级 | 茉常 | 茉常 |
| | 殁❶ | 8画,二级 | 殁常 殁异 | 殁常 |
| | 沫 | 8画,一级 | 常 | 常 |
| | 陌 | 8画,一级 | 陌常 | 陌常 |
| | 莫 | 10画,一级 | 莫常 | 莫常 |
| | 秣 | 10画,二级 | 常 | 常 |
| | 蓦(驀) | 13画,二级 | 驀常 | 驀常 |
| | 貊 | 13画,二级 | 常 | |
| | 漠 | 13画,一级 | 漠常 | 漠常 |
| | 寞 | 13画,一级 | 寞常 | 寞常 |
| | 鞡 | 14画,二级 | 次 | |
| | 墨 | 15画,一级 | 常 | 常 |
| | 镆(鏌) | 15画,三级 | 鏌次 | |
| | 瘼 | 15画,二级 | 瘼次 | |
| | 默 | 16画,一级 | 常 | 常 |
| | 貘 | 17画,二级 | 貘次 | |
| | 缫(繆) | 18画,三级 | 繆次 | |
| | 糒 | 22画,二级 | 糒罕 | |
| mōu | 哞 | 9画,二级 | 罕 | |
| móu | 牟 | 6画,二级 | 常 | 常 |
| | 侔 | 8画,二级 | 次 | |
| | 眸 | 11画,二级 | 常 | 常 |
| | 谋(謀) | 11画,一级 | 謀常 | 謀常 |
| | 蛑 | 12画,三级 | 罕 | |
| | 缪(繆) | 14画,二级 | 繆常 | 繆常 |
| | 鍪 | 17画,二级 | 次 | |
| mǒu | 某 | 9画,一级 | 常 | 常 |
| mú | 毪 | 10画,二级 | 罕 | |
| mǔ | 母 | 5画,一级 | 常 | 常 |
| | 牡 | 7画,一级 | 常 | 常 |
| | 亩(畝)[畂 畆 畞 畮] | 7画,一级 | 畝常 畂罕 畆异 畮异 畞异 | 畝常 |
| | 拇 | 8画,一级 | 常 | 常 |
| | 姆 | 8画,一级 | 常 | 常 |

❶殁:大陆繁体文本、台湾、香港常见字形作"殁",俗字作"殁"。

| 读音 | 大陆 | | 台湾 | 香港 |
|---|---|---|---|---|
| | 姆(鉧) | 10画,三级 | 姆次 | |
| | 踇 | 12画,三级 | 罕 | |
| mù | 木 | 4画,一级 | 常 | 常 |
| | 目 | 5画,一级 | 常 | 常 |
| | 仫 | 5画,二级 | 罕 | |
| | 沐 | 7画,一级 | 常 | 常 |
| | 苜 | 8画,二级 | 苜常 | |
| | 牧 | 8画,一级 | 常 | 常 |
| | 钼(鉬) | 10画,二级 | 鉬次 | |
| | 募 | 12画,一级 | 募常 | 募常 |
| | 墓 | 13画,一级 | 墓常 | 墓常 |
| | 幕[幙] | 13画,一级 | 幕常幙次 | 幕常 |
| | 睦 | 13画,一级 | 睦常 | 睦常 |
| | 慕 | 14画,一级 | 慕常 | 慕常 |
| | 暮 | 14画,一级 | 暮常 | 暮常 |
| | 穆 | 16画,一级 | 常 | 常 |
| **N** | | | | |
| ná | 拿[舍挐挐] | 10画,一级 | 拿常挐次挐次舍罕 | 拿常 |
| | 镎(鎿) | 15画,三级 | 鎿罕 | |
| nǎ | 哪 | 8画,三级 | 罕 | |
| | 哪 | 9画,一级 | 哪常 | 哪常 |

| 读音 | 大陆 | | 台湾 | 香港 |
|---|---|---|---|---|
| nà | 那 | 6画,一级 | 那常 | 那常 |
| | 呐 | 7画,一级 | 呐常 | 呐常 |
| | 纳(納) | 7画,一级 | 納常 | 納常 |
| | 肭 | 8画,三级 | 肭罕 | |
| | 莋 | 9画,三级 | 莋罕 | |
| | 钠(鈉) | 9画,一级 | 鈉常 | 鈉常 |
| | 衲 | 9画,二级 | 衲次 | |
| | 娜 | 9画,一级 | 娜常 | 娜常 |
| | 捺 | 11画,一级 | 次 | |
| nǎi | 乃❶[迺迺] 2画,一级 | | 乃常迺常迺异 | 乃常迺常 |
| | 艿 | 5画,二级 | 艿罕 | |
| | 奶[妳❷嬭] 5画,一级 | | 奶常妳次嬭次 | 奶常妳常 |
| | 氖 | 6画,二级 | 常 | 常 |
| | 迺❸ | 9画,三级 | 迺常 | |
| nài | 奈 | 8画,一级 | 常 | 常 |
| | 佴 | 8画,三级 | 次 | |
| | 柰 | 9画,二级 | 次 | |

❶乃:台湾用于"乃父、乃尔、乃至、乃是、失败乃成功之母"作"乃",用于"今乃知之""甘乃迪(人名,美国总统)"作"迺"。"迺"另见115页"迺"字条。

❷"妳"另见117页"你"字条。

❸迺:用于人名、地名。另见115页"乃"字条。

| 读音 | 大陆 | 台湾 | 香港 | 读音 | 大陆 | 台湾 | 香港 |
|---|---|---|---|---|---|---|---|
|  | 耐 9画,一级 | 常 | 常 |  | 挠(撓) 9画,一级 | 撓常 | 撓常 |
|  | 萘 11画,二级 | 萘罕 |  |  | 猱 10画,三级 | 猱次 |  |
|  | 鼐 14画,二级 | 次 |  |  | 硇 11画,二级 | 罕 |  |
| nān | 囡 6画,二级 | 次 |  |  | 铙(鐃) 11画,二级 | 鐃常 | 鐃常 |
| nán | 男 7画,一级 | 常 | 常 |  | 蛲(蟯) 12画,二级 | 蟯常 | 蟯常 |
|  | 南 9画,一级 | 常 | 常 |  | 猵 12画,二级 | 次 |  |
|  | 难(難) 10画,一级 | 難常难异 | 難常 | nǎo | 垴 9画,三级 | 罕 |  |
|  | 萳 12画,三级 | 萳罕 |  |  | 恼(惱) 9画,一级 | 惱常恼异 | 惱常 |
|  | 喃 12画,二级 | 常 | 常 |  | 脑(腦) 10画,一级 | 腦常 | 腦常 |
|  | 楠[柟枏] 13画,二级 | 楠常柟次枏异 | 楠常 |  | 瑙 13画,一级 | 常 | 常 |
| nǎn | 赧 11画,二级 | 常 | 常 | nào | 闹(鬧)[閙] 8画,一级 | 鬧常閙异 | 鬧常 |
|  | 腩 13画,二级 | 腩次 |  |  | 淖 11画,二级 | 次 |  |
|  | 蝻 15画,二级 | 罕 |  |  | 臑 18画,三级 | 臑次 |  |
| nàn | 婻 12画,三级 | 罕 |  | nè | 讷(訥) 6画,二级 | 訥常 | 訥常 |
| nāng | 囔 25画,二级 | 次 |  | ne | 呢 8画,一级 | 呢常 | 呢常 |
| náng | 囊 22画,一级 | 常 | 常 | něi | 馁(餒) 10画,一级 | 餒常 | 餒常 |
|  | 馕(饢) 25画,二级 | 饢罕 |  | nèi | 内 4画,一级 | 内常 | 内常 |
| nǎng | 曩 21画,二级 | 次 |  | nèn | 恁 10画,二级 | 恁次 |  |
|  | 攮 25画,二级 | 次 |  |  | 嫩[嫰] 14画,一级 | 嫩常嫰异 | 嫩常 |
| nàng | 齉 36画,二级 | 次 |  |  |  |  |  |
| nāo | 孬 10画,二级 | 次 |  |  |  |  |  |
| náo | 呶 8画,二级 | 常 | 常 |  |  |  |  |

| 读音 | 大陆 | 台湾 | 香港 |
|---|---|---|---|
| néng | 能 10画，一级 | 能常 | 能常 |
| ńg | 嗯 13画，二级 | 常 | 常 |
| nī | 妮 8画，一级 | 妮常 | 妮常 |
| ní | 尼❶ 5画，一级 | 尼常 | 尼 |
| | 伲 7画，三级 | 伲异 | |
| | 坭 8画，二级 | 坭次 | |
| | 泥 8画，一级 | 泥常 | 泥常 |
| | 怩 8画，二级 | 怩次 | |
| | 铌(鈮) 10画，二级 | 鈮次 | |
| | 倪 10画，二级 | 常 | 常 |
| | 猊 11画，三级 | 次 | |
| | 輗(輗) 12画，三级 | 輗次 | |
| | 霓[蜺] 16画，二级 | 霓常蜺次 | 霓常 |
| | 麑(麑) 16画，三级 | 麑次 | |
| | 鲵(鯢) 16画，二级 | 鯢次 | |
| | 麝 19画，三级 | 麝次 | |
| nǐ | 拟(擬)[儗] 7画，一级 | 擬常儗次 拟异 | 擬常 |
| | 你❷[妳] 7画，一级 | 你常妳常 | 你常 妳常 |
| | 旎 11画，二级 | 旎常 | 旎常 |
| | 薿 17画，三级 | 薿次 | |
| nì | 昵[暱] 9画，二级 | 昵次暱次 | |
| | 逆 9画，一级 | 逆常 | 逆常 |
| | 匿 10画，一级 | 匿常 | 匿常 |
| | 眤 10画，三级 | 眤罕 | |
| | 睨 13画，二级 | 常 | 常 |
| | 腻(膩) 13画，一级 | 膩常 | 膩常 |
| | 溺 13画，一级 | 常 | 常 |
| niān | 拈 8画，二级 | 常 | 常 |
| | 蔫 14画，二级 | 蔫次 | |
| nián | 年[秊] 6画，一级 | 年常秊异 | 年常 |
| | 鲇(鮎) 13画，二级 | 鮎次 | |
| | 黏 17画，二级 | 常 | 常 |
| niǎn | 捻 11画，一级 | 捻常 | 捻常 捻异 |
| | 辇(輦) 12画，二级 | 輦常 | 輦常 |
| | 撵(攆) 15画，一级 | 攆常 | 攆常 |
| | 碾 15画，一级 | 常 | 常 |
| niàn | 廿 4画，二级 | 常 | 常 |

❶尼：字形下部的匕，大陆、香港起笔为撇，台湾为横。

❷你：台湾用于"你们""你死我活"作"你"，用于女性第二人称作"妳"。"妳"另见115页"奶"字条。

| 读音 | 大陆 | 台湾 | 香港 |
|---|---|---|---|
| niàn | 念❶[唸] 8画,一级 | 念常唸常 | 念常唸常念异 |
| | 埝 11画,二级 | 埝罕 | |
| niáng | 娘[孃] 10画,一级 | 娘常孃次 | 娘常 |
| niàng | 酿(釀) 14画,一级 | 釀常 | 釀常 |
| niǎo | 鸟(鳥) 5画,一级 | 鳥常 | 鳥常 |
| | 茑(蔦) 8画,二级 | 蔦次 | |
| | 袅❷(裊)[嫋嬝] 10画,二级 | 裊常嬝常嫋次裊次 | 裊常嬝常 |
| niào | 尿 7画,一级 | 常 | 常 |
| | 脲 11画,二级 | 罕 | |
| niē | 捏[揑] 10画,一级 | 捏常揑异 | 捏常揑异 |
| niè | 陧 9画,三级 | 陧次 | |
| | 聂(聶) 10画,一级 | 聶常 | 聶常 |
| | 臬 10画,二级 | 常 | |
| | 涅[湼] 10画,二级 | 涅次湼异 | |
| | 苶 11画,三级 | 苶异 | |
| | 啮(嚙)[齧囓] 11画,二级 | 嚙次齧次囓次 | |
| | 嗫(囁) 13画,二级 | 囁常 | 囁常 |

| 读音 | 大陆 | 台湾 | 香港 |
|---|---|---|---|
| | 嵲 13画,三级 | 次 | |
| | 闑(闑) 13画,三级 | 闑次 | |
| | 锘(鋢) 15画,二级 | 鋢次 | |
| | 镍(鎳) 15画,二级 | 鎳常 | 鎳常 |
| | 颞(顳) 16画,二级 | 顳次 | |
| | 蹑(躡) 17画,二级 | 躡常 | 躡常 |
| | 孽[孼] 19画,一级 | 孽常孼异 | 孽常 |
| | 蘖 20画,二级 | 櫱次蘖异 | |
| | 糵 22画,三级 | 櫱次蘖异 | |
| nín | 您 11画,一级 | 常 | 常 |
| níng | 宁(寧)[寍甯❸] 5画,一级 | 寧常甯次宁次寧异 | 寧常 |
| | 苧(薴) 8画,三级 | 薴次 | |
| | 咛(嚀) 8画,二级 | 嚀常 | 嚀常 |
| | 狞(獰) 8画,一级 | 獰常 | 獰常 |

❶念:台湾用于"念头、念珠、念旧、思念、想念、怀念、信念、念奴娇(词牌名)、念念有词"作"念",用于"念诵、念书、念经、念咒"作"念",也作"唸"。

❷袅:台湾用于"垂杨袅袅、炊烟袅袅、余音袅袅"作"袅"或"嫋";用于"袅娜"作"袅",也作"嬝"或"嫋"。

❸甯:另见119页"甯"字条。

| 读音 | 大陆 | 台湾 | 香港 |
|---|---|---|---|
| níng | 柠(檸) 9画,一级 | 檸常 | 檸常 |
| | 聍(聹) 11画,三级 | 聹次 | |
| | 凝 16画,一级 | 凝常 | 凝常 |
| nǐng | 拧(擰) 8画,一级 | 擰常 | 擰常 |
| nìng | 佞 7画,二级 | 常 | 常 |
| | 泞(濘) 8画,一级 | 濘常 | 濘常 |
| | 甯❶ 12画,三级 | 甯次 | |
| niū | 妞 7画,二级 | 妞常 | 妞常 |
| niú | 牛 4画,一级 | 常 | 常 |
| niǔ | 扭 7画,二级 | 扭常 | 扭常 |
| | 狃 7画,三级 | 狃次 | |
| | 忸 7画,二级 | 忸次 | |
| | 纽(紐) 7画,一级 | 紐常 | 紐常 |
| | 杻 8画,二级 | 杻次 | |
| | 钮(鈕) 9画,一级 | 鈕常 | 鈕常 |
| nóng | 农(農)[辳] 6画,一级 | 農常 辳异 | 農常 |
| | 侬(儂) 8画,二级 | 儂常 | 儂常 |
| | 哝(噥) 9画,二级 | 噥常 | 噥常 |
| | 浓(濃) 9画,一级 | 濃常 | 濃常 |
| | 脓(膿) 10画,一级 | 膿常 | 膿常 |
| | 秾(穠) 11画,二级 | 穠次 | |
| | 酦(醲) 13画,三级 | 醲次 | |
| nòng lòng | 弄❷㊀[挊]; ㊁[衖] 7画,一级 | 弄常 衖次 挊异 | 弄常 |
| nòu | 耨 16画,二级 | 耨次 | |
| nú | 奴 5画,一级 | 常 | 常 |
| | 孥 8画,二级 | 次 | |
| | 驽(駑) 8画,二级 | 駑常 | 駑常 |
| nǔ | 笯 11画,三级 | 次 | |
| | 努 7画,一级 | 常 | 常 |
| | 弩 8画,二级 | 常 | 常 |
| | 砮 10画,三级 | 次 | |
| | 胬 11画,二级 | 罕 | |
| nù | 怒 9画,一级 | 常 | 常 |
| | 傉 12画,三级 | 罕 | |
| nǚ | 女 3画,一级 | 常 | 常 |
| | 钕(釹) 8画,二级 | 釹次 | |
| nǜ | 恧 10画,三级 | 次 | |

❶甯:用于姓、人名。另见118页"宁"字条。
❷弄:大陆繁体文本和台湾用于"弄堂、里弄、大街小弄"作"衖"。

| 读音 | 大陆 | 台湾 | 香港 | 读音 | 大陆 | 台湾 | 香港 |
|---|---|---|---|---|---|---|---|
| | 衄[朒䘐] 10画,二级 | 衄次 䘐罕 朒异 | | | 鸥(鷗) 9画,一级 | 鷗常 | 鷗常 |
| nuǎn | 暖[煖昳煗] 13画,一级 | 暖常 煖次 昳异 煗异 | 暖常 | ǒu | 呕 4画,三级 | 罕 | |
| nüè | 疟(瘧) 8画,一级 | 瘧常 | 瘧常 | | 呕(嘔) 7画,一级 | 嘔常 | 嘔常 |
| | 疟 9画,一级 | 常 | 常 | | 怄(慪) 8画,二级 | 慪次 | |
| nuó | 挪 9画,一级 | 挪常 | 挪常 | | 偶 11画,一级 | 常 | 常 |
| | 傩(儺) 12画,二级 | 儺次 | | | 耦 15画,二级 | 耦次 | |
| nuò | 诺(諾) 10画,一级 | 諾常 | 諾常 | | 藕 18画,一级 | 藕常 | 藕常 |
| | 喏 11画,二级 | 喏次 | | òu | 沤(漚) 7画,一级 | 漚次 | |
| | 搦 13画,二级 | 次 | | | 怄(慪) 7画,二级 | 慪罕 | |
| | 锘(鍩) 13画,三级 | 鍩罕 | | **P** | | | |
| | 懦 17画,一级 | 懦常 | 懦常 | pā | 趴 9画,一级 | 常 | 常 |
| | 糯[稬稬] 20画,一级 | 糯常 稬异 稬异 | 糯常 | | 肥 10画,三级 | 罕 | |
| **O** | | | | | 啪 11画,一级 | 常 | 常 |
| ō | 噢 15画,二级 | 噢常 | 噢常 | | 葩 12画,二级 | 葩常 | 葩常 |
| ōu | 讴(謳) 6画,二级 | 謳次 | | pá | 杷 8画,一级 | 常 | 常 |
| | 瓯(甌) 8画,二级 | 甌常 | 甌常 | | 爬 8画,一级 | 常 | 常 |
| | 欧(歐) 8画,一级 | 歐常 欧异 | 歐常 | | 耙 10画,一级 | 耙常 | 耙常 |
| | 殴(毆) 8画,一级 | 毆常 殴异 | 毆常 | | 琶 12画,二级 | 常 | 常 |
| | | | | | 筢 13画,二级 | 罕 | |
| | | | | | 潖 15画,三级 | 罕 | |
| | | | | pà | 帕 8画,一级 | 常 | 常 |

| 读音 | 大陆 | | 台湾 | 香港 | 读音 | 大陆 | | 台湾 | 香港 |
|---|---|---|---|---|---|---|---|---|---|
| | 怕 | 8画,一级 | 常 | 常 | | 盼 | 9画,一级 | 常 | 常 |
| pāi | 拍 | 8画,一级 | 常 | 常 | | 叛 | 9画,一级 | 叛常 | 叛常 |
| pái | 俳 | 10画,二级 | 俳常 | 俳常 | | 畔 | 10画,一级 | 常 | 常 |
| | 排 | 11画,一级 | 排常 | 排常 | | 袢 | 10画,二级 | 次 | |
| | 徘 | 11画,一级 | 徘常 | 徘常 | | 襻 | 24画,二级 | 罕 | |
| | 牌 | 12画,一级 | 常 | 常 | pāng | 乓 | 6画,一级 | 常 | 常 |
| | 簰 | 18画,三级 | 罕 | | | 雱 | 12画,二级 | 雱次 | |
| pài | 哌 | 9画,二级 | 异 | | | 滂 | 13画,一级 | 常 | 常 |
| | 派 | 9画,一级 | 常 | 常 | páng | 彷 | 7画,二级 | 常 | 常 |
| | 蒎 | 12画,三级 | 蒎罕 | | | 庞(龐) 8画,一级 | | 龐常 | 龐常 |
| | 湃 | 12画,一级 | 常 | 常 | | 逢 | 9画,二级 | 逢次 | |
| pān | 潘 | 15画,一级 | 常 | 常 | | 旁 | 10画,一级 | 常 | 常 |
| | 攀 | 19画,一级 | 常 | 常 | | 螃 | 16画,一级 | 常 | 常 |
| pán | 爿 | 4画,二级 | 罕 | | | 鳑(鰟) 18画,三级 | | 鰟异 | |
| | 盘(盤) 11画,一级 | | 盤常 | 盤常 | pǎng | 耪 | 16画,二级 | 耪次 | |
| | 槃 | 14画,三级 | 次 | | pàng | 胖 | 9画,一级 | 胖常 | 胖常 |
| | 磐 | 15画,二级 | 常 | 常 | pāo | 抛❶ | 7画,一级 | 抛常 抛异 | 抛常 |
| | 磻 | 17画,三级 | 次 | | | 脬 | 11画,二级 | 脬次 | |
| | 蹒(蹣) 17画,二级 | | 蹣常 | 蹣常 | páo | 咆 | 8画,二级 | 常 | 常 |
| | 蟠 | 18画,二级 | 次 | | | 狍 | 8画,二级 | 罕 | |
| pàn | 判 | 7画,一级 | 常 | 常 | | 庖 | 8画,二级 | 常 | 常 |
| | 泮 | 8画,二级 | 次 | | | | | | |

❶抛:台湾作"拋"(5画)。

| 读音 | 大 陆 | 台湾 | 香港 |
|---|---|---|---|
| | 袍　10画，一级 | 常 | 常 |
| | 匏　11画，二级 | 常 | 常 |
| pǎo | 跑　12画，一级 | 常 | 常 |
| pào | 泡　8画，一级 | 常 | 常 |
| | 炮〔砲礮〕　9画，一级 | 炮常 砲次 礮异 | 炮常 砲常 |
| | 疱❶〔皰〕　10画，二级 | 皰常 疱异 | 皰常 |
| pēi | 呸　8画，二级 | 常 | 常 |
| | 胚〔肧〕　9画，一级 | 胚常 肧异 | 胚常 |
| | 怀　10画，三级 | 次 | |
| | 醅　15画，二级 | 次 | |
| péi | 陪　10画，一级 | 陪常 | 陪常 |
| | 培　11画，一级 | 常 | 常 |
| | 赔（賠）　12画，一级 | 賠常 | 賠常 |
| | 锫（錇）　13画，三级 | 錇罕 | |
| | 裴　14画，二级 | 裴常 | 裴常 |
| pèi | 沛　7画，一级 | 常 | 常 |
| | 帔　8画，二级 | 次 | |
| | 佩　8画，一级 | 常 | 常 |
| | 配　10画，一级 | 常 | 常 |
| | 旆　10画，二级 | 次 | |
| | 辔（轡）　13画，二级 | 轡常 | 轡常 |

| 读音 | 大 陆 | 台湾 | 香港 |
|---|---|---|---|
| | 霈　15画，二级 | 霈次 | |
| pēn | 喷（噴）　12画，一级 | 噴常 | 噴常 |
| pén | 盆　9画，一级 | 常 | 常 |
| | 湓　12画，三级 | 次 | |
| pēng | 抨　8画，二级 | 常 | 常 |
| | 怦　8画，二级 | 次 | |
| | 砰　10画，一级 | 常 | 常 |
| | 烹　11画，一级 | 常 | 常 |
| | 嘭　15画，二级 | 罕 | |
| péng | 芃　6画，三级 | 芃次 | |
| | 朋　8画，一级 | 常 | 常 |
| | 堋　11画，二级 | 次 | |
| | 淜　11画，三级 | 次 | |
| | 弸　11画，三级 | 次 | |
| | 彭　12画，一级 | 常 | 常 |
| | 棚　12画，一级 | 常 | 常 |
| | 蓬　13画，一级 | 蓬常 | 蓬常 |
| | 硼　13画，二级 | 常 | 常 |
| | 鹏（鵬）　13画，一级 | 鵬常 | 鵬常 |
| | 澎　15画，一级 | 常 | 常 |
| | 篷　16画，一级 | 篷常 | 篷常 |

❶疱：台湾用于"面疱"多作"皰"。

| 读音 | 大陆 | 台湾 | 香港 | 读音 | 大陆 | 台湾 | 香港 |
|---|---|---|---|---|---|---|---|
| | 膨 16画,一级 | 膨常 | 膨常 | | 蚍 10画,二级 | 蚍次 | |
| | 蟛 18画,二级 | 次 | | | 铍(鈹) 10画,二级 | 鈹次 | |
| pěng | 捧 11画,一级 | 常 | 常 | | 郫 10画,二级 | 郫次 | |
| pèng | 椪 12画,二级 | 次 | | | 疲 10画,二级 | 常 | 常 |
| | 碰❶[踫掽] 13画,一级 | 碰常 踫常 掽次 | 碰常 踫常 掽常 | | 陴 10画,三级 | 陴常 | |
| pī | 丕 5画,二级 | 常 | 常 | | 啤 11画,一级 | 常 | 常 |
| | 批 7画,一级 | 批常 | 批常 | | 琵 12画,二级 | 琵常 | 琵常 |
| | 邳 7画,二级 | 邳次 | | | 脾 12画,二级 | 脾常 | 脾常 |
| | 伾 7画,三级 | 次 | | | 鲏(鮍) 13画,三级 | 鮍罕 | |
| | 纰(紕) 7画,二级 | 紕常 | 紕常 | | 蜱 14画,二级 | 次 | |
| | 坯 8画,一级 | 次 | | | 罴(羆) 14画,二级 | 羆次 | |
| | 披 8画,一级 | 常 | 常 | | 貔 17画,二级 | 貔次 | |
| | 狉 8画,三级 | 次 | | | 鼙 21画,二级 | 常 | 常 |
| | 驱(駓) 8画,三级 | 駓次 | | pǐ | 匹❷[疋] 4画,一级 | 匹常 疋常 | 匹常 疋常 |
| | 砒 9画,二级 | 砒次 | | | 圮 6画,二级 | 次 | |
| | 劈 15画,一级 | 常 | 常 | | 仳 6画,三级 | 仳常 | 仳常 |
| | 噼 16画,二级 | 罕 | | | 苉 7画,三级 | 苉罕 | |
| | 霹 21画,一级 | 霹常 | 霹常 | | 痞 12画,二级 | 常 | 常 |
| pí | 皮 5画,一级 | 常 | 常 | | | | |
| | 陂 7画,二级 | 陂次 | | | | | |
| | 枇 8画,二级 | 枇常 | 枇常 | | | | |
| | 毗[毘] 9画,二级 | 毗常 毘次 | 毗常 | | | | |

❶碰:台湾作"碰",也作"踫"或"掽"。
❷匹:台湾用于"马匹、匹配、匹敌、一匹马、匹夫有责、匹马单枪"作"匹";用于"一匹布"作"匹",也作"疋"。

| 读音 | 大陆 | 台湾 | 香港 | 读音 | 大陆 | 台湾 | 香港 |
|---|---|---|---|---|---|---|---|
| pì | 癖 18画,二级 | 常 | 常 | piǎn | 谝(諞) 11画,二级 | 諞次 | |
| | 嚭 19画,三级 | 次 | | | 埨 12画,三级 | 罕 | |
| | 屁 7画,一级 | 屁常 | 屁常 | piàn | 片 4画,一级 | 常 | 常 |
| | 埤 11画,二级 | 常 | | | 骗(騙) 12画,一级 | 騙常 | 騙常 |
| | 淠 11画,二级 | 次 | | piāo | 剽 13画,二级 | 常 | 常 |
| | 睥 13画,二级 | 常 | 常 | | 漂 14画,一级 | 常 | 常 |
| | 辟(闢)❶ 13画,一级 | 辟常 闢常 | 辟常 闢常 | | 缥(縹) 14画,二级 | 縹次 | |
| | 媲 13画,二级 | 媲常 | 媲常 | | 飘(飄)[飈] 15画,一级 | 飄常 飈异 | 飄常 |
| | 僻 15画,一级 | 常 | 常 | | 螵 17画,二级 | 次 | |
| | 澼 16画,三级 | 次 | | piáo | 嫖 14画,二级 | 常 | 常 |
| | 甓 17画,三级 | 甓次 | | | 瓢 16画,一级 | 常 | 常 |
| | 鹎(鷿) 18画,三级 | 鷿罕 | | | 薸 17画,三级 | 薸罕 | |
| | 譬 20画,一级 | 常 | 常 | piǎo | 殍 11画,二级 | 次 | |
| piān | 偏 11画,一级 | 偏常 | 偏常 | | 瞟 16画,二级 | 常 | 常 |
| | 犏 13画,二级 | 犏罕 | | piào | 票 11画,一级 | 常 | 常 |
| | 篇 15画,一级 | 篇常 | 篇常 | | 萍 14画,三级 | 萍次 | |
| | 翩 15画,一级 | 翩常 | 翩常 | | 嘌 14画,二级 | 次 | |
| pián | 骈(駢) 9画,二级 | 駢常 | 駢常 | piē | 氕 5画,三级 | 次 | |
| | 胼 10画,二级 | 胼次 | | | | | |
| | 腁 12画,三级 | 罕 | | | | | |
| | 楩 13画,三级 | 次 | | | | | |
| | 蹁 16画,二级 | 蹁次 | | | | | |

❶辟:大陆繁体文本和台湾用于"复辟、大辟、征辟、辟除、辟邪、辟谣、辟谷、鞭辟入里"作"辟",用于"辟田、辟建、辟划、开辟、垦辟、精辟、开天辟地"作"闢"。

| 读音 | 大陆 | 台湾 | 香港 |
|---|---|---|---|
| | 嫳 16画,二级 | 常 | 常 |
| piě | 苤 8画,二级 | 苤罕 | |
| | 撇 14画,一级 | 常 | 常 |
| | 鐅(鐅) 16画,三级 | 鐅罕 | |
| pīn | 拼 9画,一级 | 常 | 常 |
| | 姘 9画,二级 | 常 | 常 |
| pín | 玭 8画,二级 | 玭次 | |
| | 贫(貧) 8画,一级 | 貧常 | 貧常 |
| | 频(頻) 13画,一级 | 頻常 | 頻常 |
| | 嫔(嬪) 13画,二级 | 嬪常 | 嬪常 |
| | 蘋❶(蘋) 16画,三级 | 蘋常 | 蘋常 |
| | 颦(顰) 21画,二级 | 顰常 | 顰常 |
| pǐn | 品 9画,一级 | 常 | 常 |
| pìn | 牝 6画,二级 | 牝常 | 牝常 |
| | 聘 13画,一级 | 常 | 常 |
| pīng | 乒 6画,一级 | 常 | 常 |
| | 俜 9画,三级 | 次 | |
| | 涄 10画,三级 | 罕 | |
| | 娉 10画,二级 | 次 | |
| píng | 平 5画,一级 | 常 | 常 |
| | 评(評) 7画,一级 | 評常 | 評常 |
| | 坪 8画,一级 | 常 | 常 |
| | 苹(蘋)❷ 8画,一级 | 蘋常 苹次 | 蘋常 |
| | 凭(憑)[凴] 8画,一级 | 憑常 凴异 凭异 | 憑常 |
| | 泙 8画,三级 | 次 | |
| | 枰 9画,三级 | 罕 | |
| | 荓 9画,三级 | 荓罕 | |
| | 帡 9画,三级 | 次 | |
| | 洴 9画,三级 | 次 | |
| | 屏 9画,一级 | 常 | 常 |
| | 瓶[缾] 10画,一级 | 瓶常 缾次 | 瓶常 |
| | 萍 11画,一级 | 萍常 | 萍常 |
| | 蚲 11画,三级 | 罕 | |
| | 鲆(鮃) 13画,二级 | 鮃罕 | |
| pō | 钋(釙) 7画,二级 | 釙次 | |
| | 坡 8画,一级 | 常 | 常 |
| | 泼(潑) 8画,一级 | 潑常 | 潑常 |
| | 钹(鏺) 10画,二级 | 鏺罕 | |

❶蘋:用于植物名。"蘋"另见125页"苹"字条。

❷"蘋"另见125页"蘋"字条。

| 读音 | 大 陆 | 台湾 | 香港 |
|---|---|---|---|
|  | 颇(頗) 11画, 一级 | 頗常 | 頗常 |
|  | 酸(醱) 12画, 三级 | 醱次 |  |
| pó | 婆 11画, 一级 | 常 | 常 |
|  | 鄱 14画, 二级 | 鄱常 | 鄱常 |
|  | 皤 17画, 二级 | 次 |  |
| pǒ | 叵 5画, 二级 | 常 | 常 |
|  | 钷(鉕) 10画, 三级 | 鉕罕 |  |
|  | 笸 11画, 二级 | 罕 |  |
| pò | 迫[廹] 8画, 一级 | 迫常 廹异 | 迫常 |
|  | 珀 9画, 二级 | 常 | 常 |
|  | 破 10画, 一级 | 常 | 常 |
|  | 粕 11画, 二级 | 次 | 常 |
|  | 魄 14画, 一级 | 魄常 | 魄常 |
| pōu | 剖 10画, 一级 | 常 | 常 |
| póu | 抔 7画, 二级 | 次 |  |
|  | 掊 11画, 二级 | 次 |  |
|  | 裒 12画, 二级 | 次 |  |
| pū | 扑(撲) 5画, 一级 | 撲常 扑次 | 撲常 |
|  | 铺(鋪)[舖] 12画, 一级 | 鋪常 舖罕 | 鋪常 |
|  | 噗 15画, 二级 | 常 | 常 |
|  | 潽 15画, 三级 | 罕 |  |

| 读音 | 大 陆 | 台湾 | 香港 |
|---|---|---|---|
| pú | 仆❶(僕) 4画, 一级 | 仆常 僕常 | 仆常 僕常 |
|  | 匍 9画, 二级 | 常 | 常 |
|  | 莆 10画, 二级 | 莆次 |  |
|  | 菩 11画, 一级 | 菩常 | 菩常 |
|  | 脯 11画, 一级 | 脯常 | 脯常 |
|  | 葡 12画, 一级 | 葡常 | 葡常 |
|  | 蒱 13画, 三级 | 蒱次 |  |
|  | 蒲 13画, 一级 | 蒲常 | 蒲常 |
|  | 酺 14画, 三级 | 次 |  |
|  | 墣 15画, 三级 | 次 |  |
|  | 璞 16画, 二级 | 次 |  |
|  | 镤(鏷) 17画, 三级 | 鏷次 |  |
|  | 穙 17画, 三级 | 罕 |  |
|  | 濮 17画, 二级 | 次 |  |
| pǔ | 朴❷(樸) 6画, 一级 | 朴常 樸常 | 朴常 樸常 |
|  | 埔 10画, 二级 | 常 | 常 |
|  | 圃 10画, 二级 | 常 | 常 |
|  | 浦 10画, 一级 | 常 | 常 |

❶仆: 大陆繁体文本和台湾用于"仆倒、僵仆、仆、前仆后继"作"仆",用于"仆人、仆从、仆射(古代官名)、女仆、公仆、风尘仆仆"作"僕"。

❷朴: 大陆繁体文本和台湾用于"朴素、朴实、古朴、纯朴、简朴"作"樸",用于"朴刀、朴硝、冀朴(植物名)、抱朴子(书名)"和姓作"朴"。

| 读音 | 大陆 | 台湾 | 香港 |
|---|---|---|---|
| | 普 12画,一级 | 常 | 常 |
| | 溥 13画,二级 | 常 | 常 |
| | 谱(譜) 14画,一级 | 譜常 | 譜常 |
| | 氆 16画,二级 | 罕 | |
| | 错(錯) 17画,三级 | 錯次 | |
| | 蹼 19画,二级 | 常 | 常 |
| pù | 瀑 18画,一级 | 常 | 常 |
| **Q** | | | |
| qī | 七 2画,一级 | 常 | 常 |
| | 沏 7画,二级 | 次 | |
| | 妻 8画,一级 | 常 | 常 |
| | 柒 9画,一级 | 次 | |
| | 栖❶[棲] 10画,一级 | 棲常栖次 | 棲常栖异 |
| | 桤(榿) 10画,二级 | 榿次 | |
| | 郪 10画,三级 | 郪次 | |
| | 凄❷[凄悽] 10画,一级 | 凄常悽次 凄次 | 凄常悽次 |
| | 萋 11画,二级 | 萋常 | 萋常 |
| | 戚❸[慼慽] 11画,一级 | 戚常慼次 慽异 | 戚常慼次 |
| | 期❹㊀;㊁[朞] 12画,一级 | 期常朞异 | 期常 |
| qī jī | | | |
| | 欺 12画,一级 | 常 | 常 |

| 读音 | 大陆 | 台湾 | 香港 |
|---|---|---|---|
| | 攲 12画,三级 | 次 | |
| | 嘁 14画,二级 | 次 | |
| | 漆 14画,一级 | 常 | 常 |
| qí | 亓 4画,二级 | 次 | |
| | 邟 6画,三级 | 邟罕 | |
| | 齐(齊) 6画,一级 | 齊常齐异 | 齊常 |
| | 祁 6画,二级 | 祁常 | 祁常 |
| | 圻 7画,二级 | 次 | |
| | 芪 7画,二级 | 芪罕 | |
| | 岐 7画,二级 | 常 | 常 |
| | 其 8画,一级 | 常 | 常 |
| | 奇 8画,一级 | 常 | 常 |
| | 轵(軝) 8画,三级 | 軝次 | |
| | 歧 8画,一级 | 常 | 常 |

❶栖:大陆繁体文本和台湾用于"栖止、栖身、栖息、两栖"作"棲",用于"栖栖""栖栖遑遑(栖栖惶惶)"作"栖",也作"棲"。

❷凄:台湾用于"凄切、凄惨、凄苦、凄凉、凄厉、悲凄、凄风苦雨、凄婉动人、凄凄惨惨、风雨凄凄"多作"凄",其中侧重悲伤义也作"悽",侧重寒冷义也作"凄"。

❸戚:大陆繁体文本和台湾用于"亲戚、外戚、戚谊、戚继光(人名,明代人)、休戚与共、干戈戚扬、皇亲国戚"作"戚",用于"戚忧、戚容、二三子何其戚也"作"慼"。

❹期:大陆繁体文本和台湾用于"期年""期月"作"期",也作"朞"。

| 读音 | 大陆 | 台湾 | 香港 |
|---|---|---|---|
| | 祈　8画,一级 | 常 | 常 |
| | 衹❶　8画,二级 | 常 | 常 |
| | 荠(薺)　9画,二级 | 薺次 | |
| | 耆　10画,二级 | 耆常 | 耆常 |
| | 颀(頎)　10画,二级 | 頎次 | |
| | 脐(臍)　10画,一级 | 臍常 | 臍常 |
| | 埼　11画,三级 | 罕 | |
| | 萁　11画,二级 | 萁次 | |
| | 萋　11画,三级 | 萋罕 | |
| | 畦　11画,二级 | 常 | 常 |
| | 跂　11画,三级 | 次 | |
| | 崎　11画,一级 | 常 | 常 |
| | 淇　11画,二级 | 常 | 常 |
| | 骐(騏)　11画,二级 | 騏次 | |
| | 骑(騎)　11画,二级 | 騎常 | 騎常 |
| | 琪　12画,二级 | 常 | 常 |
| | 琦　12画,二级 | 次 | 常 |
| | 棋[棊碁]　12画,一级 | 棋常 棊异 碁异 | 棋常 |
| | 蛴(蠐)　12画,二级 | 蠐次 | |
| | 祺　12画,二级 | 常 | 常 |
| | 锜(錡)　13画,二级 | 錡次 | |
| | 愭　13画,三级 | 愭罕 | |
| | 綨　14画,二级 | 次 | |
| | 蜞　14画,二级 | 次 | |
| | 旗[旂]　14画,一级 | 旗常 旂次 | 旗常 |
| | 蕲(蘄)　15画,二级 | 蘄次 | |
| | 鳍(鯕)　16画,三级 | 鯕罕 | |
| | 鳍(鰭)　18画,一级 | 鰭常 | 鰭常 |
| | 麒　19画,二级 | 麒常 | 麒常 |
| qǐ | 乞　3画,一级 | 常 | 常 |
| | 芑　6画,二级 | 芑次 | |
| | 屺　6画,二级 | 次 | |
| | 岂(豈)　6画,一级 | 豈常 | 豈常 |
| | 企　6画,一级 | 常 | 常 |
| | 玘　7画,三级 | 罕 | |
| | 杞　7画,二级 | | 常 |
| | 启❷(啓)[啟啔]　7画,一级 | 啟常 啓异 啔异 启异 | 啟常 啓异 |
| | 起　10画,一级 | 常 | 常 |

❶衹:用于指地神,如"神衹"。另见213页"只"字条。
❷启:大陆繁体文本和台湾多作"啟",也作"啓",俗作"启"。

| 读音 | 大 陆 | 台湾 | 香港 |
|---|---|---|---|
| | 㚻 11画,三级 | 罕 | |
| | 绮(綺) 11画,二级 | 綺常 | 綺常 |
| | 槭 12画,三级 | 槭次 | |
| qì | 气(氣) 4画,一级 | 氣常气次 | 氣常 |
| | 讫(訖) 5画,二级 | 訖常 | 訖常 |
| | 迄 6画,一级 | 迄常 | 迄常 |
| | 汔 6画,二级 | 次 | |
| | 弃❶[棄] 7画,一级 | 棄常弃异 | 棄常 |
| | 汽 7画,一级 | 常 | 常 |
| | 泣 8画,一级 | 常 | 常 |
| | 契 9画,一级 | 契常 | 契常 |
| | 砌 9画,一级 | 常 | 常 |
| | 湁 9画,三级 | 罕 | |
| | 葺 12画,二级 | 葺次 | |
| | 碛(磧) 13画,二级 | 磧次 | |
| | 稧 14画,三级 | 稧罕 | |
| | 槭 15画,二级 | 次 | |
| | 磜 16画,三级 | 罕 | |
| | 器 16画,一级 | 常 | 常 |
| | 憩[憇] 16画,二级 | 憩常憇异 | 憩常憇异 |

| 读音 | 大 陆 | 台湾 | 香港 |
|---|---|---|---|
| qiā | 掐 11画,一级 | 次 | |
| | 袷❷ 11画,二级 | 次 | |
| | 葜 12画,三级 | 葜罕 | |
| qiá | 拤 8画,二级 | 罕 | |
| qiǎ | 洽 9画,一级 | 常 | 常 |
| | 恰 9画,一级 | 常 | 常 |
| | 髂 18画,二级 | 髂次 | |
| qiān | 千❸(韆) 3画,一级 | 千常韆常 | 千常韆常 |
| | 仟 5画,二级 | 常 | 常 |
| | 阡 5画,二级 | 阡常 | 阡常 |
| | 圲 6画,三级 | 异 | |
| | 扦 6画,二级 | 次 | |
| | 芊 6画,二级 | 芊次 | |
| | 迁(遷) 6画,一级 | 遷常迁异 | 遷常 |
| | 杄 7画,三级 | 异 | |
| | 岍 7画,三级 | 次 | |
| | 佥(僉) 7画,二级 | 僉次 | |
| | 汧 7画,三级 | 次 | |

❶弃:大陆异体字、香港字形上为亠,台湾起笔为横。

❷袷:用于"袷袢"。另见70页"夹"字条。

❸千:大陆繁体文本和台湾用于"千万、千秋、千里眼、千山万水、感慨万千"作"千"。"秋千(游戏器具)"多作"鞦韆"。

| 读音 | 大陆 | 台湾 | 香港 |
|---|---|---|---|
| | 钎(釺) 8画,二级 | 釺罕 | |
| | 牵(牽) 9画,一级 | 牽常 | 牽常 |
| | 铅❶(鉛)[鈆] 10画,一级 | 鉛常 鈆次 | 鉛常 |
| | 悭(慳) 10画,二级 | 慳次 | 慳常 |
| | 谦(謙) 12画,一级 | 謙常 | 謙常 |
| | 签❷(簽籤) 13画,一级 | 簽常 籤常 | 簽常 籤常 |
| | 愆[諐] 13画,二级 | 愆次 諐异 | |
| | 鹐(鵮) 13画,二级 | 鵮罕 | |
| | 骞(騫) 13画,二级 | 騫常 | 騫常 |
| | 搴 14画,二级 | 次 | |
| | 磏 15画,三级 | 次 | |
| | 褰 16画,二级 | 次 | |
| qián | 钤(鈐) 9画,二级 | 鈐常 | 鈐常 鈐异 |
| | 前 9画,一级 | 前常 | 前常 |
| | 虔 10画,二级 | 常 | 常 |
| | 钱(錢) 10画,一级 | 錢常 | 錢常 |
| | 钳(鉗) 10画,一级 | 鉗常 | 鉗常 |
| | 掮 11画,二级 | 掮次 | |
| | 乾❸ 11画,一级 | 常 | 常 |
| | 靬 12画,三级 | 次 | |
| | 犍 12画,二级 | 犍次 | |
| | 墘 14画,三级 | 次 | |
| | 潜[濳] 15画,一级 | 潛常 潛异 | 潛常 |
| | 黔 16画,一级 | 黔常 | 黔常 黔异 |
| qiǎn | 肷 8画,三级 | 罕 | |
| | 浅(淺) 8画,一级 | 淺常 | 淺常 |
| | 遣 13画,一级 | 遣常 | 遣常 |
| | 谴(譴) 15画,一级 | 譴常 | 譴常 |
| | 缱(繾) 16画,二级 | 繾次 | |
| qiàn | 欠 4画,一级 | 常 | 常 |
| | 伣(俔) 6画,三级 | 俔次 | |
| | 芡 7画,二级 | 芡次 | |
| | 倩 10画,二级 | 倩常 | 倩常 |
| | 堑(塹) 11画,二级 | 塹常 | 塹常 |

❶铅:大陆繁体字右上为几,台湾、香港为八。
❷签:大陆繁体文本和台湾用于"签名、签字、签到、签约、签署、签证、签章、签订"作"簽";用于"竹签、牙签、书签、抽签"作"籤";用于"标签、籤",也作"簽"。
❸乾:用于"乾坤、乾宅、乾纲、乾隆(清代年号)"。另见46页"干"字条。

| 读音 | 大陆 | 台湾 | 香港 |
|---|---|---|---|
| | 绮(綺) 11画,三级 | 綺次 | |
| | 槭(槭) 12画,二级 | 槭次 | |
| | 嵌 12画,一级 | 常 | 常 |
| | 蒨 13画,三级 | 蒨次 | |
| | 慊 13画,二级 | 次 | |
| | 歉 14画,一级 | 常 | 常 |
| qiāng | 呛(嗆) 7画,一级 | 嗆常 | 嗆常 嗆异 |
| | 羌❶[羗羌] 7画,二级 | 羌常 羌罕 羌异 | 羌常 |
| | 玱(瑲) 8画,三级 | 瑲次 | |
| | 枪(槍)[鎗] 8画,一级 | 槍常 鎗次 | 槍常 槍异 |
| | 戗(戧) 8画,二级 | 戧次 | |
| | 戕 8画,二级 | 常 | 常 |
| | 腔 12画,一级 | 腔常 | 腔常 |
| | 蜣 13画,二级 | 蜣次 | |
| | 锖(錆) 13画,三级 | 錆次 | |
| | 锵(鏘) 14画,二级 | 鏘常 | 鏘常 |
| | 镪(鏹) 17画,二级 | 鏹次 | |
| qiáng | 强[強彊] 12画,一级 | 強常 彊次 強异 | 強常 |

| 读音 | 大陆 | 台湾 | 香港 |
|---|---|---|---|
| | 墙(墙)[牆] 14画,一级 | 牆常 墻异 | 牆常 |
| | 蔷(薔) 14画,二级 | 薔常 | 薔常 |
| | 嫱(嬙) 14画,二级 | 嬙次 | |
| | 强 15画,三级 | 强罕 | |
| | 樯(檣)[艢] 15画,二级 | 檣次 艢异 | |
| qiǎng | 抢(搶) 7画,一级 | 搶常 | 搶常 搶异 |
| | 羟(羥) 11画,一级 | 羥次 | |
| | 襁❷[繈] 17画,二级 | 襁次 繈次 | |
| qiàng | 炝(熗) 8画,二级 | 熗罕 | |
| | 跄(蹌) 11画,二级 | 蹌次 | |
| qiāo | 悄 10画,一级 | 悄常 | 悄常 |
| | 硗(磽) 11画,二级 | 磽次 | |
| | 跷(蹺)[蹻] 13画,一级 | 蹺常 蹻次 | 蹺常 |
| | 锹(鍬)[鍫] 14画,一级 | 鍬常 鍫异 | 鍬常 |
| | 劁 14画,二级 | 次 | |
| | 敲 14画,一级 | 常 | 常 |

❶羌:台湾、香港字形8画,左下的撇与上边的竖不相连。

❷襁:台湾用于"襁褓"作"襁",也作"繈"。

| 读音 | 大陆 | 台湾 | 香港 | 读音 | 大陆 | 台湾 | 香港 |
|---|---|---|---|---|---|---|---|
| qiáo | 槁 16画,二级 | 常 | 常 | | 窍(竅) 10画,一级 | 竅常 | 竅常 |
| | 缲(繰) 16画,二级 | 繰次 | | | 翘(翹) 12画,一级 | 翹常 | 翹常 |
| | 乔(喬) 6画,一级 | 喬常 | 喬常 | | 撬 15画,一级 | 常 | 常 |
| | 侨(僑) 8画,一级 | 僑常 | 僑常 | | 鞘 16画,二级 | 鞘常 | 鞘常 |
| | 荞(蕎)[荍] 9画,二级 | 蕎次荍次 | | qiē | 切 4画,一级 | 常 | 常 |
| | | | | qié | 茄 8画,一级 | 茄常 | 茄常 |
| | 峤(嶠) 9画,二级 | 嶠次 | | qiě | 且 5画,一级 | 常 | 常 |
| | 桥(橋) 10画,一级 | 橋常 | 橋常 | qiè | 郄 8画,二级 | 郄异 | |
| | 硚(礄) 11画,三级 | 礄罕 | | | 妾 8画,一级 | 常 | 常 |
| | 谯(譙) 14画,二级 | 譙次 | | | 怯 8画,一级 | 常 | 常 |
| | 鞒(鞽) 15画,二级 | 鞽异 | | | 窃(竊) 9画,一级 | 竊常窃异 | 竊常 |
| | 憔[顦癄] 15画,一级 | 憔常顦异 癄异 | 憔常 | | 挈 10画,二级 | 挈常 | 挈常 |
| | | | | | 惬(愜)[悏] 11画,二级 | 愜常悏异 | 愜常 |
| | 樵 16画,二级 | 常 | 常 | | 锲(鍥) 14画,二级 | 鍥常 | 鍥常 |
| | 瞧 17画,一级 | 常 | 常 | | 箧(篋) 14画,二级 | 篋次 | |
| qiǎo | 巧 5画,一级 | 常 | 常 | qīn | 钦(欽) 9画,一级 | 欽常 | 欽常 |
| | 愀 12画,二级 | 常 | 常 | | 侵 9画,一级 | 侵常 | 侵常 侵异 |
| qiào | 俏 9画,一级 | 俏常 | 俏常 | | 亲(親) 9画,一级 | 親常亲异 | 親常 |
| | 诮(誚) 9画,二级 | 誚次 | | | 衾 10画,二级 | 衾次 | |
| | 峭[陗] 10画,一级 | 峭常陗异 | 峭常 | | 骎(駸) 10画,二级 | 駸次 | |

| 读音 | 大陆 | 台湾 | 香港 |
|---|---|---|---|
| qīn | 嶔(崟) 12画,三级 | 嶔次 | |
| | 芹 7画,一级 | 芹常 | 芹常 |
| | 芩 7画,二级 | 芩次 | |
| | 秦 10画,一级 | 常 | 常 |
| | 琴[琹] 12画,一级 | 琴常琹异 | 琴常 琴异 |
| | 禽 12画,一级 | 禽常 | 禽常 |
| | 勤❶[懃] 13画,一级 | 勤常懃次 | 勤常 |
| | 嗪 13画,二级 | 罕 | |
| | 溱 13画,二级 | 次 | |
| | 噙 14画,三级 | 次 | |
| | 擒 15画,一级 | 擒常 | 擒常 |
| | 噙 15画,二级 | 噙次 | 噙常 |
| | 檎 16画,二级 | 檎次 | |
| qǐn | 锓(鋟) 12画,三级 | 鋟次 | |
| | 寝(寑)[寢] 13画,一级 | 寝常寑次 寢异 | 寝常 寢异 |
| qìn | 吣 7画,二级 | 异 | |
| | 沁 7画,一级 | 常 | 常 |
| | 揿(撳)[搇] 12画,二级 | 撳次搇异 | |
| qīng | 青 8画,一级 | 青常 | 青常 |
| | 轻(輕) 9画,一级 | 輕常轻异 | 輕常 |

| 读音 | 大陆 | 台湾 | 香港 |
|---|---|---|---|
| | 氢(氫) 9画,一级 | 氫常 | 氫常 |
| | 倾(傾) 10画,一级 | 傾常 | 傾常 |
| | 卿 10画,一级 | 常 | 常 |
| | 圊 11画,二级 | 圊次 | |
| | 清 11画,一级 | 清常 | 清常 |
| | 蜻 14画,一级 | 蜻常 | 蜻常 |
| | 鲭(鯖) 16画,三级 | 鯖次 | |
| qíng | 勍 10画,三级 | 次 | |
| | 情 11画,一级 | 情常 | 情常 |
| | 晴 12画,一级 | 晴常 | 晴常 |
| | 氰 12画,二级 | 氰次 | |
| | 檠 16画,二级 | 檠次 | |
| | 擎 16画,一级 | 擎常 | 擎常 |
| | 黥 20画,二级 | 次 | |
| qǐng | 苘 8画,二级 | 苘罕 | |
| | 顷(頃) 8画,一级 | 頃常 | 頃常 |
| | 请(請) 10画,一级 | 請常 | 請常 |
| | 廎(廎) 11画,三级 | 廎次 | |

❶大陆繁体文本和台湾用于"勤劳、勤勉、勤快、勤恳、勤务、辛勤、出勤"作"勤"。"殷勤"也作"慇懃"。

| 读音 | 大 陆 | 台湾 | 香港 |
|---|---|---|---|
| qìng | 庆(慶) 6画,一级 | 慶常 | 慶常 |
| | 碃 13画,三级 | 碃罕 | |
| | 箐 14画,二级 | 箐次 | |
| | 綮 14画,二级 | 綮次 | |
| | 磬 16画,二级 | 常 | 常 |
| | 罄 17画,二级 | 常 | 常 |
| qióng | 邛 5画,二级 | 邛次 | |
| | 穷(窮) 7画,一级 | 窮常 | 窮常 |
| | 茕(煢) 8画,二级 | 煢次 | |
| | 穹 8画,二级 | 穹常 | 穹常 |
| | 劳(藭) 10画,三级 | 藭次 | |
| | 筇 11画,二级 | 筇次 | |
| | 琼(瓊) 12画,一级 | 瓊常琼异 | 瓊常 |
| | 蛩 12画,二级 | 次 | |
| | 銎 14画,三级 | 次 | |
| qiū | 丘[坵] 5画,二级 | 丘常坵次 | 丘常 |
| | 邱 7画,二级 | 邱常 | 邱常 |
| | 秋❶(鞦)[秌穐] 9画,一级 | 秋常鞦常 秌异穐异 | 秋常 鞦常 |
| | 蚯 11画,一级 | 常 | 常 |
| | 萩 12画,三级 | 萩次 | |

| 读音 | 大 陆 | 台湾 | 香港 |
|---|---|---|---|
| | 湫 12画,二级 | 次 | |
| | 楸 13画,二级 | 次 | |
| | 鹙(鶖) 14画,三级 | 鶖次 | |
| | 鳅(鰍)[鰌] 17画,二级 | 鰍常鰌异 | 鰍常 |
| | 鞧 18画,二级 | 罕 | |
| qiú | 囚 5画,一级 | 常 | 常 |
| | 犰 5画,二级 | 次 | |
| | 求 7画,一级 | 常 | 常 |
| | 虬[虯] 7画,二级 | 虬次虯异 | 虯常 |
| | 泅 8画,二级 | 常 | 常 |
| | 俅 9画,二级 | 次 | |
| | 訄 9画,三级 | 次 | |
| | 酋 9画,二级 | 常 | 常 |
| | 逑 10画,二级 | 逑次 | |
| | 球[毬] 11画,一级 | 球常毬次 | 球常 |
| | 赇(賕) 11画,二级 | 賕次 | |
| | 铼(銶) 12画,三级 | 銶次 | |
| | 遒 12画,二级 | 遒次 | |

❶秋:大陆繁体文本和台湾用于"秋天、秋风、秋高气爽、老气横秋"作"秋"。"秋千(游戏器具)"多作"鞦韆"。

| 读音 | 大陆 | 台湾 | 香港 |
|---|---|---|---|
| | 巰(巰) 12画,二级 | 巰次 | |
| | 裘 13画,二级 | 常 | 常 |
| | 璆 15画,三级 | 次 | |
| | 蝤 15画,三级 | 次 | |
| | 鼽 16画,三级 | 次 | |
| qiǔ | 糗 16画,二级 | 次 | |
| qū | 区(區) 4画,一级 | 區常区异 | 區常 |
| | 曲❶(麯)[麴] 6画,一级 | 曲常麯常麴异 | 曲常麯常麴常 |
| | 岖(嶇) 7画,三级 | 嶇罕 | |
| | 岖(嶇) 7画,一级 | 嶇常 | 嶇常 |
| | 诎(詘) 7画,三级 | 詘次 | |
| | 驱(驅)[駈敺] 7画,一级 | 驅常敺次駈异 | 驅常 |
| | 坥 8画,三级 | 罕 | |
| | 屈 8画,一级 | 常 | 常 |
| | 袪 9画,三级 | 罕 | |
| | 岴 9画,三级 | 罕 | |
| | 胠 9画,三级 | 胠次 | |
| | 袪 9画,二级 | 次 | |
| | 祛 10画,三级 | 次 | |
| | 苣 11画,三级 | 苣罕 | |
| | 蛆 11画,二级 | 常 | 常 |
| | 躯(軀) 11画,一级 | 軀常躯异 | 軀常 |
| | 趋(趨) 12画,一级 | 趨常趋异 | 趨常 |
| | 蛐 12画,二级 | 次 | |
| | 麴❷(麴) 15画,三级 | 麴常 | 麴常 |
| | 黢 19画,二级 | 黢罕 | |
| qú | 劬 7画,二级 | 常 | 常 |
| | 朐 9画,二级 | 朐次 | |
| | 鸲(鴝) 10画,二级 | 鴝次 | |
| | 渠 11画,一级 | 渠常 | 渠常 |
| | 蕖 14画,二级 | 蕖次 | |
| | 磲 16画,二级 | 磲罕 | |
| | 璩 17画,二级 | 常 | |
| | 瞿 18画,二级 | 常 | 常 |
| | 鼩 18画,三级 | 次 | |
| | 蘧 19画,二级 | 蘧次 | |
| | 癯 21画,三级 | 次 | |
| | 衢 22画,二级 | 次 | |

❶曲:大陆繁体文本和台湾用于"曲折、曲解、曲线、弯曲、歌曲、戏曲"作"曲",用于"麦曲、酒曲、曲霉、曲菌、大曲酒"作"麯"或"麴"。"麴"另见135页"麴"字条。

❷麴:用于姓、人名。"麴"另见135页"曲"字条。

| 读音 | 大陆 | 台湾 | 香港 |
|---|---|---|---|
| | 癯 23画,二级 | 异 | |
| | 衢 24画,二级 | 常 | 常 |
| | 蠼 26画,三级 | 次 | |
| qǔ | 取 8画,一级 | 常 | 常 |
| | 笱 10画,三级 | 次 | |
| | 娶 11画,一级 | 常 | 常 |
| | 龋(齲) 17画,二级 | 齲常 | 齲常 |
| qù | 去 5画,一级 | 常 | 常 |
| | 阒(闃) 12画,二级 | 闃次 | |
| | 趣 15画,一级 | 常 | 常 |
| | 觑(覷) 15画,二级 | 覷次 | |
| quān | 悛 10画,二级 | 悛次 | |
| | 圈 11画,一级 | 常 | 常 |
| | 棬 12画,三级 | 次 | |
| | 鄄 20画,三级 | 鄄罕 | |
| quán | 权(權) 6画,一级 | 權常 | 權常 |
| | 全 6画,一级 | 全常 | 全常 |
| | 佺 8画,三级 | 佺次 | |
| | 诠(詮) 8画,二级 | 詮常 | 詮常 |
| | 荃 9画,二级 | 荃次 | 荃次 |
| | 泉 9画,一级 | 常 | 常 |

| 读音 | 大 陆 | 台湾 | 香港 |
|---|---|---|---|
| | 辁(輇) 10画,三级 | 輇次 | |
| | 拳 10画,一级 | 常 | 常 |
| | 铨(銓) 11画,二级 | 銓常 | 銓常 |
| | 痊 11画,一级 | 痊常 | 痊常 |
| | 媋 11画,三级 | 次 | |
| | 筌 12画,二级 | 筌次 | |
| | 瑔 13画,三级 | 罕 | |
| | 蜷 14画,二级 | 次 | |
| | 醛 16画,二级 | 醛次 | |
| | 鳈(鯼) 17画,三级 | 鯼罕 | |
| | 鬈 18画,二级 | 次 | |
| | 颧(顴) 23画,二级 | 顴次 | |
| quǎn | 犬 4画,一级 | 常 | 常 |
| | 畎 9画,二级 | 次 | |
| | 绻(綣) 11画,二级 | 綣次 | |
| quàn | 劝❶(勸) 4画,一级 | 勸常 劝异 | 勸常 勸异 |
| | 券 8画,一级 | 常 | 常 |
| quē | 炔 8画,二级 | 次 | |
| | 缺 10画,一级 | 常 | 常 |

❶劝:大陆繁体字形左上部为艹,台湾、香港4画,中间断开。

| 读音 | 大陆 | 台湾 | 香港 | 读音 | 大陆 | 台湾 | 香港 |
|---|---|---|---|---|---|---|---|
| qué | 瘸 16画,一级 | 常 | 常 | | 髯[髥] 15画,二级 | 髯常髥异 | 髯常 |
| què | 却[卻却] 7画,一级 | 卻常却异卻异 | 卻常 | | 燃 16画,一级 | 常 | 常 |
| | 埆 10画,三级 | 埆次 | | rǎn | 冉[冄] 5画,一级 | 冉常冄异 | 冉常 |
| | 岩(礐) 10画,三级 | 礐次 | | | 苒 8画,二级 | 苒常 | 苒常 |
| | 悫(愨) 11画,二级 | 愨次慤异 | | | 染 9画,一级 | 常 | 常 |
| | 雀 11画,一级 | 常 | 常 | | 翢 11画,三级 | 罕 | |
| | 确(確) 12画,一级 | 確常确次 | 確常 | ráng | 儴 19画,三级 | 次 | |
| | 阕(闋) 12画,二级 | 闋常 | 闋常 | | 襄 20画,三级 | 襄次 | |
| | 鹊(鵲) 13画,一级 | 鵲常 | 鵲常 | | 瀼 20画,三级 | 次 | |
| | 碏 13画,三级 | 次 | | | 穰 21画,二级 | 次 | |
| | 阙(闕) 13画,二级 | 闕次 | | | 穣 22画,二级 | 次 | |
| | 榷[搉推] 14画,二级 | 榷常推次榷罕 | 榷常 | | 瓤 22画,一级 | 次 | |
| qūn | 囷 8画,三级 | 次 | | rǎng | 壤 20画,一级 | 常 | 常 |
| | 逡 10画,二级 | 逡次 | | | 攘 20画,二级 | 常 | 常 |
| qún | 裙[裠帬] 12画,一级 | 裙常裠异帬异 | 裙常 | | 嚷 20画,一级 | 常 | 常 |
| | 群[羣] 13画,一级 | 群常羣异 | 羣常群异 | ràng | 让(讓) 5画,一级 | 讓常 | 讓常 |
| R | | | | ráo | 荛(蕘) 9画,三级 | 蕘次 | |
| rán | 蚺 11画,三级 | 次 | | | 饶(饒) 9画,一级 | 饒常 | 饒常 |
| | 然 12画,一级 | 常 | 常 | | 娆(嬈) 9画,二级 | 嬈次 | |
| | | | | | 桡(橈) 10画,二级 | 橈次 | |

| 读音 | 大 陆 | 台湾 | 香港 |
|---|---|---|---|
| rǎo | 扰(擾) 7画,一级 | 擾常 | 擾常 |
| rào | 绕(繞)[遶] 9画,一级 | 繞常 遶次 | 繞常 |
| rě | 惹 12画,一级 | 惹常 | 惹常 |
| rè | 热(熱) 10画,一级 | 熱常 | 熱常 |
| rén | 人 2画,一级 | 常 | 常 |
| | 壬❶ 4画,一级 | 壬常 | 壬常 壬异 |
| | 仁 4画,一级 | 常 | 常 |
| rěn | 忍 7画,一级 | 忍常 | 忍常 |
| | 荏 9画,二级 | 荏常 | 荏常 荏异 |
| | 稔 13画,二级 | 稔常 | 稔常 稔异 |
| rèn | 刃 3画,一级 | 刃常 | 刃常 |
| | 认(認) 4画,一级 | 認常 | 認常 |
| | 仞 5画,二级 | 仞常 | 仞常 |
| | 讱(訒) 5画,三级 | 訒次 | |
| | 任 6画,一级 | 任常 | 任常 任异 |
| | 纫(紉) 6画,一级 | 紉常 | 紉常 |
| | 韧(韌)[靭 靱 靱] 7画,一级 | 韌常 靭罕 靱罕 靱异 | 韌常 靭异 |
| | 轫(軔)[軔] 7画,二级 | 軔常 軔异 | 軔常 |

| 读音 | 大 陆 | 台湾 | 香港 |
|---|---|---|---|
| | 饪(飪)[餁] 7画,二级 | 飪常 餁异 | 飪常 餁异 |
| | 妊[姙] 7画,二级 | 妊常 姙异 | 妊常 姙异 |
| | 纴(紝) 7画,二级 | | 紝次 |
| | 衽[袵] 9画,二级 | | 衽次 袵异 |
| rēng | 扔 5画,一级 | 常 | 常 |
| réng | 仍 4画,一级 | 常 | 常 |
| rì | 日 4画,一级 | 常 | 常 |
| | 驲(馹) 7画,三级 | 馹次 | |
| róng | 戎 6画,一级 | 常 | 常 |
| | 茸 9画,一级 | 茸常 | 茸常 |
| | 荣(榮) 9画,一级 | 榮常 荣异 | 榮常 |
| | 狨 9画,二级 | 次 | |
| | 绒(絨)[羢毧] 9画,一级 | 絨常 羢次 毧罕 | 絨常 |
| | 容 10画,一级 | 常 | 常 |
| | 嵘(嶸) 12画,二级 | 嶸次 | |
| | 蓉 13画,一级 | 蓉常 | 蓉常 |
| | 溶 13画,一级 | 常 | 常 |
| | 瑢 14画,三级 | 次 | |

❶壬:字形起笔,大陆为撇,台湾、香港为横。

| 读音 | 大陆 | 台湾 | 香港 | 读音 | 大陆 | 台湾 | 香港 |
|---|---|---|---|---|---|---|---|
| | 榕 14画,一级 | 常 | 常 | | 嬬 17画,三级 | 嬬罕 | |
| | 熔 14画,一级 | 常 | 常 | | 襦 19画,二级 | 襦次 | |
| | 蝾(蠑) 15画,二级 | 蠑次 | | | 颥(顬) 20画,三级 | 顬罕 | |
| | 镕(鎔) 15画,三级 | 鎔常 | 鎔常 | | 蠕[蝡] 20画,二级 | 蠕常蝡次 | 蠕常 |
| | 融[螎] 16画,一级 | 融常螎异 | 融 | rǔ | 汝 6画,一级 | 常 | 常 |
| rǒng | 冗❶[宂] 4画,一级 | 冗常宂异 | 冗常宂异冗异 | | 乳 8画,一级 | 常 | 常 |
| | | | | | 辱 10画,一级 | 常 | 常 |
| | | | | rù | 入 2画,一级 | 常 | 常 |
| róu | 柔 9画,一级 | 常 | 常 | | 洳 9画,二级 | 次 | |
| | 揉 12画,一级 | 常 | 常 | | 蓐 13画,二级 | 蓐次 | |
| | 辕(輮) 13画,三级 | 輮次 | | | 溽 13画,二级 | 次 | |
| | 糅 15画,二级 | 次 | | | 缛(縟) 13画,二级 | 縟次 | |
| | 蹂 16画,一级 | 常 | 常 | | 褥 15画,一级 | 常 | 常 |
| | 鞣 18画,二级 | 常 | 常 | ruán | 堧 12画,三级 | 次 | |
| ròu | 肉 6画,一级 | 常 | 常 | ruǎn | 阮 6画,二级 | 阮常 | 阮常 |
| rú | 如 6画,一级 | 常 | 常 | | 软(軟)[輭] 8画,一级 | 軟常輭异 | 軟常輭异 |
| | 茹 9画,二级 | 茹常 | 茹常 | | 媆 12画,三级 | 异 | |
| | 铷(銣) 11画,二级 | 銣次 | | | 瓀 18画,三级 | 瓀次 | |
| | 儒 16画,一级 | 儒常 | 儒常 | ruí | 蕤 15画,三级 | 蕤次 | |
| | 薷 17画,二级 | 薷罕 | | ruǐ | 蕊[橤蘂蕋] 15画,一级 | 蕊常橤次蘂异蕋异 | 蕊常 |
| | 嚅 17画,二级 | 嚅常 | 嚅常 | ruì | 芮 7画,二级 | 芮次 | |
| | 濡 17画,二级 | 濡常 | 濡常 | | | | |
| | 孺 17画,二级 | 孺常 | 孺常 | | | | |

❶大陆与台湾字形相同,香港则不同。

| 读音 | 大陆 | 台湾 | 香港 | 读音 | 大陆 | 台湾 | 香港 |
|---|---|---|---|---|---|---|---|
| | 汭 7画,三级 | 汭次 | | | 靸 12画,二级 | 靸次 | |
| | 枘 8画,三级 | 枘次 | | | 撒 15画,一级 | 常 | 常 |
| | 蚋 10画,二级 | 蚋次 | | | 撒 15画,三级 | 罕 | |
| | 锐(銳) 12画,一级 | 銳常 銳异 | 銳常 銳异 | sà | 卅 4画,二级 | 常 | 常 |
| | 瑞 13画,一级 | 常 | 常 | | 飒(颯)[颰] 9画,二级 | 颯常 颰异 | 颯常 |
| | 睿[叡] 14画,二级 | 睿常 叡次 | 睿常 | | 脎 10画,三级 | 罕 | |
| rùn | 闰(閏) 7画,一级 | 閏常 | 閏常 | | 萨(薩) 11画,一级 | 薩常 | 薩常 |
| | 润(潤) 10画,一级 | 潤常 | 潤常 | sāi | 腮[顋] 13画,一级 | 腮常 顋异 | 腮常 |
| ruò | 若 8画,一级 | 若常 | 若常 | | 塞 13画,一级 | 常 | 常 |
| | 偌 10画,三级 | 偌次 | | | 噻 16画,二级 | 罕 | |
| | 偌 10画,二级 | 偌常 | 偌常 | | 鳃(鰓) 17画,二级 | 鰓常 | 鰓常 |
| | 弱 10画,一级 | 常 | 常 | sài | 赛(賽) 14画,一级 | 賽常 | 賽常 |
| | 婼 11画,三级 | 婼次 | | sān | 三 3画,一级 | 常 | 常 |
| | 蒻 13画,三级 | 蒻次 | | | 叁 8画,一级 | 异 | |
| | 箬[篛] 14画,二级 | 篛常 箬次 | | | 毵(毿) 12画,三级 | 毿次 | |
| | 爇 18画,三级 | 爇罕 | | sǎn | 伞(傘)[繖] 6画,一级 | 傘常 繖次 傘罕 | 傘常 |
| **S** | | | | | 馓(饊) 15画,二级 | 饊罕 | |
| sā | 仨 5画,二级 | 次 | | | | | |
| | 挲[抄] 11画,二级 | 挲次 抄异 | | | | | |
| sǎ | 洒❶(灑) 9画,一级 | 灑常 洒次 | 灑常 洒异 | | | | |

❶洒:大陆繁体文本和台湾用于"洒水、洒扫、洒落、洒洒可听、洋洋洒洒"作"灑",用于"洒家、洒然、潇洒、洒洒时寒"作"洒"。

| 读音 | 大陆 | 台湾 | 香港 |
|---|---|---|---|
| sàn | 散❶[散] 12画,一级 | 散常 散罕 | 散常 |
| sāng | 桑[桒] 10画,一级 | 桑常 桒异 | 桑常 |
| sǎng | 搡 13画,二级 | 罕 | |
| | 嗓 13画,一级 | 常 | 常 |
| | 磉 15画,三级 | 罕 | |
| | 颡(顙) 16画,二级 | 顙次 | |
| sàng | 丧(喪) 8画,一级 | 喪常 | 喪常 |
| sāo | 搔 12画,一级 | 搔常 | 搔常 |
| | 溞 12画,三级 | 溞次 | |
| | 骚(騷) 12画,一级 | 騷常 | 騷常 |
| | 缫(繅) 14画,二级 | 繅常 | 繅常 |
| | 臊 17画,一级 | 臊次 | |
| sǎo | 扫(掃) 6画,一级 | 掃常 | 掃常 掃异 |
| | 嫂 12画,一级 | 嫂常 | 嫂常 嫂异 |
| sào | 埽 11画,二级 | 埽次 | |
| | 瘙 14画,二级 | 瘙次 | |
| sè | 色 6画,一级 | 常 | 常 |
| | 涩(澀)[澁澀] 10画,一级 | 澀常 澁次 澀异 | 澀常 |
| | 啬(嗇) 11画,二级 | 嗇常 | 嗇常 |

| 读音 | 大陆 | 台湾 | 香港 |
|---|---|---|---|
| | 铯(銫) 11画,二级 | 銫次 | |
| | 瑟 13画,一级 | 常 | 常 |
| | 穑(穡) 16画,二级 | 穡常 | 穡常 |
| | 璱 17画,三级 | 罕 | |
| sēn | 森 12画,一级 | 常 | 常 |
| sēng | 僧 14画,一级 | 常 | 常 |
| shā | 杀❷(殺) 6画,一级 | 殺常 | 殺常 殺异 |
| | 沙 7画,一级 | 常 | 常 |
| | 纱(紗) 7画,一级 | 紗常 | 紗常 |
| | 刹❸ 8画,一级 | 刹常 刹异 | 刹常 刹异 |
| | 砂 9画,一级 | 常 | 常 |
| | 莎 10画,二级 | 莎常 | 莎常 |
| | 铩(鎩) 11画,二级 | 鎩次 | |
| | 痧 12画,二级 | 次 | |
| | 裟 13画,二级 | 常 | 常 |
| | 鲨(鯊) 15画,一级 | 鯊常 | 鯊常 |
| shá | 啥 11画,一级 | 次 | 常 |

❶散:字形左下部,大陆、香港为月,台湾为月。
❷杀:大陆繁体字左下为木,台湾、香港为朮。
❸刹:字形左下部,大陆为木,台湾、香港为朮。

| 读音 | 大陆 | 台湾 | 香港 |
|---|---|---|---|
| shǎ | 傻 13画,一级 | 傻常 | 傻常 |
| shà | 唼 11画,二级 | 次 | |
| | 厦[廈] 12画,一级 | 厦常廈异 | 厦常 |
| | 嗄 13画,二级 | 嗄次 | |
| | 歃 13画,二级 | 歃次 | |
| | 煞 13画,一级 | 煞常 | 煞常 |
| | 霎 16画,一级 | 霎常 | 霎常 |
| shāi | 筛(篩) 12画,一级 | 篩常 | 篩常 |
| shài | 晒(曬) 10画,一级 | 晒常曬异 | 曬常 晒异 |
| shān | 山 3画,一级 | 常 | 常 |
| | 芟 7画,二级 | 芟常 | 芟常 |
| | 杉 7画,一级 | 常 | 常 |
| | 删[刪] 7画,一级 | 删常刪异 | 删常 |
| | 衫 8画,一级 | 常 | 常 |
| | 姗[姍] 8画,二级 | 姗常姍异 | 姍常 |
| | 珊[珊] 9画,一级 | 珊常 | 珊常 |
| | 埏 9画,三级 | 埏次 | |
| | 舢 9画,二级 | 常 | 常 |
| | 烻 10画,三级 | 烻次 | |
| | 跚 12画,二级 | 跚常 | 跚常 |
| | 煽 14画,一级 | 煽常 | 煽常 |

| 读音 | 大陆 | 台湾 | 香港 |
|---|---|---|---|
| | 潸❶ 15画,二级 | 潸常 | 潸常 |
| | 膻[羶羴] 17画,二级 | 羶常膻次 羴异 | 羶常 |
| shǎn | 闪(閃) 5画,一级 | 閃常 | 閃常 |
| | 陕(陝) 8画,一级 | 陝常 | 陝常 |
| | 睒 12画,三级 | 罕 | |
| shàn | 讪(訕) 5画,二级 | 訕常 | 訕常 |
| | 汕 6画,二级 | 常 | 常 |
| | 苫 8画,二级 | 苫次 | |
| | 钐(釤) 8画,三级 | 釤次 | |
| | 疝 8画,二级 | 常 | 常 |
| | 剡 10画,二级 | 次 | |
| | 扇 10画,一级 | 扇常 | 扇常 |
| | 墠(墠) 11画,三级 | 墠次 | |
| | 善 12画,一级 | 善常 | 善常 |
| | 骟(騸) 13画,二级 | 騸次 | |
| | 鄯 14画,二级 | 鄯次 | |
| | 墡 15画,三级 | 墡罕 | |
| | 缮(繕) 15画,二级 | 繕常 | 繕常 |

❶潸:字形右上部,大陆为林,台湾、香港为枛。

| 读音 | 大陆 | 台湾 | 香港 | 读音 | 大陆 | 台湾 | 香港 |
|---|---|---|---|---|---|---|---|
|  | 擅 16画,一级 | 常 | 常 | shāo | 捎 10画,一级 | 捎常 | 捎常 |
|  | 嬗 16画,三级 | 嬗罕 |  |  | 烧(燒) 10画,一级 | 燒常 | 燒常 |
|  | 膳[饍] 16画,二级 | 膳常饍异 | 膳常 |  | 梢 11画,一级 | 梢常 | 梢常 |
|  | 嬗 16画,二级 | 次 |  |  | 稍 12画,一级 | 稍常 | 稍常 |
|  | 赡(贍) 17画,一级 | 贍常 | 贍常 |  | 筲[籓] 13画,二级 | 筲次籓罕 |  |
|  | 蟮 18画,二级 | 蟮异 |  |  | 艄 13画,二级 | 艄次 |  |
|  | 鳝(鱔)[鱓] 20画,二级 | 鱔常鱓异 | 鱔常 | sháo | 勺 3画,一级 | 次 |  |
| shāng | 伤(傷) 6画,一级 | 傷常 | 傷常 |  | 芍 6画,二级 | 芍常 | 芍常 |
|  | 殇(殤) 9画,二级 | 殤常 | 殤常 |  | 苕 8画,二级 | 苕次 |  |
|  | 商 11画,一级 | 商常 | 商常 |  | 玿 9画,三级 | 罕 |  |
|  | 觞(觴) 12画,二级 | 觴常 | 觴常 |  | 招 9画,三级 | 罕 |  |
|  | 墒 14画,二级 | 墒罕 |  |  | 韶 14画,二级 | 常 | 常 |
|  | 熵 15画,二级 | 熵罕 |  | shǎo | 少 4画,一级 | 常 | 常 |
| shǎng | 垧 9画,二级 | 异 |  | shào | 邵 7画,二级 | 邵常 | 邵常 |
|  | 响 10画,一级 | 常 | 常 |  | 劭 7画,二级 | 次 |  |
|  | 赏(賞) 12画,一级 | 賞常 | 賞常 |  | 绍(紹) 8画,一级 | 紹常 | 紹常 |
| shàng | 上 3画,一级 | 常 | 常 |  | 哨 10画,一级 | 哨常 | 哨常 |
|  | 尚 8画,一级 | 常 | 常 |  | 睄 12画,二级 | 睄次 |  |
|  | 绱(緔) 11画,二级 | 緔罕 |  |  | 潲 15画,二级 | 潲次 |  |
| shang | 裳 14画,一级 | 常 | 常 | shē | 畲(畬) 10画,三级 | 畬罕 |  |
|  |  |  |  |  | 奢 11画,一级 | 常 | 常 |

| 读音 | 大 陆 | 台湾 | 香港 | 读音 | 大 陆 | 台湾 | 香港 |
|---|---|---|---|---|---|---|---|
| | 赊(賒) 11画,二级 | 賒常 | 賒常 | shēn | 申 5画,一级 | 常 | 常 |
| | 猞 11画,二级 | 罕 | | | 屾 6画,三级 | 罕 | |
| | 畲 12画,二级 | 异 | | | 伸 7画,一级 | 常 | 常 |
| shé | 舌❶ 6画,一级 | 舌常 | 舌常<br>舌异 | | 身 7画,一级 | 常 | 常 |
| | 佘 7画,二级 | 次 | | | 呻 8画,一级 | 常 | 常 |
| | 蛇[虵] 11画,一级 | 蛇常虵异 | 蛇常 | | 侁 8画,三级 | 次 | |
| shě | 舍❷(捨) 8画,一级 | 舍常捨常 | 舍常<br>捨常 | | 诜(詵) 8画,二级 | 詵次 | |
| shè | 厍(厙) 6画,二级 | 厙罕 | | | 绅(紳) 8画,一级 | 紳常 | 紳常 |
| | 设(設) 6画,一级 | 設常 | 設常 | | 珅 9画,三级 | 次 | |
| | 社 7画,一级 | 常 | 常 | | 骁(駪) 9画,三级 | 駪次 | |
| | 射[躲] 10画,一级 | 射常躲罕 | 射常 | | 砷 10画,二级 | 常 | |
| | 涉 10画,一级 | 常 | 常 | | 牲 10画,三级 | 次 | |
| | 赦 11画,一级 | 常 | 常 | | 娠 10画,二级 | 常 | 常 |
| | 摄(攝) 13画,一级 | 攝常 | 攝常 | | 深[㴱] 11画,一级 | 深常㴱异 | 深常 |
| | 滠(灄) 13画,三级 | 灄次 | | | 棽 12画,三级 | 棽次 | |
| | 慑(懾)[慴] 13画,二级 | 懾常慴次 | | | 糁(糁) 14画,二级 | 糁次 | |
| | 歙 16画,二级 | 常 | | | | | |
| | 麝 21画,二级 | 麝常 | 麝常 | | | | |
| shéi | 谁(誰) 10画,一级 | 誰常 | 誰常 | | | | |

❶舌:字形起笔,大陆为撇,台湾、香港为一横。
❷舍:大陆繁体文本和台湾用于"房舍、宿舍、舍下、舍间、舍监、舍利、打家劫舍、退避三舍"作"舍";用于"舍得、舍弃、舍命、割舍、取舍、施舍、舍不得、舍己救人、舍本逐末、舍近求远、四舍五入、恋恋不舍"作"舍",也作"捨"。

| 读音 | 大陆 | 台湾 | 香港 |
|---|---|---|---|
| shén | 鯵(鰺) 16画,三级 | 鰺异 | |
| shén | 桑 16画,三级 | 次 | |
| shén | 什 4画,一级 | 常 | 常 |
| shén | 神 9画,一级 | 常 | 常 |
| shěn | 钟(鍾) 10画,三级 | 鍾异 | |
| shěn | 沈❶(瀋) 7画,一级 | 瀋常沈常 | 瀋常沈常 |
| shěn | 审(審) 8画,一级 | 審常 | 審常 |
| shěn | 哂 9画,二级 | 常 | 常 |
| shěn | 矧 9画,三级 | 次 | |
| shěn | 谂(諗) 10画,二级 | 諗次 | |
| shěn | 婶(嬸) 11画,一级 | 嬸常 | 嬸常 |
| shěn | 瞫 17画,三级 | 次 | |
| shèn | 肾(腎) 8画,一级 | 腎常 | 腎常 |
| shèn | 甚 9画,一级 | 甚常 | 甚常 |
| shèn | 胂 9画,二级 | 胂次 | |
| shèn | 渗(滲) 11画,一级 | 滲常渗异 | 滲常 |
| shèn | 葚 12画,二级 | 葚罕 | |
| shèn | 椹 13画,三级 | 椹次 | |
| shèn | 蜃 13画,二级 | 常 | 常 |
| shèn | 瘮(瘆) 13画,二级 | 瘮罕 | |

| 读音 | 大陆 | 台湾 | 香港 |
|---|---|---|---|
| | 慎[昚] 13画,一级 | 慎常昚异 | 慎常 |
| shēng | 升❷[昇陞] 4画,一级 | 升常昇次陞次 | 升常昇常 |
| | 生 5画,一级 | 常 | 常 |
| | 声(聲) 7画,一级 | 聲常声异 | 聲常 |
| | 昇❸ 8画,三级 | 次 | 常 |
| | 牲 9画,一级 | 常 | 常 |
| | 陞❹ 9画,三级 | 陞次 | |
| | 笙 11画,一级 | 常 | 常 |
| | 甥 12画,一级 | 常 | 常 |
| shéng | 绳(繩) 11画,一级 | 繩常 | 繩常 |
| shěng | 省 9画,一级 | 常 | 常 |

❶沈:大陆繁体文本和台湾用于"墨沈未干、沈阳(地名,在辽宁)、沈吉铁路"作"瀋";用于姓作"沈";用于"沈没、沈沦、沈寂、沈默、沈重、沈浸、沈思、沈吟、沈醉、下沈、浮沈、深沈、击沈、暮气沈沈"同"沉"。

❷升:大陆繁体文本和台湾用于"升斗、升降、升级、升堂、升迁、升学、直升机、旭日东升"作"升";用于"升华、升平、升平乐、升平之世、歌舞升平"作"昇"。用于"升天、上升、高升、晋升、步步高升"作"升",也作"昇";用于"升官""升官图"作"升",也作"陞"。"昇"另见145页"昇"字条。"陞"另见145页"陞"字条。

❸昇:用于人名,如"毕昇(宋代人)""洪昇(清代人)"。另见145页"升"字条。

❹陞:用于人名、地名。另见145页"升"字条。

| 读音 | 大陆 | 台湾 | 香港 | 读音 | 大陆 | 台湾 | 香港 |
|---|---|---|---|---|---|---|---|
| | 眚 10画,三级 | 次 | | | 蓍 13画,二级 | 蓍次 | |
| shèng | 圣(聖) 5画,一级 | 聖常 | 聖常 | | 酾(釃) 14画,三级 | 釃次 | |
| | 胜(勝) 9画,一级 | 勝常胜次 | 勝常 | | 鲫(鰤) 14画,三级 | 鰤罕 | |
| | 盛 11画,一级 | 常 | 常 | | 鲥(鰣) 16画,三级 | 鰣罕 | |
| | 剩[賸] 12画,一级 | 剩常賸次 | 剩常 | shí | 十 2画,一级 | 常 | 常 |
| | 嵊 13画,二级 | 嵊次 | | | 石 5画,一级 | 常 | 常 |
| shī | 尸[屍]❶ 3画,一级 | 屍常尸常 | 屍常尸常 | | 时(時)[旹] 7画,一级 | 時常旹异时异 | 時常 |
| | 失 5画,一级 | 常 | 常 | | 识(識) 7画,一级 | 識常 | 識常 |
| | 师(師) 6画,一级 | 師常师异 | 師常 | | 实(實)[寔] 8画,一级 | 實常寔次实异 | 實常 |
| | 邿 8画,三级 | 邿次 | | | 拾 9画,一级 | 常 | 常 |
| | 诗(詩) 8画,一级 | 詩常 | 詩常 | | 食❹ 9画,一级 | 食常 | 食常食异 |
| | 鸤(鳲) 8画,三级 | 鳲次 | | | 蚀(蝕) 9画,一级 | 蝕常 | 蝕常蝕异 |
| | 虱❷[蝨] 8画,二级 | 虱常蝨常 | 虱常蝨 | | 炻 9画,二级 | 罕 | |
| | 鸰(鳾) 9画,三级 | 鳾异 | | | | | |
| | 狮(獅) 9画,一级 | 獅常 | 獅常 | | | | |
| | 施 9画,一级 | 常 | 常 | | | | |
| | 溮(溮) 9画,三级 | 溮罕 | | | | | |
| | 湿❸(濕)[溼] 12画,一级 | 溼常濕次 | 濕常溼异 | | | | |

❶尸:大陆繁体文本和台湾用于"尸骨、尸体、尸首、死尸、马革裹尸"作"屍",用于"尸祝、尸臣、尸子(书名)、尸位素餐、三尸暴跳"作"尸"。"行尸走肉"也作"行屍走肉"。

❷虱:①字形虫的上部,大陆为撇,台湾、香港为横。②大陆繁体文本和台湾用于"虱子、虱官、扣虱而言"作"蝨",俗字作"虱";用于"虱目鱼"作"虱"。

❸湿:台湾多作"溼",也作"濕"。

❹食:字形人下,大陆为点,台湾、香港为短横。

| 读音 | 大　陆 | 台湾 | 香港 |
|---|---|---|---|
|  | 祏　9画,三级 | 次 |  |
|  | 埘(塒)　10画,二级 | 塒次 |  |
|  | 湜　12画,二级 | 次 |  |
|  | 鲥(鰣)　15画,二级 | 鰣次 |  |
|  | 鼫　18画,三级 | 次 |  |
| shǐ | 史　5画,一级 | 常 | 常 |
|  | 矢　5画,一级 | 常 | 常 |
|  | 豕　7画,二级 | 常 | 常 |
|  | 使　8画,一级 | 常 | 常 |
|  | 始　8画,一级 | 常 | 常 |
|  | 驶(駛)　8画,一级 | 駛常 | 駛常 |
|  | 屎　9画,一级 | 常 | 常 |
| shì | 士　3画,一级 | 常 | 常 |
|  | 氏　4画,一级 | 常 | 常 |
|  | 示　5画,一级 | 常 | 常 |
|  | 世　5画,一级 | 常 | 常 |
|  | 仕　5画,二级 | 常 | 常 |
|  | 市　5画,一级 | 常 | 常 |
|  | 式　6画,一级 | 常 | 常 |
|  | 势(勢)　8画,一级 | 勢常势异 | 勢常 |
|  | 事　8画,一级 | 常 | 常 |
|  | 侍　8画,一级 | 常 | 常 |
|  | 饰(飾)　8画,一级 | 飾常 | 飾常 |
|  | 试(試)　8画,一级 | 試常 | 試常 |
|  | 视(視)[眂眡]　8画,一级 | 視常眂异眡异 | 視常 |
|  | 拭　9画,一级 | 常 | 常 |
|  | 贳(貰)　9画,二级 | 貰次 |  |
|  | 柿[柹]　9画,一级 | 柿常柹异 | 柿常 |
|  | 是[昰]　9画,一级 | 是常昰异 | 是常 |
|  | 适❶(適)　9画,一级 | 適常适次 | 適常 |
|  | 胨　9画,三级 | 胨罕 |  |
|  | 恃　9画,一级 | 常 | 常 |
|  | 室　9画,一级 | 常 | 常 |
|  | 逝　10画,一级 | 逝常 | 逝常 |
|  | 莳(蒔)　10画,二级 | 蒔次 |  |
|  | 栻　10画,三级 | 次 |  |
|  | 轼(軾)　10画,二级 | 軾常 | 軾常 |
|  | 铈(鈰)　10画,二级 | 鈰次 |  |

❶适:大陆繁体文本和台湾用于"适用、适当、适宜、适应、合适、舒适、适可而止"作"適",用于姓、人名(如宋代人"洪适"、春秋时人"南宫适")作"适"。

| 读音 | 大 陆 | 台湾 | 香港 |
|---|---|---|---|
| | 舐　10画，二级 | 舐常 | 舐常<br>舐异 |
| | 谥(諡)　11画，三级 | 諡次 | |
| | 弑　12画，二级 | 弑常 弑异 | 弑常<br>弑异 |
| | 释(釋)　12画，一级 | 釋常 | 釋常 |
| | 謚❶(諡)[謐]　12画，二级 | 謚次 謐罕 | |
| | 媞　12画，三级 | 次 | |
| | 嗜　13画，一级 | 嗜常 | 嗜常 |
| | 筮　13画，二级 | 次 | |
| | 誓　14画，一级 | 常 | 常 |
| | 奭　15画，二级 | 次 | |
| | 噬　16画，二级 | 常 | 常 |
| | 螫　17画，二级 | 常 | 常 |
| | 襫　20画，三级 | 罕 | |
| shōu | 收　6画，一级 | 常 | 常 |
| shǒu | 手　4画，一级 | 常 | 常 |
| | 守　6画，一级 | 常 | 常 |
| | 首　9画，一级 | 常 | 常 |
| | 艏　15画，三级 | 次 | |
| shòu | 寿(壽)　7画，一级 | 壽常 寿异 | 壽常 |
| | 受　8画，一级 | 常 | 常 |
| | 狩　9画，二级 | 常 | 常 |

| 读音 | 大 陆 | 台湾 | 香港 |
|---|---|---|---|
| | 授　11画，一级 | 常 | 常 |
| | 售　11画，一级 | 常 | 常 |
| | 兽(獸)　11画，一级 | 獸常 | 獸常 |
| | 绶(綬)　11画，二级 | 綬次 | |
| | 瘦　14画，一级 | 瘦常 | 瘦常<br>瘦异 |
| shū | 殳　4画，三级 | 常 | |
| | 书(書)　4画，一级 | 書常 | 書常 |
| | 抒　7画，一级 | 常 | 常 |
| | 纾(紓)　7画，二级 | 紓次 | |
| | 枢(樞)　8画，一级 | 樞常 枢异 | 樞常 |
| | 叔　8画，一级 | 常 | 常 |
| | 陎　8画，三级 | 陎罕 | |
| | 姝　9画，二级 | 次 | |
| | 殊　10画，一级 | 常 | 常 |
| | 倏[倐儵]　10画，二级 | 倏常 儵次<br>倐异 | 倏常 |
| | 菽　11画，二级 | 菽常 | 菽常 |
| | 梳　11画，一级 | 梳常 | 梳常 |
| | 舒　11画，三级 | 舒次 | |
| | 淑　11画，一级 | 常 | 常 |

❶謚：台湾多作"諡"。

| 读音 | 大陆 | 台湾 | 香港 |
|---|---|---|---|
| | 舒 12画,一级 | 常 | 常 |
| | 疏❶[疎] 12画,一级 | 疏常 疎异 | 疏常 疎异 |
| | 摅(攄) 13画,二级 | 攄次 | |
| | 输(輸) 13画,一级 | 輸常 | 輸常 |
| | 毹 13画,二级 | 毹次 | |
| | 蔬 15画,一级 | 蔬常 | 蔬常 |
| shú | 秫 10画,二级 | 秫次 | |
| | 孰 11画,二级 | 常 | 常 |
| | 婌 11画,三级 | 罕 | |
| | 赎(贖) 12画,一级 | 贖常 | 贖常 |
| | 塾 14画,二级 | 常 | 常 |
| | 熟 15画,一级 | 常 | 常 |
| shǔ | 暑 12画,一级 | 常 | 常 |
| | 黍 12画,二级 | 常 | 常 |
| | 属(屬) 12画,一级 | 屬常 属异 | 屬常 |
| | 署 13画,一级 | 常 | 常 |
| | 蜀 13画,一级 | 常 | 常 |
| | 鼠❷ 13画,一级 | 常 | 常 |
| | 薯[藷] 16画,一级 | 薯常 藷次 | 薯常 |
| | 曙 17画,一级 | 常 | 常 |
| shù zhú | 术❸(術) 5画,一级 | 術常 朮常 术异 | 術常 朮常 |

| 读音 | 大陆 | 台湾 | 香港 |
|---|---|---|---|
| shù | 戍 6画,二级 | 常 | 常 |
| | 束 7画,一级 | 常 | 常 |
| | 述 8画,一级 | 述常 | 述常 |
| | 沭 8画,二级 | 沭次 | |
| | 树(樹) 9画,一级 | 樹常 | 樹常 |
| | 竖❹(竖)[豎] 9画,一级 | 豎常 竖异 | 豎常 |
| | 铼(鉥) 10画,三级 | 鉥次 | |
| | 恕 10画,一级 | 常 | 常 |
| | 庶[庻] 11画,一级 | 庶常 庻异 | 庶常 |
| | 隃 11画,三级 | 隃次 | |
| | 腧 13画,二级 | 腧次 | |
| | 数(數) 13画,一级 | 數常 数异 | 數常 |
| | 墅 14画,一级 | 常 | 常 |

❶疏:字形右上部,大陆、香港为⺈,台湾起笔为横。

❷鼠:用作左偏旁构成合体字,大陆为左右结构,台湾、香港为半包围结构,如"鼬(鼬)、鼯(鼯)、鼹(鼹)"。

❸术:①大陆字形从木,末笔为捺,繁体字中间同此。台湾、香港字形作"朮",末笔为竖折。"術"中间同此。②大陆繁体文本和台湾用于"术士、术语、技术、医术、学术、美术、不学无术"作"術",用于"白术、赤术、苍术"作"朮"。

❹竖:大陆繁体文本和台湾多作"豎",俗字作"竖"。

| 读音 | 大陆 | 台湾 | 香港 | 读音 | 大陆 | 台湾 | 香港 |
|---|---|---|---|---|---|---|---|
| | 漱[漱] 14画,一级 | 漱常漱异 | 漱常 | shuǎng | 爽 11画,一级 | 常 | 常 |
| | 澍 15画,二级 | 次 | | shuǐ | 水 4画,一级 | 常 | 常 |
| shuā | 刷 8画,一级 | 常 | 常 | shuì | 帨 10画,三级 | 帨次 | |
| | 唰 11画,二级 | 次 | | | 税 12画,一级 | 税常税异 | 税常税异 |
| shuǎ | 耍 9画,一级 | 常 | 常 | | 睡 13画,一级 | 睡常 | 睡常 |
| shuāi | 衰 10画,一级 | 常 | 常 | shǔn | 吮 7画,一级 | 常 | 常 |
| | 摔 14画,一级 | 常 | 常 | | 楯 13画,二级 | 次 | |
| shuǎi | 甩 5画,一级 | 常 | 常 | shùn | 顺(順) 9画,一级 | 順常 | 順常 |
| shuài | 帅(帥) 5画,一级 | 帥常 | 帥常 | | 舜 12画,二级 | 常 | 常 |
| | 蟀 17画,一级 | 常 | 常 | | 瞬 17画,一级 | 常 | 常 |
| shuān | 闩(閂) 4画,二级 | 閂常 | 閂常 | shuō | 说(説) 9画,一级 | 說常説异 | 説常説异 |
| | 拴 9画,一级 | 拴常 | 拴常 | shuò | 妁 6画,二级 | 常 | |
| | 栓 10画,一级 | 栓常 | 栓常 | | 烁(爍) 9画,一级 | 爍常 | 爍常 |
| shuàn | 涮 11画,一级 | 常 | 常 | | 铄(鑠) 10画,二级 | 鑠常 | 鑠常 |
| | 腨 13画,三级 | 腨罕 | | | 朔 10画,二级 | 常 | 常 |
| shuāng | 双(雙) 4画,一级 | 雙常双异 | 雙常 | | 硕(碩) 11画,一级 | 碩常 | 碩常 |
| | 霜 17画,一级 | 霜常 | 霜常 | | 搠 13画,二级 | 次 | |
| | 孀 20画,二级 | 孀常 | 孀常 | | 蒴 13画,二级 | 蒴次 | |
| | 骦(驦) 20画,三级 | 驦次 | | | 槊 14画,二级 | 次 | |
| | 礵 22画,三级 | 礵次 | | sī | 司 5画,一级 | 常 | 常 |
| | 鹴(鸘) 22画,三级 | 鸘异 | | | 丝(絲) 5画,一级 | 絲常 | 絲常 |

| 读音 | 大陆 | 台湾 | 香港 |
|---|---|---|---|
| | 私 7画,一级 | 常 | 常 |
| | 咝(噝) 8画,二级 | 噝罕 | |
| | 峢 8画,三级 | 罕 | |
| | 思 9画,一级 | 常 | 常 |
| | 虒 10画,三级 | 虒次 | |
| | 鸶(鷥) 10画,二级 | 鷥常 | 鷥常 |
| | 斯 12画,一级 | 常 | 常 |
| | 蛳(螄) 12画,二级 | 螄次 | |
| | 缌(緦) 12画,二级 | 緦次 | |
| | 楒 13画,三级 | 罕 | |
| | 飔(颸) 13画,三级 | 颸次 | |
| | 厮[廝] 14画,二级 | 廝常厮异 | 廝常 |
| | 锶(鍶) 14画,二级 | 鍶次 | |
| | 澌 14画,三级 | 次 | |
| | 撕 15画,一级 | 常 | 常 |
| | 嘶 15画,一级 | 常 | 常 |
| | 潵 15画,二级 | 次 | |
| sǐ | 死❶ 6画,一级 | 死常 | 死常 |
| sì | 巳 3画,一级 | 常 | 常 |
| | 四 5画,一级 | 常 | 常 |

| 读音 | 大陆 | 台湾 | 香港 |
|---|---|---|---|
| | 寺 6画,一级 | 常 | 常 |
| | 似[佀] 6画,一级 | 似常佀异 | 似常 |
| | 汜 6画,二级 | 次 | |
| | 兕 7画,二级 | 常 | 常 |
| | 伺 7画,一级 | 常 | 常 |
| | 祀[禩] 7画,一级 | 祀常禩异 | 祀常 |
| | 姒 7画,二级 | 常 | 常 |
| | 饲(飼)[飤] 8画,一级 | 飼常飤罕 | 飼常 |
| | 泗 8画,二级 | 常 | 常 |
| | 驷(駟) 8画,二级 | 駟常 | 駟常 |
| | 俟[竢] 9画,二级 | 俟常竢异 | 俟常 |
| | 涘 10画,三级 | 次 | |
| | 耜 11画,二级 | 耜常 | 耜常 |
| | 笥 11画,二级 | 次 | |
| | 肆 13画,一级 | 常 | 常 |
| | 嗣 13画,二级 | 常 | 常 |
| sōng | 忪 7画,二级 | 次 | |

❶死:字形右下的匕,大陆、香港起笔为撇,台湾为横。

| 读音 | 大陆 | 台湾 | 香港 |
|---|---|---|---|
| | 松(鬆)❶ 8画,一级 | 松常鬆常 | 松常鬆常 |
| | 娀 9画,三级 | 次 | |
| | 凇 10画,二级 | 罕 | |
| | 菘 11画,二级 | 菘次 | |
| | 崧 11画,三级 | 次 | |
| | 淞 11画,二级 | 常 | 常 |
| | 嵩 13画,二级 | 常 | 常 |
| sǒng | 扨(摤) 7画,二级 | 摤罕 | |
| | 怂(慫) 8画,二级 | 慫常 | 慫常 |
| | 耸(聳) 10画,一级 | 聳常 | 聳常 |
| | 悚 10画,二级 | 常 | 常 |
| | 竦 12画,二级 | 次 | |
| sòng | 讼(訟) 6画,一级 | 訟常 | 訟常 |
| | 宋 7画,一级 | 常 | 常 |
| | 送 9画,一级 | 送常 | 送常 |
| | 诵(誦) 9画,一级 | 誦常 | 誦常 |
| | 颂(頌) 10画,一级 | 頌常 | 頌常 |
| sōu | 搜❷[蒐] 12画,一级 | 搜常蒐常 | 搜常蒐常搜异 |
| | 蒐❸ 12画,三级 | 蒐常 | |
| | 嗖 12画,二级 | 嗖次 | |
| | 馊(餿) 12画,二级 | 餿常 | 餿常餿异 |
| | 廋 12画,三级 | 廋次 | |
| | 溲 12画,二级 | 溲次 | |
| | 飕(颼) 13画,二级 | 颼常 | 颼常颼异 |
| | 锼(鎪) 14画,三级 | 鎪次 | |
| | 螋 15画,二级 | 螋罕 | |
| | 艘 15画,一级 | 艘常 | 艘常艘异 |
| sǒu | 叟❹ 9画,二级 | 叟常 | 叟常叟异 |
| | 瞍 14画,三级 | 瞍次 | |
| | 嗾 14画,二级 | 常 | 常 |
| | 擞(擻) 16画,二级 | 擻常 | 擻常 |
| | 薮(藪) 16画,二级 | 藪常 | 藪常 |

❶松:大陆繁体文本和台湾用于"松树、松柏、松香、松鼠、松涛、青松、可的松(药名)"作"松",用于"松紧、松弛、松绑、松脆、松软、松开、松懈、轻松、宽松、放松、疏松、肉松"作"鬆"。

❷搜:台湾用于"搜索、搜集、搜罗"作"搜",也作"蒐"。"蒐"另见152页"蒐"字条。

❸蒐:用于表示草名和春天打猎,其他意义用"搜"。另见152页"搜"字条。

❹叟:字形上部,大陆、香港7画,台湾8画。用作合体字部件时同此,如"搜、嫂、瘦"。

| 读音 | 大陆 | 台湾 | 香港 |
|---|---|---|---|
| sōu | 嗖[㩳] 14画,一级 | 嗖常㩳罕 | 嗖常 |
| sū | 苏❶(蘇嚤)[甦蘇] 7画,一级 | 蘇常嚤常 甦常蘇异 | 蘇常 嚤常 甦常 |
| | 甦❷ 12画,三级 | 常 | 常 |
| | 酥 12画,一级 | 常 | 常 |
| | 稣(穌) 13画,二级 | 穌常 | 穌常 |
| | 窣 13画,二级 | 窣次 | |
| sú | 俗 9画,一级 | 常 | 常 |
| sù | 夙 6画,二级 | 常 | 常 |
| | 诉(訴)[愬] 7画,一级 | 訴常愬次 | 訴常 |
| | 肃❸(肅) 8画,一级 | 肅常 | 肅常 肅异 |
| | 素 10画,一级 | 常 | 常 |
| | 速 10画,一级 | 速常 | 速常 |
| | 觫(觫) 10画,三级 | 觫次 | |
| | 涑 10画,二级 | 次 | |
| | 宿[宿] 11画,一级 | 宿常宿罕 | 宿常 |
| | 骕(驌) 11画,三级 | 驌次 | |
| | 粟 12画,一级 | 常 | 常 |
| | 僳 12画,三级 | 次 | |
| | 谡(謖) 12画,二级 | 謖次 | |

| 读音 | 大陆 | 台湾 | 香港 |
|---|---|---|---|
| | 嗉 13画,二级 | 次 | |
| | 塑 13画,一级 | 常 | 常 |
| | 溯[泝遡] 13画,一级 | 溯常泝次 遡异 | 溯常 |
| | 愫 13画,二级 | 次 | |
| | 鹔(鷫) 13画,三级 | 鷫次 | |
| | 蔌 14画,三级 | 蔌次 | |
| | 僳 14画,二级 | 次 | |
| | 觫 14画,二级 | 觫次 | |
| | 簌 17画,二级 | | |
| | 蹜 18画,三级 | | |
| suān | 狻 10画,三级 | 狻次 | |
| | 酸 14画,一级 | 酸常 | 酸常 |
| suàn | 蒜 13画,一级 | 蒜常 | 蒜常 |
| | 算 14画,一级 | 常 | 常 |
| suī | 虽(雖) 9画,一级 | 雖常虽异 | 雖常 |
| | 荽 10画,二级 | 荽次 | |
| | 眭 11画,二级 | 次 | |

❶苏:大陆繁体文本和台湾用于"紫苏(植物名)、苏打、苏州(地名,在江苏)、苏丹(国名)、苏轼(宋代人名)、江苏(地名,在我国东南部)"作"蘇",用于"噜苏"作"嚤",用于"苏醒""复苏"作"甦"。"甦"另见153页"甦"字条。

❷甦:用于人名。另见153页"苏"字条。

❸肃:大陆繁体字与台湾正体字相同;香港字形肀下多一横,与大陆、台湾不同。用作合体字部件时同此,如"箫、啸、潇"。

| 读音 | 大陆 | 台湾 | 香港 |
|---|---|---|---|
| suí | 眭 13画,二级 | 次 | |
| | 濉 16画,二级 | 罕 | |
| | 绥(綏) 10画,二级 | 綏常 | 綏常 |
| | 隋 11画,一级 | 隋常 | 隋常 |
| | 随(隨) 11画,一级 | 隨常 随异 | 隨常 |
| suǐ | 髓 21画,一级 | 髓常 | 髓常 |
| suì | 岁(歲)[崴] 6画,一级 | 歲常 崴异 | 歲常 |
| | 谇(誶) 10画,二级 | 誶次 | |
| | 祟 10画,一级 | 常 | 常 |
| | 遂 12画,一级 | 遂常 | 遂常 |
| | 碎 13画,一级 | 常 | 常 |
| | 隧 14画,一级 | 隧常 | 隧常 |
| | 璲 16画,三级 | 璲次 | |
| | 繐(繐) 16画,三级 | 繐罕 | |
| | 燧 16画,二级 | 燧常 | 燧常 |
| | 鐩(鐩) 17画,三级 | 鐩罕 | |
| | 穗 17画,一级 | 常 | 常 |
| | 穟 17画,三级 | 穟次 | |
| | 邃 17画,二级 | 邃次 | |
| | 襚 17画,三级 | 襚次 | |
| | 旞 18画,三级 | 旞次 | |
| sūn | 孙(孫) 6画,一级 | 孫常 | 孫常 |
| | 荪(蓀) 9画,二级 | 蓀常 | 蓀常 |
| | 狲(猻) 9画,二级 | 猻次 | |
| | 飧[飱] 12画,二级 | 飧常 飱异 | 飧常 |
| sǔn | 损(損) 10画,一级 | 損常 | 損常 |
| | 笋❶[筍] 10画,一级 | 筍常 笋异 | 筍常 |
| | 隼 10画,二级 | 次 | |
| | 榫 14画,二级 | 常 | |
| suō | 唆 10画,一级 | 唆常 | 唆常 |
| | 娑 10画,二级 | 常 | 常 |
| | 桫 11画,二级 | 罕 | |
| | 梭 11画,一级 | 梭常 | 梭常 |
| | 睃 12画,二级 | 睃罕 | |
| | 蓑[簑] 13画,二级 | 簑常 蓑次 | 蓑常 |
| | 嗦 13画,一级 | 常 | 常 |
| | 嗍 13画,二级 | 罕 | |
| | 羧 13画,二级 | 羧次 | |
| | 缩(縮) 14画,一级 | 縮常 | 縮常 |
| suǒ | 所 8画,一级 | 常 | 常 |

❶笋:大陆繁体文本和台湾多作"筍"。

| 读音 | 大陆 | 台湾 | 香港 | 读音 | 大陆 | 台湾 | 香港 |
|---|---|---|---|---|---|---|---|
|  | 索 10画,一级 | 常 | 常 |  | 沓 8画,二级 | 次 |  |
|  | 唢(嗩) 10画,二级 | 嗩次 |  |  | 挞(撻) 9画,二级 | 撻常 | 撻常 |
|  | 琐(瑣)〔璅〕 11画,一级 | 瑣常 璅罕 | 瑣常 |  | 闼(闥) 9画,二级 | 闥次 |  |
|  | 锁(鎖)〔鏁〕 12画,一级 | 鎖常 鏁异 | 鎖常 |  | 闒(闒) 13画,三级 | 闒次 |  |
|  | 溹 13画,三级 | 次 |  |  | 榻 14画,二级 | 常 | 常 |
| **T** |  |  |  |  | 踏 15画,一级 | 常 | 常 |
| tā | 他 5画,一级 | 常 | 常 |  | 蹋 17画,一级 | 常 | 常 |
|  | 它❶〔牠〕 5画,一级 | 它常 牠常 | 它常 牠常 |  | 鞳 18画,三级 | 鞳次 |  |
|  | 她 6画,一级 | 常 | 常 | tāi | 胎 9画,一级 | 胎常 | 胎常 |
|  | 趿 10画,二级 | 趿次 |  | tái / tāi | 台❷(臺檯颱) 5画,一级 | 臺常 颱常 檯次 枱异 | 台常 枱常 颱常 臺异 檯异 |
|  | 铊(鉈) 10画,二级 | 鉈次 |  |  |  |  |  |
|  | 塌 13画,一级 | 常 | 常 | tái | 邰 7画,二级 | 邰次 |  |
|  | 遢 13画,二级 | 遢次 |  |  | 抬 8画,一级 | 常 | 常 |
|  | 溻 13画,二级 | 罕 |  |  | 苔 8画,一级 | 苔常 | 苔常 |
|  | 褟 15画,二级 | 罕 |  |  |  |  |  |
| tǎ | 塔〔墖〕 12画,一级 | 塔常 墖异 | 塔常 |  |  |  |  |
|  | 獭(獺) 16画,二级 | 獺常 | 獺常 |  |  |  |  |
|  | 鳎(鰨) 18画,二级 | 鰨次 |  |  |  |  |  |
| tà | 拓〔搨〕 8画,一级 | 拓常 搨次 | 拓常 |  |  |  |  |

❶它:台湾用于无生物第三人称代词(如"它山之石")作"它",用于人以外的动物第三人称代词(如"牠们")作"牠"。

❷台:大陆繁体文本和台湾用于"台阶、台基、台板、高台、平台、楼台、舞台、工作台、电视台、一台戏"作"臺";用于"台秤、台球、球台、写字台"作"檯";用于"台风""台风眼"作"颱";用于"兄台(敬语)、台甫、台启、台鉴、台州(地名)、天台山、天台宗、台静农(人名)、祝英台(人名)"作"台";用于"台湾(地名)"作"臺",俗作"台"。

| 读音 | 大陆 | 台湾 | 香港 |
|---|---|---|---|
| | 骀(駘) 8画,二级 | 駘次 | |
| | 乺 9画,二级 | 次 | |
| | 跆 12画,二级 | 常 | 常 |
| | 鲐(鮐) 13画,二级 | 鮐次 | |
| | 臺 17画,二级 | 臺次 | |
| tài | 太 4画,一级 | 常 | 常 |
| | 汰 7画,一级 | 常 | 常 |
| | 态(態) 8画,一级 | 態常 | 態常 |
| | 肽 8画,二级 | 罕 | |
| | 钛(鈦) 9画,二级 | 鈦次 | |
| | 泰 10画,一级 | 常 | 常 |
| | 酞 11画,二级 | 罕 | |
| tān | 坍 7画,二级 | 常 | 常 |
| | 贪(貪) 8画,一级 | 貪常 | 貪常 / 貪异 |
| | 摊(攤) 13画,一级 | 攤常 | 攤常 |
| | 滩(灘) 13画,一级 | 灘常 滩异 | 灘常 |
| | 瘫(癱) 15画,一级 | 癱常 | 癱常 |
| tán | 坛❶(壇罎)[壜罈] 7画,一级 | 壇常 罎常 罎异 壜异 | 壇常 罈常 |
| | 昙(曇) 8画,二级 | 曇次 | |

| 读音 | 大陆 | 台湾 | 香港 |
|---|---|---|---|
| | 倓 10画,三级 | 次 | |
| | 郯 10画,二级 | 郯次 | |
| | 谈(談) 10画,一级 | 談常 | 談常 |
| | 惔 11画,三级 | 次 | |
| | 覃 12画,二级 | 常 | 常 |
| | 替 13画,三级 | 罕 | |
| | 锬(錟) 13画,三级 | 錟次 | |
| | 痰 13画,一级 | 常 | 常 |
| | 谭(譚) 14画,一级 | 譚常 | 譚常 |
| | 潭 15画,一级 | 常 | 常 |
| | 檀 17画,一级 | 常 | 常 |
| | 磹 17画,三级 | 罕 | |
| | 镡(鐔) 17画,二级 | 鐔次 | |
| tǎn | 忐 7画,二级 | 次 | |
| | 坦 8画,一级 | 常 | 常 |
| | 钽(鉭) 10画,二级 | 鉭次 | |
| | 袒[襢] 10画,二级 | 袒常 襢次 | 袒常 |
| | 菼 11画,三级 | 菼次 | |

❶坛:大陆繁体文本和台湾用于"花坛、天坛、地坛、神坛、文坛、论坛、坛经"作"壇",用于"酒坛、醋坛、菜坛、泡菜坛"作"罈"。

| 读音 | 大陆 | 台湾 | 香港 | 读音 | 大陆 | 台湾 | 香港 |
|---|---|---|---|---|---|---|---|
| tàn | 毯 12画,一级 | 常 | 常 | | 樘 15画,二级 | 罕 | |
| | 檀 17画,三级 | 罕 | | | 膛 15画,一级 | 膛常 | 膛常 |
| | 叹(嘆)[歎] 5画,一级 | 嘆常 歎次 叹异 | 歎常 嘆异 | | 螗 16画,三级 | 次 | |
| | 炭❶ 9画,一级 | 炭常 | 炭常 | | 镗(鏜) 16画,二级 | 鏜常 | 鏜常 |
| | 探 11画,一级 | 探常 | 探常 | | 糖[餹] 16画,二级 | 糖常 餹异 | 糖常 |
| | 碳 14画,一级 | 碳常 | 碳常 | | 螳 17画,二级 | 常 | 常 |
| tāng | 汤(湯) 6画,一级 | 湯常 | 湯常 | tǎng | 帑 8画,二级 | 常 | 常 |
| | 铴(鐋) 11画,三级 | 鍚次 | | | 倘 10画,二级 | 常 | 常 |
| | 羰 14画,二级 | 羰罕 | | | 埫 11画,二级 | 罕 | |
| | 嘡 14画,二级 | 罕 | | | 淌 11画,二级 | 常 | 常 |
| | 羰 15画,二级 | 羰次 | | | 傥(儻) 12画,二级 | 儻次 | |
| | 蹚❷[蹅] 18画,二级 | 蹚次 蹅罕 | | | 镋(钂) 15画,三级 | 钂次 | |
| táng | 唐 10画,一级 | 常 | 常 | | 躺 15画,一级 | 常 | 常 |
| | 堂 11画,一级 | 常 | 常 | tàng | 烫(燙) 10画,一级 | 燙常 | 燙常 |
| | 棠 12画,一级 | 常 | 常 | | 趟 15画,一级 | 常 | 常 |
| | 唐 12画,三级 | 唐异 | | tāo | 弢 8画,三级 | 次 | |
| | 塘 13画,一级 | 常 | 常 | | 涛(濤) 10画,一级 | 濤常 涛异 | 濤常 |
| | 搪 13画,二级 | 常 | 常 | | 绦❸(縧)[條 绦] 10画,二级 | 條次 縚次 縧异 | |
| | 鄌 13画,三级 | 鄌罕 | | | | | |
| | 溏 13画,二级 | 次 | | | | | |
| | 瑭 14画,二级 | 罕 | | | | | |

❶炭:字形下部,大陆为灰,台湾、香港火上为厂。
❷蹚:义为蹚水、蹚地,大陆不再作为"趟"的异体字。
❸绦:台湾作"條",也作"縚"。

| 读音 | 大陆 | 台湾 | 香港 | 读音 | 大陆 | 台湾 | 香港 |
|---|---|---|---|---|---|---|---|
|  | 焘(燾) 11画,二级 | 燾次 |  |  | 特 10画,一级 | 常 | 常 |
|  | 掏[搯] 11画,一级 | 掏常搯次 | 掏常 |  | 铽(鋱) 12画,三级 | 鋱次 |  |
|  | 滔 13画,一级 | 常 | 常 |  | 慝 14画,二级 | 慝常 | 慝常 |
|  | 慆 13画,三级 | 罕 |  | tēng | 熥 14画,二级 | 熥罕 |  |
|  | 韬(韜) 14画,二级 | 韜常 | 韜常 | téng | 疼 10画,一级 | 常 | 常 |
|  | 饕 22画,二级 | 饕次 |  |  | 腾(騰) 13画,一级 | 騰常 | 騰常 |
| táo | 逃 9画,一级 | 逃常 | 逃常 |  | 誊(謄) 13画,一级 | 謄常 | 謄常 |
|  | 洮 9画,二级 | 次 |  |  | 滕 15画,二级 | 次 |  |
|  | 桃 10画,一级 | 常 | 常 |  | 䲢 16画,三级 | 次 |  |
|  | 陶 10画,一级 | 陶常 | 陶常 |  | 縢 16画,三级 | 次 |  |
|  | 萄 11画,一级 | 萄常 | 萄常 |  | 藤[籐] 18画,一级 | 藤常籐常 | 藤常 |
|  | 梼(檮) 11画,三级 | 檮次 |  |  | 䕓(䕓) 18画,三级 | 䕓罕 |  |
|  | 啕 11画,二级 | 常 | 常 | tī | 剔 10画,一级 | 常 | 常 |
|  | 淘 11画,一级 | 常 | 常 |  | 梯 11画,一级 | 常 | 常 |
|  | 绹(綯) 11画,三级 | 綯次 |  |  | 䏲 11画,三级 | 䏲罕 |  |
|  | 鼗 19画,三级 | 异 |  |  | 锑(銻) 12画,二级 | 銻常 | 銻常 |
| tǎo | 讨(討) 5画,一级 | 討常 | 討常 |  | 踢 15画,一级 | 常 | 常 |
| tào | 套 10画,一级 | 常 | 常 |  | 鹈(鵜) 15画,三级 | 鵜罕 |  |
| tè | 忑 7画,二级 | 次 |  |  | 擿 17画,三级 | 擿次 |  |
|  |  |  |  | tí | 提 12画,一级 | 常 | 常 |

| 读音 | 大陆 | 台湾 | 香港 |
|---|---|---|---|
| | 啼[嗁] 12画,一级 | 啼常 嗁异 | 啼常 |
| | 遆 12画,三级 | 遆罕 | |
| | 鹈(鵜) 12画,二级 | 鵜次 | |
| | 騠(騠) 12画,三级 | 騠次 | |
| | 缇(緹) 12画,二级 | 緹次 | |
| | 瑅 13画,三级 | 异 | |
| | 题(題) 15画,一级 | 題常 | 題常 |
| | 醍 16画,二级 | 次 | |
| | 蹄[蹏] 16画,一级 | 蹄常 蹏异 | 蹄常 |
| | 鳀(鯷) 17画,二级 | 鯷次 | |
| tǐ | 体❶(體) 7画,一级 | 體常 体次 | 體常 |
| tì | 屉❷ 8画,一级 | 屜常 屉异 | 屜常 |
| | 剃[鬀薙] 9画,一级 | 剃常 鬀异 薙异 | 剃常 |
| | 倜 10画,二级 | 次 | |
| | 逖 10画,二级 | 逖常 | 逖常 |
| | 涕 10画,二级 | 常 | 常 |
| | 悌 10画,二级 | 常 | 常 |
| | 绨(綈) 10画,二级 | 綈次 | |
| | 惕 11画,一级 | 常 | 常 |

| 读音 | 大陆 | 台湾 | 香港 |
|---|---|---|---|
| | 替 12画,一级 | 常 | 常 |
| | 嚏 17画,二级 | 常 | 常 |
| | 趯 21画,三级 | 次 | |
| tiān | 天 4画,一级 | 常 | 常 |
| | 添 11画,一级 | 添常 | 添常 添异 |
| | 黇 16画,三级 | 黇罕 | |
| tián | 田 5画,一级 | 常 | 常 |
| | 沺 8画,三级 | 次 | |
| | 畇 9画,三级 | 畇次 | |
| | 畋 9画,二级 | 次 | |
| | 恬 9画,一级 | 恬常 | 恬常 恬异 |
| | 甜❸ 11画,一级 | 甜常 | 甜常 甜异 |
| | 湉 12画,二级 | 湉次 | |
| | 填 13画,一级 | 常 | 常 |
| | 闐(闐) 13画,二级 | 闐常 | 闐常 |
| tiǎn | 忝 8画,二级 | 忝常 | 忝常 忝异 |
| | 殄 9画,二级 | 次 | |
| | 湠 11画,三级 | 次 | |
| | 睍 12画,三级 | 罕 | |

❶体:大陆繁体文本和台湾又读 bèn,与"笨"同,如"体夫(古代指抬棺材的壮汉)"不作"體"。

❷屉:台湾多作"屜",也作"屉"。

❸甜:字形起笔,大陆为撇,台湾、香港为横。

| 读音 | 大陆 | 台湾 | 香港 |
|---|---|---|---|
| | 腆❶ 12画,二级 | 腆常 | 腆常 |
| | 舔 14画,一级 | 舔常 | 舔常 舔异 |
| tiàn | 掭 11画,三级 | 次 | |
| | 瑱 14画,三级 | 次 | |
| tiāo | 佻 8画,二级 | 常 | 常 |
| | 挑 9画,一级 | 常 | 常 |
| | 祧 10画,三级 | 次 | |
| tiáo | 条❷(條) 7画,一级 | 條常 条异 | 條常 |
| | 迢 8画,一级 | 迢常 | 迢常 |
| | 笤 11画,二级 | 次 | |
| | 韶(韶) 13画,三级 | 韶次 | |
| | 蜩 14画,二级 | 次 | |
| | 髫 15画,二级 | 次 | |
| | 鲦(鰷) 15画,三级 | 鰷次 | |
| tiǎo | 朓 10画,三级 | 次 | |
| | 窕 11画,二级 | 窕常 | 窕常 |
| | 嬥 17画,三级 | 次 | |
| | 眺[覜] 11画,二级 | 眺常 覜次 | 眺常 |
| | 粜(糶) 11画,二级 | 糶次 粜异 | |
| | 跳 13画,一级 | 常 | 常 |
| tiē | 贴(貼) 9画,一级 | 貼常 | 貼常 |

| 读音 | 大陆 | 台湾 | 香港 |
|---|---|---|---|
| | 萜 11画,二级 | 萜罕 | |
| tiě | 帖 8画,一级 | 常 | 常 |
| | 铁(鐵) 10画,一级 | 鐵常 鈇异 | 鐵常 鐵异 |
| tiè | 餮 18画,二级 | 餮次 | |
| tīng | 厅(廳) 4画,一级 | 廳常 | 廳常 |
| | 汀 5画,二级 | 常 | 常 |
| | 听(聽) 7画,一级 | 聽常 | 聽常 |
| | 烃(烴) 9画,二级 | 烴次 | |
| | 莛(莛) 9画,三级 | 莛次 | |
| | 桯 11画,三级 | 桯次 | |
| tíng | 廷❸ 6画,一级 | 廷常 | 廷常 |
| | 廷 9画,三级 | 廷次 | |
| | 亭 9画,一级 | 常 | 常 |
| | 庭 9画,一级 | 庭常 | 庭常 |
| | 停 11画,一级 | 常 | 常 |
| | 葶 12画,二级 | 葶次 | |
| | 蜓 12画,一级 | 蜓常 | 蜓常 |
| | 淳 12画,三级 | 次 | |

❶腆:用于"腼腆",台湾多作"靦觍"。
❷条:大陆繁体字右上为夂(3画),台湾、香港右上为夊(4画)。
❸廷:字形左下的廴,大陆2画,台湾、香港3画。

| 读音 | 大陆 | | 台湾 | 香港 |
|---|---|---|---|---|
| tǐng | 婷 | 12画,二级 | 常 | 常 |
| | 霆 | 14画,二级 | 霆常 | 霆常 |
| | 蜓 | 18画,三级 | 蜓罕 | |
| | 町 | 5画,三级 | 罕 | |
| | 侹 | 8画,三级 | 侹罕 | |
| | 挺 | 9画,一级 | 挺常 | 挺常 |
| | 珽 | 10画,三级 | 珽次 | |
| | 梃 | 10画,二级 | 梃常 | 梃常 |
| | 烶 | 10画,三级 | 烶罕 | |
| | 铤(鋌) | 11画,二级 | 鋌次 | |
| | 颋(頲) | 12画,三级 | 頲次 | |
| | 艇 | 12画,一级 | 艇常 | 艇常 |
| tōng | 通 | 10画,一级 | 通常 | 通常 |
| | 嗵 | 13画,二级 | 嗵罕 | |
| tóng | 仝❶ | 5画,三级 | 次 | |
| tóng tòng | 同❷㊀[仝],㊁[衕] | 6画,一级 | 同常仝次衕次 | 同常 |
| tóng | 佟 | 7画,二级 | 次 | |
| | 彤 | 7画,一级 | 常 | 常 |
| | 岽 | 8画,三级 | 罕 | |
| | 词(詞) | 8画,三级 | 詞次 | |
| | 苘 | 9画,二级 | 苘次 | |

| 读音 | 大 陆 | | 台湾 | 香港 |
|---|---|---|---|---|
| | 峒 | 9画,三级 | 次 | |
| | 峒[岽] | 9画,二级 | 峒次岽异 | |
| | 桐 | 10画,一级 | 常 | 常 |
| | 砼 | 10画,二级 | 罕 | |
| | 烔 | 10画,三级 | 罕 | |
| | 铜(銅) | 11画,一级 | 銅常 | 銅常 |
| | 童 | 12画,一级 | 常 | 常 |
| | 酮 | 13画,二级 | 次 | |
| | 僮 | 14画,二级 | 常 | 常 |
| | 鲖(鮦) | 14画,三级 | 鮦次 | |
| | 潼 | 15画,二级 | 常 | 常 |
| | 橦 | 16画,三级 | 次 | |
| | 曈 | 16画,三级 | 次 | |
| | 瞳 | 17画,一级 | 常 | 常 |
| | 穜 | 17画,三级 | 次 | |
| | 罿 | 18画,三级 | 罕 | |
| tǒng | 统(統) | 9画,一级 | 統常 | 統常 |
| | 捅 | 10画,一级 | 次 | |
| | 桶 | 10画,三级 | 罕 | |

❶仝:用于姓、人名。另见161页"同"字条。
❷同:大陆繁体文本和台湾用于"胡同"多作"衕 衖"。"仝"另见161页"仝"字条。

| 读音 | 大陆 | | 台湾 | 香港 |
|---|---|---|---|---|
| tòng | 桶 | 11画,一级 | 常 | 常 |
| | 筒[筩] | 12画,一级 | 筒常 筩次 | 筒常 |
| | 恸(慟) | 9画,二级 | 慟常 | 慟常 |
| | 痛 | 12画,一级 | 常 | 常 |
| tōu | 偷[媮] | 11画,一级 | 偷常 媮次 | 偷常 |
| tóu | 头(頭) | 5画,一级 | 頭常 头异 | 頭常 |
| | 投 | 7画,一级 | 常 | 常 |
| | 骰 | 13画,二级 | 骰常 | 骰常 |
| tòu | 透 | 10画,一级 | 透常 | 透常 |
| tū | 凸 | 5画,一级 | 常 | 常 |
| | 秃❶ | 7画,一级 | 秃常 禿异 | 秃常 |
| | 突 | 9画,一级 | 突常 | 突常 |
| | 葖 | 12画,三级 | 葖次 | |
| | 鵚 | 15画,三级 | 鵚罕 | |
| tú | 图(圖) | 8画,一级 | 圖常 | 圖常 |
| | 荼 | 10画,二级 | 荼常 | 荼常 |
| | 徒 | 10画,一级 | 常 | 常 |
| | 途 | 10画,一级 | 途常 | 途常 |
| | 涂❷(塗) | 10画,一级 | 塗常 涂次 | 塗常 |
| | 骎(駼) | 10画,三级 | 駼次 | |

| 读音 | 大陆 | | 台湾 | 香港 |
|---|---|---|---|---|
| | 桼 | 11画,三级 | 罕 | |
| | 屠 | 11画,一级 | 常 | 常 |
| | 稌 | 12画,三级 | 次 | |
| | 腯 | 13画,三级 | 腯罕 | |
| | 酴 | 14画,三级 | 次 | |
| tǔ | 土 | 3画,一级 | 常 | 常 |
| | 吐 | 6画,一级 | 常 | 常 |
| | 钍(釷) | 8画,二级 | 釷罕 | |
| tù | 兔[兎兒] | 8画,一级 | 兔常 兎罕 兒异 | 兔常 |
| | 堍 | 11画,二级 | 罕 | |
| | 菟 | 11画,二级 | 菟次 | |
| tuān | 猯 | 12画,三级 | 异 | |
| | 湍 | 12画,二级 | 常 | 常 |
| | 煓 | 13画,三级 | 罕 | |
| tuán | 团❸(團糰) | 6画,一级 | 團常 糰次 | 團常 |
| | 抟(摶) | 7画,二级 | 摶次 | |

❶秃:字形下部,大陆为几,台湾、香港为儿。

❷涂:大陆繁体文本和台湾用于古水名、"涂月(阴历十二月的别称)"作"涂",用于"涂抹、涂改、涂料、涂鸦、涂炭、糊涂、涂脂抹粉、肝脑涂地"作"塗"。二字都用于姓,是两家人。

❸团:大陆繁体文本和台湾用于"团聚、团拜、团结、团体、集团、原子团、乱成一团"作"團",用于"饭团""汤团"作"糰"。

| 读音 | 大陆 | 台湾 | 香港 |
|---|---|---|---|
| tuǎn | 疃 17画，二级 | 异 | |
| tuàn | 彖 9画，三级 | 次 | |
| tuī | 忒 7画，二级 | 次 | |
| | 推 11画，一级 | 常 | 常 |
| tuí | 陨(隤) 11画，三级 | 隤次 | |
| | 颓(頽)[穨] 13画，一级 | 頽常 穨次 頽异 | 頽常 |
| | 魋 17画，三级 | 魋次 | |
| tuǐ | 腿[骽] 13画，一级 | 腿常 骽异 | 腿常 |
| tuì | 退 9画，一级 | 退常 | 退常 |
| | 蜕 13画，一级 | 蜕常 蜕异 | 蜕常 蜕异 |
| | 煺 13画，二级 | 煺罕 | |
| | 褪 14画，一级 | 褪常 | 褪常 |
| tūn | 吞 7画，一级 | 吞常 | 吞常 吞异 |
| | 焞 12画，三级 | 次 | |
| | 暾 16画，二级 | 次 | |
| tún | 屯 4画，一级 | 常 | 常 |
| | 坉 7画，三级 | 罕 | |
| | 囤 7画，一级 | 常 | 常 |
| | 饨(飩) 7画，二级 | 飩常 | 飩常 |
| | 忳 7画，三级 | 次 | |
| | 豚 11画，一级 | 豚常 | 豚常 |

| 读音 | 大陆 | 台湾 | 香港 |
|---|---|---|---|
| | 魨(魨) 12画，二级 | 魨罕 | |
| | 臀[臋] 17画，一级 | 臀常 臋罕 | 臀常 |
| tuō | 乇 6画，三级 | 罕 | |
| | 托❶[託] 6画，一级 | 托常 託常 | 托常 託常 |
| | 拖[拕] 8画，一级 | 拖常 拕异 | 拖常 |
| | 侂 8画，三级 | 罕 | |
| | 脱 11画，一级 | 脱常 脱异 | 脱常 脱异 |
| tuó | 驮(馱)[䭾] 6画，一级 | 馱常 䭾异 | 馱常 |
| | 佗 7画，二级 | 常 | 常 |
| | 陀 7画，二级 | 陀常 | 陀常 |
| | 坨 8画，二级 | 罕 | |
| | 沱 8画，二级 | 常 | 常 |
| | 驼(駝)[駞] 8画，一级 | 駝常 駞异 | 駝常 |
| | 柁 9画，二级 | 次 | |

❶托：大陆繁体文本和台湾用于以手臂承举、推击等义多作"托"，如"托举、托起、托盘、托钵、托运、托福（外来语，美国语言教育机构为非英语系国家留美学生所做的英语能力测试）、依托、衬托、烘托、茶托、托塔天王、托尔斯泰（人名，俄国文学家）、和盘托出"；用于以言语吩咐、委任等义多作"託"，如"托故、托管、托言、托辞、托生、托身、委托、寄托、嘱托、拜托、请托、托人讲情"。

| 读音 | 大陆 | 台湾 | 香港 |
|---|---|---|---|
| | 砣 10画，二级 | 次 | |
| | 鸵(鴕) 10画，一级 | 鴕常 | 鴕常 |
| | 酡 12画，二级 | 次 | |
| | 跎 12画，二级 | 常 | 常 |
| | 鮀(鮀) 13画，三级 | 鮀次 | |
| | 橐 16画，二级 | 次 | |
| | 鼍(鼉) 20画，二级 | 鼉次 | |
| tuǒ | 妥 7画，一级 | 常 | 常 |
| | 庹 11画，二级 | 次 | |
| | 椭(橢) 12画，一级 | 橢常 | 橢常 |
| tuò | 柝 9画，二级 | 次 | |
| | 拓(捇) 11画，三级 | 捇次 | |
| | 唾 11画，一级 | 唾常 | 唾常 |
| | 箨(籜) 14画，三级 | 籜次 | |

## W

| 读音 | 大陆 | 台湾 | 香港 |
|---|---|---|---|
| wā | 挖 9画，一级 | 挖常 | 挖常 |
| | 哇 9画，一级 | 常 | 常 |
| | 洼❶(窪) 9画，一级 | 窪常 洼次 | 窪常 |
| | 胍 10画，三级 | 罕 | |
| | 窊 10画，三级 | 窊次 | |

| 读音 | 大陆 | 台湾 | 香港 |
|---|---|---|---|
| | 娲(媧) 10画，二级 | 媧次 | |
| | 蛙[鼃] 12画，一级 | 蛙常 鼃异 | 蛙常 |
| wá | 娃 9画，一级 | 常 | 常 |
| wǎ | 瓦❷ 4画，一级 | 瓦常 | 瓦常 |
| | 佤 6画，二级 | 佤次 | |
| wà | 袜(襪)[韤韈] 10画，一级 | 襪常 韤异 韈异 | 襪常 |
| | 腽 13画，三级 | 腽次 腽异 | |
| wāi | 歪 9画，一级 | 常 | 常 |
| wǎi | 崴 12画，二级 | 次 | |
| wài | 外 5画，一级 | 常 | 常 |
| wān | 弯(彎) 9画，一级 | 彎常 弯异 | 彎常 |
| | 剜 10画，二级 | 常 | 常 |
| | 婠 11画，三级 | 次 | |
| | 埁(壪) 12画，二级 | 壪罕 | |
| | 湾(灣) 12画，一级 | 灣常 湾异 | 灣常 |
| | 蜿 14画，二级 | 常 | 常 |
| | 豌 15画，二级 | 常 | 常 |
| wán | 丸❸ 3画，一级 | 丸常 | 丸常 |

❶洼：台湾用于"洼地、低洼、下洼"多作"窪"，也作"洼"。

❷瓦：台湾、香港字形5画。

❸丸：大陆字形点在撇上，台湾、香港字形点在撇下。

| 读音 | 大陆 | 台湾 | 香港 |
|---|---|---|---|
| | 芄 6画，二级 | 芄次 | |
| | 纨(紈) 6画，二级 | 紈次 | |
| | 完 7画，一级 | 常 | 常 |
| | 玩[翫] 8画，一级 | 玩常翫次 | 玩常 |
| | 顽(頑) 10画，一级 | 頑常 | 頑常 |
| | 烷 11画，二级 | 次 | |
| wǎn | 宛 8画，一级 | 常 | 常 |
| | 挽❶[輓] 10画，二级 | 挽常輓常 | 挽常輓常 |
| | 莞 10画，二级 | 莞常 | |
| | 菀 11画，二级 | 菀常 | 菀常 |
| | 晚 11画，一级 | 晚常晚异 | 晚常 |
| | 脘 11画，二级 | 脘次 | |
| | 惋 11画，二级 | 常 | 常 |
| | 婉 11画，二级 | 常 | 常 |
| | 绾(綰) 11画，二级 | 綰常 | 綰常 |
| | 琬 12画，二级 | 次 | |
| | 椀❷ 12画，三级 | 异 | |
| | 皖 12画，二级 | 常 | 常 |
| | 碗[盌㡛椀❸] 13画，二级 | 碗常盌异㡛异椀异 | 碗常 |
| | 畹 13画，二级 | 次 | |
| wàn | 万❹(萬) 3画，一级 | 萬常万次 | 萬常 |

| 读音 | 大陆 | 台湾 | 香港 |
|---|---|---|---|
| | 沎(澫) 6画，三级 | 澫罕 | |
| | 腕 12画，一级 | 腕常 | 腕常 |
| wāng | 尢 3画，三级 | 罕 | |
| | 尫 7画，三级 | 次 | |
| | 汪 7画，一级 | 常 | 常 |
| wáng | 亡[亾] 3画，一级 | 亡常亾异 | 亡常 |
| | 王 4画，一级 | 常 | 常 |
| wǎng | 网(網) 6画，一级 | 網常网次 | 網常 |
| | 枉 8画，一级 | 常 | 常 |
| | 罔[冈] 8画，二级 | 罔次冈罕 | 罔常 |
| | 往[徃] 8画，一级 | 往常徃异 | 往常 |
| | 惘 11画，二级 | 常 | 常 |
| | 辋(輞) 12画，二级 | 輞次 | |
| | 魍 17画，二级 | 魍次 | |
| wàng | 妄 6画，一级 | 常 | 常 |

❶挽：大陆繁体文本和台湾用于"挽手、挽回、挽留、挽救、挽袖子、手挽手"作"挽"，用于"挽词、挽辞、挽歌、挽联、挽篮"作"輓"。

❷椀：用于科技术语，如"橡椀"。另见165页"碗"字条。

❸椀另见165页"碗"字条。

❹万：①大陆繁体字上部为艹，台湾、香港4画，中间断开。②大陆繁体文本和台湾用于"万里、万能、万一、千万、万水千山、万无一失、挂一漏万"作"萬"，用于"万俟(姓)"作"万"。

| 读音 | 大陆 | 台湾 | 香港 |
|---|---|---|---|
| | 忘 7画,一级 | 常 | 常 |
| | 旺 8画,一级 | 常 | 常 |
| | 望[朢] 11画,一级 | 望常朢次 | 望常 |
| wēi | 危 6画,一级 | 常 | 常 |
| | 威 9画,一级 | 常 | 常 |
| | 逶 11画,二级 | 逶次 | |
| | 偎 11画,一级 | 常 | 常 |
| | 隈 11画,二级 | 隈次 | |
| | 葳 12画,二级 | 葳次 | |
| | 微 13画,一级 | 微常 | 微常 |
| | 煨 13画,二级 | 次 | 常 |
| | 溦 13画,三级 | 溦次 | |
| | 薇 16画,二级 | 薇常 | 薇常 |
| | 鳂(鰃) 17画,三级 | 鰃罕 | |
| | 巍 20画,一级 | 巍常 | 巍常 |
| wéi | 韦(韋) 4画,二级 | 韋常 | 韋常 |
| | 为❶(爲) 4画,一级 | 為常爲异 | 為常爲异 |
| | 圩 6画,二级 | 次 | |
| | 违(違) 7画,二级 | 違常 | 違常 |
| | 围(圍) 7画,二级 | 圍常 | 圍常 |
| | 帏(幃) 7画,二级 | 幃次 | |

| 读音 | 大陆 | 台湾 | 香港 |
|---|---|---|---|
| | 闱(闈) 7画,二级 | 闈常 | 闈常 |
| | 沣(澧) 7画,三级 | 澧次 | |
| | 沩(溈) 7画,二级 | 溈次潙异 | |
| | 峗 9画,三级 | 次 | |
| | 洈 9画,三级 | 罕 | |
| | 桅 10画,二级 | 常 | 常 |
| | 涠(潿) 10画,二级 | 潿罕 | |
| | 唯 11画,一级 | 常 | 常 |
| | 帷 11画,一级 | 常 | 常 |
| | 惟 11画,一级 | 常 | 常 |
| | 维(維) 11画,一级 | 維常 | 維常 |
| | 琟 12画,三级 | 罕 | |
| | 嵬 12画,二级 | 嵬次 | |
| | 鲔(鮪) 14画,三级 | 鮪罕 | |
| | 潍(濰) 14画,二级 | 濰次 | |
| wěi | 伟(偉) 6画,一级 | 偉常 | 偉常 |
| | 伪(僞) 6画,一级 | 偽常僞异 | 偽常僞异 |
| | 苇(葦) 7画,一级 | 葦常 | 葦常 |

❶台湾、香港以较通俗简易的"為"为常用字形。用作合体字部件时同此,如"伪、沩、芳"。

| 读音 | 大陆 | 台湾 | 香港 | 读音 | 大陆 | 台湾 | 香港 |
|---|---|---|---|---|---|---|---|
| | 芛(蔿) 7画,三级 | 蔿次 蒍异 | | wèi | 卫(衛) 3画,一级 | 衛常 | 衛常 |
| | 尾 7画,一级 | 常 | 常 | | 未 5画,一级 | 常 | 常 |
| | 纬(緯) 7画,一级 | 緯常 | 緯常 | | 位 7画,一级 | 常 | 常 |
| | 玮(瑋) 8画,二级 | 瑋次 | | | 味 8画,一级 | 常 | 常 |
| | 昹(暐) 8画,三级 | 暐次 | | | 畏 9画,一级 | 常 | 常 |
| | 委 8画,一级 | 常 | 常 | | 胃 9画,一级 | 胃常 | 胃常 |
| | 炜(煒) 8画,二级 | 煒次 | | | 砨(磑) 11画,三级 | 磑次 | |
| | 洧 9画,二级 | 洧次 | | | 谓(謂) 11画,一级 | 謂常 | 謂常 |
| | 诿(諉) 10画,二级 | 諉常 | 諉常 | | 尉 11画,一级 | 常 | 常 |
| | 娓 10画,二级 | 常 | 常 | | 喂❶[餵餧] 12画,一级 | 喂常 餵常 餧次 | 喂常 餵常 |
| | 萎 11画,一级 | 萎常 | 萎常 | | 猬[蝟] 12画,一级 | 蝟次 猬异 | |
| | 隗 11画,二级 | 隗次 | | | 渭 12画,二级 | 渭常 | 渭常 |
| | 颋(頠) 12画,三级 | 頠次 | | | 煟 13画,三级 | 煟罕 | |
| | 猥 12画,二级 | 常 | 常 | | 蔚 14画,一级 | 蔚常 | 蔚常 |
| | 廆 12画,三级 | 廆次 | | | 碨 14画,三级 | 次 | |
| | 韪(韙) 13画,二级 | 韙次 | | | 慰 15画,一级 | 常 | 常 |
| | 腲 13画,三级 | 次 | | | 魏 17画,一级 | 魏常 | 魏常 |
| | 痿 13画,二级 | 常 | 常 | | 蝛 17画,三级 | 异 | |
| | 鲔(鮪) 14画,二级 | 鮪常 | | | | | |
| | 薳 16画,三级 | 薳次 | | | | | |
| | 亹 22画,三级 | 亹次 | | | | | |

❶喂:台湾用于"喂食、喂饭、喂养、喂马、喂小孩儿"、打招呼(如"喂!请等一下")、打电话时引起对方注意(如"喂!张公馆吗")作"喂",用于喂养义也作"餵"或"餧"。

| 读音 | 大陆 | | 台湾 | 香港 | 读音 | 大陆 | | 台湾 | 香港 |
|---|---|---|---|---|---|---|---|---|---|
| | 鼊 | 19画,二级 | 鼊罕 | | | 吻[脗] | 7画,一级 | 吻常脗异 | 吻常 |
| | 鰛(鰮) | 19画,三级 | 鰮罕 | | | 紊 | 10画,一级 | 常 | 常 |
| wēn | 温 | 12画,一级 | 温常溫异 | 温常溫异 | | 稳(穩) | 14画,一级 | 穩常 | 穩常 |
| | 榅 | 13画,三级 | 榅罕榲异 | | wèn | 问(問) | 6画,一级 | 問常 | 問常 |
| | 辒(輼) | 13画,三级 | 輼次輻异 | | | 汶 | 7画,二级 | 次 | |
| | 瘟 | 14画,一级 | 瘟常 | 瘟常瘟异 | | 璺 | 20画,二级 | 璺次 | |
| | 蕰 | 15画,三级 | 蕰次蘊异 | | wēng | 翁 | 10画,二级 | 常 | 常 |
| | 鳁(鰮) | 17画,三级 | 鰛罕鰮异 | | | 嗡 | 13画,一级 | 常 | 常 |
| wén | 文 | 4画,一级 | 常 | 常 | | 滃 | 13画,二级 | 次 | |
| | 芠 | 7画,三级 | 芠次 | | | 鎓(鎓) | 15画,三级 | 鎓罕 | |
| | 驳(馼) | 7画,三级 | 馼罕 | | | 鹟(鶲) | 15画,三级 | 鶲罕 | |
| | 纹(紋) | 7画,一级 | 紋常 | 紋常 | wěng | 蓊 | 13画,二级 | 蓊次 | |
| | 玟 | 8画,三级 | 常 | 常 | wèng | 瓮❶[甕罋] | 8画,二级 | 甕常罋次瓮异 | 甕常 |
| | 炆 | 8画,三级 | 罕 | | | 蕹 | 16画,三级 | 蕹罕 | |
| | 闻(聞) | 9画,一级 | 聞常 | 聞常 | wō | 挝(撾) | 9画,二级 | 撾次 | |
| | 蚊[蟁螡] | 10画,一级 | 蚊常蟁异螡异 | 蚊常 | | 莴(萵) | 10画,二级 | 萵常 | 萵常 |
| | 阌(闅) | 11画,三级 | 闅次 | | | 倭 | 10画,二级 | 常 | 常 |
| | 雯 | 12画,二级 | 雯常 | 雯常 | | 涡[渦] | 10画,一级 | 渦常 | 渦常 |
| wěn | 刎 | 6画,二级 | 常 | 常 | | | | | |

❶瓮:台湾多作"甕",也作"罋"或"瓮"。

| 读音 | 大陆 | | 台湾 | 香港 |
|---|---|---|---|---|
| | 喔 | 12画,二级 | 常 | 常 |
| | 窝(窩) | 12画,一级 | 窩常 | 窩常 |
| | 蜗(蝸) | 13画,一级 | 蝸常 | 蝸常 |
| | 踒 | 15画,二级 | 次 | |
| wǒ | 我 | 7画,一级 | 常 | 常 |
| wò | 肟 | 7画,二级 | 肟罕 | |
| | 沃 | 7画,一级 | 常 | 常 |
| | 卧❶ | 8画,一级 | 臥常 卧异 | 臥常 卧异 |
| | 偓 | 11画,三级 | 次 | |
| | 握 | 12画,一级 | 常 | 常 |
| | 硪 | 12画,三级 | 次 | |
| | 喔 | 12画,二级 | 次 | |
| | 渥 | 12画,二级 | 常 | 常 |
| | 龌 | 14画,二级 | 常 | 常 |
| | 龌(齷) | 17画,二级 | 齷常 | 齷常 |
| wū | 乌(烏) | 4画,二级 | 烏常 | 烏常 |
| | 圬 | 6画,二级 | 常 | 常 |
| | 邬(鄔) | 6画,二级 | 鄔次 | |
| | 污❷[汙汚] | 6画,一级 | 汙常 污次 污异 | 污常 |
| | 巫 | 7画,一级 | 常 | 常 |

| 读音 | 大陆 | | 台湾 | 香港 |
|---|---|---|---|---|
| | 呜(嗚) | 7画,一级 | 嗚常 | 嗚常 |
| | 钨(鎢) | 9画,二级 | 鎢常 | 鎢常 |
| | 浯 | 9画,三级 | 次 | |
| | 诬(誣) | 9画,二级 | 誣常 | 誣常 |
| | 屋 | 9画,一级 | 常 | 常 |
| wú | 无❸(無) | 4画,一级 | 無常 无异 | 無常 |
| | 毋 | 4画,二级 | 常 | 常 |
| | 芜(蕪) | 7画,一级 | 蕪常 | 蕪常 |
| | 吾 | 7画,一级 | 常 | 常 |
| | 吴 | 7画,一级 | 吳常 吴异 | 吳常 |
| | 郚 | 9画,三级 | 郚次 | |
| | 唔 | 10画,二级 | 常 | 常 |
| | 峿 | 10画,三级 | 次 | |
| | 浯 | 10画,二级 | 次 | |
| | 珸 | 11画,三级 | 次 | |
| | 梧 | 11画,一级 | 常 | 常 |

❶卧:大陆繁体文本和台湾作"臥",俗字作"卧"。
❷污:台湾多作"汙",也作"污"或"汚"。
❸无:大陆繁体文本和台湾用于"无形、无比、无关、无聊、有无、虚无、无妄之灾、可有可无"作"無",用于"无妄《《周易》篇名)""徐无鬼(《庄子》篇名)"多作"无"。

| 读音 | 大陆 | 台湾 | 香港 |
|---|---|---|---|
| wǔ | 鹉(鵡) 12画,三级 | 鵡异 | |
| | 铻(鋙) 12画,二级 | 鋙次 | |
| | 蜈 13画,一级 | 蜈常 | 蜈常 |
| | 鼯 20画,二级 | 鼯次 | |
| | 五 4画,一级 | 常 | 常 |
| | 午 4画,一级 | 常 | 常 |
| | 伍 6画,一级 | 常 | 常 |
| | 仵 6画,二级 | 次 | |
| | 迕 7画,二级 | 迕次 | |
| | 庑(廡) 7画,二级 | 廡次 | |
| | 沅(潕) 7画,三级 | 潕次 | |
| | 怃(憮) 7画,二级 | 憮次 | |
| | 忤[牾] 7画,二级 | 忤次牾次 | |
| | 妩(嫵) 7画,二级 | 嫵常 | 嫵常 |
| | 武 8画,一级 | 常 | 常 |
| | 昁 8画,三级 | 罕 | |
| | 侮 9画,一级 | 常 | 常 |
| | 捂 10画,一级 | 常 | 常 |
| | 牾 11画,二级 | 次 | |
| | 珷 12画,三级 | 异 | |
| wù | 鹜(鶩) 13画,一级 | 鶩常 | 鶩常 |
| | 舞 14画,一级 | 常 | 常 |
| | 兀 3画,二级 | 常 | 常 |
| | 勿 4画,一级 | 常 | 常 |
| | 戊 5画,一级 | 常 | 常 |
| | 务(務) 5画,一级 | 務常 | 務常 |
| | 岉 6画,三级 | 次 | |
| | 坞(塢)[隖] 7画,二级 | 塢常 隖异 | 塢常 |
| | 芴 7画,三级 | 芴次 | |
| | 杌 7画,二级 | 次 | |
| | 物 8画,一级 | 常 | 常 |
| | 误(誤) 9画,一级 | 誤常 | 誤常 |
| | 悟 10画,一级 | 常 | 常 |
| | 晤 11画,二级 | 常 | 常 |
| | 焐 11画,二级 | 罕 | |
| | 靰 12画,二级 | 次 | |
| | 痦 12画,二级 | 次 | |
| | 婺 12画,二级 | 次 | |
| | 鹜(鶩) 12画,二级 | 鶩常 | 鶩常 |
| | 雾(霧) 13画,一级 | 霧常 | 霧常 |
| | 寤 14画,二级 | 常 | 常 |

xī 171

| 读音 | 大陆 | 台湾 | 香港 |
|---|---|---|---|
| | 鸳(鶯) 14画,二级 | 鶯次 | |
| | 鋈 15画,二级 | 次 | |
| **X** | | | |
| xī | 夕 3画,一级 | 常 | 常 |
| | 兮 4画,二级 | 常 | 常 |
| | 西 6画,一级 | 常 | 常 |
| | 吸 6画,一级 | 吸常 | 吸常 |
| | 汐 6画,二级 | 常 | 常 |
| | 希 7画,一级 | 常 | 常 |
| | 昔 8画,一级 | 常 | 常 |
| | 析 8画,一级 | 常 | 常 |
| | 肸 8画,三级 | 肸次 | |
| | 穸 8画,三级 | 穸次 | |
| | 茜 9画,二级 | 茜次 | |
| | 俙 9画,三级 | 次 | |
| | 郗 9画,二级 | 郗次 | |
| | 侬(餏) 9画,三级 | 餏罕 | |
| | 恓 9画,二级 | 次 | |
| | 唏 10画,二级 | 次 | |
| | 牺(犧) 10画,一级 | 犧常 牺异 | 犧常 |
| | 息 10画,一级 | 常 | 常 |
| | 奚 10画,二级 | 常 | 常 |

| 读音 | 大陆 | 台湾 | 香港 |
|---|---|---|---|
| | 浠 10画,二级 | 次 | |
| | 菥 11画,三级 | 菥次 | |
| | 硒 11画,二级 | 次 | |
| | 晞 11画,二级 | 次 | |
| | 悉 11画,一级 | 常 | 常 |
| | 烯 11画,二级 | 次 | |
| | 淅 11画,二级 | 常 | 常 |
| | 惜 11画,一级 | 常 | 常 |
| | 晰[晳] 12画,一级 | 晰常 晳异 | 晰常 |
| | 睎 12画,三级 | 次 | |
| | 稀 12画,一级 | 常 | 常 |
| | 傒 12画,三级 | 次 | |
| | 舾 12画,三级 | 罕 | |
| | 翕 12画,三级 | 常 | 常 |
| | 粞 12画,二级 | 罕 | |
| | 犀 12画,一级 | 常 | 常 |
| | 晳❶ 13画,二级 | 次 | |
| | 锡(錫) 13画,一级 | 錫常 | 錫常 |
| | 溪❷[谿] 13画,一级 | 溪常 谿常 | 溪常 谿常 |

❶晳:义为人的皮肤白,大陆不再作为"晰"的异体字。

❷溪:大陆繁体文本和台湾用于"溪水、溪涧、山溪、清溪、小溪"作"溪",也作"谿";用于"溪谷""溪壑"作"谿"。二字用法稍有区别:"溪"泛指小水流;"谿"指山谷中的水流,也指山间地势低洼、能通水流的地方。"谿"另见172页"谿"字条。

| 读音 | 大陆 | 台湾 | 香港 |
|---|---|---|---|
| | 裼 13画,三级 | 次 | |
| | 熙[熙熙] 14画,一级 | 熙常 熙罕 熙异 | 熙常 |
| | 豨 14画,二级 | 次 | |
| | 蜥 14画,二级 | 常 | 常 |
| | 僖 14画,二级 | 常 | 常 |
| | 熄 14画,一级 | 常 | 常 |
| | 嘻[譆] 15画,一级 | 嘻常 譆次 | 嘻常 |
| | 巂 15画,三级 | 次 | |
| | 膝[厀] 15画,一级 | 膝常 厀异 | 膝常 |
| | 嬉 15画,二级 | 常 | 常 |
| | 熹 16画,二级 | 常 | 常 |
| | 樨 16画,二级 | 次 | |
| | 噏 16画,三级 | 异 | |
| | 螅 16画,二级 | 次 | |
| | 羲 16画,二级 | 常 | 常 |
| | 熺 16画,三级 | 罕 | |
| | 窸 16画,二级 | 窸次 | |
| | 蹊 17画,二级 | 常 | 常 |
| | 蟋 17画,一级 | 常 | 常 |
| | 谿❶ 17画,三级 | 常 | 常 |
| | 釐❷ 18画,三级 | 常 | 常 |
| | 醯 19画,二级 | 醯次 | |
| | 曦 20画,二级 | 常 | 常 |
| | 巇 20画,三级 | 次 | |
| | 巚 20画,三级 | 巚次 | |
| | 爔 20画,三级 | 罕 | |
| | 鼷 23画,三级 | 鼷次 | |
| | 觿 25画,三级 | 觿次 | |
| xí | 习(習) 3画,一级 | 習常 | 習常 |
| | 席❸[蓆] 10画,一级 | 席常 蓆常 | 席常 蓆常 |
| | 觋(覡) 11画,二级 | 覡次 | |
| | 袭(襲) 11画,一级 | 襲常 | 襲常 |
| | 恩 11画,三级 | 罕 | |
| | 媳 13画,一级 | 常 | 常 |
| | 騱(騱) 13画,三级 | 騱次 | |
| | 嶍 14画,三级 | 罕 | |
| | 隰 16画,二级 | 隰次 | |
| | 檄 17画,二级 | 常 | 常 |
| | 鳛(鰼) 19画,三级 | 鰼次 | |

❶谿:用于人名。另见171页"溪"字条。
❷釐:用于人名。另见93页"厘"字条。
❸席:大陆繁体文本和台湾用于"席位、席卷、宴席、出席、枕席、缺席、席梦思(外来语,西式弹簧床)、席地而坐、座无虚席"作"席",用于草席作"蓆"。

| 读音 | 大陆 | 台湾 | 香港 |
|---|---|---|---|
| xǐ | 洗 9画,一级 | 常 | 常 |
| | 枲 9画,三级 | 次 | |
| | 玺(璽) 10画,二级 | 璽常 | 璽常 |
| | 铣(銑) 11画,二级 | 銑次 | |
| | 徙 11画,一级 | 常 | 常 |
| | 喜 12画,一级 | 常 | 常 |
| | 葸 12画,二级 | 葸次 | |
| | 蓰 14画,三级 | 蓰次 | |
| | 屣 14画,二级 | 次 | |
| | 熹 16画,三级 | 异 | |
| | 禧 16画,二级 | 常 | 常 |
| | 镐(鎬) 17画,三级 | 鎬罕 | |
| | 鱚(鱚) 20画,三级 | 鱚罕 | |
| xì | 戏(戲)[戯] 6画,一级 | 戲常 戲异 戱异 戏异 | 戲常 |
| | 饩(餼) 7画,二级 | 餼次 | |
| | 系❶(係繫) 7画,一级 | 系常 係常 繫常 | 系常 係常 繫常 |
| | 屃(屓) 7画,三级 | 屓异 | |
| | 细(細) 8画,一级 | 細常 | 細常 |
| | 咥 9画,三级 | 次 | |

| 读音 | 大陆 | 台湾 | 香港 |
|---|---|---|---|
| | 郤 9画,二级 | 郤次 | |
| | 绤(綌) 10画,三级 | 綌次 | |
| | 阋(鬩) 11画,二级 | 鬩次 | |
| | 舄 12画,二级 | 次 | |
| | 隙 12画,一级 | 隙常 隙异 | 隙常 |
| | 禊 13画,二级 | 禊次 | |
| | 潟 15画,二级 | 次 | |
| xiā | 呷 8画,二级 | 常 | 常 |
| | 虾(蝦) 9画,一级 | 蝦常 | 蝦常 |
| | 瞎 15画,一级 | 瞎常 | 瞎常 瞎异 |
| xiá | 匣 7画,一级 | 常 | 常 |
| | 侠(俠) 8画,一级 | 俠常 俠异 | 俠常 |
| | 狎 8画,二级 | 常 | 常 |
| | 柙 9画,二级 | 次 | |
| | 峡(峽) 9画,一级 | 峽常 峽异 | 峽常 |

❶系:大陆繁体文本和台湾用于"系统、系列、世系、谱系、母系、直系、嫡系、族系、派系、体系、中文系、太阳系、座标系、参考系"作"系",用于"关系、干系、实系、系数、确系如此、感慨系之、系山东人"作"係",用于"系念、系缚、系恋、系年、系辞(《易经》篇名)、系狱、拘系、羁系、囚系、牵系、联系、维系、系鞋带、系头绳、以人系诗"作"繫"。

| 读音 | 大陆 | 台湾 | 香港 |
|---|---|---|---|
| | 狭(狹)[陿] 9画,一级 | 狭常 陿异 狹异 | 狹常 |
| | 叚❶ 9画,三级 | 异 | |
| | 硖(硤) 11画,二级 | 硤次 | |
| | 蛱 11画,三级 | 罕 | |
| | 遐 12画,二级 | 遐常 | 遐常 |
| | 瑕 13画,二级 | 常 | 常 |
| | 暇 13画,二级 | 常 | 常 |
| | 辖(轄) 14画,一级 | 轄常 | 轄常 轄异 |
| | 霞 17画,一级 | 霞常 | 霞常 |
| | 黠 18画,二级 | 常 | 常 |
| xià | 下 3画,一级 | 常 | 常 |
| | 吓(嚇) 6画,一级 | 嚇常 吓异 | 嚇常 |
| | 夏 10画,一级 | 夏常 | 夏常 |
| | 罅 17画,二级 | 次 | |
| xiān | 仙[僊] 5画,一级 | 仙常 僊次 | 仙常 |
| | 先 6画,一级 | 常 | 常 |
| xiān qiàn | 纤❷㊀(纖); ㊁(縴) 6画,一级 | 纖常 縴次 | 纖常 |
| xiān | 氙 7画,二级 | 次 | |
| | 忺 7画,三级 | 次 | |
| | 袄 8画,二级 | 次 | 常 |

| 读音 | 大陆 | 台湾 | 香港 |
|---|---|---|---|
| | 籼[秈] 9画,二级 | 秈次 籼异 | |
| | 莶(薟) 10画,三级 | 薟罕 | |
| | 掀 11画,一级 | 常 | 常 |
| | 酰 13画,二级 | 罕 | |
| | 跹(躚) 13画,二级 | 躚次 | |
| | 锨(鍁) 13画,二级 | 鍁罕 | |
| xiān xiǎn | 鲜(鮮)[鱻]㊀;㊁[尟尠] 14画,一级 | 鮮常 尠次 鱻异 尟异 | 鮮常 |
| xiān | 暹 15画,二级 | 暹常 | 暹常 |
| | 鶱(鶱) 15画,三级 | 鶱次 | |
| | 孅 20画,三级 | 次 | |
| xián | 伭 7画,三级 | 罕 | |
| | 闲❸(閑)[閒] 7画,一级 | 閑常 閒常 | 閑常 閒常 |
| | 贤(賢) 8画,一级 | 賢常 | 賢常 |
| | 弦❹[絃] 8画,一级 | 弦常 絃常 | 弦常 絃常 |

❶叚:用于人名。另见70页"假"字条。
❷纤:大陆繁体文本和台湾用于"纤维、纤细、纤弱、纤巧、人造纤"作"纖",用于"拉纤、纤绳、纤夫、纤户"作"縴"。
❸闲:大陆繁体文本和台湾用于"闲步、闲雅、闲居、闲聊、闲暇、安闲、农闲、清闲、等闲、闲磕牙、闲杂人等、闲情逸致、游手好闲"作"閑",也作"閒"。
❹弦:大陆繁体文本和台湾用于"弓弦、琴弦、三弦、断弦、续弦、弦歌、弦月、弦乐器、弦上箭、弦外之音、扣人心弦"作"弦",也作"絃"。

| 读音 | 大陆 | 台湾 | 香港 |
|---|---|---|---|
| | 挦(撏) 9画,二级 | 撏次 | |
| | 咸❶(鹹) 9画,一级 | 咸常 鹹常 | 咸常 鹹常 |
| | 涎[次] 9画,二级 | 涎常 次异 | 涎常 |
| | 娴(嫻)[嫺] 10画,二级 | 嫻常 嫺异 | 嫻常 嫺异 |
| | 衔❷(銜)[啣衘] 11画,一级 | 銜常 啣常 衘异 | 銜常 啣常 |
| | 舷 11画,二级 | 常 | 常 |
| | 諴(諴) 11画,三级 | 諴次 | |
| | 痫(癇) 12画,二级 | 癇次 | |
| | 鹇(鷴) 12画,二级 | 鷴罕 | |
| | 嫌 13画,一级 | 常 | 常 |
| xiǎn | 狝(獮) 8画,三级 | 獮次 | |
| | 冼 8画,二级 | 次 | |
| | 显(顯) 9画,一级 | 顯常 | 顯常 |
| | 险(險) 9画,一级 | 險常 | 險常 |
| | 蚬(蜆) 10画,二级 | 蜆次 | |
| | 崄(嶮) 10画,三级 | 嶮次 | |
| | 狲(獫) 10画,二级 | 獫次 | |
| | 筅 12画,三级 | 罕 | |
| | 跣 13画,二级 | 次 | |
| | 禒 13画,三级 | 罕 | |
| | 燹 14画,三级 | 罕 | |
| | 藓(蘚) 17画,二级 | 蘚常 | 蘚常 |
| | 燹 18画,二级 | 次 | |
| xiàn | 苋(莧) 7画,二级 | 莧次 | |
| | 县(縣) 7画,一级 | 縣常 | 縣常 縣异 |
| | 岘(峴) 7画,二级 | 峴次 | |
| | 现(現) 8画,一级 | 現常 | 現常 |
| | 睍(睍) 8画,三级 | 睍次 | |
| | 限 8画,一级 | 限常 | 限常 |
| | 线❸(綫)[線] 8画,一级 | 線常 綫异 | 線常 綫异 |

❶咸:大陆繁体文本和台湾用于"咸淡、咸味、咸菜、咸肉、咸水湖、咸水鱼、咸水妹(方言,指接待外国嫖客的妓女)"作"鹹",用于"咸宜、咸阳(地名,在陕西)、咸丰(清代年号)、天下咸服"作"咸"。

❷衔:大陆繁体文本和台湾用于"衔环、衔枚、衔恨、衔冤、衔接、衔石填海"作"銜",也作"啣"。

❸线:台湾用于"线条、线圈、线索、针线、路线、支线、导线、航线、专线、射线、斑马线、穿针引线"多作"線",也作"綫"。"綫"另见176页"线"字条。

| 读音 | 大陆 | 台湾 | 香港 |
|---|---|---|---|
| | 睍(睍) 9画,三级 | 睍次 | |
| | 宪(憲) 9画,一级 | 憲常 | 憲常 憲异 |
| | 陷 10画,一级 | 陷常 | 陷常 |
| | 馅(餡) 11画,一级 | 餡常 | 餡常 |
| | 羡 12画,一级 | 羡常 羡次 | 羡常 |
| | 线❶(線) 12画,三级 | 線常 | 線常 |
| | 献(獻) 13画,一级 | 獻常 獻异 | 獻常 |
| | 腺 13画,一级 | 腺常 | 腺常 |
| | 霰 20画,二级 | 霰次 | |
| xiāng | 乡(鄉) 3画,一级 | 鄉常 | 鄉常 |
| | 芗(薌) 6画,二级 | 薌次 | |
| | 相 9画,一级 | 常 | 常 |
| | 香 9画,一级 | 常 | 常 |
| | 厢[廂] 11画,一级 | 廂常 | 廂常 |
| | 葙 12画,三级 | 葙次 | |
| | 湘 12画,一级 | 常 | 常 |
| | 缃(緗) 12画,二级 | 緗次 | |
| | 箱 15画,一级 | 常 | 常 |
| | 襄 17画,二级 | 常 | 常 |

| 读音 | 大陆 | 台湾 | 香港 |
|---|---|---|---|
| | 骧(驤) 20画,二级 | 驤次 | |
| | 纕(纕) 20画,三级 | 纕次 | |
| | 瓖 21画,三级 | 次 | |
| | 镶(鑲) 22画,一级 | 鑲常 | 鑲常 |
| xiáng | 详(詳) 8画,一级 | 詳常 | 詳常 |
| | 庠 9画,二级 | 常 | 常 |
| | 祥 10画,一级 | 常 | 常 |
| | 翔 12画,一级 | 常 | 常 |
| xiǎng | 享[亯] 8画,一级 | 享常 亯异 | 享常 |
| | 响(響) 9画,一级 | 響常 响异 | 響常 |
| | 饷(餉)[饟] 9画,二级 | 餉常 饟次 | 餉常 |
| | 飨(饗) 12画,二级 | 饗次 | |
| | 想 13画,一级 | 常 | 常 |
| | 鲞(鮝) 14画,二级 | 鮝异 | |
| xiàng | 向❷(嚮)[曏] 6画,一级 | 向常 嚮常 曏次 | 向常 嚮常 |

❶线:用于人名。"線"另见175页"线"字条。
❷向:大陆繁体文本和台湾用于"向上、向前、向阳、向来、方向、动向、趋向、风向、志向、向心力、向日葵、向壁虚构、晕头转向、人心所向"作"向",用于"向导、向往、向使、向者"作"嚮"。

| 读音 | 大陆 | 台湾 | 香港 | 读音 | 大陆 | 台湾 | 香港 |
|---|---|---|---|---|---|---|---|
| | 项(項) 9画,一级 | 項常 | 項常 | | 销(銷) 12画,一级 | 銷常 | 銷常 |
| | 巷 9画,一级 | 常 | 常 | | 翛 12画,三级 | 翛次 | |
| | 珦 10画,三级 | 罕 | | | 蛸 13画,二级 | 蛸次 | |
| | 象 11画,一级 | 象常 | 象常 | | 箫(簫) 14画,一级 | 簫常 | 簫常 簫异 |
| | 像 13画,一级 | 像常 | 像常 | | 潇(瀟) 14画,一级 | 瀟常 | 瀟常 瀟异 |
| | 橡 15画,一级 | 橡常 | 橡常 | | 霄 15画,一级 | 霄常 | 霄常 |
| xiāo | 肖❶ 7画,一级 | 肖常 | 肖常 | | 魈 16画,二级 | 魈次 | |
| | 枭(梟) 8画,二级 | 梟常 | 梟常 | | 蟏(蠨) 17画,三级 | 蠨次 | |
| | 枵 9画,二级 | 次 | | | 嚣(囂) 18画,一级 | 囂常 | 囂常 |
| | 晓(曉) 9画,二级 | 曉次 | | xiáo | 洨 9画,三级 | 次 | |
| | 骁(驍) 9画,二级 | 驍次 | | | 崤 11画,二级 | 崤次 | |
| | 逍 10画,二级 | 逍常 | 逍常 | | 淆[殽] 11画,一级 | 淆常 殽次 | 淆常 |
| | 鸮(鴞) 10画,二级 | 鴞次 | | xiǎo | 小 3画,一级 | 常 | 常 |
| | 虓 10画,三级 | 虓次 | | | 晓(曉) 10画,一级 | 曉常 | 曉常 |
| | 消 10画,一级 | 消常 | 消常 | | 誢(謏) 11画,三级 | 謏次 | |
| | 宵 10画,一级 | 宵常 | 宵常 | | 筱 13画,二级 | 次 | |
| | 绡(綃) 10画,二级 | 綃次 | | | 皛 15画,三级 | 次 | |
| | 萧(蕭) 11画,一级 | 蕭常 | 蕭常 蕭异 | xiào | 孝 7画,一级 | 常 | 常 |
| | 猇 11画,三级 | 猇次 | | | | | |
| | 硝 12画,一级 | 硝常 | 硝常 | | | | |

❶肖:字形下部,大陆、香港为月,台湾为⺼。

| 读音 | 大陆 | 台湾 | 香港 |
|---|---|---|---|
| | 校 10画,一级 | 常 | 常 |
| | 哮 10画,一级 | 常 | 常 |
| | 笑[咲] 10画,一级 | 笑常咲异 | 常 |
| | 效[俲効] 10画,一级 | 效常俲次効异 | 效常 |
| | 涍 10画,三级 | 次 | |
| | 啸(嘯) 11画,一级 | 嘯常 | 嘯常嘨异 |
| | 敩(斅) 12画,三级 | 斅异 | |
| | 潎 13画,三级 | 罕 | |
| xiē | 些 8画,一级 | 些常 | 些常些异 |
| | 揳 12画,二级 | 揳次 | |
| | 楔 13画,二级 | 楔常 | 楔常 |
| | 歇 13画,一级 | 常 | 常 |
| | 蝎❶[蠍] 15画,一级 | 蠍常蝎次 | 蠍常 |
| xié | 协(協) 6画,一级 | 協常协异 | 協常 |
| | 邪[衺] 6画,一级 | 邪常衺罕 | 邪常 |
| | 胁(脅)[脇] 8画,一级 | 脅常脇异 | 脅常 |
| | 挟(挾) 9画,一级 | 挾常挟异 | 挾常 |
| | 偕 11画,二级 | 偕常 | 偕常 |
| | 斜 11画,一级 | 常 | 常 |

| 读音 | 大陆 | 台湾 | 香港 |
|---|---|---|---|
| | 谐(諧) 11画,一级 | 諧常 | 諧常 |
| | 颉(頡) 12画,二级 | 頡常 | 頡常 |
| | 携[擕攜攜] 13画,一级 | 攜常擕罕攜罕携异 | 攜常携异 |
| | 塈 14画,三级 | 罕 | |
| | 撷(擷) 15画,二级 | 擷次 | |
| | 鞋[鞵] 15画,一级 | 鞋常鞵异 | 鞋常 |
| | 勰 15画,二级 | 次 | |
| | 缬(纈) 15画,二级 | 纈次 | |
| xiě | 写(寫) 5画,一级 | 寫常写异 | 寫常 |
| xiè | 泄[洩] 8画,一级 | 泄常洩次 | 泄常洩异 |
| | 泻(瀉) 8画,一级 | 瀉常 | 瀉常 |
| | 绁(紲)[絏] 8画,二级 | 紲次絏次 | |
| | 卸❷ 9画,一级 | 卸常 | 卸常 |
| | 屑 10画,一级 | 屑常 | 屑常 |
| | 械 11画,一级 | 常 | 常 |
| | 偰 11画,三级 | 偰次 | |

❶蝎:台湾用于"蝎子、毒蝎、蛇蝎心肠"作"蠍",用于"蝎虎""蝎蝎螫螫"作"蝎"。

❷卸:字形左部,大陆7画,台湾、香港均为6画。用作合体字部件时同此,如"唧、御、禦"。

| 读音 | 大陆 | 台湾 | 香港 | 读音 | 大陆 | 台湾 | 香港 |
|---|---|---|---|---|---|---|---|
| | 龂(齗) 12画,三级 | 齗次 | | | 芯 7画,一级 | 芯次 | |
| | 褻(褻) 12画,二级 | 褻常 | 褻常 | | 辛 7画,一级 | 常 | 常 |
| | 渿 12画,二级 | 次 | | | 忻 7画,二级 | 次 | |
| | 谢(謝) 12画,一级 | 謝常 | 謝常 | | 昕 8画,二级 | 次 | |
| | 榭 14画,二级 | 常 | 常 | | 欣[訢]❷ 8画,一级 | 欣常 訢异 | 欣常 |
| | 椝 14画,三级 | 椝次 | | | 炘 8画,二级 | 次 | |
| | 薤 16画,二级 | 薤次 | | | 莘 10画,二级 | 莘常 | 莘常 |
| | 薢 16画,三级 | 薢次 | | | 锌(鋅) 12画,一级 | 鋅常 | 鋅常 |
| | 獬 16画,二级 | 獬次 | | | 廞(廞) 12画,三级 | 廞次 | |
| | 邂 16画,二级 | 邂常 | 邂常 | | 新 13画,一级 | 常 | 常 |
| | 廨 16画,二级 | 廨次 | | | 歆 13画,二级 | 次 | |
| | 澥 16画,二级 | 澥次 | | | 薪 16画,一级 | 薪常 | 薪常 |
| | 懈 16画,一级 | 懈常 | 懈常 | | 馨 20画,一级 | 常 | 常 |
| | 燮[爕] 17画,二级 | 燮常 爕异 | 燮常 | | 鑫 24画,二级 | 次 | |
| | 蟹[蠏] 19画,一级 | 蟹常 蠏异 | 蟹常 | xìn | 伈 6画,三级 | 罕 | |
| | 瀣 19画,二级 | 瀣次 | | xìn | 囟 6画,二级 | 次 | |
| | 璺 21画,三级 | 罕 | | | 信 9画,一级 | 常 | 常 |
| | 躞 24画,二级 | 次 | | | 衅(釁) 11画,一级 | 釁常 衅异 | 釁常 |
| xīn | 心 4画,一级 | 常 | 常 | xīng | 兴(興) 6画,一级 | 興常 | 興常 |
| | 䜣❶(訢) 6画,三级 | 訢异 | | | | | |

❶䜣:用于姓、人名。"訢"另见179页"欣"字条。
❷"訢"另见179页"䜣"字条。

| 读音 | 大陆 | 台湾 | 香港 | 读音 | 大陆 | 台湾 | 香港 |
|---|---|---|---|---|---|---|---|
| | 星 9画,一级 | 常 | 常 | | 擤 17画,二级 | 次 | |
| | 骍(騂) 10画,三级 | 騂次 | | xìng | 杏 7画,一级 | 常 | 常 |
| | 猩 12画,一级 | 常 | 常 | | 幸❶[倖] 8画,一级 | 幸常倖常 | 幸常倖常 |
| | 惺 12画,二级 | 常 | 常 | | 性 8画,一级 | 常 | 常 |
| | 瑆 13画,三级 | 罕 | | | 姓 8画,一级 | 常 | 常 |
| | 腥 13画,一级 | 腥常 | 腥常 | | 荇 9画,二级 | 荇次 | |
| | 煋 13画,三级 | 罕 | | | 悻 11画,二级 | 常 | 常 |
| xíng | 刑 6画,一级 | 常 | 常 | | 婞 11画,三级 | 次 | |
| | 邢 6画,二级 | 邢常 | 邢常 | xiōng | 凶❷[兇] 4画,一级 | 凶常兇常 | 凶常兇常 |
| | 行 6画,一级 | 常 | 常 | | 兄 5画,一级 | 常 | 常 |
| | 饧(餳) 6画,二级 | 餳次 | | | 芎 6画,二级 | 芎次 | |
| | 形 7画,一级 | 常 | 常 | | 匈 6画,一级 | 常 | 常 |
| | 陉(陘) 7画,二级 | 陘次 | | | 讻(訩) 6画,三级 | 訩异 | |
| | 姓(娙) 8画,三级 | 娙次 | | | 汹[洶] 7画,一级 | 洶常汹异 | 洶常 |
| | 型 9画,一级 | 常 | 常 | | 胸[胷] 10画,一级 | 胸常胷异 | 胸常 |
| | 荥(滎) 9画,二级 | 滎次 | | | | | |
| | 钘(鈃) 9画,三级 | 鈃次 | | | | | |
| | 硎 11画,二级 | 次 | | | | | |
| | 铏(鉶) 11画,三级 | 鉶罕 | | | | | |
| xǐng | 醒 16画,一级 | 常 | 常 | | | | |

❶幸:台湾用于"幸臣、幸事、幸而、幸免、幸甚、幸亏、幸运、幸福、不幸、宠幸、临幸、庆幸、幸灾乐祸、三生有幸"作"幸",用于"幸存""幸免于难"作"倖"。"侥幸"作"僥倖"。

❷凶:台湾用于"凶兆、凶年、凶宅、凶服、凶耗、凶讯、凶残、凶器、元凶、吉凶、行凶、凶杀案、凶多吉少"作"凶";用于"凶手、凶犯、凶徒、凶恶、凶猛、凶悍、凶横、凶暴、凶险、穷凶极恶"作"凶",也作"兇"。

# xióng—xū

| 读音 | 大陆 | 台湾 | 香港 |
|---|---|---|---|
| xióng | 雄 12画,一级 | 常 | 常 |
|  | 熊 14画,一级 | 熊常 | 熊常 |
| xiòng | 诇(詗) 7画,三级 | 詗次 |  |
|  | 敻 14画,三级 | 敻异 |  |
| xiū | 休 6画,一级 | 常 | 常 |
|  | 咻 9画,二级 | 常 | 常 |
|  | 修❶[脩] 9画,一级 | 修常脩常 | 修常脩常 |
|  | 庥 9画,二级 | 次 |  |
|  | 脩❷ 10画,三级 | 脩常 | 脩常 |
|  | 羞❸ 10画,一级 | 羞常 | 羞常 |
|  | 鸺(鵂) 11画,三级 | 鵂次 |  |
|  | 貅 13画,二级 | 次 |  |
|  | 馐(饈) 13画,二级 | 饈次 |  |
|  | 髹 16画,二级 | 次 |  |
|  | 鳅 16画,三级 | 鳅罕 |  |
| xiǔ | 朽 6画,一级 | 常 | 常 |
|  | 潃 13画,二级 | 潃次 |  |
| xiù | 秀 7画,一级 | 常 | 常 |
|  | 岫 8画,二级 | 常 |  |
|  | 琇 10画,三级 | 琇罕 |  |
|  | 袖 10画,一级 | 常 | 常 |

| 读音 | 大陆 | 台湾 | 香港 |
|---|---|---|---|
|  | 绣(绣)[繡] 10画,一级 | 繡常绣异 | 繡常绣异 |
|  | 琇 11画,二级 | 次 |  |
|  | 锈(锈)[鏽] 12画,一级 | 鏽常锈异 | 鏽常锈异 |
|  | 嗅 13画,一级 | 常 | 常 |
|  | 溴 13画,二级 | 次 |  |
| xū | 讦(訏) 5画,三级 | 訏次 |  |
|  | 戌 6画,一级 | 常 | 常 |
|  | 盱 7画,三级 | 次 |  |
|  | 盱 8画,二级 | 次 |  |
|  | 须❹(须鬚) 9画,一级 | 须常鬚常 | 须常鬚常 |
|  | 胥 9画,二级 | 胥常 | 胥常 |
|  | 顼(頊) 10画,二级 | 頊常 |  |

❶修:①字形右上部,大陆为夂(3画),台湾、香港为攵(4画)。②大陆繁体文本和台湾用于"修建、修筑、修理、修剪、修饰、修正、修订、修好、修身、修行、修养、修竹、修辞、修士、修女、自修、进修、修道院、修身养性"作"修",用于"束脩""脯脩"作"脩"。"脩"另见181页"脩"字条。

❷脩:①字形右上部,大陆为夂(3画),台湾、香港为攵(4画)。②指条状肉干,如"束脩"。另见181页"修"字条。

❸羞:台湾、香港字形左下的撇与上边的竖不相连。

❹须:大陆繁体文本和台湾用于"须知、须臾、须是、必须"作"须";用于"须发、须髯、须眉、须根、胡须、虎须、触须、卷须"多作"鬚",也作"须"。

| 读音 | 大陆 | 台湾 | 香港 | 读音 | 大陆 | 台湾 | 香港 |
|---|---|---|---|---|---|---|---|
| | 虚❶ 11画,一级 | 虛常虛异 | 虛常 | | 洫 9画,三级 | 罕 | |
| | 谞(諝) 11画,三级 | 諝次 | | | 湑 9画,二级 | 次 | |
| | 嬃(嬃) 12画,二级 | 嬃次 | | | 恤❷[卹邺賉] 9画,一级 | 恤常卹常 邺罕賉异 | 恤常 卹常 |
| | 欻 12画,三级 | 次 | | | 垿 10画,三级 | 罕 | |
| | 墟 14画,一级 | 墟常 | 墟常 | | 酗 11画,一级 | 常 | 常 |
| | 需 14画,一级 | 需常 | 需常 | | 勖[勗] 11画,二级 | 勖次勗异 | 勗常 |
| | 嘘 14画,二级 | 嘘常噓异 | 噓常 | | 绪(緒) 11画,一级 | 緒常 | 緒常 |
| | 魆 14画,二级 | 魆次 | | | 续(續) 11画,一级 | 續常 | 續常 |
| | 繻(繻) 17画,三级 | 繻次 | | | 溆 12画,二级 | 漵次潊异 | |
| xú | 徐 10画,一级 | 常 | 常 | | 湑 12画,三级 | 湑次 | |
| xǔ | 许(許) 6画,一级 | 許常 | 許常 | | 絮 12画,一级 | 常 | 常 |
| | 诩(詡) 8画,二级 | 詡次 | | | 婿[壻] 12画,一级 | 婿常壻异 | 婿常 壻异 |
| | 栩 10画,三级 | 罕 | | | 蓄 13画,一级 | 蓄常 | 蓄常 |
| | 栩 10画,二级 | 常 | 常 | | 煦 13画,二级 | 常 | 常 |
| | 昫 10画,三级 | 罕 | | xu | 蓿 14画,二级 | 蓿常 | |
| | 糈 15画,三级 | 糈次 | | xuān | 轩(軒) 7画,一级 | 軒常 | 軒常 |
| | 醑 16画,三级 | 醑次 | | | 咺 9画,三级 | 次 | |
| xù | 旭 6画,一级 | 常 | 常 | | 宣 9画,一级 | 常 | 常 |
| | 序 7画,一级 | 常 | 常 | | | | |
| | 昫 9画,三级 | 次 | | | | | |
| | 叙[敍敘] 9画,一级 | 敘常敍异 叙异 | 敍常 敘异 叙异 | | | | |

❶虚:字形右下部,大陆5画,台湾、香港6画。
❷恤:大陆繁体文本和台湾用于"抚恤、体恤、怜恤、恤贫、恤金、抚恤金"作"恤",也作"卹"。

| 读音 | 大陆 | 台湾 | 香港 |
|---|---|---|---|
| | 谖(諼) 11画,二级 | 諼次 | |
| | 萱[萲蕿蘐] 12画,二级 | 萱常 萲次 蕿异 蘐异 | 萱常 |
| | 喧[諠] 12画,一级 | 喧常 諠次 | 喧常 |
| | 鋗(鋗) 12画,三级 | 鋗次 | |
| | 愃 12画,三级 | 罕 | |
| | 瑄 13画,二级 | 次 | |
| | 暄 13画,二级 | 次 | |
| | 煊 13画,二级 | 异 | |
| | 儇 15画,三级 | 次 | |
| | 褍 15画,三级 | 罕 | |
| | 譞(譞) 15画,三级 | 譞罕 | |
| | 嬛 16画,三级 | 次 | |
| | 翾 19画,三级 | 次 | |
| xuán | 玄 5画,一级 | 常 | 常 |
| | 驮(駮) 8画,三级 | 駮罕 | |
| | 玹 9画,三级 | 罕 | |
| | 痃 10画,三级 | 罕 | |
| | 悬(懸) 11画,一级 | 懸常 | 懸常 懸异 |
| xuán xuàn | 旋❶㊀;㊁(鏇) 11画,一级 | 旋常 鏇次 | 旋常 |

| 读音 | 大陆 | 台湾 | 香港 |
|---|---|---|---|
| xuán | 漩 14画,二级 | 常 | 常 |
| | 璇[璿] 15画,二级 | 璇次 璿次 | |
| | 暶 15画,三级 | 罕 | |
| xuǎn | 选(選) 9画,一级 | 選常 选异 | 選常 |
| | 晅 10画,三级 | 次 | |
| | 烜 10画,二级 | 次 | |
| | 癣(癬) 19画,一级 | 癬常 | 癬常 |
| xuàn | 泫 8画,二级 | 次 | |
| | 昡 9画,三级 | 次 | |
| | 炫 9画,一级 | 常 | 常 |
| | 绚(絢) 9画,一级 | 絢常 | 絢常 |
| | 眩 10画,二级 | 常 | 常 |
| | 铉(鉉) 10画,二级 | 鉉次 | |
| | 琄 11画,三级 | 琄次 | |
| | 衒 11画,二级 | 次 | |
| | 渲 12画,一级 | 常 | 常 |
| | 楦[楥] 13画,二级 | 楦次 楥次 | |

❶旋:大陆繁体文本和台湾用于"旋转、旋风、漩涡、旋踵、回旋、盘旋、螺旋、周旋、斡旋、凯旋"作"旋",用于"旋子(温酒器皿)、旋床、旋粉(即粉皮)、旋锅儿(温酒的锅)"作"鏇"。

| 读音 | 大陆 | 台湾 | 香港 | 读音 | 大陆 | 台湾 | 香港 |
|---|---|---|---|---|---|---|---|
| xuē | 靴 14画,三级 | 罕 | | | 纁(纁) 17画,三级 | 纁次 | |
| | 削 9画,一级 | 削常 | 削常 | | 曛 18画,二级 | 次 | |
| | 靴[鞾] 13画,一级 | 靴常 鞾异 | 靴常 | | 醺 21画,二级 | 常 | 常 |
| | 薛 16画,一级 | 薛常 | 薛常 | xún | 旬 6画,一级 | 常 | 常 |
| xué | 穴❶ 5画,一级 | 常 | 常 | | 寻❸(寻)[尋] 6画,一级 | 尋常 尋罕 | 尋常 尋异 |
| | 茓 8画,二级 | 茓罕 | | | 驯(馴) 6画,三级 | 馴次 | |
| | 峃(嶨) 8画,三级 | 嶨次 | | | 巡[廵] 6画,一级 | 巡常 廵罕 | 巡常 |
| | 学(學) 8画,一级 | 學常 学异 | 學常 | | 郇 8画,二级 | 郇次 | |
| | 踅 14画,二级 | 次 | | | 询(詢) 8画,一级 | 詢常 | 詢常 |
| | 噱 16画,二级 | 常 | 常 | | 郯(鄩) 8画,三级 | 鄩次 | |
| xuě | 雪❷ 11画,一级 | 雪常 | 雪常 雪异 | | 荀 9画,二级 | 荀常 | 荀常 |
| | 鳕(鱈) 19画,二级 | 鱈次 | | | 荨(蕁) 9画,二级 | 蕁次 | |
| xuè | 血 6画,一级 | 常 | 常 | | 峋 9画,二级 | 次 | |
| | 谑(謔) 11画,二级 | 謔次 | | | 洵 9画,二级 | 次 | |
| xūn | 勋(勋)[勳] 9画,一级 | 勋常 勳异 | 勋常 勳异 | | | | |
| | 埙(塤)[壎] 10画,二级 | 塤次 壎次 | | | | | |
| | 熏[燻] 14画,一级 | 燻常 熏次 | 燻常 | | | | |
| | 薰 17画,二级 | 薰常 | 薰常 | | | | |
| | 獯 17画,三级 | 次 | | | | | |

❶穴:用于独体字,大陆、台湾、香港字形相同;用于合体字的上部,末笔字形大陆是、(点),台湾、香港是"乚"(竖弯),如"空(空)、突(突)、穿(穿)"。

❷雪:字形下部,大陆为彐,台湾、香港中间的横画右侧出头。

❸寻:大陆繁体字形上部为彐,台湾、香港中间的横画右侧出头。

| 读音 | 大 陆 | 台湾 | 香港 |
|---|---|---|---|
|  | 浔(潯) 9画,二级 | 潯次 |  |
|  | 恂 9画,二级 | 次 |  |
|  | 珣 10画,二级 | 次 |  |
|  | 珝(璵) 10画,三级 | 璵罕 |  |
|  | 栒 10画,三级 | 次 |  |
|  | 焞(燖) 10画,三级 | 燖次 |  |
|  | 循 12画,一级 | 常 | 常 |
|  | 鲟(鱘) 14画,二级 | 鱘次 |  |
| xùn | 训(訓) 5画,一级 | 訓常 | 訓常 |
|  | 讯(訊) 5画,一级 | 訊常 | 訊常 |
|  | 汛 6画,一级 | 次 |  |
|  | 迅 6画,一级 | 迅常 | 迅常 |
|  | 驯(馴) 6画,一级 | 馴常 | 馴常 |
|  | 徇[狥] 9画,二级 | 徇常 狥异 | 徇常 |
|  | 逊(遜) 9画,二级 | 遜常 | 遜常 |
|  | 殉 10画,一级 | 常 | 常 |
|  | 巽 12画,二级 | 常 | 常 |
|  | 蕈 15画,二级 | 蕈常 |  |
|  | 噀 15画,三级 | 次 |  |

| 读音 | 大 陆 | 台湾 | 香港 |
|---|---|---|---|
| Y |  |  |  |
| yā | 丫[椏❶枒] 3画,一级 | 丫常 椏次 枒次 | 丫常 |
|  | 压(壓) 6画,一级 | 壓常 压异 | 壓常 |
|  | 呀 7画,一级 | 常 | 常 |
|  | 押 8画,一级 | 常 | 常 |
|  | 垭(埡) 9画,二级 | 埡罕 |  |
|  | 鸦(鴉)[鵶] 9画,一级 | 鴉常 鵶异 | 鴉常 |
|  | 桠❷(椏) 10画,三级 | 椏次 |  |
|  | 鸭(鴨) 10画,一级 | 鴨常 | 鴨常 |
| yá | 牙 4画,一级 | 常 | 常 |
|  | 伢 6画,二级 | 罕 |  |
|  | 芽 7画,一级 | 芽常 | 芽常 |
|  | 岈 7画,二级 | 次 |  |
|  | 玡 8画,二级 | 次 |  |
|  | 琊 10画,三级 | 琊罕 | 琊常 |
|  | 蚜 10画,二级 | 次 |  |
|  | 埡 11画,三级 | 罕 |  |
|  | 崖 11画,一级 | 常 | 常 |

❶"椏"另见185页"桠"字条。
❷桠:用于人名、地名、科技术语(如"五桠果科")。
"椏"另见185页"丫"字条。

| 读音 | 大陆 | 台湾 | 香港 |
|---|---|---|---|
| | 涯 11画,一级 | 常 | 常 |
| | 睚 13画,二级 | 次 | |
| | 衙 13画,一级 | 常 | 常 |
| yǎ | 哑(啞) 9画,一级 | 啞常 | 啞常 |
| | 雅 12画,一级 | 常 | 常 |
| yà | 轧(軋) 5画,一级 | 軋常 | 軋常 |
| | 亚(亞) 6画,一级 | 亞常 | 亞常 |
| | 讶(訝) 6画,一级 | 訝常 | 訝常 |
| | 迓 7画,二级 | 迓次 | |
| | 砑 9画,三级 | 次 | |
| | 娅(婭) 9画,二级 | 婭次 | |
| | 氩(氬) 10画,二级 | 氬次 | |
| | 揠 12画,二级 | 次 | |
| | 猰 12画,三级 | 猰次 | |
| yān | 恹(懨) 9画,二级 | 懨次 | |
| | 胭[臙] 10画,二级 | 胭常 臙次 | 胭常 |
| | 烟❶[煙菸] 10画,一级 | 煙常 菸常 烟异 | 煙常 菸常 烟异 |
| | 焉 11画,一级 | 常 | 常 |
| | 崦 11画,二级 | 次 | |
| | 阉(閹) 11画,二级 | 閹次 | |
| | 阏(閼) 11画,二级 | 閼次 | |
| | 淹 11画,一级 | 常 | 常 |
| | 腌[醃] 12画,二级 | 醃常 腌次 | 醃常 |
| | 湮 12画,二级 | 湮常 | 湮常 |
| | 鄢 13画,二级 | 鄢次 | |
| | 焉 14画,三级 | 异 | |
| | 漹 14画,三级 | 罕 | |
| | 嫣 14画,三级 | 常 | 常 |
| yán | 延❷ 6画,一级 | 延常 | 延常 |
| | 闫(閆) 6画,三级 | 閆次 | |
| | 严(嚴) 7画,一级 | 嚴常 | 嚴常 |
| | 言 7画,一级 | 常 | 常 |
| | 妍 7画,二级 | 常 | 常 |

❶烟:大陆繁体文本和台湾用于"烟火、烟囱、烟突、烟雾、烟土、烟草、烟丝、烟花、烟台(地名,在山东)、炊烟、油烟、云烟、人烟、香烟、吸烟、抽烟、戒烟、禁烟、烟消云散、渺无人烟"作"煙"。"菸"义为烟草,叶子可制烟丝、卷烟。台湾用于"烟碱酸"作"菸"。

❷延:字形左下的廴,大陆2画,台湾、香港3画;字形右上部,大陆4画,台湾、香港5画,撇下为止。

| 读音 | 大陆 | 台湾 | 香港 | 读音 | 大陆 | 台湾 | 香港 |
|---|---|---|---|---|---|---|---|
| | 岩❶[巖巗嵒] 8画,一级 | 岩常 巖常 嵒次 巗异 | 岩常 巖常 | | 郾 11画,二级 | 郾次 | |
| | 炎 8画,一级 | 常 | 常 | | 厣(厴) 11画,三级 | 厴罕 | |
| | 沿❷ 8画,一级 | 沿常 | 沿常 | | 眼 11画,一级 | 常 | 常 |
| | 研 9画,一级 | 常 | 常 | | 偃 11画,二级 | 常 | 常 |
| | 埏(埏) 9画,三级 | 埏次 | | | 琰 12画,二级 | 次 | |
| | 盐(鹽) 10画,一级 | 鹽常 | 鹽常 | | 棪 12画,三级 | 次 | |
| | 阎(閻) 11画,一级 | 閻常 | 閻常 | | 渰 12画,三级 | 次 | |
| | 蜒 12画,一级 | 蜒次 | | | 扊 12画,三级 | 扊次 | |
| | 筵 12画,二级 | 筵常 | 筵常 | | 罨 13画,二级 | 次 | |
| | 颜(顔) 15画,一级 | 顏常 顔异 | 顏常 | | 鹛(鶠) 14画,三级 | 鶠次 | |
| | 麣 16画,三级 | 麣罕 | | | 演 14画,一级 | 常 | 常 |
| | 檐❸[簷] 17画,一级 | 簷常 檐次 | 簷常 | | 缤(縯) 14画,三级 | 縯罕 | |
| yǎn | 沇 7画,三级 | 次 | | | 魇(魘) 15画,二级 | 魘常 | 魘常 |
| | 奄 8画,二级 | 常 | 常 | | 躽 15画,三级 | 次 | |
| | 兖 8画,二级 | 兖常 兗异 | 兖常 | | 嬮 15画,三级 | 次 | |
| | 奕(奘) 9画,三级 | 奘罕 | | | 巘(巚) 16画,三级 | 巘次 | |
| | 俨(儼) 9画,二级 | 儼常 | 儼常 | | | | |
| | 衍 9画,一级 | 常 | 常 | | | | |
| | 弇 9画,三级 | 次 | | | | | |
| | 掩 11画,一级 | 常 | 常 | | | | |

❶岩:大陆繁体文本和台湾用于"岩石、岩层、岩床、岩浆、融岩、石灰岩、花岗岩、火成岩"作"岩",用于"岩穴、岩洞、岩居、岩墙、山岩、巉岩、七星岩、千岩万壑"作"巖"。

❷沿:字形右上部,大陆为几,台湾、香港为八。

❸檐:台湾用于"屋檐、飞檐、帽檐"多作"簷",也作"檐"。

| 读音 | 大陆 | 台湾 | 香港 | 读音 | 大陆 | 台湾 | 香港 |
|---|---|---|---|---|---|---|---|
| yàn | 餍(饜) 18画,三级 | 饜次 | | | 焱 12画,二级 | 次 | |
| | 鹽 20画,三级 | 鹽次 | | | 滟(灧) 13画,二级 | 灧次 | 灧异 |
| | 鼹[鼴] 23画,二级 | 鼹常鼴异 | 鼴常 | | 酽(釅) 14画,二级 | 釅次 | |
| | 厌(厭) 6画,一级 | 厭常 | 厭常 | | 餍(饜) 15画,二级 | 饜常 | 饜常 |
| | 妟(姲) 7画,三级 | 妟罕 | | | 谳(讞) 15画,二级 | 讞次 | |
| | 砚(硯) 9画,一级 | 硯常 | 硯常 | | 燕[鷰] 16画,一级 | 燕常鷰次 | 燕常 |
| | 咽❶[嚥] 9画,一级 | 咽常嚥常 | 咽常嚥常 | | 赝(贋)[贗] 16画,二级 | 贋常贗异 | 贗常 |
| | 彦❷ 9画,二级 | 彦常彦异 | 彦常 | | 黶 19画,三级 | 次 | |
| | 艳(艷)[豔豓] 10画,一级 | 豔常豓异 艷异 | 豔常 艷异 | yāng | 央 5画,一级 | 常 | 常 |
| | 晏 10画,二级 | 常 | 常 | | 映 8画,三级 | 罕 | |
| | 唁 10画,一级 | 常 | 常 | | 泱 8画,二级 | 常 | 常 |
| | 宴[醼讌] 10画,一级 | 宴常醼次 讌次 | 宴常 | | 殃 9画,一级 | 常 | 常 |
| | 验(驗)[騐] 10画,一级 | 驗常騐异 | 驗常 | | 鸯(鴦) 10画,一级 | 鴦常 | 鴦常 |
| | 掞 11画,三级 | 次 | | | 秧 10画,一级 | 常 | 常 |
| | 谚(諺) 11画,一级 | 諺常 | 諺常 | | 鞅 14画,二级 | 常 | 常 |
| | 堰 12画,一级 | 常 | 常 | | | | |
| | 雁[鴈] 12画,一级 | 雁常鴈次 | 雁常 | | | | |
| | 焰❸[燄] 12画,一级 | 焰常燄常 | 焰常燄常 | | | | |

❶咽:台湾用于"咽喉、咽头、咽塞、悲咽、哽咽、呜咽、幽咽、哀咽、感咽"作"咽",用于"咽气、吞咽、咽唾沫、细嚼慢咽、狼吞虎咽"作"嚥"。

❷彦:字形上部,大陆为产,台湾、香港厂上为文。

❸焰:台湾用于"焰火、火焰、气焰逼人"作"焰"。"焰"多指火苗,"燄"指火初燃时发出的微小光热(如"无若火始燄燄"),二字词义稍有不同。

| 读音 | 大 陆 | 台湾 | 香港 | 读音 | 大 陆 | 台湾 | 香港 |
|---|---|---|---|---|---|---|---|
| yáng | 扬❶(揚)[颺歇] 6画,一级 | 扬常 颺常 歇异 | 扬常 颺常 | | 痒(癢) 11画,一级 | 癢常痒次 | 癢常 癢异 |
| | 羊 6画,一级 | 常 | 常 | yàng | 怏 8画,二级 | 常 | 常 |
| | 阳(陽) 6画,一级 | 陽常阳异 | 陽常 | | 样(樣) 10画,一级 | 樣常样罕 | 樣常 |
| | 玚(瑒) 7画,三级 | 瑒次 | | | 恙 10画,二级 | 常 | |
| | 杨(楊) 7画,一级 | 楊常 | 楊常 | | 羕 11画,三级 | 次 | |
| | 旸(暘) 7画,二级 | 暘次 | | | 漾 14画,一级 | 常 | 常 |
| | 飏❷(颺) 7画,三级 | 颺常 | 颺常 | yāo | 幺❸ 3画,二级 | 么常幺异 | 幺常 |
| | 炀(煬) 7画,三级 | 煬常 | 煬常 | | 夭[殀] 4画,一级 | 夭常殀次 | 夭常 |
| | 钖(錫) 8画,三级 | 錫次 | | | 吆 6画,一级 | 常 | 常 |
| | 佯 8画,二级 | 常 | 常 | | 妖 7画,一级 | 常 | 常 |
| | 疡(瘍) 8画,二级 | 瘍常 | 瘍常 | | 喓 12画,三级 | 罕 | |
| | 垟 9画,三级 | 次 | | | 腰 13画,一级 | 腰常 | 腰常 |
| | 徉 9画,二级 | 次 | | | 邀 16画,一级 | 邀常 | 邀常 |
| | 洋 9画,一级 | 常 | 常 | yáo | 爻 4画,二级 | 常 | 常 |
| | 烊 10画,二级 | 常 | 常 | | 尧(堯) 6画,一级 | 堯常 | 堯常 |
| | 蛘 12画,二级 | 次 | | | | | |
| yǎng | 仰 6画,一级 | 常 | 常 | | | | |
| | 养(養) 9画,一级 | 養常 | 養常 養异 | | | | |
| | 氧 10画,一级 | 常 | 常 | | | | |

❶扬:台湾用于"扬水、杨帆、扬起、扬弃、扬州(地名,在江苏)、称扬、宣扬、张扬、扬名天下、扬眉吐气、趾高气扬"作"扬",用于"发扬、飞扬、飘扬、远扬"作"颺",也作"颺"。"颺"另见189页"飏"字条。

❷飏:用于人名。"颺"另见189页"扬"字条。

❸幺:台湾以"么"为正字,以"幺"为异体,如"么妹(幺妹)、么篇(幺篇)、么麽小丑(幺麽小丑)"。"么"另见109页"么"字条。

| 读音 | 大 陆 | 台湾 | 香港 | 读音 | 大 陆 | 台湾 | 香港 |
|---|---|---|---|---|---|---|---|
| | 肴[餚] 8画,一级 | 肴常 餚次 | 肴常 | yào | 药(藥) 9画,一级 | 藥常 药次 | 藥常 |
| | 垚 9画,三级 | 罕 | | | 要 9画,一级 | 常 | 常 |
| | 轺(軺) 9画,三级 | 軺次 | | | 钥(鑰) 9画,一级 | 鑰常 钥罕 | 鑰常 |
| | 峣(嶢) 9画,二级 | 嶢次 | | | 崾 12画,三级 | 罕 | |
| | 姚 9画,一级 | 常 | 常 | | 勒 14画,二级 | 罕 | |
| | 珧 10画,三级 | 次 | | | 鹞(鷂) 15画,二级 | 鷂常 | 鷂常 |
| | 窑❶[窰窯] 11画,一级 | 窯常 窰异 窑异 | 窯常 | | 曜 18画,二级 | 次 | |
| | 谣(謠) 12画,一级 | 謠常 | 謠常 | | 耀[燿] 20画,一级 | 耀常 燿次 | 耀常 |
| | 摇 13画,一级 | 搖常 摇异 | 搖常 | yē | 倻 10画,三级 | 倻罕 | |
| | 徭 13画,二级 | 徭次 | | | 掖 11画,二级 | 常 | 常 |
| | 遥 13画,一级 | 遙常 | 遙常 | | 椰 12画,一级 | 椰常 | 椰常 |
| | 猺 13画,三级 | 猺次 | | | 噎 15画,二级 | 常 | 常 |
| | 媱 13画,三级 | 媱次 | | yé | 爷(爺) 6画,一级 | 爺常 | 爺常 |
| | 瑶 14画,二级 | 瑤常 瑶异 | 瑤常 | | 耶 8画,二级 | 耶常 | 耶常 |
| | 鳐(鰩) 18画,二级 | 鰩次 | | | 揶 11画,二级 | 揶次 | |
| yǎo | 杳 8画,二级 | 常 | 常 | | 铘(鋣) 11画,三级 | 鋣罕 | |
| | 咬[齩] 9画,一级 | 咬常 齩异 | 咬常 | yě | 也 3画,一级 | 常 | 常 |
| | 舀 10画,一级 | 常 | 常 | | 冶 7画,一级 | 常 | 常 |
| | 窅 10画,三级 | 窅次 | | | | | |
| | 窈 10画,二级 | 窈常 | 窈常 | | | | |

❶窑:台湾用于"窑洞、窑变、煤窑"多作"窯"。

| 读音 | 大陆 | 台湾 | 香港 |
|---|---|---|---|
| | 野[埜壄] 11画,一级 | 野常 埜次 壄异 | 野常 |
| yè | 业(業) 5画,一级 | 業常 | 業常 |
| yè/xié | 叶❶(葉) 5画,一级 | 葉常 叶异 | 葉常 |
| yè | 页(頁) 6画,一级 | 頁常 | 頁常 |
| | 曳 6画,二级 | 常 | 常 |
| | 邺(鄴) 7画,二级 | 鄴次 | |
| | 夜[亱] 8画,二级 | 夜常 亱异 | 夜常 |
| | 晔(曄) 10画,三级 | 曄次 | |
| | 烨(燁)[爗] 10画,二级 | 燁次 爗异 | |
| | 液 11画,一级 | 常 | 常 |
| | 谒(謁) 11画,二级 | 謁常 | 謁常 |
| | 腋 12画,一级 | 腋常 | 腋常 |
| | 馎(饁) 13画,三级 | 饁次 | |
| | 靥(靨) 15画,二级 | 靨常 | 靨常 |
| yī | 一 1画,一级 | 常 | 常 |
| | 伊 6画,一级 | 常 | 常 |
| | 衣 6画,一级 | 常 | 常 |
| | 医(醫) 7画,一级 | 醫常 医罕 | 醫常 |

| 读音 | 大陆 | 台湾 | 香港 |
|---|---|---|---|
| | 依 8画,一级 | 常 | 常 |
| | 祎(禕) 8画,二级 | 禕次 | |
| | 咿[吚] 9画,二级 | 咿次 吚异 | |
| | 洢 9画,三级 | 罕 | |
| | 铱(銥) 11画,二级 | 銥次 | |
| | 猗 11画,二级 | 次 | |
| | 揖 12画,二级 | 常 | 常 |
| | 壹 12画,一级 | 常 | 常 |
| | 漪 14画,二级 | 常 | 常 |
| | 噫 16画,二级 | 常 | 常 |
| | 繄 17画,三级 | 次 | |
| | 黟 18画,二级 | 常 | |
| yí | 匜 5画,二级 | 次 | |
| | 仪(儀) 5画,一级 | 儀常 | 儀常 |
| | 圯 6画,二级 | 次 | 次 |
| | 夷 6画,一级 | 常 | 常 |
| | 沂 7画,二级 | 次 | |

❶叶:大陆繁体文本和台湾用于"枝叶、树叶、绿叶、落叶、茶叶、叶柄、叶落归根、叶落知秋、叶公好龙、粗枝大叶、金枝玉叶"作"葉",用于"叶韵(同"协韵")"作"叶"。

| 读音 | 大陆 | 台湾 | 香港 |
|---|---|---|---|
| | 诒(詒) 7画,二级 | 詒次 | |
| | 迤 8画,二级 | 迤次 | 迤常 |
| | 饴(飴) 8画,二级 | 飴常 | 飴常 |
| | 怡 8画,一级 | 常 | 常 |
| | 宜 8画,一级 | 常 | 常 |
| | 荑 9画,二级 | 荑次 | |
| | 咦 9画,二级 | 常 | 常 |
| | 贻(貽) 9画,一级 | 貽常 | 貽常 |
| | 姨 9画,一级 | 常 | 常 |
| | 眙 10画,二级 | 次 | |
| | 胰 10画,一级 | 胰常 | 胰常 |
| | 宧 10画,三级 | 次 | |
| | 廖 10画,三级 | 廖罕 | |
| | 移[迻] 11画,一级 | 移常 迻次 | 移常 |
| | 痍 11画,二级 | 次 | |
| | 遗(遺) 12画,一级 | 遺常 | 遺常 |
| | 颐(頤) 13画,二级 | 頤常 | 頤常 |
| | 椸 13画,三级 | 次 | |
| | 疑 14画,一级 | 疑常 | 疑常 |
| | 嶷 17画,二级 | 嶷次 | |
| | 簃 17画,三级 | 次 | |

| 读音 | 大陆 | 台湾 | 香港 |
|---|---|---|---|
| | 彝❶ 18画,二级 | 彝常 | 彝常 |
| yǐ | 乙 1画,一级 | 常 | 常 |
| | 已 3画,一级 | 常 | 常 |
| | 以[㕥目] 4画,一级 | 以常 㕥罕 目罕 | 以常 |
| | 钇(釔) 6画,二级 | 釔次 | |
| | 苡 7画,二级 | 苡次 | |
| | 佁 7画,三级 | 次 | |
| | 矣 7画,一级 | 常 | 常 |
| | 蚁(蟻) 9画,一级 | 蟻常 | 蟻常 |
| | 舣(艤) 9画,三级 | 艤次 | |
| | 酏 10画,三级 | 次 | |
| | 倚 10画,一级 | 常 | 常 |
| | 扆 10画,三级 | 扆次 | |
| | 椅 12画,一级 | 常 | 常 |
| | 颖(顗) 12画,三级 | 顗次 | |
| | 旖 14画,二级 | 常 | 常 |
| | 踦 15画,三级 | 次 | |
| | 齮(齮) 16画,三级 | 齮次 | |
| yì | 乂 2画,二级 | 次 | |

❶彝:字形上部,大陆、香港为彑,台湾为彐。

# yì

| 读音 | 大陆 | 台湾 | 香港 |
|---|---|---|---|
| 弋 3画,二级 | 次 | | |
| 亿(億) 3画,一级 | 億常 | 億常 | |
| 义(義) 3画,一级 | 義常 义异 | 義常 | |
| 艺(藝) 4画,一级 | 藝常 | 藝常 | |
| 刈 4画,二级 | 常 | 常 | |
| 忆(憶) 4画,一级 | 憶常 | 憶常 | |
| 议(議) 5画,一级 | 議常 | 議常 | |
| 屹 6画,一级 | 常 | 常 | |
| 亦 6画,一级 | 常 | 常 | |
| 异[異] 6画,一级 | 異常 异次 | 異常 | |
| 抑 7画,一级 | 常 | 常 | |
| 杙 7画,三级 | 次 | | |
| 呓(囈) 7画,二级 | 囈常 | 囈常 | |
| 邑❶ 7画,一级 | 常 | 常 | |
| 佚 7画,二级 | 次 | | |
| 役 7画,一级 | 常 | 常 | |
| 译(譯) 7画,一级 | 譯常 | 譯常 | |
| 枍 8画,三级 | 次 | | |
| 易 8画,一级 | 常 | 常 | |
| 峄(嶧) 8画,二级 | 嶧次 | | |

| 读音 | 大陆 | 台湾 | 香港 |
|---|---|---|---|
| 钇(釔) 8画,三级 | 釔次 | | |
| 佾 8画,二级 | 佾常 | | |
| 侁 8画,三级 | 罕 | | |
| 怿(懌) 8画,二级 | 懌次 | | |
| 诣(詣) 8画,二级 | 詣常 | 詣常 | |
| 驿(驛) 8画,二级 | 驛常 | 驛常 | |
| 绎(繹) 8画,二级 | 繹常 | 繹常 | |
| 轶(軼) 9画,二级 | 軼常 | 軼常 | |
| 弈 9画,二级 | 常 | 常 | |
| 奕 9画,二级 | 常 | 常 | |
| 疫 9画,二级 | 常 | 常 | |
| 羿 9画,二级 | 常 | 常 | |
| 挹 10画,二级 | 次 | | |
| 益 10画,二级 | 常 | 常 | |
| 浥 10画,二级 | 次 | | |
| 悒 10画,二级 | 次 | | |
| 谊(誼) 10画,一级 | 誼常 | 誼常 | |
| 埸 11画,二级 | 次 | | |

❶邑:用于右偏旁多作"阝",大陆2画,台湾、香港3画,如"那、都、部"。

| 读音 | 大陆 | 台湾 | 香港 | 读音 | 大陆 | 台湾 | 香港 |
|---|---|---|---|---|---|---|---|
|  | 勩(勚) 11画,三级 | 勩次 |  |  | 薏 16画,二级 | 薏次 |  |
|  | 逸 11画,一级 | 逸常 | 逸常 |  | 殪 16画,二级 | 次 |  |
|  | 翊 11画,二级 | 次 |  |  | 螠 16画,二级 | 罕 |  |
|  | 翌 11画,二级 | 常 | 常 |  | 劓 16画,二级 | 次 |  |
|  | 嗌 13画,二级 | 次 |  |  | 燚 16画,三级 | 罕 |  |
|  | 肄 13画,二级 | 常 | 常 |  | 繶(繶) 16画,三级 | 繶次 |  |
|  | 裔 13画,三级 | 次 |  |  | 翳[瞖] 17画,二级 | 翳常瞖罕 | 翳常 |
|  | 裔 13画,二级 | 裔常 | 裔常 |  | 臆 17画,二级 | 臆常 | 臆常 |
|  | 意 13画,一级 | 常 | 常 |  | 翼 17画,一级 | 常 | 常 |
|  | 溢 13画,一级 | 常 | 常 |  | 薾(蘔) 18画,三级 | 蘔异 |  |
|  | 缢(縊) 13画,二级 | 縊常 | 縊常 |  | 镱(鐿) 18画,三级 | 鐿次 |  |
|  | 蜴 14画,二级 | 常 | 常 |  | 癔 18画,二级 | 罕 |  |
|  | 廙 14画,三级 | 次 |  |  | 懿 22画,二级 | 懿常 | 懿常 |
|  | 瘗(瘞) 14画,三级 | 瘞次 |  | yīn | 因[囙] 6画,一级 | 因常囙罕 | 因常 |
|  | 潩 14画,三级 | 罕 |  |  | 阴(陰)[隂] 6画,一级 | 陰常陰异 阴异 | 陰常 陰异 |
|  | 嫕 14画,三级 | 次 |  |  | 茵 9画,一级 | 茵常 | 茵常 |
|  | 鹝(鷊) 15画,三级 | 鷊次 |  | yīn yìn | 荫❶㊀(蔭);㊁[廕] 9画,一级 | 蔭常廕次 | 蔭常 廕异 |
|  | 镒(鎰) 15画,二级 | 鎰次 |  | yīn | 音 9画,一级 | 常 | 常 |
|  | 毅 15画,一级 | 常 | 常 |  |  |  |  |
|  | 鹢(鷁) 15画,三级 | 鷁次 |  |  |  |  |  |
|  | 熠 15画,二级 | 次 |  |  |  |  |  |

❶荫:大陆繁体文本和台湾用于"荫蔽、庇荫、树荫、绿荫、祖荫、遮荫、余荫"作"蔭",用于"荫生""荫监"作"廕"。

| 读音 | 大陆 | 台湾 | 香港 |
|---|---|---|---|
| | 洇 9画,二级 | 罕 | |
| | 姻[婣] 9画,一级 | 姻常 婣异 | 姻常 |
| | 骃(駰) 9画,三级 | 駰次 | |
| | 絪(絪) 9画,三级 | 絪次 | |
| | 氤 10画,二级 | 常 | 常 |
| | 殷❶[慇] 10画,一级 | 殷常 慇常 | 殷常 慇常 |
| | 铟(銦) 11画,二级 | 銦次 | |
| | 䜛(譑) 11画,三级 | 譑次 | |
| | 堙[陻] 12画,二级 | 堙次 陻异 | |
| | 喑[瘖] 12画,二级 | 喑次 瘖次 | |
| | 闉(闉) 12画,三级 | 闉次 | |
| | 愔 12画,二级 | 次 | |
| | 歅 13画,三级 | 歅次 | |
| | 溵 13画,三级 | 罕 | |
| | 禋 13画,三级 | 禋次 | |
| yín | 吟[唫] 7画,一级 | 吟常 唫异 | 吟常 吟异 |
| | 垠 9画,二级 | 常 | 常 |
| | 珢 10画,三级 | 罕 | |
| | 狺 10画,二级 | 次 | |
| | 訚(誾) 10画,二级 | 誾次 | |
| | 硍 11画,三级 | 罕 | |
| | 崟 11画,三级 | 次 | |
| | 银(銀) 11画,一级 | 銀常 | 銀常 |
| | 淫[婬滛] 11画,一级 | 淫常 婬次 滛异 | 淫常 |
| | 寅 11画,一级 | 常 | 常 |
| | 龂(齗) 12画,三级 | 齗次 | |
| | 鄞 13画,二级 | 鄞次 | |
| | 龈(齦) 14画,二级 | 齦常 | 齦常 |
| | 夤 14画,二级 | 常 | 常 |
| | 蟫 18画,三级 | 次 | |
| | 嚚 18画,三级 | 次 | |
| | 霪 19画,二级 | 霪常 | 霪常 |
| yǐn | 尹 4画,二级 | 常 | 常 |
| | 引 4画,一级 | 常 | 常 |
| | 吲 7画,二级 | 异 | |
| | 饮(飲)[歙] 7画,一级 | 飲常 歙异 | 飲常 |
| | 蚓 10画,一级 | 常 | 常 |

❶殷:大陆繁体文本和台湾用于"殷切、殷望、殷商(朝代名)、殷墟、殷鉴不远"作"殷",用于"殷忧""忧心殷殷"多作"慇","殷勤"也作"慇懃"。

| 读音 | 大陆 | 台湾 | 香港 |
|---|---|---|---|
| | 隐(隱) 11画，一级 | 隱常 | 隱常 |
| | 瘾(癮) 16画，一级 | 癮常 | 癮常 |
| yìn | 印❶ 5画，一级 | 印常 | 印常 |
| | 茚 8画，二级 | 茚罕 | |
| | 胤 9画，二级 | 胤常 | 胤常 |
| | 鲫(鯽) 13画，三级 | 鯽罕 | |
| | 窨 14画，二级 | 窨次 | |
| | 慭(憖) 15画，三级 | 憖次 | |
| yīng | 应(應) 7画，一级 | 應常 | 應常 |
| | 英 8画，一级 | 英常 | 英常 |
| | 莺(鶯)[鸎] 10画，一级 | 鶯常 鸎异 | 鶯常 |
| | 䓨(罃) 11画，三级 | 罃次 | |
| | 婴(嬰) 11画，一级 | 嬰常 | 嬰常 |
| | 媖 11画，三级 | 媖罕 | |
| | 瑛 12画，二级 | 瑛常 | 瑛常 |
| | 锳(鍈) 13画，三级 | 鍈异 | |
| | 撄(攖) 14画，二级 | 攖次 | |
| | 嘤(嚶) 14画，二级 | 嚶常 | 嚶常 |
| | 罂(罌)[甖] 14画，二级 | 罌次 甖次 | |
| | 缨(纓) 14画，二级 | 纓常 | 纓常 |
| | 璎(瓔) 15画，二级 | 瓔次 | |
| | 樱(櫻) 15画，一级 | 櫻常 | 櫻常 |
| | 鹦(鸚) 16画，一级 | 鸚常 | 鸚常 |
| | 膺 17画，二级 | 膺常 | 膺常 |
| | 鹰(鷹) 18画，一级 | 鷹常 | 鷹常 |
| yíng | 迎 7画，一级 | 迎常 | 迎常 |
| | 茔(塋) 8画，二级 | 塋次 | |
| | 荧(熒) 9画，一级 | 熒次 | |
| | 盈 9画，一级 | 常 | 常 |
| | 莹(瑩) 10画，一级 | 瑩常 | 瑩常 |
| | 萤(螢) 11画，一级 | 螢常 | 螢常 |
| | 营(營) 11画，一级 | 營常 | 營常 |
| | 萦(縈) 11画，二级 | 縈常 | 縈常 |
| | 溁(濴) 12画，三级 | 濴次 | |

❶印：字形左侧，大陆3画，台湾、香港4画。

| 读音 | 大陆 | 台湾 | 香港 | 读音 | 大陆 | 台湾 | 香港 |
|---|---|---|---|---|---|---|---|
| | 蓥(鎣) 13画,二级 | 鎣罕 | | yōng | 拥(擁) 8画,一级 | 擁常 | 擁常 |
| | 楹 13画,二级 | 常 | 常 | | 痈(癰) 10画,二级 | 癰次 | |
| | 滢(瀅) 13画,二级 | 瀅次 | | | 邕 10画,二级 | 常 | 常 |
| | 蝇(蠅) 14画,一级 | 蠅常 蝇异 | 蠅常 | | 庸 11画,一级 | 常 | 常 |
| | 潆(瀠) 14画,三级 | 瀠次 | | | 廊 13画,三级 | 廊次 | |
| | 赢 16画,二级 | 赢常 | 赢常 | | 雍[雝] 13画,二级 | 雍常 雝次 | 雍常 |
| | 嬴(嬴) 17画,一级 | 嬴常 | 嬴常 | | 墉 14画,二级 | 次 | |
| | 瀛 19画,二级 | 瀛常 | 瀛常 | | 慵 14画,二级 | 次 | |
| yǐng | 郢 9画,二级 | 郢次 | | | 镛(鏞) 16画,二级 | 鏞次 | |
| | 颖(潁) 12画,二级 | 潁次 | | | 壅 16画,二级 | 常 | 常 |
| | 颖(穎)[頴] 13画,一级 | 穎常 頴异 | 穎常 | | 澭 16画,三级 | 次 | |
| | 影 15画,一级 | 常 | 常 | | 臃 17画,二级 | 臃常 | 臃常 |
| | 瘿(癭) 16画,二级 | 癭次 | | | 鳙(鱅) 19画,二级 | 鱅异 | |
| yìng | 映[暎] 9画,一级 | 映常 暎异 | 映常 | | 饔 22画,二级 | 饔次 | |
| | 硬 12画,一级 | 常 | 常 | yóng | 喁 12画,二级 | 次 | |
| | 媵 13画,二级 | 次 | | | 颙(顒) 15画,二级 | 顒次 | |
| yō | 哟(喲) 9画,一级 | 喲常 | 喲常 | yǒng | 永 5画,一级 | 常 | 常 |
| | 唷 11画,二级 | 唷罕 | 唷罕 | | 甬 7画,二级 | 常 | 常 |
| yōng yòng | 佣❶(傭) 7画,一级 | 佣常 傭常 | 佣常 傭常 | | | | |

❶佣:大陆繁体文本和台湾用于"佣工、佣兵、家佣、雇佣、女佣"作"傭";用于"佣耕""佣金"作"佣";用于"佣人"作"佣",也作"傭"。

| 读音 | 大陆 | 台湾 | 香港 |
|---|---|---|---|
| | 咏[詠] 8画,一级 | 詠常 咏异 | 詠常 |
| | 泳 8画,一级 | 常 | 常 |
| | 栐 9画,三级 | 罕 | |
| | 俑 9画,二级 | 常 | 常 |
| | 勇 9画,一级 | 常 | 常 |
| | 埇 10画,三级 | 罕 | |
| | 涌[湧] 10画,一级 | 湧常 涌异 | 涌常 湧常 |
| | 恿[慂恩] 11画,二级 | 恿常 慂异 恩异 | 恿常 |
| | 蛹 13画,二级 | 常 | 常 |
| | 踊[踴] 14画,一级 | 踴常 踊次 | 踴常 |
| | 鯒(鮥) 15画,三级 | 鯒罕 | |
| yòng | 用 5画,一级 | 常 | 常 |
| | 甯 9画,三级 | 罕 | |
| yōu | 优(優) 6画,一级 | 優常 优次 | 優常 |
| | 攸 7画,二级 | 次 | |
| | 忧(憂) 7画,二级 | 憂常 忧罕 | 憂常 |
| | 呦 8画,二级 | 次 | |
| | 幽 9画,二级 | 常 | 常 |
| | 悠 11画,二级 | 常 | 常 |
| | 麀 13画,三级 | 麀次 | |

| 读音 | 大陆 | 台湾 | 香港 |
|---|---|---|---|
| | 穮 21画,三级 | 穮次 | |
| yóu | 尤 4画,一级 | 常 | 常 |
| | 由 5画,一级 | 常 | 常 |
| | 邮(郵) 7画,一级 | 郵常 | 郵常 |
| | 犹(猶) 7画,一级 | 猶常 犹罕 | 猶常 |
| | 油 8画,一级 | 常 | 常 |
| | 柚 9画,二级 | 常 | 常 |
| | 疣 9画,二级 | 次 | |
| | 莜 10画,二级 | 莜异 | |
| | 莸(蕕) 10画,二级 | 蕕次 | |
| | 铀(鈾) 10画,二级 | 鈾常 | 鈾常 |
| | 游 10画,三级 | 次 | |
| | 蚰 11画,二级 | 次 | |
| | 鱿(魷) 12画,二级 | 魷常 | 魷常 |
| | 游❶[遊] 12画,一级 | 游常 遊常 | 游常 遊常 |

❶游:大陆繁体文本和台湾用于"游水、游泳、游鱼、上游、下游、信天游、优游不迫、力争上游、在水中游"作"游";用于"游玩、游戏、游览、游记、游牧、游侠、游子、游说、游移、游击、游离、游艇、游标、交游、旅游、郊游、漫游、神游、梦游、远游、游乐场、游击队、游标尺、逍遥游(《庄子》篇名)、西游记(书名)、老残游记(书名)、游山玩水、游手好闲、游刃有余"多作"遊",也作"游"。

| 读音 | 大陆 | 台湾 | 香港 |
|---|---|---|---|
| | 輶(輏) 13画,三级 | 輏次 | |
| | 鮋(鮋) 13画,三级 | 鮋罕 | |
| | 猷 13画,二级 | 常 | 常 |
| | 蝣 15画,二级 | 次 | |
| | 繇 17画,二级 | 繇次 | |
| yǒu | 友 4画,一级 | 常 | 常 |
| | 有 6画,一级 | 有常 | 有常 |
| | 酉 7画,一级 | 常 | 常 |
| | 卣 7画,二级 | 次 | |
| | 羑 9画,二级 | 次 | |
| | 莠 10画,二级 | 莠常 | 莠常 |
| | 铕(銪) 11画,三级 | 銪次 | |
| | 槱 15画,三级 | 次 | |
| | 牖 15画,二级 | 牖常 | 牖常 |
| | 黝 17画,二级 | 常 | 常 |
| yòu | 又 2画,一级 | 常 | 常 |
| | 右 5画,一级 | 常 | 常 |
| | 幼 5画,一级 | 常 | 常 |
| | 佑 7画,一级 | 常 | 常 |
| | 侑 8画,二级 | 侑次 | |
| | 囿 9画,二级 | 囿次 | |
| | 宥 9画,二级 | 宥次 | 宥 |

| 读音 | 大陆 | 台湾 | 香港 |
|---|---|---|---|
| | 祐 9画,三级 | 常 | 常 |
| | 诱(誘) 9画,一级 | 誘常 | 誘常 |
| | 蚴 11画,二级 | 次 | |
| | 釉❶ 12画,二级 | 釉常 | 釉常 |
| | 鼬 18画,二级 | 鼬常 | 鼬常 |
| yū | 迂 6画,一级 | 迂常 | 迂常 |
| | 纡(紆) 6画,二级 | 紆次 | |
| | 淤 11画,一级 | 常 | 常 |
| | 瘀 13画,三级 | 常 | 常 |
| yú | 于❷ 3画,一级 | 常 | 常 |
| | 邘 5画,三级 | 邘次 | |
| | 玙(璵) 7画,二级 | 璵次 | |
| | 欤(歟) 7画,二级 | 歟常 | 歟常 |
| | 余❸(餘) 7画,一级 | 余常 餘常 | 余常 餘常 |

❶釉:字形左侧,大陆为釆(7画),台湾、香港为采(8画)。

❷于:大陆繁体文本和台湾用于"于役、于思、于飞、于阗(旧地名,即今于田)、单于(匈奴君主的称号;复姓)、鲜于(复姓)、叔于田(《诗经》篇名)、之子于归"和姓作"于",不作"於"。

❸余:大陆繁体文本和台湾用于姓、第一人称代词(如"余致力革命凡四十年")、"余月(农历四月的别称)、余行(我的军队或队伍)、余吾(古地名,在今山西)"作"余",用于"余力、余生、余年、余额、余毒、残余、剩余、多余、其余、扶余(地名,在吉林)、余杭(地名,在浙江)、余姚(地名,在浙江)、余音绕梁、死有余辜、游刃有余"作"餘"。

| 读音 | 大 陆 | 台湾 | 香港 |
|---|---|---|---|
| | 妤 7画,二级 | 常 | 常 |
| | 盂 8画,二级 | 常 | 常 |
| | 臾 8画,二级 | 常 | 常 |
| | 鱼(魚) 8画,一级 | 魚常 | 魚常 |
| | 於❶ 8画,三级 | 常 | 常 |
| | 禺 9画,二级 | 次 | |
| | 竽 9画,二级 | 常 | 常 |
| | 舁 9画,三级 | 次 | |
| | 俞 9画,二级 | 俞常 | 俞常 |
| | 狳 10画,二级 | 次 | |
| | 谀(諛) 10画,二级 | 諛次 | |
| | 娱 10画,一级 | 娱常 娛异 | 娛常 |
| | 萸 11画,二级 | 萸常 | 萸常 |
| | 雩 11画,二级 | 雩次 | |
| | 渔(漁) 11画,一级 | 漁常 | 漁常 |
| | 隅 11画,一级 | 隅常 | 隅常 |
| | 揄 12画,二级 | 揄次 | |
| | 嵎 12画,二级 | 次 | |
| | 崳 12画,二级 | 崳罕 | |
| | 畬 12画,三级 | 次 | |
| | 逾[踰] 12画,一级 | 逾常 踰次 | 逾常 |
| | 腴 12画,二级 | 腴次 | |
| | 渝 12画,一级 | 渝常 | 渝常 |
| | 愉 12画,一级 | 愉常 | 愉常 |
| | 瑜 13画,二级 | 瑜常 | 瑜常 |
| | 榆 13画,一级 | 榆常 | 榆常 |
| | 虞 13画,二级 | 虞常 | 虞常 |
| | 愚 13画,一级 | 常 | 常 |
| | 馀 13画,三级 | 次 | |
| | 觎(覦) 13画,二级 | 覦常 | 覦常 |
| | 舆(輿) 14画,一级 | 輿常 | 輿常 |
| | 窬 14画,三级 | 窬次 | |
| | 褕 14画,三级 | 褕次 | |
| | 蝓 15画,二级 | 蝓次 | |
| | 髃 18画,三级 | 髃罕 | |
| yǔ | 与(與) 3画,一级 | 與常 与次 | 與常 |
| | 予 4画,一级 | 常 | 常 |
| | 屿(嶼) 6画,一级 | 嶼常 | 嶼常 |
| | 伛(傴) 6画,二级 | 傴次 | |
| | 宇 6画,一级 | 常 | 常 |

❶於:大陆繁体文本和台湾用于"于是、关于、由于、过于、生于某地、於戏、於乎"作"於"。

| 读音 | 大陆 | 台湾 | 香港 |
|---|---|---|---|
| | 羽　6画,一级 | 常 | 常 |
| | 雨　8画,一级 | 雨常 | 雨常 |
| | 俁　9画,二级 | 俁次 | |
| | 禹　9画,二级 | 常 | 常 |
| | 语(語)　9画,一级 | 語常 | 語常 |
| | 圄　10画,二级 | 次 | |
| | 敔　11画,三级 | 次 | |
| | 圉　11画,二级 | 次 | |
| | 鄅　11画,三级 | 鄅次 | |
| | 庾　11画,二级 | 常 | 常 |
| | 瘐　12画,三级 | 瘐罕 | |
| | 瑀　13画,二级 | 次 | |
| | 瘐　13画,二级 | 次 | |
| | 龉(齬)　15画,二级 | 齬常 | 齬常 |
| | 窳　15画,二级 | 窳次 | |
| yù | 玉　5画,一级 | 常 | 常 |
| | 驭(馭)　5画,二级 | 馭常 | 馭常 |
| | 芋　6画,一级 | 芋常 | 芋常 |
| | 吁❶(籲)　6画,一级 | 吁常 籲常 | 吁常 籲常 |
| | 聿　6画,二级 | 常 | 常 |
| | 饫(飫)　7画,二级 | 飫次 | |

| 读音 | 大陆 | 台湾 | 香港 |
|---|---|---|---|
| | 妪(嫗)　7画,二级 | 嫗常 | 嫗常 |
| | 郁❷(鬱)[鬱欎]　8画,一级 | 郁常 鬱常 欎异 欝异 | 郁常 鬱常 |
| | 育❸　8画,一级 | 育常 | 育常 |
| | 昱　9画,二级 | 次 | |
| | 狱(獄)　9画,一级 | 獄常 | 獄常 |
| | 彧　10画,二级 | 次 | |
| | 峪　10画,二级 | 常 | 常 |
| | 钰(鈺)　10画,二级 | 鈺次 | |
| | 浴　10画,一级 | 常 | 常 |
| | 预(預)　10画,一级 | 預常 | 預常 |
| | 域　11画,一级 | 常 | 常 |
| | 堉　11画,二级 | 堉罕 | |
| | 欲　11画,三级 | 次 | |

❶吁:大陆繁体文本和台湾用于"呼吁、吁求、吁天、吁诉、吁请"作"籲",用于"吁嗟、长吁短叹、气喘吁吁"作"吁"。

❷郁:大陆繁体文本和台湾用于"郁烈、郁馥、郁郁(有文采的样子)、浓郁(形容香气浓厚)、馥郁、郁达夫(人名,现代小说家)、郁离子(书名)、郁郁菲菲"作"郁",用于"葱郁、苍郁、浓郁(形容枝叶茂盛)、忧郁、抑郁、沉郁、达郁(《吕氏春秋》篇名)、郁闷、郁结、郁累(门神之一)、郁金(植物名)、郁林(旧地名,即今玉林)、郁郁(沉闷;草木茂盛)、郁金香(植物名)、郁孤台(古地名,在今江西)、郁沉沉、郁郁苍苍、郁郁不乐"作"鬱"。

❸育:字形上部,大陆、香港为亠,台湾起笔为横。

| 读音 | 大陆 | 台湾 | 香港 |
|---|---|---|---|
| | 欲❶[慾] 11画,一级 | 欲常 慾常 | 欲常 慾常 |
| | 阈(閾) 11画,二级 | 閾次 | |
| | 浴 11画,三级 | 浴次 | |
| | 谕(諭) 11画,二级 | 諭常 | 諭常 |
| | 棫 12画,三级 | 次 | |
| | 遇 12画,一级 | 遇常 | 遇常 |
| | 喻 12画,一级 | 喻常 | 喻常 |
| | 御❷(禦) 12画,一级 | 御常 禦常 | 御常 禦常 |
| | 鹆(鵒) 12画,二级 | 鵒次 | |
| | 寓[庽] 12画,一级 | 寓常 庽异 | 寓常 |
| | 裕 12画,一级 | 常 | 常 |
| | 矞 12画,三级 | 矞次 | |
| | 蓣(蕷) 13画,三级 | 蕷次 | |
| | 愈❸[癒瘉] 13画,一级 | 愈常 癒常 瘉常 | 愈常 癒常 瘉异 |
| | 煜 13画,二级 | 常 | 常 |
| | 滪(澦) 13画,二级 | 澦次 | |
| | 誉(譽) 13画,一级 | 譽常 | 譽常 |
| | 蜮 14画,二级 | 次 | |

| 读音 | 大陆 | 台湾 | 香港 |
|---|---|---|---|
| | 毓 14画,二级 | 毓常 | 毓常 |
| | 滴 15画,三级 | 滴次 | |
| | 遹 15画,三级 | 遹次 | |
| | 豫 15画,一级 | 豫常 | 豫常 |
| | 燠 16画,二级 | 燠次 | |
| | 燏 16画,三级 | 燏罕 | |
| | 鹬(鷸) 17画,二级 | 鷸次 | |
| | 礜 22画,二级 | 次 | |
| yuān | 鸢(鳶) 8画,二级 | 鳶常 | 鳶常 |
| | 胐 10画,三级 | 次 | |
| | 鸳(鴛) 10画,一级 | 鴛常 | 鴛常 |
| | 冤[寃宛] 10画,一级 | 冤常 寃异 宛异 | 冤常 |
| | 渊(淵) 11画,一级 | 淵常 渊异 | 淵常 |

❶欲:大陆繁体文本和台湾用于"欲言又止、欲罢不能、欲擒故纵、欲速则不达、山雨欲来风满楼"作"欲";用于"欲望、欲念、欲火、欲海、性欲、情欲、食欲、禁欲、纵欲、求知欲、七情六欲"的"欲",也作"慾"。

❷御:大陆繁体文本和台湾用于"御用、御笔、御驾、御史(古代官名)、御医、驾御、御林军"作"御",用于"御寒、御敌、御侮、防御、抵御、列御寇《庄子》篇名)"作"禦"。

❸愈:大陆繁体文本和台湾用于姓、"愈加、愈益、愈甚、愈战愈勇、愈挫愈奋"作"愈";用于"病愈、痊愈、愈合"作"癒",也作"瘉"。

| 读音 | 大陆 | 台湾 | 香港 |
|---|---|---|---|
| | 浼 11画，三级 | 次 | |
| | 蜎 13画，三级 | 蜎次 | |
| | 箢 14画，二级 | 罕 | |
| yuán | 元 4画，一级 | 常 | 常 |
| | 芫 7画，二级 | 芫次 | |
| | 园(園) 7画，一级 | 園常园异 | 園常 |
| | 员(員) 7画，一级 | 員常 | 員常 |
| | 沅 7画，二级 | 常 | 常 |
| | 妧 7画，三级 | 罕 | |
| | 垣 9画，二级 | 常 | 常 |
| | 爰 9画，二级 | 常 | 常 |
| | 袁 10画，一级 | 常 | 常 |
| | 原 10画，一级 | 常 | 常 |
| | 圆(圓) 10画，一级 | 圓常 | 圓常 |
| | 鼋(黿) 12画，二级 | 黿次 | |
| | 援 12画，一级 | 常 | 常 |
| | 湲 12画，二级 | 次 | |
| | 缘(緣) 12画，一级 | 緣常 | 緣常 |
| | 塬 13画，二级 | 罕 | |
| | 猿[猨蝯] 13画，一级 | 猿常蝯次 猨异 | 猿常 |
| | 源 13画，一级 | 常 | 常 |

| 读音 | 大陆 | 台湾 | 香港 |
|---|---|---|---|
| | 嫄 13画，三级 | 次 | |
| | 骦(騵) 13画，三级 | 騵次 | |
| | 辕(轅) 14画，二级 | 轅常 | 轅常 |
| | 橼(櫞) 16画，二级 | 櫞罕 | |
| | 螈 16画，二级 | 次 | |
| | 羱 16画，三级 | 次 | |
| yuǎn | 远(遠) 7画，一级 | 遠常 | 遠常 |
| yuàn | 苑 8画，一级 | 苑常 | 苑常 |
| | 怨 9画，一级 | 常 | 常 |
| | 院 9画，一级 | 院常 | 院常 |
| | 垸 10画，二级 | 罕 | |
| | 掾 12画，二级 | 次 | |
| | 媛 12画，二级 | 常 | 常 |
| | 瑗 13画，二级 | 次 | |
| | 愿❶(願) 14画，一级 | 愿常願常 | 愿常願常 |
| yuē | 曰 4画，一级 | 常 | 常 |
| | 约(約) 6画，一级 | 約常 | 約常 |

❶愿：台湾用于"愿望、愿意、心愿、志愿、还愿、请愿、心甘情愿"作"願"，用于"乡愿"、谨慎义（如"愿谨不好外交"）作"愿"。

| 读音 | 大陆 | 台湾 | 香港 |
|---|---|---|---|
| | 瀹(瀹) 19画,三级 | 瀹罕 | |
| yuě | 哕(噦) 9画,二级 | 噦次 | |
| yuè | 月 4画,一级 | 常 | 常 |
| | 刖 6画,二级 | 次 | |
| | 钺(鉞) 7画,三级 | 鉞次 | |
| | 玥 8画,二级 | 罕 | |
| | 岳❶[嶽] 8画,一级 | 岳常 嶽常 | 岳常 嶽常 |
| | 钺(鈅) 10画,二级 | 鈅次 | |
| | 阅(閱) 10画,一级 | 閱常 閲异 | 閱常 閲异 |
| | 悦 10画,一级 | 悦常 悦异 | 悦常 悦异 |
| | 跃(躍) 11画,一级 | 躍常 | 躍常 |
| | 越 12画,一级 | 常 | 常 |
| | 粤 12画,一级 | 粵常 粤异 | 粵常 |
| | 鹭(鷢) 14画,三级 | 鷢次 | |
| | 樾 16画,二级 | 次 | |
| | 龠 17画,二级 | 次 | |
| | 瀹 20画,三级 | 次 | |
| | 爚 21画,三级 | 次 | |
| | 籥 23画,三级 | 次 | |

| 读音 | 大陆 | 台湾 | 香港 |
|---|---|---|---|
| yūn | 晕(暈) 10画,一级 | 暈常 | 暈常 |
| | 氲 13画,二级 | 氲常 氲异 | 氲常 氲异 |
| | 煴 13画,三级 | 煴次 煴异 | |
| | 赟(贇) 13画,三级 | 贇次 | |
| | 赟(贇) 16画,二级 | 贇次 | |
| | 韫 18画,三级 | 韫罕 | |
| yún | 云❷(雲) 4画,一级 | 雲常 云常 | 雲常 云常 |
| | 匀❸ 4画,一级 | 匀常 匀异 | 匀常 匀异 |
| | 芸❹(蕓) 7画,二级 | 芸次 蕓次 | |
| | 沄(澐) 7画,三级 | 沄次 澐罕 | |

❶岳:大陆繁体文本和台湾用于"岳丈、岳父、岳母、岳飞(宋代人名)、岳阳(地名,在湖南)、岳阳楼、岳家军"作"岳",用于"嵩岳寺、岳麓山(地名,在湖南)、岳麓书院"作"嶽";用于"山岳、河岳、五岳、东岳"作"岳",也作"嶽"。

❷云:大陆繁体文本和台湾用于"云云、云尔、人云亦云、子曰诗云、不知所云"作"云",用于"云雨、云雾、云彩、云烟、云海、云霄、云鬓、云母、云南(地名,在我国西南地区)、云雀(鸟名)、白云、乌云、风云、壮志凌云"作"雲"。

❸匀:字形左下部,大陆为一点一提,台湾、香港为两横。

❹芸:大陆繁体文本和台湾用于"芸香、芸蒿、芸辉、芸台、芸编、芸籤、芸芸众生"作"芸",用于"芸薹(油菜)"作"蕓"。

| 读音 | 大陆 | 台湾 | 香港 | 读音 | 大陆 | 台湾 | 香港 |
|---|---|---|---|---|---|---|---|
|  | 妘 7画,三级 | 次 |  |  | 缊(縕) 12画,三级 | 縕次 縕异 |  |
|  | 纭(紜) 7画,二级 | 紜常 | 紜常 |  | 韫(韞) 13画,二级 | 韞次 |  |
|  | 昀 8画,二级 | 昀常 |  |  | 韵[韻] 13画,一级 | 韻常 韵异 | 韻常 韵异 韵异 |
|  | 郧(鄖) 9画,二级 | 鄖次 |  |  | 蕴(蘊) 15画,一级 | 蘊常 蕴异 | 蘊常 蘊异 |
|  | 耘 10画,一级 | 耘常 | 耘常 |  | 熨 15画,二级 | 常 | 常 |
|  | 涢(溳) 10画,三级 | 溳罕 |  | **Z** |  |  |  |
|  | 筠 13画,二级 | 筠常 | 筠常 筠异 | zā zhá | 扎❶[紥紮] 4画,一级 | 扎常 紮常 紥异 | 扎常 紮常 |
|  | 赟(贇) 13画,三级 | 贇次 |  | zā | 匝[帀] 5画,二级 | 匝常 帀异 | 匝常 |
|  | 氲 15画,二级 | 氲罕 |  |  | 咂 8画,二级 | 次 |  |
| yǔn | 允 4画,一级 | 常 | 常 |  | 拶 9画,三级 | 次 |  |
|  | 狁 7画,二级 | 次 |  |  | 臜(臢) 20画,二级 | 臢次 |  |
|  | 陨(隕) 9画,一级 | 隕常 | 隕常 | zá | 杂(雜)[襍] 6画,一级 | 雜常 襍异 | 雜常 |
|  | 殒(殞) 11画,二级 | 殞次 |  |  | 砸 10画,一级 | 常 | 常 |
| yùn | 孕 5画,一级 | 常 | 常 | zāi | 灾[災裁菑] 7画,一级 | 災常 菑次 灾异 裁异 | 災常 |
|  | 运(運) 7画,一级 | 運常 | 運常 |  | 甾 8画,二级 | 次 |  |
|  | 郓(鄆) 8画,二级 | 鄆次 |  |  |  |  |  |
|  | 恽(惲) 9画,二级 | 惲次 |  |  |  |  |  |
|  | 酝(醞) 11画,一级 | 醞常 醞异 | 醞常 醞异 |  |  |  |  |
|  | 愠 12画,二级 | 愠常 愠异 | 愠常 愠异 |  |  |  |  |

❶扎:大陆繁体文本和台湾用于"扎手、扎针、扎眼、扎花、扎根、扎绳、扎牢、扎住、扎乎(咋呼)、挣扎、扎猛子"作"扎";用于"包扎、驻扎、扎束、扎营、扎寨、扎辫子、一扎鲜花"作"紮",也作"紥";用于"扎实"作"扎",也作"紮"或"紥"。

| 读音 | 大陆 | 台湾 | 香港 |
|---|---|---|---|
| zǎi | 哉　9画,一级 | 常 | 常 |
| | 栽　10画,一级 | 常 | 常 |
| | 载(載)　10画,一级 | 載常 | 載常 |
| | 宰　10画,一级 | 常 | 常 |
| | 崽　12画,二级 | 次 | |
| zài | 再[冉冉]　6画,一级 | 再常 冉异 冉异 | 再常 |
| | 在　6画,一级 | 常 | 常 |
| zān | 糌　15画,二级 | 糌次 | |
| | 簪[篸]　18画,二级 | 簪常 篸异 | 簪常 |
| zán | 咱❶[喒 咯 偺]　9画,一级 | 咱常 偺常 喒次 咯罕 偺罕 | 咱常 |
| zǎn | 昝　9画,二级 | 昝次 | |
| | 㩳　11画,三级 | 次 | |
| | 趱(趲)　23画,二级 | 趲次 | |
| zàn | 暂(暫)[蹔]　12画,一级 | 暫常 蹔次 | 暫常 |
| | 錾(鏨)　16画,二级 | 鏨次 | |
| | 赞❷(贊)[賛讚]　16画,一级 | 贊常 讚常 賛异 | 贊常 讚常 |
| | 鄼(酇)　18画,三级 | 酇次 | |
| | 瓒(瓚)　20画,二级 | 瓚次 | |

| 读音 | 大陆 | 台湾 | 香港 |
|---|---|---|---|
| zāng | 赃❸(贓)　10画,一级 | 贓常 臟异 | 贓常 |
| zāng zàng | 脏❹㊀(髒);㊁(臟)　10画,一级 | 髒常 臟常 | 髒常 臟常 |
| zāng | 牂　10画,二级 | 次 | |
| | 臧　14画,二级 | 常 | 常 |
| zǎng | 驵(駔)　8画,三级 | 駔次 | |
| zàng | 奘　10画,二级 | 常 | 常 |
| | 葬[塟葵]　12画,一级 | 葬常 葵罕 塟异 | 葬常 |
| zāo | 遭　14画,一级 | 遭常 | 遭常 |
| | 糟[蹧]　17画,一级 | 糟常 蹧次 | 糟常 |
| záo | 凿(鑿)　12画,一级 | 鑿常 | 鑿常 |
| zǎo | 早　6画,一级 | 常 | 常 |
| | 枣(棗)　8画,一级 | 棗常 枣异 | 棗常 |

❶咱:台湾用于北方方言人称代词(如"咱家、咱们、咱不怕苦和累、咱学术界最是爱国")作"咱",也作"偺"或"喒"。

❷赞:大陆繁体文本和台湾用于"赞成、赞同、赞助、赞襄、赞礼、赞叹、赞普、赞府、赞文(一种文体)、翼赞、襄赞、礼赞"作"贊";用于"赞美、赞扬、赞颂、赞赏、赞誉、赞许、褒赞、称赞、梵赞、赞不绝口、托赞褒贬"作"讚";用于"赞成"作"贊",也作"讚"。

❸赃:台湾用于"贪赃""赃官"作"臟"。

❹脏:大陆繁体文本和台湾用于"脏乱、肮脏、脏水、脏东西、衣服脏了"作"髒",用于"脏腑、心脏、肾脏、内脏、五脏六腑"作"臟"。

| 读音 | 大陆 | 台湾 | 香港 | 读音 | 大陆 | 台湾 | 香港 |
|---|---|---|---|---|---|---|---|
| | 蚤❶ 9画,一级 | 蚤常 | 蚤常 | | 喷(噴) 11画,二级 | 噴常 | 噴常 |
| | 澡 16画,一级 | 常 | 常 | | 帻(幘) 11画,二级 | 幘次 | |
| | 璪 17画,二级 | 次 | | | 笮 11画,二级 | 次 | |
| | 藻 19画,一级 | 藻常 | 藻常 | | 舴 11画,二级 | 次 | |
| zào | 皂〔皁〕 7画,一级 | 皂常 皁次 | 皂常 | | 箦(簀) 14画,二级 | 簀次 | |
| | 灶(竈) 7画,一级 | 灶常 竈异 | 灶常 竈异 | | 赜(賾) 15画,二级 | 賾次 | |
| | 唣〔唕〕 10画,二级 | 唣罕 唕异 | | zè | 仄 4画,二级 | 常 | 常 |
| | 造 10画,一级 | 造常 | 造常 造异 | | 昃 8画,二级 | 次 | |
| | 慥 13画,三级 | 慥次 | | zéi | 贼(賊) 10画,一级 | 賊常 | 賊常 |
| | 噪〔譟〕 16画,一级 | 噪常 譟次 | 噪常 | | 鲗(鰂) 14画,三级 | 鰂异 | |
| | 簉 16画,三级 | 簉次 | | zěn | 怎 9画,一级 | 常 | 常 |
| | 燥 17画,一级 | 常 | 常 | zèn | 谮(譖) 14画,二级 | 譖次 | |
| | 懆 18画,三级 | 罕 | | zēng | 缯 14画,三级 | 缯次 | |
| | 躁 20画,一级 | 常 | 常 | | 增 15画,一级 | 常 | 常 |
| zé | 则(則) 6画,一级 | 則常 | 則常 | | 憎 15画,一级 | 常 | 常 |
| | 责(責) 8画,一级 | 責常 | 責常 | | 缯(繒) 15画,二级 | 繒次 | |
| | 择(擇) 8画,一级 | 擇常 | 擇常 | | 罾 17画,二级 | 次 | |
| | 迮 8画,二级 | 迮次 | | | 橧 17画,三级 | 次 | |
| | 泽(澤) 8画,一级 | 澤常 | 澤常 | | | | |

❶蚤:字形上部,大陆为叉,台湾、香港4画,多一点。

| 读音 | 大陆 | 台湾 | 香港 |
|---|---|---|---|
| zèng | 翺 18画,三级 | 罕 | |
| | 锃(鋥) 12画,二级 | 鋥罕 | |
| | 赠(贈) 16画,一级 | 贈常 | 贈常 |
| | 甑 16画,二级 | 甑次 | |
| zhā | 吒❶ 6画,三级 | 常 | 常 |
| | 咋 8画,一级 | 常 | 常 |
| | 挓 9画,三级 | 罕 | |
| | 奓 9画,三级 | 次 | |
| | 哳 10画,三级 | 次 | |
| | 揸 12画,二级 | 异 | |
| | 喳 12画,一级 | 常 | 常 |
| | 渣 12画,一级 | 常 | 常 |
| | 楂 13画,二级 | 次 | |
| | 齄 25画,三级 | 次 | |
| zhá | 札[剳❷劄] 5画,二级 | 札常 剳罕 劄异 | 札常 |
| | 闸(閘)[牐] 8画,一级 | 閘常 牐罕 | 閘常 |
| | 铡(鍘) 11画,二级 | 鍘次 | |
| | 劄❸ 14画,三级 | 次 | |
| zhǎ | 拃 8画,二级 | 罕 | |
| | 眨 9画,一级 | 常 | 常 |
| | 砟 10画,二级 | 次 | |

| 读音 | 大陆 | 台湾 | 香港 |
|---|---|---|---|
| | 鲊(鮓) 13画,三级 | 鮓次 | |
| | 鲝(鮺) 14画,三级 | 鮺罕 | |
| zhà | 乍 5画,一级 | 常 | 常 |
| | 诈(詐) 7画,一级 | 詐常 | 詐常 |
| | 栅[柵] 9画,一级 | 栅常 柵异 | 柵常 |
| | 咤[吒❹] 9画,二级 | 吒常 咤异 | |
| | 炸 9画,一级 | 常 | 常 |
| | 痄 10画,三级 | 次 | |
| | 蚱 11画,二级 | 常 | 常 |
| | 溠 12画,三级 | 溠次 | |
| | 榨❺[搾] 14画,一级 | 榨常 搾常 | 榨常 搾常 |
| | 磔 14画,三级 | 罕 | |
| | 霅 15画,三级 | 霅次 | |
| zhāi | 斋(齋)[亝] 10画,一级 | 齋常 斋异 亝异 | 齋常 |
| | 摘 14画,一级 | 常 | 常 |
| zhái | 宅 6画,一级 | 常 | 常 |

❶吒:用于人名,如"哪吒"。另见208页"咤"字条。
❷劄:另见208页"劄"字条。
❸劄:用于科技术语,如中医学中的"目劄"。另见208页"札"字条。
❹"吒"另见208页"吒"字条。
❺榨:大陆繁体文本和台湾作"榨",俗字作"搾"。

| 读音 | 大陆 | 台湾 | 香港 |
|---|---|---|---|
|  | 翟 14画，二级 | 常 | 常 |
| zhǎi | 窄 10画，一级 | 窄常 | 窄常 |
| zhài | 债(債) 10画，一级 | 债常 | 债常 |
|  | 寨[砦] 14画，一级 | 寨常砦次 | 寨常 |
|  | 瘵 16画，二级 | 次 |  |
| zhān | 沾❶[霑] 8画，一级 | 沾常霑常 | 沾常霑常 |
|  | 毡(氈)[氊] 9画，一级 | 氈次氊异毡异 | 氈常 |
|  | 栴 10画，三级 | 次 |  |
|  | 旃 10画，三级 | 次 |  |
|  | 粘 11画，一级 | 次 |  |
|  | 詹 13画，二级 | 詹常 | 詹常 |
|  | 谵(譫) 15画，二级 | 譫罕 |  |
|  | 馋(饞) 16画，三级 | 饞次 |  |
|  | 瞻 18画，一级 | 瞻常 | 瞻常 |
|  | 鹯(鸇) 18画，三级 | 鸇次 |  |
|  | 鳣(鱣) 21画，三级 | 鱣次 |  |
| zhǎn | 斩(斬) 8画，一级 | 斬常 | 斬常 |
|  | 飐(颭) 9画，三级 | 颭次 |  |
|  | 盏(盞)[琖醆] 10画，一级 | 盞常琖次醆次 | 盞常 |

| 读音 | 大陆 | 台湾 | 香港 |
|---|---|---|---|
|  | 展 10画，一级 | 常 | 常 |
|  | 崭(嶄)[嶃] 11画，一级 | 嶄常嶃异 | 嶄常 |
|  | 搌 13画，三级 | 次 |  |
|  | 辗(輾) 14画，一级 | 輾常 | 輾常 |
| zhàn zhān | 占❷[佔] 5画，一级 | 占常佔常 | 占常佔常 |
| zhàn | 栈(棧) 9画，一级 | 棧常 | 棧常 |
|  | 战(戰) 9画，一级 | 戰常战异 | 戰常 |
|  | 站 10画，一级 | 常 | 常 |
|  | 偡 11画，三级 | 偡次 |  |
|  | 绽(綻) 11画，一级 | 綻常 | 綻常 |
|  | 湛 12画，二级 | 湛常 | 湛常 |
|  | 蘸 22画，二级 | 蘸常 | 蘸常 |
| zhāng | 张(張) 7画，一级 | 張常 | 張常 |
|  | 章 11画，一级 | 常 | 常 |

❶沾：大陆繁体文本和台湾用于"沾污、沾溉、沾润、沾濡、沾醉、沾思、沾光、泪沾襟、泣下沾衣、既沾既足、沾亲带故"作"沾"，也作"霑"；用于"沾沾""沾沾自喜"不作"霑"。

❷占：大陆繁体文本和台湾用于"占卜、占卦、占梦、占候、占验、占籍、星占、口占、占星术"作"占"；用于"占领、占据、占先、独占、强占、抢占、霸占、侵占、占上风、占便宜、占花魁、占为己有、占山为王、鹊巢鸠占"作"占"，也作"佔"。

| 读音 | 大陆 | 台湾 | 香港 |
|---|---|---|---|
| | 鄣 13画,三级 | 鄣次 | |
| | 獐[麞] 14画,二级 | 獐常 麞异 | 獐常 |
| | 彰 14画,一级 | 常 | 常 |
| | 漳 14画,二级 | 常 | 常 |
| | 嫜 14画,三级 | 次 | |
| | 璋 15画,二级 | 常 | 常 |
| | 樟 15画,一级 | 常 | 常 |
| | 暲 15画,三级 | 罕 | |
| | 蟑 17画,二级 | 常 | 常 |
| zhǎng | 仉 4画,二级 | 次 | |
| | 涨(漲) 10画,一级 | 漲常 | 漲常 |
| | 掌 12画,一级 | 常 | 常 |
| zhàng | 丈 3画,一级 | 常 | 常 |
| | 仗 5画,一级 | 常 | 常 |
| | 杖 7画,一级 | 常 | 常 |
| | 帐(帳) 7画,一级 | 帳常 | 帳常 |
| | 账(賬) 8画,一级 | 賬常 | 賬常 |
| | 胀(脹) 8画,一级 | 脹常 | 脹常 |
| | 障 13画,一级 | 障常 | 障常 |
| | 嶂 14画,二级 | 次 | |
| | 幛 14画,二级 | 常 | 常 |

| 读音 | 大陆 | 台湾 | 香港 |
|---|---|---|---|
| | 璋 16画,二级 | 常 | 常 |
| zhāo | 钊(釗) 7画,二级 | 釗常 | 釗常 |
| | 招 8画,一级 | 常 | 常 |
| | 昭 9画,一级 | 常 | 常 |
| | 铞(銱) 10画,三级 | 銱次 | |
| zhǎo | 爪 4画,一级 | 常 | 常 |
| | 找 7画,一级 | 常 | 常 |
| | 沼 8画,一级 | 常 | 常 |
| zhào | 召 5画,一级 | 常 | 常 |
| | 兆 6画,一级 | 常 | 常 |
| | 诏(詔) 7画,二级 | 詔常 | 詔常 |
| | 赵(趙) 9画,一级 | 趙常 | 趙常 |
| | 笊 10画,二级 | 次 | |
| | 棹❶[櫂] 12画,二级 | 棹常 櫂常 | 棹常 櫂常 |
| | 旐 12画,三级 | 次 | |
| | 照[炤] 13画,一级 | 照常 炤次 | 照常 |
| | 罩 13画,一级 | 常 | 常 |
| | 鮡(鮡) 14画,三级 | 鮡次 | |

❶棹:台湾用于"桂棹"作"櫂",用于"方棹(方桌)"作"棹",用于"归棹落花前"作"櫂"或"棹"。

| 读音 | 大陆 | 台湾 | 香港 |
|---|---|---|---|
| zhē | 肇 14画,一级 | 肇常 | 肇常 |
| | 曌 16画,三级 | 曌罕 | |
| | 蜇 13画,二级 | 常 | 常 |
| | 遮 14画,一级 | 遮常 | 遮常 |
| zhé | 折❶(摺) 7画,一级 | 折常摺常 | 折常摺常 |
| | 哲[喆❷] 10画,一级 | 哲常喆异 | 哲常 |
| | 晢 11画,三级 | 次 | |
| | 辄(輒)[輙] 11画,二级 | 輒常輙异 | 輒常 |
| | 喆❸ 12画,三级 | 异 | |
| | 蛰(蟄) 12画,二级 | 蟄次 | |
| | 詟(讋) 12画,三级 | 讋次 | |
| | 谪(謫)[讁] 13画,二级 | 謫次讁异 | |
| | 磔 15画,二级 | 次 | |
| | 辙(轍) 16画,二级 | 轍常 | 轍常 |
| zhě | 者 8画,一级 | 常 | 常 |
| | 啫 11画,三级 | 罕 | |
| | 锗(鍺) 13画,二级 | 鍺次 | |
| | 赭 15画,二级 | 常 | 常 |
| | 褶 16画,二级 | 常 | 常 |
| zhè | 这(這) 7画,一级 | 這常这异 | 這 |

| 读音 | 大陆 | 台湾 | 香港 |
|---|---|---|---|
| | 柘 9画,二级 | 次 | |
| | 浙[淛] 10画,一级 | 浙常淛次 | 浙常 |
| | 蔗 14画,一级 | 蔗常 | 蔗常 |
| | 鹧(鷓) 16画,二级 | 鷓常 | 鷓常 |
| | 蟅 17画,三级 | 罕 | |
| zhēn | 贞(貞) 6画,一级 | 貞常 | 貞常 |
| | 针❹(針)[鍼] 7画,一级 | 針常鍼次 | 針常 |
| | 侦(偵)[遉] 8画,一级 | 偵常遉罕 | 偵常 |
| | 珍[珎] 9画,一级 | 珍常珎异 | 珍常 |
| | 帧(幀) 9画,二级 | 幀常 | 幀常 |
| | 胗 9画,二级 | 胗次 | |
| | 浈(湞) 9画,三级 | 湞次 | |
| | 真 10画,一级 | 真常眞异 | 真常 |

❶折:大陆繁体文本和台湾用于"折断、折中、折衷、折半、折旧、折合、折本、折价、折回、折返、折射、折扣、折北、折服、折腰、折腾、曲折、波折、挫折、转折、打折、折子戏、第三折(量词,用于元杂剧段落)"作"折",用于"折叠、折线、折纸、折尺、折扇、奏折、存折、折手帕"多作"摺"。

❷喆:另见211页"喆"字条。

❸喆:用于人名。另见211页"哲"字条。

❹针:台湾用于"针尖、针线、针织、针锋相对"作"針",用于"针灸""针砭"作"鍼"。

| 读音 | 大陆 | 台湾 | 香港 |
|---|---|---|---|
| | 桢(楨) 10画,二级 | 楨常 | 楨常 |
| | 砧[碪] 10画,二级 | 砧常 碪次 | 砧常 |
| | 祯(禎) 10画,二级 | 禎常 | 禎常 |
| | 葳 12画,三级 | 葳次 | |
| | 蓁 13画,二级 | 蓁次 | |
| | 斟 13画,一级 | 斟常 | 斟常 |
| | 甄 13画,二级 | 甄常 | 甄常 |
| | 瑧 14画,三级 | 罕 | |
| | 榛 14画,二级 | 常 | 常 |
| | 禛 14画,三级 | 罕 | |
| | 箴 15画,二级 | 常 | |
| | 臻 16画,二级 | 常 | |
| zhěn | 诊(診) 7画,一级 | 診常 | 診常 |
| | 枕 8画,一级 | 常 | 常 |
| | 轸(軫) 9画,二级 | 軫次 | |
| | 眕 9画,三级 | 罕 | |
| | 畛 10画,二级 | 次 | |
| | 疹 10画,一级 | 常 | 常 |
| | 袗 10画,三级 | 次 | |
| | 缜(縝) 13画,二级 | 縝次 | |
| | 稹 15画,三级 | 次 | |

| 读音 | 大陆 | 台湾 | 香港 |
|---|---|---|---|
| | 鬒 20画,三级 | 次 | |
| zhèn | 圳 6画,二级 | 常 | 常 |
| | 阵(陣) 6画,一级 | 陣常 | 陣常 |
| | 纼(紖) 7画,三级 | 紖次 | |
| | 鸩(鴆)[酖] 9画,二级 | 鴆常 酖次 | 鴆常 |
| | 振 10画,一级 | 常 | 常 |
| | 朕 10画,二级 | 常 | 常 |
| | 赈(賑) 11画,二级 | 賑常 | 賑常 |
| | 揕 12画,三级 | 揕次 | |
| | 震 15画,一级 | 震常 | 震常 |
| | 镇(鎮) 15画,一级 | 鎮常 鎭异 | 鎮常 |
| zhēng | 争❶ 6画,一级 | 爭常 争异 | 爭常 |
| | 征❷(徵) 8画,一级 | 征常 徵常 | 征常 徵常 |
| | 挣 9画,一级 | 掙常 挣异 | 掙常 |
| | 峥 9画,二级 | 崢常 峥异 | 崢常 |

❶争:字形上部。大陆为⺈,台湾、香港为⺍。
❷征:大陆繁体文本和台湾用于"征伐、征讨、征服、征程、征战、征和(汉代年号)、长征、出征、胤征(《尚书》篇名)"作"征",用于"征召、征兆、征候、征象、征兵、征收、征税、征集、征役、特征、象征、魏征(唐代人名)、亡征(《韩非子》篇名)、综合征"作"徵"。"徵"另见214页"徵"字条。

| 读音 | 大陆 | 台湾 | 香港 |
|---|---|---|---|
| | 狰 9画,一级 | 猙常 猙异 | 猙常 |
| | 钲(鉦) 10画,二级 | 鉦次 | |
| | 烝 10画,三级 | 次 | |
| | 睁 11画,一级 | 睜常 睜异 | 睜常 |
| | 铮(錚) 11画,二级 | 錚常 | 錚常 |
| | 筝 12画,一级 | 箏常 箏异 | 箏常 |
| | 蒸 13画,一级 | 蒸常 | 蒸常 |
| zhěng | 拯 9画,一级 | 常 | 常 |
| | 整 16画,一级 | 常 | 常 |
| zhèng | 正 5画,一级 | 常 | 常 |
| | 证❶(證) 7画,一级 | 證常 证常 | 證常 |
| | 郑(鄭) 8画,一级 | 鄭常 | 鄭常 |
| | 怔 8画,一级 | 常 | 常 |
| | 诤(諍) 8画,二级 | 諍常 諍异 | 諍常 |
| | 政 9画,一级 | 常 | 常 |
| zhèng zhēng | 症❷㊀;㊁(癥) 10画,一级 | 症常 癥常 | 症常 癥常 |
| zhī | 之 3画,一级 | 常 | 常 |
| | 支 4画,一级 | 常 | 常 |
| zhī zhǐ | 只❸㊀(隻);㊁(祇)[秖衹] 5画,一级 | 隻常 只常 祇常 祇次 祇次 | 隻常 只常 祇常 祇次 |
| zhī | 卮[巵] 5画,二级 | 卮常 卮异 | 卮常 |

| 读音 | 大陆 | 台湾 | 香港 |
|---|---|---|---|
| | 汁 5画,一级 | 常 | 常 |
| | 芝 6画,一级 | 芝常 | 芝常 |
| | 吱 7画,一级 | 常 | 常 |
| | 芪 8画,三级 | 芪罕 | |
| | 枝 8画,一级 | 常 | 常 |
| | 知 8画,一级 | 常 | 常 |
| | 肢 8画,一级 | 肢常 | 肢常 |
| | 泜 8画,三级 | 泜次 | |
| | 织(織) 8画,一级 | 織常 | 織常 |
| | 栀[梔] 9画,二级 | 梔常 栀异 | |
| | 胝 9画,二级 | 胝次 | |
| | 祗 9画,二级 | 祗常 | 祗常 祗异 |
| | 脂 10画,一级 | 脂常 | 脂常 |

❶证:台湾用于"证人、证件、证券、证据、凭证、保证、签证、通行证"作"證";用于"证明""证实"作"證",也作"证"。

❷症:大陆繁体文本和台湾用于"症状、症候、病症、重症、热症、绝症、癌症、健忘症、并发症、对症下药、不治之症"作"症",用于"症结"作"癥"。

❸只:大陆繁体文本和台湾用于"只今、只好、只怕、只要、只是、只有、只消、只管、只此一家、只可意会不可言传"作"只";用于"只身、只眼、一只鸟、两只船、只手遮天、只字不提、片言只字、形单影只"作"隻";用于副词(如"只得、只有一人、只顾自己、只以成恶")多作"祇",也作"祇"。"祇"另见128页"祇"字条。

| 读音 | 大陆 | 台湾 | 香港 |
|---|---|---|---|
| zhí | 稙 13画,三级 | 次 | |
| | 禔 13画,三级 | 次 | |
| | 楮 14画,三级 | 楮次 | |
| | 蜘 14画,一级 | 常 | 常 |
| | 执(執) 6画,一级 | 執常执异 | 執常 |
| | 直 8画,一级 | 常 | 常 |
| | 侄[姪妷] 8画,一级 | 姪常侄次妷异 | 姪常 |
| | 值 10画,一级 | 值常値异 | 值常 |
| | 埴 11画,二级 | 次 | |
| | 职(職) 11画,一级 | 職常 | 職常 |
| | 絷(縶) 12画,三级 | 縶次 | |
| | 植 12画,一级 | 常 | 常 |
| | 殖 12画,一级 | 常 | 常 |
| | 跖❶[蹠] 12画,二级 | 跖次蹠次 | |
| | 摭 14画,二级 | 次 | |
| | 踯(躑) 15画,二级 | 躑常 | 躑常 |
| zhǐ | 止 4画,一级 | 常 | 常 |
| | 旨❷ 6画,一级 | 旨常 | 旨常 |
| | 址[阯] 7画,一级 | 址常阯常 | 址常 |

| 读音 | 大陆 | 台湾 | 香港 |
|---|---|---|---|
| | 抵 7画,三级 | 次 | |
| | 芷 7画,二级 | 芷次 | |
| | 沚 7画,二级 | 次 | |
| | 纸(紙)[帋] 7画,一级 | 紙常帋异 | 紙常 |
| | 祉 8画,二级 | 常 | 常 |
| | 指 9画,一级 | 指常 | 指常 |
| | 枳 9画,二级 | 次 | |
| | 轵(軹) 9画,三级 | 軹次 | |
| | 咫 9画,二级 | 常 | 常 |
| | 趾 11画,一级 | 常 | 常 |
| | 黹 12画,三级 | 次 | |
| | 酯 13画,二级 | 酯次 | |
| | 徵❸ 15画,二级 | 徵常 | 徵常 |
| zhì | 至 6画,一级 | 常 | 常 |
| | 志❹[誌] 7画,一级 | 志常誌常 | 志常誌常 |

❶跖:台湾用于"跖行、食其跖、盗跖(古代人名)、跖犬吠尧"作"跖",用于"鸭跖"多作"蹠"。

❷旨:字形起笔,大陆为撇,台湾、香港为横。

❸徵:指"宫商角徵羽"五音之一。另见212页"征"字条。

❹志:大陆繁体文本和台湾用于"志向、志气、志愿、志趣、志士、意志、神志、壮志、斗志、同志、立志、县志、地方志、经籍志、三国志(书名)、志大才疏、志同道合、志怪小说、聊斋志异(书名)、专心致志、读书杂志(书名)"作"志",用于"志悼、志哀、志喜、志庆、标志、杂志、日志、地志、墓志、墓志铭"作"誌"。

zhì

| 读音 | 大陆 | 台湾 | 香港 |
|---|---|---|---|
| 豸 7画,二级 | | 次 | |
| 忮 7画,三级 | | 次 | |
| 郅 8画,二级 | | 郅次 | |
| 帜(幟) 8画,一级 | | 幟常 | 幟常 |
| 帙[袟袠] 8画,二级 | | 帙次袟次袠异 | |
| 制❶(製) 8画,一级 | | 制常製常 | 制常製常 |
| 质(質) 8画,一级 | | 質常 | 質常 |
| 炙 8画,二级 | | 常 | 常 |
| 治 8画,一级 | | 常 | 常 |
| 栉(櫛) 9画,二级 | | 櫛常 | 櫛常 |
| 峙 9画,二级 | | 常 | 常 |
| 庤 9画,三级 | | 次 | |
| 陟 9画,二级 | | 陟次 | |
| 贽(贄) 10画,二级 | | 贄次 | |
| 挚(摯) 10画,一级 | | 摯常 | 摯常 |
| 桎 10画,二级 | | 次 | |
| 轾(輊) 10画,二级 | | 輊常 | 輊常 |
| 致❷ 10画,一级 | | 致常緻常 | 致常緻常 |
| 晊 10画,三级 | | 次 | |
| 秩 10画,一级 | | 常 | 常 |
| 鸷(鷙) 11画,二级 | | 鷙次 | |
| 掷(擲) 11画,一级 | | 擲常 | 擲常 |
| 梽 11画,三级 | | 罕 | |
| 畤 11画,三级 | | 次 | |
| 铚(銍) 11画,三级 | | 銍次 | |
| 痔 11画,二级 | | 常 | 常 |
| 窒 11画,一级 | | 窒常 | 窒常 |
| 栀(櫍) 12画,三级 | | 櫍罕 | |
| 蛭 12画,二级 | | 常 | 常 |
| 智 12画,一级 | | 常 | 常 |
| 痣 12画,二级 | | 常 | 常 |
| 滞(滯) 12画,一级 | | 滯常 | 滯常 |

❶制:大陆繁体文本和台湾用于"制止、制伏、制约、制裁、制衡、制胜、制定、制订、制服、制度、制钱(名词)、制诏、节制、克制、抑制、管制、专制、压制、牵制、控制、抵制、体制、学制、编制(名词)、形制、英制、公制、制空权"作"制",用于"制作、制造、制片、制图、制版、制钱(动词)、绘制、研制、精制、自制、调制、监制、编制(动词)、如法炮制"作"製"。

❷致:①大陆字形右侧为攵(4画),台湾、香港右侧为夂(3画)。②大陆繁体文本和台湾用于"致力、致用、致死、致使、致意、致命、致贺、致敬、致谢、致词、致富、景致、兴致、雅致、别致、情致、极致、工巧有致、言行一致、淋漓尽致、闲情逸致"作"致",用于"致密、细致、精致、工致"作"緻"。

| 读音 | 大陆 | 台湾 | 香港 |
|---|---|---|---|
| | 骘(騭) 12画,二级 | 騭次 | |
| | 銵 12画,二级 | 次 | |
| | 跱 13画,三级 | 次 | |
| | 置[寘] 13画,一级 | 置常寘次 | 置常 |
| | 锧(鑕) 13画,三级 | 鑕次 | |
| | 雉 13画,二级 | 常 | 常 |
| | 稚[穉稺] 13画,一级 | 稚常穉异 稺异 | 稚常 |
| | 滍 13画,三级 | 次 | |
| | 寘 14画,三级 | 次 | |
| | 踬(躓) 15画,二级 | 躓次 | |
| | 觯(觶) 15画,二级 | 觶次 | |
| zhōng | 中 4画,一级 | 常 | 常 |
| | 忠 8画,一级 | 常 | 常 |
| | 终(終) 8画,一级 | 終常 | 終常 |
| | 柊 9画,三级 | 罕 | |
| | 盅 9画,二级 | 次 | |
| | 钟❶(鐘鍾) 9画,一级 | 鐘常鍾常 鐘罕 | 鐘常鍾常 |
| | 舯 10画,三级 | 次 | |
| | 衷 10画,一级 | 常 | 常 |
| | 锺❷(鍾) 14画,三级 | 鍾常 | 鍾常 |

| 读音 | 大陆 | 台湾 | 香港 |
|---|---|---|---|
| | 螽 17画,二级 | 次 | |
| zhǒng | 肿(腫) 8画,一级 | 腫常 | 腫常 |
| | 种❸(種) 9画,一级 | 種常种次 | 種常 |
| | 冢[塚] 10画,二级 | 冢常塚常 | 冢常塚常 |
| | 踵 16画,二级 | 常 | 常 |
| zhòng | 仲 6画,一级 | 常 | 常 |
| | 众(衆)[眾] 6画,一级 | 眾常衆异 众异 | 眾常 |
| | 茽 9画,三级 | 茽罕 | |
| | 重 9画,一级 | 常 | 常 |
| zhōu | 舟 6画,一级 | 常 | 常 |
| | 州 6画,一级 | 常 | 常 |
| | 诌(謅) 7画,二级 | 謅次 | |

❶钟：大陆繁体文本和台湾用于"钟鼓、钟楼、钟表、钟点、钟摆、钟鼎、钟吕、时钟、闹钟、警钟、编钟、钟乳石、钟鸣漏尽、暮鼓晨钟"作"鐘"，用于"钟爱、钟情、钟山(地名,在南京)、钟会(三国时人名)、千钟、钟馗(唐代人名)、钟子期(春秋时人名)、老态龙钟、情有独钟"作"鍾"。"鍾"另见216页"锺"字条。

❷锺：用于姓、人名。"鍾"另见216页"钟"字条。

❸种：大陆繁体文本和台湾用于"种子、种族、种植、种树、各种、品种、杂种、栽种"作"種"；用于姓一般作"种"，如"种暠(汉代人)"、"种师道(宋代人)"。

| 读音 | 大陆 | 台湾 | 香港 | 读音 | 大陆 | 台湾 | 香港 |
|---|---|---|---|---|---|---|---|
| | 周❶[週] 8画,一级 | 周常週常 | 周常週常 | | 荮(蒔) 9画,二级 | 蒔罕 | |
| | 洲 9画,一级 | 常 | 常 | | 胄❷ 9画,二级 | 胄常 | 胄常 |
| | 䌷(紬) 10画,三级 | 紬次 | | | 昼(晝) 9画,一级 | 晝常昼异 | 晝常 |
| | 啁 11画,二级 | 啁次 | 啁常 | | 酎 10画,三级 | 次 | |
| | 鸼(鵃) 11画,三级 | 鵃次 | | | 皱(皺) 10画,一级 | 皺常 | 皺常 |
| | 婤 11画,三级 | 次 | | | 骤(驟) 17画,一级 | 驟常 | 驟常 |
| | 赒(賙) 12画,三级 | 賙次 | | | 籀 19画,二级 | 次 | |
| | 粥 12画,一级 | 常 | 常 | zhou | 碡 14画,二级 | 碡罕 | |
| zhóu | 妯 8画,二级 | 常 | 常 | zhū | 朱❸(硃) 6画,一级 | 朱常硃常 | 朱常硃常 |
| | 轴(軸) 9画,一级 | 軸常 | 軸常 | | 邾 8画,二级 | 邾次 | |
| zhǒu | 肘 7画,一级 | 肘常 | 肘常 | | 侏 8画,二级 | 常 | 常 |
| | 帚[箒] 8画,一级 | 帚常箒异 | 帚常箒异 | | 诛(誅) 8画,二级 | 誅常 | 誅常 |
| zhòu | 纣(紂) 6画,二级 | 紂常 | 紂常 | | | | |
| | 侜(儔) 7画,三级 | 儔罕 | | | | | |
| | 咒[呪] 8画,一级 | 咒常呪异 | 咒常 | | | | |
| | 㤘(懰) 8画,二级 | 懰罕 | | | | | |
| | 宙 8画,一级 | 常 | 常 | | | | |
| | 绉(縐) 8画,二级 | 縐次 | | | | | |

❶周:①大陆繁体文本和台湾用于"周围、周边、周到、周期、周游、周折、周转、周济、周详、周密、周年、周岁、四周、圆周、周期表、周期律、牙周炎、绕场一周"作"周",用于"周末、周报、周刊、周日、每周、周知、周遭、周而复始、周三下午"多作"週"。②香港字形在口上是两横一竖,与大陆、台湾不同。用作合体字部件时同此,如"稠、调、碉"。

❷大陆繁体文本和台湾用于"甲胄"作"胄",用于"胄裔"作"胄"。

❸朱:大陆繁体文本和台湾用于"朱门、朱雀、朱鸟、朱颜、朱红、朱墨、朱漆、朱文(阳文)、朱仙镇(地名,在河南)、傅粉施朱"和姓作"朱";用于"朱砂、朱卷、朱笔、朱批"作"朱",也作"硃"。

| 读音 | 大陆 | 台湾 | 香港 |
|---|---|---|---|
| | 茱 9画,二级 | 茱常 | 茱常 |
| | 洙 9画,二级 | 次 | |
| | 珠 10画,一级 | 常 | 常 |
| | 株 10画,一级 | 常 | 常 |
| | 诸(諸) 10画,一级 | 諸常 | 諸常 |
| | 铢(銖) 11画,二级 | 銖常 | 銖常 |
| | 猪[豬] 11画,一级 | 豬常猪异 | 豬常 |
| | 蛛 12画,一级 | 常 | 常 |
| | 槠(櫧) 14画,二级 | 櫧次 | |
| | 潴 14画,二级 | 瀦次潴异 | |
| | 橥 15画,三级 | 櫫次橥异 | |
| zhú | 竹 6画,一级 | 常 | 常 |
| | 竺 8画,二级 | 常 | 常 |
| | 逐 10画,一级 | 逐常 | 逐常 |
| | 烛(燭) 10画,一级 | 燭常 | 燭常 |
| | 舳 11画,三级 | 次 | |
| | 瘃 13画,二级 | 次 | |
| | 蠋 19画,三级 | 次 | |
| | 躅 20画,二级 | 常 | 常 |
| zhǔ | 主 5画,一级 | 常 | 常 |
| | 讠(訏) 6画,三级 | 訏异 | |
| | 拄 8画,一级 | 常 | 常 |
| | 渚 11画,二级 | 常 | 常 |
| | 煮[煑] 12画,一级 | 煮常煑异 | 煮常 |
| | 嘱(囑) 15画,一级 | 囑常嘱异 | 囑常 |
| | 麈 16画,二级 | 麈次 | |
| | 瞩(矚) 17画,一级 | 矚常嘱异 | 矚常 |
| zhù | 伫[佇竚] 6画,二级 | 佇常竚异 | 佇常 |
| | 苎(苧) 7画,二级 | 苧常 | 苧常 |
| | 助 7画,一级 | 常 | 常 |
| | 住 7画,一级 | 常 | 常 |
| | 纻(紵) 7画,三级 | 紵次 | |
| | 杼 8画,二级 | 次 | |
| | 贮(貯) 8画,一级 | 貯常 | 貯常 |
| | 注❶[註] 8画,一级 | 注常註常 | 注常註常 |
| | 驻(駐) 8画,一级 | 駐常 | 駐常 |
| | 柷 9画,三级 | 次 | |

❶注:大陆繁体文本和台湾用于"注入、注目、注意、注重、注射、注视、注音、浇注、标注、关注、赌注、转注、孤注一掷、命中注定、血流如注、全神贯注"作"注";用于"注册""注销"作"註";用于"注明、注定、注疏、注解、注释、注脚、夹注、附注、笺注、备注"作"注",也作"註"。

| 读音 | 大陆 | 台湾 | 香港 |
|---|---|---|---|
| | 柱 9画,一级 | 常 | 常 |
| | 炷 9画,二级 | 次 | |
| | 祝 9画,一级 | 常 | 常 |
| | 砫 10画,三级 | 罕 | |
| | 疰 10画,三级 | 次 | |
| | 著 11画,一级 | 著常 | 著常 |
| | 蛀 11画,一级 | 常 | 常 |
| | 铸(鑄) 12画,一级 | 鑄常 铸异 | 鑄常 |
| | 筑❶(築) 12画,一级 | 築常 筑次 | 築常 |
| | 翥 14画,二级 | 次 | |
| | 箸[筯] 14画,二级 | 箸次 筯异 | |
| zhuā | 抓 7画,一级 | 常 | 常 |
| | 髽 17画,三级 | 次 | |
| zhuài | 拽 9画,一级 | 常 | 常 |
| zhuān | 专(專)[耑]❷ 4画,一级 | 專常 耑次 | 專常 |
| | 膞(膞) 8画,二级 | 膞次 | |
| | 砖(磚)[甎塼] 9画,一级 | 磚常 塼次 甎异 | 磚常 |
| | 颛(顓) 15画,二级 | 顓常 | |
| zhuǎn | 转(轉) 8画,一级 | 轉常 | 轉常 |
| zhuàn | 啭(囀) 11画,二级 | 囀常 | 囀常 |

| 读音 | 大陆 | 台湾 | 香港 |
|---|---|---|---|
| | 瑑 13画,三级 | 次 | |
| | 赚(賺) 14画,一级 | 賺常 | 賺常 |
| | 僎 14画,三级 | 次 | |
| | 撰[譔] 15画,一级 | 撰常 譔次 | 撰常 |
| | 篆 15画,二级 | 常 | 常 |
| | 馔(饌)[籑] 15画,二级 | 饌次 籑异 | |
| zhuāng | 妆(妝)[粧] 6画,一级 | 妆常 妝异 粧异 | 妝常 |
| | 庄(莊) 6画,一级 | 莊常 | 莊常 |
| | 桩(椿) 10画,一级 | 椿常 | 椿常 |
| | 装(裝) 12画,一级 | 裝常 | 裝常 |
| zhuàng | 壮(壯) 6画,一级 | 壯常 壮异 | 壯常 |
| | 状(狀) 7画,一级 | 狀常 状异 | 狀常 |
| | 撞 15画,一级 | 常 | 常 |
| | 幢 15画,一级 | 常 | 常 |
| zhuī | 隹 8画,三级 | 次 | |
| | 追 9画,一级 | 追常 | 追常 |

❶筑:大陆繁体文本和台湾用于"筑城、建筑、修筑、版筑、债台高筑"作"築",用于古代击弦乐器名(如"击筑")、贵州贵阳市简称作"筑"。
❷"耑"另见 36 页"耑"字条。

| 读音 | 大陆 | 台湾 | 香港 |
|---|---|---|---|
| zhuì | 骓(騅) 11画,二级 | 騅次 | |
| | 椎 12画,一级 | 常 | 常 |
| | 锥(錐) 13画,一级 | 錐常 | 錐常 |
| | 坠(墜) 7画,一级 | 墜常 | 墜常 |
| | 缀(綴) 11画,一级 | 綴常 | 綴常 |
| | 惴 12画,二级 | 常 | 常 |
| | 缒(縋) 12画,二级 | 縋次 | |
| | 赘❶(贅) 14画,一级 | 贅常 | 贅常 |
| zhūn | 肫 8画,二级 | 肫常 | 肫常 |
| | 窀 9画,三级 | 窀次 | |
| | 谆(諄) 10画,一级 | 諄常 | 諄常 |
| | 衠 16画,三级 | 罕 | |
| zhǔn | 准❷(準) 10画,一级 | 准常 準常 | 准常 準常 |
| | 绰(綧) 11画,三级 | 綧次 | |
| zhuō | 拙 8画,一级 | 常 | 常 |
| | 捉 10画,一级 | 常 | 常 |
| | 桌[槕] 10画,一级 | 桌常 槕异 | 桌常 |
| | 倬 10画,二级 | 次 | |
| | 梲 11画,二级 | 梲次 梲异 | |
| 读音 | 大陆 | 台湾 | 香港 |
|---|---|---|---|
| | 涿 11画,二级 | 次 | |
| | 镯(鐲) 16画,二级 | 鐲罕 | |
| zhuó | 汋 6画,三级 | 次 | |
| | 灼 7画,一级 | 常 | 常 |
| | 茁 8画,一级 | 茁常 | 茁常 |
| | 卓 8画,一级 | 常 | 常 |
| | 叕 8画,三级 | 罕 | |
| | 斫[斮斲斵] 9画,二级 | 斫常 斲次 斵次 斲异 | 斫常 |
| | 浊(濁) 9画,一级 | 濁常 | 濁常 |
| | 酌 10画,一级 | 常 | 常 |
| | 浞 10画,二级 | 次 | |
| | 诼(諑) 10画,二级 | 諑次 | |
| | 箪 11画,三级 | 箪罕 | |
| | 啄 11画,一级 | 常 | 常 |
| | 着❸ 11画,一级 | 着异 | 着常 |

❶赘:字形上部,大陆10画,台湾、香港11画。

❷准:大陆繁体文本和台湾用于"准许、准予、准此,批准、允准、获准、不准、国准(《管子》篇名)、准考证"作"准",用于"准确、准星、准绳、准则、准时、准确、准备、标准、基准、水准、瞄准、精准、准尉、准将、准平原、以此为准、准噶尔盆地(地名,在新疆)"作"準"。

❸着:①大陆字形上部6画;台湾、香港字形上部7画,左下的撇与上边的竖不相连。②大陆繁体文本和台湾用于"着力、着手、着陆、着花、着色、着急、着重、着迷、着凉、着眼、着想、着慌、着落、沉着、执着、穿着、衣着、着先鞭"作"著",俗字作"着"。

| 读音 | 大陆 | 台湾 | 香港 |
|---|---|---|---|
| | 琢 12画,一级 | 常 | 常 |
| | 椓 12画,三级 | 次 | |
| | 晫 12画,三级 | 罕 | |
| | 襡 14画,三级 | 次 | |
| | 鷟(鷟) 16画,三级 | 鷟次 | |
| | 擢 17画,二级 | 次 | |
| | 濯 17画,二级 | 常 | 常 |
| | 镯(鐲) 18画,二级 | 鐲常 | 鐲常 |
| zī | 孖 6画,三级 | 罕 | |
| | 孜 7画,二级 | 常 | 常 |
| | 咨❶ 9画,一级 | 咨常 | 咨常 |
| | 姿 9画,一级 | 姿常 | 姿常 |
| | 兹❷ 9画,一级 | 兹常 兹次 | 兹常 兹异 |
| | 赀❸(貲) 10画,三级 | 貲常 | 貲常 |
| | 资❹(資)[貲] 10画,一级 | 資常 貲常 | 資常 貲常 |
| | 淄 11画,二级 | 常 | 常 |
| | 缁(緇) 11画,二级 | 緇常 | 緇常 |
| | 鄑 12画,三级 | 鄑次 | |
| | 辎(輜) 12画,二级 | 輜常 | 輜常 |
| | 嗞 12画,二级 | 罕 | |
| | 嵫 12画,二级 | 次 | |

| 读音 | 大陆 | 台湾 | 香港 |
|---|---|---|---|
| | 粢 12画,三级 | 粢次 | |
| | 孳 12画,二级 | 孳常 孳异 | 孳常 孳异 |
| | 滋 12画,一级 | 滋常 | 滋常 滋异 |
| | 赵 13画,二级 | 赵次 | |
| | 菑 13画,三级 | 菑次 | |
| | 锱(錙) 13画,二级 | 錙次 | |
| | 龇(齜) 14画,三级 | 齜常 | |
| | 镃(鎡) 14画,三级 | 鎡次 | |
| | 鼒 15画,三级 | 次 | |
| | 髭 16画,二级 | 髭常 | 髭常 髭异 |
| | 鲻(鯔) 16画,二级 | 鯔次 | |
| zǐ | 子 3画,一级 | 常 | 常 |

❶咨:台湾用于"咨文"作"咨";用于"咨询、咨议、咨诹、咨商"作"諮",也作"咨"。

❷兹:字形上部,大陆为两点一横,台湾、香港4画。用作合体字部件时,台湾作"兹",与大陆同(如"滋、磁、孳、慈");香港则不同。

❸赀:用于人名、计量义。"貲"另见221页"资"字条。

❹资:大陆繁体文本和台湾用于"资本、资金、资产、资源、资政、资格、资质、资深、资讯、物资、投资、工资、赌资、资治通鉴(书名)"作"資"。"貲"用于财货义(如"窃貲")与"資"同,又义为古代赋税名(如"貲钱二十三")、计算(如"耗费不貲")。"貲"另见221页"赀"字条。

| 读音 | 大陆 | 台湾 | 香港 | 读音 | 大陆 | 台湾 | 香港 |
|---|---|---|---|---|---|---|---|
| | 仔 5画,一级 | 常 | 常 | | 踪[蹤] 15画,一级 | 蹤常 踪异 | 蹤常 踪异 |
| | 姊[姉] 7画,一级 | 姊常 姉异 | 姊常 | | 鬃[鬆騣駿] 18画,二级 | 鬃常 騣次 鬆罕 駿异 | 鬃常 |
| | 耔 9画,三级 | 耔次 | | | 齉 19画,三级 | 齉次 | |
| | 虸 9画,三级 | 罕 | | zǒng | 总(總) 9画,一级 | 總常 | 總常 總异 |
| | 秭 9画,二级 | 次 | | | 偬[傯] 11画,二级 | 偬常 傯异 | |
| | 籽 9画,一级 | 次 | | zòng | 纵(縱) 7画,一级 | 縱常 | 縱常 |
| | 笫 10画,三级 | 次 | | | 疭(瘲) 9画,二级 | 瘲次 | |
| | 梓 11画,二级 | 常 | 常 | | 粽[糉] 14画,二级 | 粽常 糉异 | 粽常 糉异 |
| | 紫 12画,一级 | 紫常 | 紫常 | zōu | 邹(鄒) 7画,二级 | 鄒常 邹异 | 鄒常 |
| | 訾 13画,二级 | 訾次 | | | 驺(騶) 8画,三级 | 騶次 | |
| | 滓 13画,二级 | 常 | 常 | | 诹(諏) 10画,二级 | 諏次 | |
| zì | 自 6画,一级 | 常 | 常 | | 陬 10画,二级 | 陬次 | |
| | 字 6画,一级 | 常 | 常 | | 鄹 16画,三级 | 鄹常 | |
| | 恣 10画,二级 | 恣常 | 恣常 | | 鲰(鯫) 16画,三级 | 鯫次 | |
| | 眦[眥] 11画,二级 | 眥次 眦异 | | zǒu | 走 7画,一级 | 常 | 常 |
| | 渍(漬) 11画,二级 | 漬常 | 漬常 | zòu | 奏 9画,一级 | 常 | 常 |
| zōng | 宗 8画,一级 | 常 | 常 | | 揍 12画,一级 | 常 | 常 |
| | 倧 10画,三级 | 罕 | | zū | 租 10画,一级 | 常 | 常 |
| | 综(綜) 11画,一级 | 綜常 | 綜常 | | 菹 11画,二级 | 菹次 | |
| | 棕[椶] 12画,一级 | 棕常 椶异 | 棕常 | | | | |
| | 腙 12画,三级 | 罕 | | | | | |

| 读音 | 大陆 | 台湾 | 香港 | 读音 | 大陆 | 台湾 | 香港 |
|---|---|---|---|---|---|---|---|
| zú | 足 7画,一级 | 常 | 常 | | 樽 14画,三级 | 樽次 | |
| | 卒[卒] 8画,一级 | 卒常卒异 | 卒常 | | 蕞 15画,二级 | 蕞次 | |
| | 崒 11画,三级 | 次 | | | 醉 15画,一级 | 常 | 常 |
| | 族 11画,一级 | 常 | 常 | zūn | 尊 12画,一级 | 常 | 常 |
| | 镞(鏃) 16画,二级 | 鏃常 | 鏃常 | | 嶟 15画,三级 | 次 | |
| zǔ | 诅(詛) 7画,二级 | 詛常 | 詛常 | | 遵 15画,一级 | 遵常 | 遵常 |
| | 阻 7画,一级 | 阻常 | 阻常 | | 樽[罇] 16画,二级 | 樽常罇异 | 樽常 |
| | 组(組) 8画,一级 | 組常 | 組常 | | 镈(鐏) 17画,三级 | 鐏次 | |
| | 珇 9画,三级 | 罕 | | | 鳟(鱒) 20画,二级 | 鱒次 | |
| | 俎 9画,二级 | 常 | 常 | zǔn | 僔 14画,三级 | 次 | |
| | 祖 9画,一级 | 常 | 常 | | 撙 15画,二级 | 次 | |
| zuān | 钻(鑽)[鑚] 10画,一级 | 鑽常鑚异 | 鑽常 | | 噂 15画,三级 | 次 | |
| | 躜(躦) 23画,二级 | 躦次 | | zuō | 嘬 15画,二级 | 次 | |
| zuǎn | 缵(纘) 19画,二级 | 纘次 | | zuó | 昨 9画,一级 | 常 | 常 |
| | 纂[簒] 20画,二级 | 纂常簒次 | 纂常 | | 捽 11画,二级 | 次 | |
| zuàn | 攥 23画,二级 | 罕 | | zuǒ | 左 5画,一级 | 常 | 常 |
| zuǐ | 嘴 16画,一级 | 嘴常 | 嘴常 | | 佐 7画,一级 | 常 | 常 |
| zuì | 最[冣㝡] 12画,一级 | 最常冣罕㝡罕 | 最常最异 | zuò | 作 7画,一级 | 常 | 常 |
| | 罪[辠] 13画,一级 | 罪常辠异 | 罪常 | | 坐 7画,一级 | 常 | 常 |
| | | | | | 阼 7画,三级 | 阼次 | |
| | | | | | 岞 8画,三级 | 异 | |
| | | | | | 怍 8画,二级 | 次 | |
| | | | | | 柞 9画,二级 | 常 | |

| 读音 | 大　陆 | 台湾 | 香港 | 读音 | 大　陆 | 台湾 | 香港 |
|---|---|---|---|---|---|---|---|
| | 胙　9画，二级 | 胙次 | | | 座　10画，一级 | 常 | 常 |
| | 祚　9画，二级 | 常 | 常 | | 做　11画，一级 | 常 | 常 |
| | 唑　10画，二级 | 次 | | | 酢　12画，二级 | 次 | |

# 附录一

# 大陆与台湾有差异的字形

（说明：1.为便于查检，将大陆规范字与台湾正体字有差异的、具有一定构字能力的字形汇成本表。表中不包括香港字形。2.举例中的字为台湾字形。3.字形后圆圈内的数字是字形的笔画数。）

| 大陆 | 台湾 | 举例 | 大陆 | 台湾 | 举例 |
|---|---|---|---|---|---|
| 人② | 入② | 內芮納 | 壬④ | 王④ | 任妊飪 |
| 匕② | 匕② | 牝疑鵭穎 | 化④ | 化④ | 花訛靴 |
| 阝(阜)② | 阝③ | 阿阻障 | 反④ | 反④ | 板叛返 |
| 阝(邑)② | 阝③ | 那都部 | 今④ | 今④ | 吟念琴 |
| 廴② | 廴③ | 廷庭建 | 月(肉)④ | 月④ | 肚肩臂 |
| 艹③ | 艹④ | 花草莽 | 勻④ | 勻④ | 均韵筠 |
| 夂③ | 夂③ | 復夏後 | 户④ | 戶④ | 肩扁扇 |
| 及③ | 及④ | 吸汲笈 | 丑④ | 丑④ | 扭羞狃 |
| 丸③ | 丸③ | 芄紈 | 术⑤ | 朮⑤ | 怵述術 |
| 辶③ | 辶④ | 近造道 | 犮⑤ | 犮⑤ | 拔茇髮 |
| 彐③ | 彐③ | 帚侵急雪 | 北⑤ | 北⑤ | 邶背乘 |
| 刃③ | 刃③ | 忍紉韌 | 令⑤ | 令⑤ | 冷苓領 |
| 丰④ | 丰④ | 舂蚌害 | 印⑤ | 印⑥ | 茚鮣 |
| 王④ | 王④ | 望望 | 氐⑤ | 氐⑤ | 低邸底 |
| 巨④ | 巨⑤ | 苣拒渠 | 台⑤ | 台⑤ | 船鉛 |
| 比④ | 比④ | 妣庇皆昆 | 穴⑤ | 穴⑤ | 空突穿控 |
| 瓦④ | 瓦⑤ | 瓶瓷 | 尼⑤ | 尼⑤ | 呢泥旎 |

| 大陆 | 台湾 | 举例 | 大陆 | 台湾 | 举例 |
|---|---|---|---|---|---|
| 册⑤ | 冊⑤ | 删栅 | 奂⑦ | 奐⑨ | 换痪奂 |
| 耒⑥ | 耒⑥ | 耕耗誄 | 尣⑦ | 尣⑥ | 流梳旒 |
| 邦⑥ | 邦⑥ | 梆绑帮 | 兑⑦ | 兌⑦ | 悦税阅 |
| 老⑥ | 老⑥ | 佬耄耆 | 夋⑦ | 夋⑦ | 梭竣葰 |
| 有⑥ | 有⑥ | 侑郁宥 | 坴⑧ | 坴⑧ | 陆睦勢 |
| 此⑥ | 此⑥ | 跐茈疵紫 | 夌⑧ | 夌⑧ | 陵棱菱 |
| 吕⑥ | 呂⑦ | 侣宫閭 | 非⑧ | 非⑧ | 排扉悲 |
| 丢⑥ | 丟⑥ | 銩 | 青⑧ | 青⑧ | 菁清静 |
| 延⑥ | 延⑧ | 蜒筵 | 雨⑧ | 雨⑧ | 雪儒漏靈 |
| 攸⑥ | 攸⑦ | 修條倏 | 虎⑧ | 虎⑧ | 唬彪虒 |
| 全⑥ | 全⑥ | 荃輇痊 | 咼⑧ | 咼⑨ | 渦窩過 |
| 杀⑥ | 殺⑦ | 剎殺 | 垂⑧ | 垂⑨ | 郵睡箠 |
| 旨⑥ | 旨⑥ | 指脂稽 | 育⑧ | 育⑦ | 撤澈徹 |
| 争⑥ | 爭⑧ | 挣静筝 | 罙⑧ | 罙⑧ | 探深 |
| 次⑥ | 次⑥ | 佽茨姿 | 录⑧ | 彔⑧ | 菉碌逯 |
| 次⑥ | 次⑦ | 盗羡 | 契⑨ | 契⑨ | 偰楔禊 |
| 充⑥ | 充⑤ | 統銃莞 | 毒⑨ | 毒⑧ | 礴纛 |
| 羊⑥ | 芉⑦ | 羌差着養 | 甚⑨ | 甚⑨ | 勘湛甚 |
| 龙⑦ | 尨⑦ | 厖牻 | 垔⑨ | 垔⑨ | 歅煙闉 |
| 肖⑦ | 肖⑦ | 哨筲逍 | 炭⑨ | 炭⑨ | 碳羰 |
| 呈⑦ | 呈⑦ | 逞程裎 | 昷⑨ | 昷⑨ | 溫瘟蘊 |
| 吴⑦ | 吳⑦ | 娱虞 | 胃⑨ | 胃⑨ | 渭謂 |
| 别⑦ | 別⑦ | 捌 | 骨⑨ | 骨⑩ | 萺滑骼 |
| 同⑦ | 同⑦ | 炯商裔裔 | 卸⑨ | 卸⑧ | 御禦 |
| 秃⑦ | 禿⑦ | 頹積 | 舀⑨ | 舀⑨ | 插揋歆 |
| 卤⑦ | 鹵⑦ | 窗蔥聰 | 叟⑨ | 叟⑩ | 搜廈颼 |
| 角⑦ | 角⑦ | 觝解觷 | 鬼⑨ | 鬼⑩ | 蒐槐魁 |

| 大陆 | 台湾 | 举例 | 大陆 | 台湾 | 举例 |
| --- | --- | --- | --- | --- | --- |
| 俞⑨ | 俞⑨ | 愉逾愈 | 麻⑪ | 麻⑪ | 蔴嘛磨 |
| 食⑨ | 食⑨ | 飽蝕餐 | 產⑪ | 產⑪ | 剷滻鏟 |
| 風⑨ | 風⑨ | 飄瘋颳 | 敢⑪ | 敢⑫ | 橄闞嚴 |
| 彥⑨ | 彥⑨ | 修諺顏 | 隋⑪ | 隋⑪ | 憜墮隨 |
| 前⑨ | 前⑨ | 剪榆箭 | 萬⑫ | 萬⑫ | 厲邁蕙 |
| 胥⑨ | 胥⑨ | 湑婿 | 敬⑫ | 敬⑬ | 儆警驚 |
| 蚤⑨ | 蚤⑩ | 搔騷 | 最⑫ | 最⑫ | 撮 |
| 恝⑩ | 恝⑩ | 瘛 | 戢⑫ | 戢⑬ | 戢檝 |
| 敖⑩ | 敖⑪ | 傲遨熬 | 間⑫ | 間⑫ | 襇鐧 |
| 華⑩ | 華⑪ | 嘩鏵 | 備⑫ | 備⑫ | 憊 |
| 晉⑩ | 晉⑩ | 溍瑨縉 | 奧⑫ | 奧⑬ | 薁澳襖 |
| 致⑩ | 致⑨ | 緻 | 爲⑫ | 為⑨ | 偽溈蔿 |
| 敝⑩ | 敝⑩ | 徽潋薇 | 善⑫ | 善⑫ | 鄯蟮繕 |
| 名⑩ | 名⑩ | 搖遙窰 | 強⑫ | 強⑪ | 犟膙縫 |
| 倉⑩ | 倉⑩ | 創蒼瘡 | 幾⑫ | 幾⑫ | 嘰饑 |
| 离⑩ | 离⑪ | 禽漓離 | 夢⑬ | 夢⑭ | 薨薆薨 |
| 衮⑩ | 衮⑪ | 滾磙 | 鼠⑬ | 鼠⑬ | 鼬鼯鼹 |
| 害⑩ | 害⑩ | 嗐瞎轄 | 詹⑬ | 詹⑬ | 擔檐簷 |
| 能⑩ | 能⑩ | 熊羆態 | 聚⑭ | 聚⑭ | 鄹驟 |
| 黃⑪ | 黃⑫ | 廣橫簧 | 厭⑭ | 厭⑭ | 魘饜 |
| 崔⑪ | 崔⑫ | 漼獲舊 | 徵⑮ | 徵⑮ | 澂懲 |
| 麥⑪ | 麥⑪ | 麩麵麴 | 賴⑯ | 賴⑯ | 懶籟癩 |
| 虛⑪ | 虛⑫ | 墟噓譃 | 龍⑯ | 龍⑯ | 攏寵龔 |
| 啚⑪ | 啚⑪ | 鄙圖 | 嬴⑯ | 嬴⑯ | 瀛籯 |
| 曼⑪ | 曼⑪ | 漫蔓 | 蒦⑰ | 蒦⑱ | 獲權歡 |
| 象⑪ | 象⑫ | 劇像橡 | 龜⑰ | 龜⑱ | 闠穐 |
| | | | 繭⑱ | 繭⑲ | 襺 |

# 附录二

# 汉语拼音与注音符号音节对照

## （一）汉语拼音与注音符号对照

| | | | | | | | |
|---|---|---|---|---|---|---|---|
| **A** | | biao | ㄅㄧㄠ | chan | ㄔㄢ | cou | ㄘㄡ |
| | | bie | ㄅㄧㄝ | chang | ㄔㄤ | cu | ㄘㄨ |
| a | ㄚ | bin | ㄅㄧㄣ | chao | ㄔㄠ | cuan | ㄘㄨㄢ |
| ai | ㄞ | bing | ㄅㄧㄥ | che | ㄔㄜ | cui | ㄘㄨㄟ |
| an | ㄢ | bo | ㄅㄛ | chen | ㄔㄣ | cun | ㄘㄨㄣ |
| ang | ㄤ | bu | ㄅㄨ | cheng | ㄔㄥ | cuo | ㄘㄨㄛ |
| ao | ㄠ | | | chi | ㄔ | | |
| | | **C** | | chong | ㄔㄨㄥ | **D** | |
| **B** | | ca | ㄘㄚ | chou | ㄔㄡ | da | ㄉㄚ |
| ba | ㄅㄚ | cai | ㄘㄞ | chu | ㄔㄨ | dai | ㄉㄞ |
| bai | ㄅㄞ | can | ㄘㄢ | chua | ㄔㄨㄚ | dan | ㄉㄢ |
| ban | ㄅㄢ | cang | ㄘㄤ | chuai | ㄔㄨㄞ | dang | ㄉㄤ |
| bang | ㄅㄤ | cao | ㄘㄠ | chuan | ㄔㄨㄢ | dao | ㄉㄠ |
| bao | ㄅㄠ | ce | ㄘㄜ | chuang | ㄔㄨㄤ | de | ㄉㄜ |
| bei | ㄅㄟ | cei | ㄘㄟ | chui | ㄔㄨㄟ | dei | ㄉㄟ |
| ben | ㄅㄣ | cen | ㄘㄣ | chun | ㄔㄨㄣ | den | ㄉㄣ |
| beng | ㄅㄥ | ceng | ㄘㄥ | chuo | ㄔㄨㄛ | deng | ㄉㄥ |
| bi | ㄅㄧ | cha | ㄔㄚ | ci | ㄘ | di | ㄉㄧ |
| bian | ㄅㄧㄢ | chai | ㄔㄞ | cong | ㄘㄨㄥ | dia | ㄉㄧㄚ |

| 拼音 | 注音 | 拼音 | 注音 | 拼音 | 注音 | 拼音 | 注音 |
|---|---|---|---|---|---|---|---|
| dian | ㄉㄧㄢ | | | hei | ㄏㄟ | jue | ㄐㄩㄝ |
| diao | ㄉㄧㄠ | | | hen | ㄏㄣ | jun | ㄐㄩㄣ |
| die | ㄉㄧㄝ | | **G** | heng | ㄏㄥ | | |
| ding | ㄉㄧㄥ | ga | ㄍㄚ | hm | ㄏㄇ | | **K** |
| diu | ㄉㄧㄡ | gai | ㄍㄞ | hng | ㄏㄫ | ka | ㄎㄚ |
| dong | ㄉㄨㄥ | gan | ㄍㄢ | hong | ㄏㄨㄥ | kai | ㄎㄞ |
| dou | ㄉㄡ | gang | ㄍㄤ | hou | ㄏㄡ | kan | ㄎㄢ |
| du | ㄉㄨ | gao | ㄍㄠ | hu | ㄏㄨ | kang | ㄎㄤ |
| duan | ㄉㄨㄢ | ge | ㄍㄜ | hua | ㄏㄨㄚ | kao | ㄎㄠ |
| dui | ㄉㄨㄟ | gei | ㄍㄟ | huai | ㄏㄨㄞ | ke | ㄎㄜ |
| dun | ㄉㄨㄣ | gen | ㄍㄣ | huan | ㄏㄨㄢ | kei | ㄎㄟ |
| duo | ㄉㄨㄛ | geng | ㄍㄥ | huang | ㄏㄨㄤ | ken | ㄎㄣ |
| | | gong | ㄍㄨㄥ | hui | ㄏㄨㄟ | keng | ㄎㄥ |
| | **E** | gou | ㄍㄡ | hun | ㄏㄨㄣ | kong | ㄎㄨㄥ |
| e | ㄜ | gu | ㄍㄨ | huo | ㄏㄨㄛ | kou | ㄎㄡ |
| en | ㄣ | gua | ㄍㄨㄚ | | | ku | ㄎㄨ |
| eng | ㄥ | guai | ㄍㄨㄞ | | **J** | kua | ㄎㄨㄚ |
| er | ㄦ | guan | ㄍㄨㄢ | ji | ㄐㄧ | kuai | ㄎㄨㄞ |
| | | guang | ㄍㄨㄤ | jia | ㄐㄧㄚ | kuan | ㄎㄨㄢ |
| | **F** | gui | ㄍㄨㄟ | jian | ㄐㄧㄢ | kuang | ㄎㄨㄤ |
| fa | ㄈㄚ | gun | ㄍㄨㄣ | jiang | ㄐㄧㄤ | kui | ㄎㄨㄟ |
| fan | ㄈㄢ | guo | ㄍㄨㄛ | jiao | ㄐㄧㄠ | kun | ㄎㄨㄣ |
| fang | ㄈㄤ | | | jie | ㄐㄧㄝ | kuo | ㄎㄨㄛ |
| fei | ㄈㄟ | | **H** | jin | ㄐㄧㄣ | | |
| fen | ㄈㄣ | ha | ㄏㄚ | jing | ㄐㄧㄥ | | **L** |
| feng | ㄈㄥ | hai | ㄏㄞ | jiong | ㄐㄩㄥ | la | ㄌㄚ |
| fo | ㄈㄛ | han | ㄏㄢ | jiu | ㄐㄧㄡ | lai | ㄌㄞ |
| fou | ㄈㄡ | hang | ㄏㄤ | ju | ㄐㄩ | lan | ㄌㄢ |
| fu | ㄈㄨ | hao | ㄏㄠ | juan | ㄐㄩㄢ | lang | ㄌㄤ |
| | | he | ㄏㄜ | | | | |

| | | | | | | | |
|---|---|---|---|---|---|---|---|
| lao | ㄌㄠ | mao | ㄇㄠ | nian | ㄋㄧㄢ | pi | ㄆㄧ |
| le | ㄌㄜ | me | ㄇㄜ | niang | ㄋㄧㄤ | pian | ㄆㄧㄢ |
| lei | ㄌㄟ | mei | ㄇㄟ | niao | ㄋㄧㄠ | piao | ㄆㄧㄠ |
| leng | ㄌㄥ | men | ㄇㄣ | nie | ㄋㄧㄝ | pie | ㄆㄧㄝ |
| li | ㄌㄧ | meng | ㄇㄥ | nin | ㄋㄧㄣ | pin | ㄆㄧㄣ |
| lia | ㄌㄧㄚ | mi | ㄇㄧ | ning | ㄋㄧㄥ | ping | ㄆㄧㄥ |
| lian | ㄌㄧㄢ | mian | ㄇㄧㄢ | niu | ㄋㄧㄡ | po | ㄆㄛ |
| liang | ㄌㄧㄤ | miao | ㄇㄧㄠ | nong | ㄋㄨㄥ | pou | ㄆㄡ |
| liao | ㄌㄧㄠ | mie | ㄇㄧㄝ | nou | ㄋㄡ | pu | ㄆㄨ |
| lie | ㄌㄧㄝ | min | ㄇㄧㄣ | nu | ㄋㄨ | | |
| lin | ㄌㄧㄣ | ming | ㄇㄧㄥ | nü | ㄋㄩ | **Q** | |
| ling | ㄌㄧㄥ | miu | ㄇㄧㄡ | nuan | ㄋㄨㄢ | qi | ㄑㄧ |
| liu | ㄌㄧㄡ | mo | ㄇㄛ | nüe | ㄋㄩㄝ | qia | ㄑㄧㄚ |
| lo | ㄌㄛ | mou | ㄇㄡ | nun | ㄋㄨㄣ | qian | ㄑㄧㄢ |
| long | ㄌㄨㄥ | mu | ㄇㄨ | nuo | ㄋㄨㄛ | qiang | ㄑㄧㄤ |
| lou | ㄌㄡ | | | | | qiao | ㄑㄧㄠ |
| lu | ㄌㄨ | **N** | | **O** | | qie | ㄑㄧㄝ |
| lü | ㄌㄩ | n | ㄋ | o | ㄛ | qin | ㄑㄧㄣ |
| luan | ㄌㄨㄢ | na | ㄋㄚ | ou | ㄡ | qing | ㄑㄧㄥ |
| lüe | ㄌㄩㄝ | nai | ㄋㄞ | | | qiong | ㄑㄩㄥ |
| lun | ㄌㄨㄣ | nan | ㄋㄢ | **P** | | qiu | ㄑㄧㄡ |
| luo | ㄌㄨㄛ | nang | ㄋㄤ | pa | ㄆㄚ | qu | ㄑㄩ |
| | | nao | ㄋㄠ | pai | ㄆㄞ | quan | ㄑㄩㄢ |
| **M** | | ne | ㄋㄜ | pan | ㄆㄢ | que | ㄑㄩㄝ |
| m | ㄇ | nei | ㄋㄟ | pang | ㄆㄤ | qun | ㄑㄩㄣ |
| ma | ㄇㄚ | nen | ㄋㄣ | pao | ㄆㄠ | | |
| mai | ㄇㄞ | neng | ㄋㄥ | pei | ㄆㄟ | **R** | |
| man | ㄇㄢ | ng | ㄫ | pen | ㄆㄣ | ran | ㄖㄢ |
| mang | ㄇㄤ | ni | ㄋㄧ | peng | ㄆㄥ | rang | ㄖㄤ |

| 拼音 | 注音 | 拼音 | 注音 | 拼音 | 注音 | 拼音 | 注音 |
| --- | --- | --- | --- | --- | --- | --- | --- |
| rao | ㄖㄠ | shei | ㄕㄟ | tei | ㄊㄟ | xian | ㄒㄧㄢ |
| re | ㄖㄜ | shen | ㄕㄣ | teng | ㄊㄥ | xiang | ㄒㄧㄤ |
| ren | ㄖㄣ | sheng | ㄕㄥ | ti | ㄊㄧ | xiao | ㄒㄧㄠ |
| reng | ㄖㄥ | shi | ㄕ | tian | ㄊㄧㄢ | xie | ㄒㄧㄝ |
| ri | ㄖ | shou | ㄕㄡ | tiao | ㄊㄧㄠ | xin | ㄒㄧㄣ |
| rong | ㄖㄨㄥ | shu | ㄕㄨ | tie | ㄊㄧㄝ | xing | ㄒㄧㄥ |
| rou | ㄖㄡ | shua | ㄕㄨㄚ | ting | ㄊㄧㄥ | xiong | ㄒㄩㄥ |
| ru | ㄖㄨ | shuai | ㄕㄨㄞ | tong | ㄊㄨㄥ | xiu | ㄒㄧㄡ |
| rua | ㄖㄨㄚ | shuan | ㄕㄨㄢ | tou | ㄊㄡ | xu | ㄒㄩ |
| ruan | ㄖㄨㄢ | shuang | ㄕㄨㄤ | tu | ㄊㄨ | xuan | ㄒㄩㄢ |
| rui | ㄖㄨㄟ | shui | ㄕㄨㄟ | tuan | ㄊㄨㄢ | xue | ㄒㄩㄝ |
| run | ㄖㄨㄣ | shun | ㄕㄨㄣ | tui | ㄊㄨㄟ | xun | ㄒㄩㄣ |
| ruo | ㄖㄨㄛ | shuo | ㄕㄨㄛ | tun | ㄊㄨㄣ | | |
| | | si | ㄙ | tuo | ㄊㄨㄛ | | |

## S

| 拼音 | 注音 | 拼音 | 注音 | 拼音 | 注音 | 拼音 | 注音 |
| --- | --- | --- | --- | --- | --- | --- | --- |
| | | song | ㄙㄨㄥ | | | | |

## Y

| 拼音 | 注音 |
| --- | --- |
| ya | ㄧㄚ |
| yan | ㄧㄢ |
| yang | ㄧㄤ |
| yao | ㄧㄠ |
| ye | ㄧㄝ |
| yi | ㄧ |
| yin | ㄧㄣ |
| ying | ㄧㄥ |
| yo | ㄧㄛ |
| yong | ㄩㄥ |
| you | ㄧㄡ |
| yu | ㄩ |
| yuan | ㄩㄢ |
| yue | ㄩㄝ |
| yun | ㄩㄣ |

| 拼音 | 注音 |
| --- | --- |
| sa | ㄙㄚ |
| sai | ㄙㄞ |
| san | ㄙㄢ |
| sang | ㄙㄤ |
| sao | ㄙㄠ |
| se | ㄙㄜ |
| sen | ㄙㄣ |
| seng | ㄙㄥ |
| sha | ㄕㄚ |
| shai | ㄕㄞ |
| shan | ㄕㄢ |
| shang | ㄕㄤ |
| shao | ㄕㄠ |
| she | ㄕㄜ |
| sou | ㄙㄡ |
| su | ㄙㄨ |
| suan | ㄙㄨㄢ |
| sui | ㄙㄨㄟ |
| sun | ㄙㄨㄣ |
| suo | ㄙㄨㄛ |

## T

| 拼音 | 注音 |
| --- | --- |
| ta | ㄊㄚ |
| tai | ㄊㄞ |
| tan | ㄊㄢ |
| tang | ㄊㄤ |
| tao | ㄊㄠ |
| te | ㄊㄜ |

## W

| 拼音 | 注音 |
| --- | --- |
| wa | ㄨㄚ |
| wai | ㄨㄞ |
| wan | ㄨㄢ |
| wang | ㄨㄤ |
| wei | ㄨㄟ |
| wen | ㄨㄣ |
| weng | ㄨㄥ |
| wo | ㄨㄛ |
| wu | ㄨ |

## X

| 拼音 | 注音 |
| --- | --- |
| xi | ㄒㄧ |
| xia | ㄒㄧㄚ |

| | Z | | | | | | | |
|---|---|---|---|---|---|---|---|---|
| za | ㄗㄚ | zeng | ㄗㄥ | zhi | ㄓ | zhuo | ㄓㄨㄛ |
| zai | ㄗㄞ | zha | ㄓㄚ | zhong | ㄓㄨㄥ | zi | ㄗ |
| zan | ㄗㄢ | zhai | ㄓㄞ | zhou | ㄓㄡ | zong | ㄗㄨㄥ |
| zang | ㄗㄤ | zhan | ㄓㄢ | zhu | ㄓㄨ | zou | ㄗㄡ |
| zao | ㄗㄠ | zhang | ㄓㄤ | zhua | ㄓㄨㄚ | zu | ㄗㄨ |
| ze | ㄗㄜ | zhao | ㄓㄠ | zhuai | ㄓㄨㄞ | zuan | ㄗㄨㄢ |
| zei | ㄗㄟ | zhe | ㄓㄜ | zhuan | ㄓㄨㄢ | zui | ㄗㄨㄟ |
| zen | ㄗㄣ | zhei | ㄓㄟ | zhuang | ㄓㄨㄤ | zun | ㄗㄨㄣ |
| | | zhen | ㄓㄣ | zhui | ㄓㄨㄟ | zuo | ㄗㄨㄛ |
| | | zheng | ㄓㄥ | zhun | ㄓㄨㄣ | | |

## （二）注音符号与汉语拼音对照

| | ㄅ | | | | | | | |
|---|---|---|---|---|---|---|---|---|
| ㄅ | b | ㄅㄧㄣ | bin | ㄆㄧ | pi | ㄇㄡ | mou |
| ㄅㄚ | ba | ㄅㄧㄥ | bing | ㄆㄧㄝ | pie | ㄇㄢ | man |
| ㄅㄛ | bo | ㄅㄨ | bu | ㄆㄧㄠ | piao | ㄇㄣ | men |
| ㄅㄞ | bai | | ㄆ | | ㄆㄧㄢ | pian | ㄇㄤ | mang |
| ㄅㄟ | bei | ㄆ | p | ㄆㄧㄣ | pin | ㄇㄥ | meng |
| ㄅㄠ | bao | ㄆㄚ | pa | ㄆㄧㄥ | ping | ㄇㄧ | mi |
| ㄅㄢ | ban | ㄆㄛ | po | ㄆㄨ | pu | ㄇㄧㄝ | mie |
| ㄅㄣ | ben | ㄆㄞ | pai | | ㄇ | | ㄇㄧㄠ | miao |
| ㄅㄤ | bang | ㄆㄟ | pei | ㄇ | m | ㄇㄧㄡ | miu |
| ㄅㄥ | beng | ㄆㄠ | pao | ㄇㄚ | ma | ㄇㄧㄢ | mian |
| ㄅㄧ | bi | ㄆㄡ | pou | ㄇㄛ | mo | ㄇㄧㄣ | min |
| ㄅㄧㄝ | bie | ㄆㄢ | pan | ㄇㄜ | me | ㄇㄧㄥ | ming |
| ㄅㄧㄠ | biao | ㄆㄣ | pen | ㄇㄞ | mai | ㄇㄨ | mu |
| ㄅㄧㄢ | bian | ㄆㄤ | pang | ㄇㄟ | mei | | ㄈ | |
| | | ㄆㄥ | peng | ㄇㄠ | mao | ㄈ | f |

# 附录二 汉语拼音与注音符号音节对照

| 注音 | 拼音 | 注音 | 拼音 | 注音 | 拼音 | 注音 | 拼音 |
|---|---|---|---|---|---|---|---|
| ㄈㄚ | fa | ㄉㄧㄥ | ding | ㄊㄨㄥ | tong | ㄋㄩㄝ | nüe |
| ㄈㄛ | fo | ㄉㄨ | du | | | | |
| ㄈㄟ | fei | ㄉㄨㄛ | duo | **ㄋ** | | **ㄌ** | |
| ㄈㄡ | fou | ㄉㄨㄟ | dui | ㄋ | n | ㄌ | l |
| ㄈㄢ | fan | ㄉㄨㄢ | duan | ㄋㄚ | na | ㄌㄚ | la |
| ㄈㄣ | fen | ㄉㄨㄣ | dun | ㄋㄜ | ne | ㄌㄛ | lo |
| ㄈㄤ | fang | ㄉㄨㄥ | dong | ㄋㄞ | nai | ㄌㄜ | le |
| ㄈㄥ | feng | | | ㄋㄟ | nei | ㄌㄞ | lai |
| ㄈㄨ | fu | **ㄊ** | | ㄋㄠ | nao | ㄌㄟ | lei |
| | | ㄊ | t | ㄋㄡ | nou | ㄌㄠ | lao |
| **ㄉ** | | ㄊㄚ | ta | ㄋㄢ | nan | ㄌㄡ | lou |
| ㄉ | d | ㄊㄜ | te | ㄋㄣ | nen | ㄌㄢ | lan |
| ㄉㄚ | da | ㄊㄞ | tai | ㄋㄤ | nang | ㄌㄤ | lang |
| ㄉㄜ | de | ㄊㄟ | tei | ㄋㄥ | neng | ㄌㄥ | leng |
| ㄉㄞ | dai | ㄊㄠ | tao | ㄋㄧ | ni | ㄌㄧ | li |
| ㄉㄟ | dei | ㄊㄡ | tou | ㄋㄧㄝ | nie | ㄌㄧㄚ | lia |
| ㄉㄠ | dao | ㄊㄢ | tan | ㄋㄧㄠ | niao | ㄌㄧㄝ | lie |
| ㄉㄡ | dou | ㄊㄤ | tang | ㄋㄧㄡ | niu | ㄌㄧㄠ | liao |
| ㄉㄢ | dan | ㄊㄥ | teng | ㄋㄧㄢ | nian | ㄌㄧㄡ | liu |
| ㄉㄣ | den | ㄊㄧ | ti | ㄋㄧㄣ | nin | ㄌㄧㄢ | lian |
| ㄉㄤ | dang | ㄊㄧㄝ | tie | ㄋㄧㄤ | niang | ㄌㄧㄣ | lin |
| ㄉㄥ | deng | ㄊㄧㄠ | tiao | ㄋㄧㄥ | ning | ㄌㄧㄤ | liang |
| ㄉㄧ | di | ㄊㄧㄢ | tian | ㄋㄨ | nu | ㄌㄧㄥ | ling |
| ㄉㄧㄚ | dia | ㄊㄧㄥ | ting | ㄋㄨㄛ | nuo | ㄌㄨ | lu |
| ㄉㄧㄝ | die | ㄊㄨ | tu | ㄋㄨㄟ | nui | ㄌㄨㄛ | luo |
| ㄉㄧㄠ | diao | ㄊㄨㄛ | tuo | ㄋㄨㄢ | nuan | ㄌㄨㄢ | luan |
| ㄉㄧㄡ | diu | ㄊㄨㄟ | tui | ㄋㄨㄣ | nun | ㄌㄨㄣ | lun |
| ㄉㄧㄢ | dian | ㄊㄨㄢ | tuan | ㄋㄨㄥ | nong | ㄌㄨㄥ | long |
| ㄉㄧㄤ | diang | ㄊㄨㄣ | tun | ㄋㄩ | nü | ㄌㄩ | lü |

233

| | | | | | | | |
|---|---|---|---|---|---|---|---|
| ㄌㄩㄝ | lüe | ㄎㄟ | kei | ㄏㄨ | hu | ㄑㄧ | qi |
| | | ㄎㄠ | kao | ㄏㄨㄚ | hua | ㄑㄧㄚ | qia |
| **ㄍ** | | ㄎㄡ | kou | ㄏㄨㄛ | huo | ㄑㄧㄝ | qie |
| ㄍ | g | ㄎㄢ | kan | ㄏㄨㄞ | huai | ㄑㄧㄠ | qiao |
| ㄍㄚ | ga | ㄎㄣ | ken | ㄏㄨㄟ | hui | ㄑㄧㄡ | qiu |
| ㄍㄜ | ge | ㄎㄤ | kang | ㄏㄨㄢ | huan | ㄑㄧㄢ | qian |
| ㄍㄞ | gai | ㄎㄥ | keng | ㄏㄨㄣ | hun | ㄑㄧㄣ | qin |
| ㄍㄟ | gei | ㄎㄨ | ku | ㄏㄨㄤ | huang | ㄑㄧㄤ | qiang |
| ㄍㄠ | gao | ㄎㄨㄚ | kua | ㄏㄨㄥ | hong | ㄑㄧㄥ | qing |
| ㄍㄡ | gou | ㄎㄨㄛ | kuo | | | ㄑㄩ | qu |
| ㄍㄢ | gan | ㄎㄨㄞ | kuai | **ㄐ** | | ㄑㄩㄝ | que |
| ㄍㄣ | gen | ㄎㄨㄟ | kui | ㄐ | j | ㄑㄩㄢ | quan |
| ㄍㄤ | gang | ㄎㄨㄢ | kuan | ㄐㄧ | ji | ㄑㄩㄣ | qun |
| ㄍㄥ | geng | ㄎㄨㄣ | kun | ㄐㄧㄚ | jia | ㄑㄩㄥ | qiong |
| ㄍㄨ | gu | ㄎㄨㄤ | kuang | ㄐㄧㄝ | jie | | |
| ㄍㄨㄚ | gua | ㄎㄨㄥ | kong | ㄐㄧㄠ | jiao | **ㄒ** | |
| ㄍㄨㄛ | guo | | | ㄐㄧㄡ | jiu | ㄒ | x |
| ㄍㄨㄞ | guai | **ㄏ** | | ㄐㄧㄢ | jian | ㄒㄧ | xi |
| ㄍㄨㄟ | gui | ㄏ | h | ㄐㄧㄣ | jin | ㄒㄧㄚ | xia |
| ㄍㄨㄢ | guan | ㄏㄚ | ha | ㄐㄧㄤ | jiang | ㄒㄧㄝ | xie |
| ㄍㄨㄣ | gun | ㄏㄜ | he | ㄐㄧㄥ | jing | ㄒㄧㄠ | xiao |
| ㄍㄨㄤ | guang | ㄏㄞ | hai | ㄐㄩ | ju | ㄒㄧㄡ | xiu |
| ㄍㄨㄥ | gong | ㄏㄟ | hei | ㄐㄩㄝ | jue | ㄒㄧㄢ | xian |
| | | ㄏㄠ | hao | ㄐㄩㄢ | juan | ㄒㄧㄣ | xin |
| **ㄎ** | | ㄏㄡ | hou | ㄐㄩㄣ | jun | ㄒㄧㄤ | xiang |
| ㄎ | k | ㄏㄢ | han | ㄐㄩㄥ | jiong | ㄒㄧㄥ | xing |
| ㄎㄚ | ka | ㄏㄣ | hen | | | ㄒㄩ | xu |
| ㄎㄜ | ke | ㄏㄤ | hang | **ㄑ** | | ㄒㄩㄝ | xue |
| ㄎㄞ | kai | ㄏㄥ | heng | ㄑ | q | ㄒㄩㄢ | xuan |

| | | | | | | | |
|---|---|---|---|---|---|---|---|
| ㄒㄩㄣ | xun | ㄔㄞ | chai | ㄕㄨ | shu | ㄗㄜ | ze |
| ㄒㄩㄥ | xiong | ㄔㄠ | chao | ㄕㄨㄚ | shua | ㄗㄞ | zai |
| | | ㄔㄡ | chou | ㄕㄨㄛ | shuo | ㄗㄟ | zei |
| **ㄓ** | | ㄔㄢ | chan | ㄕㄨㄞ | shuai | ㄗㄠ | zao |
| ㄓ | zh (zhi) | ㄔㄣ | chen | ㄕㄨㄟ | shui | ㄗㄡ | zou |
| ㄓㄚ | zha | ㄔㄤ | chang | ㄕㄨㄢ | shuan | ㄗㄢ | zan |
| ㄓㄜ | zhe | ㄔㄥ | cheng | ㄕㄨㄣ | shun | ㄗㄣ | zen |
| ㄓㄞ | zhai | ㄔㄨ | chu | ㄕㄨㄤ | shuang | ㄗㄤ | zang |
| ㄓㄟ | zhei | ㄔㄨㄚ | chua | | | ㄗㄥ | zeng |
| ㄓㄠ | zhao | ㄔㄨㄛ | chuo | **ㄖ** | | ㄗㄨ | zu |
| ㄓㄡ | zhou | ㄔㄨㄞ | chuai | ㄖ | r (ri) | ㄗㄨㄛ | zuo |
| ㄓㄢ | zhan | ㄔㄨㄟ | chui | ㄖㄜ | re | ㄗㄨㄟ | zui |
| ㄓㄣ | zhen | ㄔㄨㄢ | chuan | ㄖㄠ | rao | ㄗㄨㄢ | zuan |
| ㄓㄤ | zhang | ㄔㄨㄣ | chun | ㄖㄡ | rou | ㄗㄨㄣ | zun |
| ㄓㄥ | zheng | ㄔㄨㄤ | chuang | ㄖㄢ | ran | ㄗㄨㄥ | zong |
| ㄓㄨ | zhu | ㄔㄨㄥ | chong | ㄖㄣ | ren | | |
| ㄓㄨㄚ | zhua | | | ㄖㄤ | rang | **ㄘ** | |
| ㄓㄨㄛ | zhuo | **ㄕ** | | ㄖㄥ | reng | ㄘ | c (ci) |
| ㄓㄨㄞ | zhuai | ㄕ | sh (shi) | ㄖㄨ | ru | ㄘㄚ | ca |
| ㄓㄨㄟ | zhui | ㄕㄚ | sha | ㄖㄨㄚ | rua | ㄘㄜ | ce |
| ㄓㄨㄢ | zhuan | ㄕㄜ | she | ㄖㄨㄛ | ruo | ㄘㄞ | cai |
| ㄓㄨㄣ | zhun | ㄕㄞ | shai | ㄖㄨㄟ | rui | ㄘㄟ | cei |
| ㄓㄨㄤ | zhuang | ㄕㄟ | shei | ㄖㄨㄢ | ruan | ㄘㄠ | cao |
| ㄓㄨㄥ | zhong | ㄕㄠ | shao | ㄖㄨㄣ | run | ㄘㄡ | cou |
| | | ㄕㄡ | shou | ㄖㄨㄥ | rong | ㄘㄢ | can |
| **ㄔ** | | ㄕㄢ | shan | | | ㄘㄣ | cen |
| ㄔ | ch (chi) | ㄕㄣ | shen | **ㄗ** | | ㄘㄤ | cang |
| ㄔㄚ | cha | ㄕㄤ | shang | ㄗ | z (zi) | ㄘㄥ | ceng |
| ㄔㄜ | che | ㄕㄥ | sheng | ㄗㄚ | za | ㄘㄨ | cu |

| | | | | | | | |
|---|---|---|---|---|---|---|---|
| ㄘㄨㄛ | cuo | ㄙㄥ | seng | ㄢ | an | **ㄨ** | |
| ㄘㄨㄟ | cui | ㄙㄨ | su | ㄣ | en | | |
| ㄘㄨㄢ | cuan | ㄙㄨㄛ | suo | ㄤ | ang | ㄨ | u |
| ㄘㄨㄣ | cun | ㄙㄨㄟ | sui | ㄥ | eng | ㄨㄚ | ua |
| ㄘㄨㄥ | cong | ㄙㄨㄢ | suan | ㄦ | er | ㄨㄛ | uo |
| | | ㄙㄨㄣ | sun | | | ㄨㄞ | uai |
| **ㄙ** | | ㄙㄨㄥ | song | **ㄧ** | | ㄨㄟ | uei |
| ㄙ | s(si) | **ㄚ** | | ㄧ | i | ㄨㄢ | uan |
| ㄙㄚ | sa | | | ㄧㄚ | ia | ㄨㄣ | un |
| ㄙㄜ | se | ㄚ | a | ㄧㄝ | ie | ㄨㄤ | uang |
| ㄙㄞ | sai | ㄛ | o | ㄧㄠ | iao | ㄨㄥ | ong |
| ㄙㄟ | sei | ㄜ | e | ㄧㄡ | iou | | |
| ㄙㄠ | sao | ㄝ | ie | ㄧㄢ | ian | **ㄩ** | |
| ㄙㄡ | sou | ㄞ | ai | ㄧㄣ | in | ㄩ | ü |
| ㄙㄢ | san | ㄟ | ei | ㄧㄤ | iang | ㄩㄝ | üe |
| ㄙㄣ | sen | ㄠ | ao | ㄧㄥ | ing | ㄩㄢ | üan |
| ㄙㄤ | sang | ㄡ | ou | | | ㄩㄣ | ün |
| | | | | | | ㄩㄥ | iong |